Kohlhammer
Studienbücher Theologie

Herausgegeben von

Gottfried Bitter
Dominik Burkard
Christian Frevel
Hans-Josef Klauck
Herbert Vorgrimler

Band 10

Ernst Dassmann

Kirchengeschichte I

Ausbreitung, Leben und Lehre der Kirche
in den ersten drei Jahrhunderten

Dritte, durchgesehene Auflage

Verlag W. Kohlhammer

Dritte, durchgesehene Auflage 2012

Alle Rechte vorbehalten
© 1991 W. Kohlhammer GmbH Stuttgart
Umschlag: Gestaltungskonzept Peter Horlacher
Gesamtherstellung:
W. Kohlhammer Druckerei GmbH + Co. KG, Stuttgart
Printed in Germany

ISBN 978-3-17-022394-3

Vorwort

Die hier als Studienbuch vorgelegte Kirchengeschichte über Ausbreitung, Leben und Lehre der frühchristlichen Gemeinden in den ersten drei Jahrhunderten richtet sich an Studienanfänger und interessierte Laien. Diese Zielsetzung verlangt in besonderer Weise nach objektiver Darstellung, damit sich keine falschen Vorstellungen über die Anfänge der Kirche in den Köpfen der Leser festsetzen, die sich diesem Buch anvertrauen. Die Quellen – von denen viele ausführlich zitiert werden – sollen selbst sagen können, was sie mitzuteilen haben, ohne mit eilfertigen Aktualisierungen, geistreichen Einfällen oder Sondermeinungen des Verfassers belastet zu werden.

Gleichwohl wurde diese Kirchengeschichte nicht voraussetzungslos geschrieben. Sie ist als eine theologische Abhandlung zu verstehen, die Gottes Heil sich in der Geschichte verwirklichen sieht. Wenn Jesu Tod und Auferstehung Erlösung und Sündenvergebung gebracht haben, müssen sich ihre Folgen auch in der Geschichte aufweisen lassen. Selbstverständlich ist dieser Aufweis nicht objektivierbar; er ist auch nicht leicht. Aber wenn mit der Geschichte gegen die Kirche und mit dem real existierenden Christentum gegen die christliche Botschaft argumentiert wird, hat eine theologisch verstandene Kirchengeschichte mehr zu leisten als die Befriedigung historischer Neugier. Sie bekommt es mit dem Glauben selbst zu tun, weil dieser – zumindest subjektiv und für den einzelnen – von der Geschichte verunsichert oder gestärkt, keinesfalls aber in Ruhe gelassen wird.

Dankbar erinnere ich mich der vielen Gespräche, die ich mit den Kollegen im F.J. Dölger-Institut, insbesondere mit Dr. H. Brakmann, Prof. K. Hoheisel und Dr. G. Schöllgen über einzelne Sachprobleme führen konnte. Besonderen Dank schulde ich Dr. C. Scholten und N.M. Borengässer für anregende Kritik und Hilfe bei der Manuskripterstellung und den Korrekturen. Herrn J. Schneider und den mir unbekannten Damen und Herren im Kohlhammer-Verlag danke ich für die sorgfältige Betreuung der Drucklegung.

Ernst Dassmann, Bonn

Vorwort zur 3. Auflage

Für die Neuauflage wurde der Text von „Kirchengeschichte I" durchgesehen, korrigiert und in den Literaturangaben ergänzt. Die Seitenzählung wurde gegenüber der 1. Auflage nicht verändert, damit die in „Kirchengeschichte II/1" und „II/2" notierten Verweise auf Bd. I auffindbar bleiben.

Ernst Dassmann, Bonn

Zeittafel

Bei den meisten Angaben handelt es sich um relative Datierungen; ihre Richtigkeit hängt ab von der zuverlässigen Zeitbestimmung derjenigen Ereignisse, von denen sie abgeleitet werden.

um 32/3	Bekehrung des Paulus	2. Hälfte 2. Jh.	Diognetbrief
44	Tod des Apostels Jakobus	2. Hälfte 2. Jh.	Meliton von Sardes
		2. Hälfte 2. Jh.	Canon Muratori
48/9	sog. Apostelkonzil	2. Hälfte 2. Jh.	Protoevangelium des Jakobus
49	Ausweisungsedikt des Kaisers Claudius	202/3	Passio Perpetuae et Filicitatis
wahrscheinlich um 60	Tod des Paulus	gest. nach 212	Tertullian
62	Tod des Herrenbruders Jakobus	gest. vor 215	Klemens von Alexandrien
64	Brand Roms; Verfolgung unter Nero	um 220	Sabellius in Rom
		217/22	Kallist, Bischof von Rom
wahrscheinlich um 64/7	Tod des Petrus	gest. 235	Hippolyt
70	Zerstörung Jerusalems	247	Dionysius, Bischof von Alexandrien
um 95	Erster Klemensbrief		
Anfang 2. Jh.	Didache	1. Hälfte 3. Jh.	Syrische Didaskalia
81/96	Kaiser Domitian	um 250	Novatian, Presbyter in Rom
um 110	Briefwechsel Trajan – Plinius	249/51	Kaiser Decius
um 110	Martyrium des Ignatius von Antiochien	251/3	Kornelius, Bischof von Rom
117/38	Kaiser Hadrian	gest. 253/4	Origenes
132/5	Aufstand unter Bar Kochba	gest. 258	Cyprian, Bischof von Karthago
vor 138	Apologet Aristides	260	Toleranzedikt des Kaisers Gallienus
vor 140	Barnabasbrief		
um 140	Gnostiker Valentin in Rom	268	Verurteilung des Bischofs Paul von Samosata
um 140	Hirt des Hermas		
144	Markion in Rom exkommuniziert	um 204/70	Plotin
		gest. um 305	Porphyrios
um 150	Ptolemäus, Brief an Flora	283/305	Diokletian
156 (oder 167)	Martyrium des Bischofs Polykarp von Smyrna	gest. 339	Eusebius, Bischof von Caesarea
155/60	Beginn des Montanismus		
155/65	Hegesipp in Rom		
um 165	Martyrium des Justin		
um 170	Epistula Apostolorum		
177/8	Verfolgung in Lyon		
nach 177/8	Irenäus, Bischof von Lyon		
180	Märtyrer von Scilli		
um 180	Kelsos gegen die Christen		
gest. um 180	Lukian von Samosata		
Ende 2. Jh.	Paulusakten		
189/99	Viktor, Bischof von Rom		

Inhalt

Vorwort 5

Zeittafel 6

Allgemeine Bibliographie/Quellen und Übersetzungen 13

I. Anfänge 15

1. Sammlung der Jünger 15
1.1 Apostelgeschichte 16
1.2 Paulus und die Evangelien 17
1.3 Ostern als historisches Ereignis 18

2. Eintritt in die Öffentlichkeit 20
2.1 Wahl des Matthias 20
2.2 Pfingstbericht der Apostelgeschichte 20
 – Historische Glaubwürdigkeit 20 – Darstellungsmittel 22
 Anwachsen der Gemeinde 22

3. Jerusalemer Urgemeinde und Juden 24
3.1 Jüdische Gruppierungen 24
3.2 Christliche Gruppierungen 25
 – Die Hellenisten von Apg 6 25 – Stellung zum Gesetz 28

4. Ausgreifen der Mission über Jerusalem hinaus 29

II. Heidenmission 34

1. Problematik und Verlauf 34
1.1 Spontaner Beginn 34
1.2 Neutestamentliche Begründungen 35
1.3 Missionstheorien 38
1.4 Folgerungen 40

2. Apostelkonzil 41
2.1 Verlauf 41
2.2 Jakobusklauseln 43

7

3.	Paulus	45
3.1	Herkunft	45
3.2	Bekehrung	47
3.3	Missionarische Tätigkeit	48
3.4	Lebensende	51

III. Lösung der Kirche von der Synagoge ... 54

1.	Schicksal des jüdischen Volkes	54
1.1	Jüdisch-römischer Krieg	54
1.2	Politische und religiöse Folgen	56
1.3	Neuordnung in Jabne	57
2.	Untergang des Judenchristentums	58
2.1	Flucht nach Pella	58
2.2	Häretische Isolation	61
2.3	Elchasaiten	62
3.	Entfremdung zwischen Kirche und Synagoge	63
3.1	Hinweise im Neuen Testament	64
	– Paulus 64 – Evangelien 64 – Johanneische Schriften 65	
3.2	Auseinandersetzungen um das Alte Testament	66
3.3	Fortschreitende Entfremdung	67

IV. Religiöse Umwelt ... 71

1.	Kaiserkult	72
1.1	Funktion	72
1.2	Domitian	73
1.3	Neutestamentliche Reaktionen	75
	– Johannesapokalypse 75 – Pastoralbriefe 76	
2.	Mysterienreligionen	77
2.1	Religionsgeschichtliche Einordnung	78
2.2	Einzelne Kulte	79
	– Demeter 79 – Isis 80 – Kybele 81 – Mithras 81	
2.3	Vergleich	82
3.	Haus und Gesellschaft	83
3.1	Heidnischer Hauskult	83
3.2	Gefahr des Götzendienstes	85

3.3 Familienkonflikte 87

4. Philosophische Religiosität 88
4.1 Ethischer Impuls 88
4.2 Stoa 90
 – Vernunftgemäß 90 – Naturrecht 92 – Stoische Religiosität 92
4.3 Philosophie und Offenbarung im Widerstreit 93

V. Äußere Widerstände 95

1. Verfolgung durch den Staat 95
1.1 Verlauf 96
 – Vorneronianische Verfolgungen? 96 – Nero 97
 – Domitian 99 – Trajan und der Brief des Plinius 101
 – Von Hadrian bis Philippus Arabs 103
 – Von Decius bis Diokletian 107
1.2 Bewertung 110
 – Unausweichlichkeit der Verfolgung 110
 – Propagandaeffekt? 111 – Unverfügbarkeit 113

2. Intellektuelle Auseinandersetzung 114
2.1 Literarische Angriffe 114
 – Unkenntnis seitens der Heiden 114
 – Lukian von Samosata 114 – Kelsos 115
2.2 Die frühchristlichen Apologeten 117
 – Vernünftigkeit des Glaubens 117 – Justin 118
 – Wirkungen und Gefahren 121

VI. Innere Gefährdungen 123

1. Parusieverzögerung und montanistische Bewegung 123
1.1 Naherwartung und Endzeitberechnungen 123
1.2 Montanismus 126
 – Entstehung und Ziele 126
 – Kirchliche Abwehr 128
1.3 Kirchliche Erklärungsversuche 130
 – Langmut Gottes und *mora finis* 130
 – Frühkatholizismus 132

2. Geschichtlichkeit der Offenbarung und gnostische Bedrohung . 134
2.1 Kirchengeschichtliche Einordnung 134

2.2 Gnosis 135
  – Gnostische Grunderfahrung 135 – Mythologische
    Einkleidung 137 – Soziologische Daten 139
  – Konfrontation mit der kirchlichen Verkündigung 140
  – Beurteilung 143
2.3 Kirchliche Abwehr 145
  – Irenäus' Ausgangspunkt 146 – Antignostische Polemik 146
  – Heilsgeschichte und *anakephalaiōsis* 148

VII. Theologische Klärungen 151

1. Gott und Christus 152
1.1 Fragestellung 152
1.2 Lösungsversuche 153
  – Subordinatianismus 153 – Monarchianismus 154
  – Christologie 156

2. Kirche und kirchliches Amt 157
2.1 Theologisches Verständnis der Kirche 157
  – Präexistenz 158 – Eschatologie 159 – Kosmologischer
    Aspekt 159 – *Sponsa et mater* 160
2.2 Entstehung und theologische Begründung der kirchlichen Ämter 161
  – Neutestamentliche Norm und geschichtlicher Wandel 162
  – 1. Klemensbrief 164 – Pastoralbriefe 166
  – Ignatius von Antiochien 167 – Bischof 168 – Presbyter 169
  – Diakon 171
2.3 Frauen im kirchlichen Dienst 172
  – Neutestamentliche Zeugnisse 172 – Witwen als Stand 173
  – Diakonissen als Amt 174
2.4 Gemeindeübergreifende *communio* 175
  – Tradition und Sukzession 175 – Kontakte zwischen
    den Gemeinden 177 – Synoden 179

3. Schrift und Tradition 181
3.1 Mündliche und schriftliche Überlieferung 181
3.2 Apokryphe Schriften 183
  – Kindheitsgeschichten 183 – Apostelakten 185
  – Beurteilung 187
3.3 Markion 187
  – Leben 188 – Theologie 188 – Markions »Kanon« 189
  – Beurteilung 191

3.4 Schrifttheologie 192
   – Das »Wunder« des neutestamentlichen Kanons 192
   – Irenäus als Schrifttheologe 193
   – Origenes als Schriftausleger 194

4. Buße und Sündenvergebung 197
4.1 Bekehrung und Bewährung 198
   – Tauferlebnis 198 – Bleibende Vergebungsbedürftigkeit 199
   – Religiös-sittlicher Zustand der Gemeinden 200
4.2 Postbaptismale Sündenvergebung 202
   – Fragestellung 202 – Neutestamentliche Dialektik 202
   – Nachapostolische Zeit 204 – Hirte des Hermas 205
   – Tertullian 206 – Bußpraxis 208
4.3 Sündenvergebung und Märtyrerfürbitte 209
   – Geschichtlicher Hintergrund 209 – Sündentilgende Kraft
     des Martyriums 210 – Sündenvergebung durch Fürbitte 210
4.4 Ausblick 212

VIII. Gottesdienst und Leben 215

1. Liturgie und Gebet 216
1.1 Eucharistie und Agape 216
   – Früheste Nachrichten 216 – Eucharistiefrömmigkeit 217
   – Eucharistisches Hochgebet 218 – Agape 219
1.2 Tage und Feste 220
   – Sonntag 220 – Fasttage 221 – Ostern 221
   – Taufe 222 – Jahresgedächtnisse 223
1.3 Persönliches Gebet 224
   – Gebetszeiten 224 – Inhalt 225 – Äußere Formen 226

2. Christliche Lebensgestaltung 227
2.1 Paradoxer Lebenswandel 227
2.2 Ehe und Familie 230
   – Heidnische Umwelt 230 – Familienbelastende Tendenzen 234
   – Familienethik 236 – Religiöse Erziehung 239
2.3 Nächstenliebe und Karitas 239
   – Heidnische Umgebung 240 – Gemeindekaritas: Beschaffung
     der Mittel 243 – Witwen und Waisen 244 – Armenpflege 244
   – Gefangenenbetreuung und Sklavenloskauf 246
   – Totenbegräbnis 247 – Gastfreundschaft 247 – Bewertung
     von Armut und Reichtum 248

IX. Mission und Ausbreitung 251

1. Mission 251
1.1 Erwartungen 251
1.2 Träger der Mission 253
  – Zeugnis der Gemeinde 253 – Evangelisten
  und Wandermissionare 255 – Bekehrungspredigt 258

2. Ausbreitung 260
2.1 Zahlen und Vergleiche 260
2.2 Kirchliche Regionen und Zentren 262
  – Palästina/Syrien 262 – Ägypten 263
  – Griechenland/Kleinasien 263 – Nordafrika 264
  – Westliche Provinzen 264 – Italien und Rom 265

Anmerkungen 268

Literaturergänzungen 277

Register 281

Allgemeine Bibliographie

Die Abkürzungen folgen S. SCHWERTNER, Internationales Abkürzungsverzeichnis für Theologie und Grenzgebiete (Berlin [2]1992)

H. ACHELIS, Das Christentum in den ersten drei Jahrhunderten, 2 Bde. (Leipzig 1912).
K. ALAND, Die Frühzeit der Kirche in Lebensbildern (Gießen [5]1990).
B. ALTANER/A. STUIBER, Patrologie. Leben, Schriften und Lehre der Kirchenväter (Freiburg [9]1980).
P. BATIFFOL, Urkirche und Katholizismus (Kempten 1910).
K. BAUS, Von der Urgemeinde zur frühchristlichen Großkirche = HKG 1 (Freiburg [3]1965, Sonderausgabe 1985).
W. BIENERT/G. KOCH, Kirchengeschichte I, Christliche Archäologie: GKT 3 = UB 423 (Stuttgart 1989).
H. BORNKAMM, Zeittafeln zur Kirchengeschichte (Gütersloh [4]1980).
H. VON CAMPENHAUSEN, Griechische Kirchenväter = UB 14 (Stuttgart [7]1986).
H. VON CAMPENHAUSEN, Lateinische Kirchenväter = UB 50 (Stuttgart [6]1987).
Dizionario Patristico e di Antichità Cristiane (DPAC). 2 Bde. und Atlas-/Indexband. Hrsg. v. A. DI BERARDINO (Casale Monferrato 1983/84, 1988).
H. DROBNER, Lehrbuch der Patrologie (Freiburg 1994).
A. EHRHARD, Die Kirche der Märtyrer. Ihre Aufgaben und ihre Leistungen (München 1932).
A. EHRHARD, Urkirche und Frühkatholizismus (Bonn 1935).
K.M. FISCHER, Das Urchristentum = KGE 1,1 (Berlin 1985).
R.L. FOX, Pagans and Christians in the mediterranean world from the second century AD to the conversion of Constantin (London [2]1988).
K.S. FRANK, Lehrbuch der Geschichte der Alten Kirche (Paderborn 1996).
Gestalten der Kirchengeschichte. Bd. 1: Alte Kirche I. Hrsg. v. M. GRESCHAT (Stuttgart 1984; Nachdruck 1993).
G. HAENDLER, Von Tertullian bis zu Ambrosius. Die Kirche im Abendland vom Ende des 2. bis zum Ende des 4. Jahrhunderts = KGE 1,3 (Berlin 1986).
A. HAMMAN, Die ersten Christen (Stuttgart 1985).
W.-D. HAUSCHILD, Lehrbuch der Kirchen- und Dogmengeschichte. Bd. 1: Alte Kirche und Mittelalter (Gütersloh 1995).
H. JEDIN/K.S. LATOURETTE/J. MARTIN, Atlas zur Kirchengeschichte (Freiburg u.a. [2]1987).
Lexikon der antiken christlichen Literatur. Hrsg. v. S. DÖPP/W. GEERLINGS (Freiburg [2]1999).
H. LIETZMANN, Geschichte der alten Kirche, Bd. 1: Die Anfänge (Berlin [4]1961); Bd. 2: Ecclesia catholica (Berlin [3]1961).
Reallexikon für Antike und Christentum (RAC). Hrsg. v. Th. KLAUSER, ab Bd. 14 von E. DASSMANN (Stuttgart 1950ff).
R. STARK, Aufstieg des Christentums (Weinheim 1997).
K.-W. TRÖGER, Das Christentum im zweiten Jahrhundert = KGE 1,2 (Berlin 1988).
F. VAN DER MEER/C. MOHRMANN/H. KRAFT, Bildatlas der frühchristlichen Welt (Gütersloh 1959).
PH. VIELHAUER, Geschichte der urchristlichen Literatur (Berlin [3]1981).
A. VÖGTLE, Die Dynamik des Anfangs. Leben und Fragen der jungen Kirche (Freiburg 1988).

Quellen und Übersetzungen

Bibliothek der Kirchenväter (BKV). Hrsg. v. O. BARDENHEWER u.a. 1. u. 2. Reihe (Kempten/München 1911/39).

A. BENOIT/CH. MUNIER, Die Taufe in der Alten Kirche (1.–3. Jahrhundert) = TC 9 (Bern 1994).

B. BOTTE, La Tradition apostolique de Saint Hippolyte = LQF 39 (Münster ^{5}1989).

Didache, Traditio Apostolica. Übers. u. eingel. v. G. SCHÖLLGEN u. W. GEERLINGS = FC 1 (Freiburg 1990).

Die ältesten Quellen des orientalischen Kirchenrechts 2: Die syrische Didaskalia. Übers. u. erkl. v. H. ACHELIS/J. FLEMMING = TU N.F. 10 (Leipzig 1904).

Eusebius von Caesarea, Kirchengeschichte. Hrsg. und eingel. v. H. KRAFT (Darmstadt 1967).

J.A. FISCHER, Die Apostolischen Väter = SUC 1 (Darmstadt ^{6}1966).

Fontes Christiani (FC). Hrsg. v. N. BROX/W. GEERLINGS/G. GRESHAKE/R. ILGNER/R. SCHIEFFER (Freiburg 1990ff).

P. GUYOT/R. KLEIN, Das frühe Christentum bis zum Ende der Verfolgungen, 2 Bde. = TzF 60.62 (Darmstadt 1993/94).

H. KARPP, Die Buße = TC 1 (Zürich 1969).

Neutestamentliche Apokryphen. Hrsg. v. W. SCHNEEMELCHER. 1. Bd.: Evangelien (Tübingen ^{5}1987); 2. Bd.: Apostolisches, Apokalypsen und Verwandtes (Tübingen ^{5}1989).

A.M. RITTER, Alte Kirche = KTGQ 1 (Neukirchen-Vluyn ^{3}1985).

W. SCHAMONI, Martyrer der Frühkirche = Heilige der ungeteilten Christenheit (Düsseldorf 1964).

K. WENGST, Didache (Apostellehre), Barnabasbrief, Zweiter Klemensbrief, Schrift an Diognet = SUC 2 (Darmstadt 1984).

I. Anfänge

Literatur

J. BECKER u.a., Die Anfänge des Christentums (Stuttgart 1987).
J. BLANK, Probleme einer „Geschichte des Urchristentums": Vom Urchristentum zur Kirche. Hrsg. v. J. BLANK (München 1982) 15/59.
F.F. BRUCE, Apostolischer Glaube. Die Verteidigung des Evangeliums im 1. Jahrhundert (Wuppertal 1989).
H. CONZELMANN, Geschichte des Urchristentums = GNT. NTD Ergänzungsreihe 5 (Göttingen ^{6}1989).
K.M. FISCHER, Das Ostergeschehen (Göttingen ^{2}1980).
J. GNILKA, Die frühen Christen = HThK.S 7 (Freiburg 1999).
L. GOPPELT, Die apostolische und nachapostolische Zeit = KIG 1A (Göttingen ^{2}1966).
E. HAENCHEN, Die Apostelgeschichte = KEK 3. Abt. (Göttingen ^{7}1977).
H. KRAFT, Die Entstehung des Christentums (Darmstadt ^{2}1986).
E. LOHSE, Umwelt des Neuen Testaments = GNT. NTD Ergänzungsreihe 1 (Göttingen ^{8}1989).
W. REINBOLD, Propaganda und Mission im ältesten Christentum = FRLANT 188 (Göttingen 2000).
L. SCHENKE, Die Urgemeinde. Geschichtliche und theologische Entwicklung (Stuttgart 1990).
W. SCHNEEMELCHER, Das Urchristentum = UB 336 (Stuttgart 1981).
Zur Geschichte des Urchristentums. Hrsg. v. G. DAUTZENBERG/H. MERKLEIN/K. MÜLLER = QD 87 (Freiburg 1979).

1. Sammlung der Jünger

Wer sich den Anfängen der Kirche zuwendet, befindet sich in der Zwangslage, mit dem schwierigsten Teil kirchengeschichtlicher Darstellung beginnen zu müssen. Geschichtliche Ursprünge herauszuarbeiten ist immer ein besonderes Problem, denn eine historische Beschreibung braucht Dokumente, schriftliche oder auch archäologische. Die entstehen aber erst, wenn eine Bewegung bereits an das Licht der Öffentlichkeit getreten ist. Die ersten Träger einer geschichtswirksamen Bewegung machen Geschichte, aber sie schreiben sie nicht auf.
Das gilt für die Anhänger Jesu in besonderem Maße. Die Erkenntnis, daß die Kirche als das Neue Israel im Warten auf das Offenbarwerden der Herrlichkeit ihres Herrn eine Geschichte haben würde, reifte erst langsam. Kirchliche Geschichtsschreibung, die daran interessiert ist, aufzuschreiben, wie alles angefangen hat, beginnt daher spät, eigentlich erst mit Eusebius von Caesarea (gest. 339). Die neutestamentlichen Schriften, vor allem Evangelien und Apostelgeschichte, enthalten ebenso wie die Apostolischen Väter, wie Kirchenordnungen, Apologeten, Märtyrerakten sowie die apokryphen Evangelien, Apostelakten und Apokalypsen zwar wertvolle historische Nachrichten, aber sie schauen doch nicht zurück, um die kirchliche Vergangenheit zu erhellen, sondern um ihre Gegenwart verständlich zu machen und zu legitimieren.

1.1 Apostelgeschichte

Was eben festgestellt wurde, gilt ohne Einschränkung für die Apostelgeschichte, den zweiten Teil des lukanischen „Geschichtswerkes". Lukas überliefert darin gewiß eine Fülle interessanter Details, angefangen vom Gründungsakt der Kirche auf dem Pfingstfest bis hin zu Paulus in Rom, aber eben nicht mit dem Ziel, alle noch erreichbaren historischen Nachrichten unverstellt und vollständig der Vergessenheit zu entreißen, sondern um ein bestimmtes Anliegen mit dem notwendigen historischen Material zu untermauern. Es klingt wie ein Programm, wenn Apg 1,8 der Auferstandene seinen Aposteln sagt: „Ihr werdet die Kraft des Heiligen Geistes empfangen, der auf euch herabkommen wird; und ihr werdet meine Zeugen sein in Jerusalem und in ganz Judäa und Samaria und bis an die Grenzen der Erde." Die Erfüllung dieser Verheißung, die zugleich Auftrag ist, galt es für Lukas zu zeigen. So schildert er denn die Ausbreitung der Kirche zuerst im palästinischen Raum, sodann in Samaria, um anschließend nicht mehr eine Geschichte der Apostel zu schreiben, sondern nur noch dem Mann zu folgen, der das Evangelium bis an die Grenzen der Welt getragen hat, Paulus. Als Paulus in Rom ist und dort ungehindert die Lehre Jesu Christi verkünden kann, bricht Lukas ab (Apg 28,31). Den Tod des Apostels verschweigt er; nicht aus Unkenntnis, sondern weil er gemäß seinem Programm nicht mit einer Hinrichtung, sondern eben mit der ungehinderten Verkündigung des Evangeliums an den Grenzen der Erde enden will[1]. Das bedeutet aber: Wenn man sich der Apostelgeschichte als der ausführlichsten Quelle über die Anfänge der Kirche anvertraut, erfährt man wichtige Einzelheiten, bekommt dennoch ein ungenügendes und einseitiges Bild, welches dazu durch nachweisbare Anliegen des Lukas gefärbt ist, so daß historische Ereignisse in einer Bedeutung erscheinen können, die sie ursprünglich nicht gehabt haben.

Die Apostelgeschichte beginnt mit dem Rückverweis auf ein erstes Buch, das Evangelium, in dem Lukas alles berichtet hat, was Jesus tat und lehrte bis zu dem Tag, da er in den Himmel aufgenommen wurde. In den 40 Tagen zwischen Auferstehung und Himmelfahrt hat er sich den Aposteln als lebend erwiesen und mit ihnen über das Reich Gottes gesprochen. Jetzt sollen sie in Jerusalem bleiben und auf die Herabkunft des Heiligen Geistes warten (1,1/4). Schon hier stößt man auf die ersten historischen Schwierigkeiten. Nach dem Tode Jesu sind die Jünger nämlich nicht, wie Lukas vorauszusetzen scheint, in Jerusalem geblieben, sondern in alle Winde versprengt worden – oder nüchterner gesagt, in ihre Heimat zurückgekehrt. So berichtet es das älteste Evangelium. Am Ölberg sagt Jesus den Zwölfen: „Ihr werdet alle (an mir) Anstoß nehmen und zu Fall kommen, denn in der Schrift steht: Ich werde den Hirten erschlagen, dann werden sich die Schafe zerstreuen" (Mk 14,27). Sach 13,7 dient hier zur Begründung einer Tatsache, die sich offensichtlich so zugetragen hatte: Jesu Gefolgschaft war aus Jerusalem geflohen.

Ein Reflex des Vorgangs der Zerstreuung findet sich vielleicht sogar in einer außerchristlichen Quelle. In seinen Annalen berichtet Tacitus über die Christen, die der Brandstiftung Roms beschuldigt werden sollen:

Ihr „Name leitet sich von Christus her, welcher unter Tiberius vom Prokurator Pontius Pilatus hingerichtet worden war; für den Augenblick unterdrückt, brach der verderbliche Aberglaube wieder aus, nicht nur in Judäa, von wo das Unheil ausgegangen, sondern auch in Rom, wo sich ja die Greuel und Gemeinheiten aus aller Welt ein Stelldichein geben und begeisterten Anklang finden" (15,44,3)[2].

Der Tod Christi, das läßt sich den Ausführungen des Tacitus vielleicht entnehmen, hat „für den Augenblick" die Bewegung unterbrochen. Es bedurfte einiger Zeit, ehe die Jünger sich gesammelt hatten und erneut in Erscheinung traten[3].

1.2 Paulus und die Evangelien

Die Apostelgeschichte verzeichnet den Ablauf der Ereignisse, wenn sie einen ununterbrochenen Aufenthalt der Jünger in Jerusalem und ihre Begegnung mit dem Auferstandenen in dieser Stadt annimmt. In Mk 16,7 (vgl. 14,28) weist der Auferstandene Petrus und die Jünger nach Galiläa. Dort werden sie ihm begegnen in einer Reihenfolge, wie sie aus dem frühen Bericht in 1 Kor 15,5/7, der zwischen 54 und 56 entstand[4], bekannt ist. Paulus berichtet, was er selbst schon empfangen hat, daß Jesus „dem Kephas erschien, dann den Zwölf. Danach erschien er mehr als fünfhundert Brüdern zugleich; die meisten von ihnen sind noch am Leben, einige sind entschlafen. Danach erschien er dem Jakobus, dann allen Aposteln." Paulus selbst ist allerdings an Ortsangaben nicht interessiert. Völlig offen bleibt, wo sich die nur von ihm überlieferte Erscheinung vor den fünfhundert Brüdern ereignet hat (1 Kor 15,6). Daß sie mit dem Pfingstgeschehen zusammenfällt, ist nicht anzunehmen[5]; wahrscheinlich hat sich die Szene noch oder wieder in Galiläa abgespielt.
Wie Markus verlegt auch Matthäus die erste Begegnung des Auferstandenen mit seinen Jüngern nach Galiläa (Mt 28,7.16/20), während Johannes sowohl die lukanische Jerusalem- als auch die markinische Galiläatradition verwertet (Joh 20f). Die Erscheinungen in Galiläa deuten darauf hin, daß es in der Heimat Jesu und am Hauptschauplatz seines Wirkens wie in Jerusalem eine Urgemeinde oder sogar mehrere Gemeinden gegeben hat, auch wenn sich frühe Nachrichten, Namen von Gemeindeleitern oder ähnliches nicht erhalten haben. Man erkennt nur, daß die Anfänge verzweigter gewesen sein müssen, als Lukas sie angibt, wenn er die geschichtliche Entwicklung der Kirche geradlinig von Jerusalem ausgehen läßt. Auch wenn die galiläischen „Urgemeinden" zunächst keinen Bestand gehabt zu haben scheinen, wirkungslos verschollen sind sie nicht. Wie will man die unterschiedlichen synoptischen Überlieferungen erklären, wenn man die gesamte ur-

christliche Verkündigung von einer einzigen Jerusalemer Urgemeinde ausgehen läßt? An ihr waren nicht nur Personen (die Evangelisten) beteiligt, sondern ebenso Landschaften bzw. Orte, eben Lokalgemeinden[6].

Nach den Erscheinungen des Auferstandenen in Galiläa sind die Jünger mit Petrus nach Jerusalem zurückgekehrt, von wo sie laut Lukas nie weggegangen waren. Lukas' Konzentration auf Jerusalem mag historisch nicht ganz zutreffend sein, theologisch gesehen hatte sie gute Gründe für sich. Heilsgeschichtlich betrachtet war Jerusalem wichtiger als Galiläa. In Jerusalem hatte sich Jesus als Messias geoffenbart (Mk 14,61f), hier war er gekreuzigt worden (Offb 11,8), hier würde er wiederkommen in Herrlichkeit, um das Reich Gottes aufzurichten (Apg 1,11). Auch in der apokalyptischen Tradition bildete Jerusalem den Mittelpunkt des Heilshandelns Gottes für das alte wie für das neue Israel (Offb 21,9–22,5). Darum durften die Apostel von Jerusalem nicht weichen (Apg 1,4); hier mußten sich aus Jesu eigenem Volk diejenigen sammeln, die an ihn als den verheißenen Messias glaubten und bereits vor dem Pfingstereignis an die 120 Personen umfaßten (Apg 2,15).

Die historisch anzunehmende und theologisch plausible Rückkehr der Jünger nach Jerusalem besitzt eine eminent missiologische Bedeutung. Die Urgemeinde verstand sich von Anfang an anders als z.B. die Essener von Qumran, die sich aus dem jüdischen Kultverband lösten und in die Wüste am Toten Meer zurückzogen, um in der Isolation die Endzeit zu erwarten. Die Urgemeinde dagegen wollte keine esoterische Gruppe sein, die aus der Welt auswanderte, sondern eine Sammelbewegung, die auf Ausdehnung, nicht auf Ausgliederung bedacht war. Die Kirche gewinnt Anhänger, aber nicht damit sie sich zurückziehen, sondern um die Menschen zu einem neuen Volk zusammenzuführen.

1.3 Ostern als historisches Ereignis

Nach dem Tode Jesu zerstreuten sich seine Jünger und flohen nach Galiläa; hier begegnete ihnen Jesus und offenbarte sich ihnen als lebend; daraufhin machten sie sich auf und kehrten nach Jerusalem zurück. Man sieht: Das Mutfassen des Petrus (vgl. 1 Kor 15,5), die Sammlung der Jünger, die Entstehung christlicher Gemeinden gründen auf dem Ereignis der Auferstehung, das seinerseits von den neutestamentlichen Schriftstellern mit der Verkündigung des irdischen Jesus und seiner Absicht verbunden wird, eine neue Gemeinschaft von Gläubigen zu gründen, die auf das Kommen der Gottesherrschaft wartet. Die viel umstrittene Frage, ob Jesus eine Kirche gewollt hat, läßt sich nur im Zusammenhang mit dem Ostergeschehen beantworten, das deswegen eine über das fundamentaltheologische Interesse hinausgehende Bedeutung auch für die historische Frage nach dem Ursprung und der Gründungsintention der Kirche besitzt[7]. Ausgehen müßte man daher bei der Erörterung der Anfänge der Kirche nicht erst von der

Sammlung der Jünger, sondern von der kirchenstiftenden Absicht Jesu, die wiederum mit der Interpretation der Osterverkündigung zusammenhängt. Doch läßt sich die Auferstehung Jesu von den Toten als Kern des Osterkerygmas historisch beweisbar und nachprüfbar fassen? In der auf die liberal-historische Theologie antwortenden dialektisch-kerygmatischen Theologie hat man sich eine Zeitlang damit geholfen, das historische Faktum der Auferstehung als irrelevant für den Glauben und seine geschichtliche Bedeutung zu betrachten[8]. Als historisch faßbar galt nicht die Auferstehung an sich, sondern der Osterglaube der Jünger. Der allein genügte, ganz gleich wie das Ereignis ausgesehen haben mochte, das diesen Glauben hervorgerufen hatte. Er allein ist sowohl als Antwort auf Jesu Erdenwirken als auch als Ausgangspunkt für alles Kommende zu verstehen. Auch die Kirchengeschichte kann nicht hinter ihn zurückgehen. Historisch faßbar als Beginn der Kirche ist ausschließlich der Glaube der Urgemeinde(n), auf die Wiederkunft Christi warten zu müssen. Alles was daraus folgt, missionarische Verkündigung, Theologie, kirchliche Verfassung und Gestaltung des Gemeindelebens, hat in ihm seinen Ursprung.

Unbefriedigend offen bleibt bei dieser Konstruktion allerdings die Frage, wie die Jünger und ersten Anhänger Jesu zum Osterglauben gekommen sind. Das Faktum des Osterglaubens fordert doch einen Grund; und erst von der Tragfähigkeit dieses Grundes hängt es ab, wie belangvoll und verpflichtend (auch für die Späteren) der Osterglaube der Jünger ist. Ist Osterglaube ohne Auferstehung überhaupt denkbar? Wäre Jesus auf den Glauben seiner Jünger angewiesen gewesen, dann wäre er im Grabe geblieben; der Osterglaube hat nicht Jesus auferweckt, sondern die Auferstehung Jesu hat den Osterglauben geweckt. Ist diese Reihenfolge nicht sinnvoller? Bezeichnenderweise lautet das Urkerygma von Ostern (1 Kor 15,4) nicht: „Jesus ist auferstanden" – das wäre möglicherweise eine unhistorische Abstraktion und reines Bekenntnis im Sinne von: „Jesus lebt (für mich)", „seine Sache geht weiter" oder ähnlicher Parolen –, sondern: „er wurde auferweckt am dritten Tage". Das Urkerygma enthält also nicht nur das Bekenntnis des Osterglaubens, sondern die Bezeugung seines Grundes. Die Gemeinde bekennt, warum sie an die Auferstehung glaubt: weil Jesus auferweckt wurde.

Diese wenigen Hinweise auf kirchengeschichtlich wichtige Aspekte im Osterereignis müssen hier genügen. Viele der damit aufgeworfenen exegetischen und theologischen Fragen übersteigen an dieser Stelle die Möglichkeiten einer kirchengeschichtlichen Darstellung[9], die darum auch nicht mit dem Leben und der Auferstehung Jesu, sondern mit der Sammlung der Jünger begonnen hat. Angesichts dieser Beschränkung sollte aber nicht vergessen werden, daß der Ursprung der Kirche weiter zurückreicht und tiefer gründet, als es die historisch faßbare Sammlung der nachösterlichen Gemeinde erkennen läßt.

2. Eintritt in die Öffentlichkeit

2.1 Wahl des Matthias

Nach der Himmelfahrt des Herrn und der Rückkehr der Apostel vom Ölberg, mit der nun auch für Lukas die Erscheinungen des Auferstandenen zum Abschluß gekommen sind, berichtet er über die Wahl des Matthias (Apg 1,15/26). Die Zahl der elf Apostel mußte nach dem Verrat und Tod des Judas aufgefüllt werden, damit die zwölf Stämme des neuen Israel wieder voll repräsentiert werden. Darin besteht das heilsgeschichtliche Anliegen der Wahl. Der Erwählte sollte Zeuge sein können für das Leben Jesu, angefangen von der Taufe des Johannes bis zum Tag der Aufnahme in den Himmel. Das ist ihr historischer Aspekt. Die Gemeinde hat den Weg in die Geschichte vor sich; sie braucht Zeugen und Gewährsmänner ihrer Verkündigung. Die Apostel bilden dafür das organisatorische Fundament; sie tragen die Verantwortung für Verkündigung und Mission. Allerdings ist das wieder die Sicht des Lukas ungefähr fünfzig Jahre später, die auf die Verfassung der Jerusalemer Gemeinde in den ersten Jahren nur unsichere Schlüsse zuläßt. Die Zwölf sind für Lukas eine besondere, von Jesus selbst ausgewählte Gruppe und werden von ihm mit den Aposteln identifiziert (vgl. Lk 6,13). Sie garantieren die Zuverlässigkeit der mündlichen Tradition, die später von den Evangelisten aufgeschrieben wurde (Lk 1,1f; vgl. S. 192).

Die durch Judas geschwächte Gruppe sollte noch einmal ergänzt werden, nach dem Tod weiterer Glieder aber nicht mehr, denn die Funktion der Apostel als Augenzeugen war einmalig und unübertragbar. Das Apostelamt war kein Amt im Sinne einer übertragbaren Vollmacht oder Aufgabe und konnte deswegen keine Nachfolger haben, auch wenn Lukas die Bestellung des Matthias nach dem Muster einer (römischen) Bischofswahl beschrieben hat[10]. Mit der Ergänzung des Apostelkollegiums befand sich die Gemeinde in der Form, in der sie zum Empfang des Geistes und zur Konstituierung in der Öffentlichkeit bereit war. Die Sammlung der Jünger nach der Auferstehung war abgeschlossen.

2.2 Pfingstbericht der Apostelgeschichte

– Historische Glaubwürdigkeit

Als ein Ereignis der geoffenbarten Heilsgeschichte unterliegt die Herabkunft des Heiligen Geistes an Pfingsten weitgehend der theologischen Deutung. Hier kann es nur darum gehen, den kirchengeschichtlichen Ertrag zu skizzieren, indem zwischen dem Geschehen selbst und seiner literarischen Gestaltung unterschieden wird. Lukas hat nämlich in Apg 2,1/13 den historischen Kern zu einer packenden, eindrucksvollen Szene gestaltet, ohne daß das von der ganzen urchristlichen Tradition bezeugte Faktum der Geistausgießung selbst[11] in Zweifel gezogen werden müßte. Um das Wirksamwerden des Geistes in der Urkirche überhaupt zu leugnen, müßte man sich auf den Standpunkt eines krassen Rationalismus stellen, der die Wirklichkeit transzendenter Vorgänge grundsätzlich und von vornherein ablehnt. Das wäre dann aber nicht mehr historische Kritik an dem Zeugnis der Apostelgeschichte, sondern eine von einer bestimmten philosophisch-weltanschaulichen Vorentscheidung ausgehende grundsätzliche Verwerfung. Eine historisch-kritische Betrachtung entdeckt in der Pfingsterzählung Züge, die sich so nicht ereignet haben können, die also auf das Konto des Schriftstellers Lukas gehen. Er benutzt Bilder, literarische Vorlagen und Traditionen, die es ihm erlauben, plastisch zu schildern, was er bezeugen will: die Wirksamkeit des Geistes am Beginn der Kirche. Rationalistische Kritik bedeutet, daß das Ereignis selbst als unmöglich und freie Erfindung abqualifiziert wird. Was vom Heiligen Geist dann in Erscheinung tritt, der Mut der Zeugen, der Enthusiasmus der Gemeinde, Sprachengabe und all das, was Paulus in 1 Kor 12,1/11 ganz ähnlich geschildert hat, wäre dann nichts anderes als Selbsttäuschung oder Hysterie. Historische Kritik kann dagegen wohl die Darstellungsform und -inhalte analysieren und auf ihre Herkunft zurückführen, sie kann aber nicht das verwerfen, was sie als Aussagekern einer Quelle erkannt hat.

Wendet man diesen Grundsatz auf den vorliegenden Fall an, läßt sich unschwer erkennen, daß der Übergang von den Ostererscheinungen zur Geistsendung fließender war, als es Lukas mit seinen 40 Tagen bis Himmelfahrt und 10 Tagen bis Pfingsten angibt. Nach Joh 20,19/22 wurde der Heilige Geist den Jüngern bereits am Ostertag durch Jesus verliehen:

„Am Abend dieses ersten Tages der Woche, als die Jünger aus Furcht vor den Juden die Türen verschlossen hatten, kam Jesus, trat in ihre Mitte und sagte zu ihnen: Friede sei mit euch! ... Nachdem er das gesagt hatte, hauchte er sie an und sprach zu ihnen: Empfangt den Heiligen Geist! Wem ihr die Sünden vergebt, dem sind sie vergeben; wem ihr die Vergebung verweigert, dem ist sie verweigert."

Während Johannes die Geschehnisse rafft, hat Lukas die ineinandergreifenden Ereignisse von Auferstehung, Himmelfahrt und Geistmitteilung heilsgeschichtlich entfaltet und damit von dem tatsächlichen Hergang durchaus etwas Richtiges festgehalten.

Denn wenn es stimmt, daß sich die Jünger nach der Katastrophe des Karfreitags zerstreut haben und erst durch die Erscheinung des Auferstandenen und die Ermutigung des Petrus nach Jerusalem zurückgeführt worden sind, ist es sehr wohl möglich, daß sie zum jüdischen Pfingstfest, nach dem Passafest das zweite große Wallfahrtsfest des Jahres, wieder in Jerusalem versammelt waren. Dann wären die 40 Tage bei Lukas so etwas wie eine Erinnerung an die anfängliche Zerstreuung der Jünger, die nach der Himmelfahrt, d.h. nach dem Ende der Erscheinungen, sich wieder in Jerusalem zu konzentrieren begannen.

– Darstellungsmittel

Was das Pfingstereignis selbst anbetrifft, stellen sich zwei Fragen: Was ist geschehen, und was will Lukas mit seinem Bericht bezeugen? Es ging darum, deutlich zu machen, daß der Heilige Geist kein sich vorstellungsgeschichtlich entwickelndes Phänomen ist, keine Interpretation der inneren Gemeindestimmung, sondern objektive heilsgeschichtliche Wirklichkeit, nicht als Begeisterung in der Gemeinde entstanden, sondern als Heiliger Geist über sie ausgegossen. Nun ist der Geist nichts Sinnenfälliges, darum nur uneigentlich im Bild oder in seinen Wirkungen zu beschreiben. Für den Griechisch sprechenden Menschen waren *pneuma* (Geist) und *pnoē* (Windhauch) verwandte Begriffe. Darum hat Lukas das Kommen des Geistes als herabfallenden Wind, der von oben, d.h. von Gott kommt, vorgestellt. Das Wohin des Geistes im Übergang vom Himmlischen ins Irdische auf die Jünger konnte er mit Hilfe der jüdischen Pfingsttradition verdeutlichen. Pfingsten, das ehemalige Erntedankfest für die Getreideernte, war – wie andere jüdische Feste – spiritualisiert und zum Fest der Gesetzgebung auf Sinai geworden. Bei der Sinai-Gesetzgebung aber hatte sich – einer späteren jüdischen Tradition zufolge – Gottes Wort zur Flamme verwandelt und entsprechend den siebzig Völkern der Welt in siebzig feurige Zungen geteilt, so daß jedes Volk das Gesetz Gottes in seiner Sprache hören konnte. Die Parallelen zum Pfingstbericht des Lukas lassen sich nicht übersehen. Korrekterweise muß allerdings hinzugefügt werden, daß die literarischen Quellen, die diese jüdische Tradition bezeugen, jünger sind als die Apostelgeschichte. Das schließt jedoch nicht aus, daß die Tradition selbst älter ist und Lukas bekannt war[12].

Lukas setzt – mit Recht – voraus, daß sich Juden aus aller Welt zum jüdischen Pfingstfest in Jerusalem versammelt hatten oder für dauernd dort wohnten, die vom Schall des Windes angelockt wurden. Daß sie die Judenschaft in aller Welt vertreten, zeigt die Völkertafel in Apg 2,9/11. Sie alle hören, stellvertretend für ganz Israel, in ihrer Sprache den Lobpreis der großen Taten Gottes. Damit war die Wirklichkeit der Geistverleihung und -wirkung gleichsam objektiv festgestellt. Den Kern des Berichtes bildet also ein Geschehen, in dem die entstehende Gemeinde die Herabkunft des vom Herrn verheißenen Geistes als objektives Ereignis erfährt: Der Geist kommt von oben, nicht aus der Versammlung, die sich selbst in Erinnerung an Jesus begeistert. Wind und Feuerzungen sind Lukas' Darstellungsmittel.

– Anwachsen der Gemeinde

Im zweiten Teil des Berichtes Apg 2,14/36 wird Petrus wirkungsvoll in Szene gesetzt, der das Geschehen deutet. Ein wenig ungereimt erscheinen Apg 2,13 die *heteroi,* die anderen, die die Verwunderung der Menge nicht verstehen und Trunkenheit vermuten. Wo kommen sie so plötzlich her?

Doch an sie konnte Lukas dramaturgisch anknüpfen, wenn er das vielsprachige Rufen in die Predigt des Petrus überleitete[13], die beweisen soll, daß mit der Geistverleihung am Pfingstfest die Apostel mit der Verkündigung des Evangeliums begonnen haben.

Die Pfingstpredigt wie auch die übrigen Petrusreden in der Apostelgeschichte (vgl. 3,12/26; 5,29/32; 10,34/43) gestatten einen interessanten Einblick in Inhalt und Form der urchristlichen Verkündigung. Sie bieten selbstverständlich keine wörtlichen Stenogramme, sind von Lukas aber auch nicht frei erfunden, sondern verarbeiten alte Traditionen. Gegenstand der Pfingstpredigt ist die Auferweckung Jesu als Tat Gottes. Diese unerhörte Behauptung wird auf dreifache Weise bewiesen: a) durch das Zeugnis der Apostel, die ihn gesehen haben; b) Gott bestätigt das Wort der Apostel durch Wunder, die ihre Predigt begleiten; c) mit einem bereits breit angelegten alttestamentlichen Schriftbeweis. Er war in einer Predigt vor Juden besonders wichtig, die zur Einsicht geführt werden mußten, daß Jesus der Messias sei.

Die Juden ließen sich von den Worten des Petrus bewegen. 3000 wurden getauft und der Gemeinde beigezählt. Damit macht Lukas sogleich geschichtswirksam bekannt, was das Kommen des Geistes für das Werden der Kirche bedeutet. An einem Tag wurde aus dem Jüngerkreis, der hinter verschlossenen Türen wartete, die neue Gemeinschaft der Kirche, in der der erhöhte Herr wirkt durch missionarische Verkündigung und Taufe[14]. Das schnelle Wachsen der Gemeinde – bald darauf sind es schon 5000 Männer (Apg 4,4) oder sogar noch mehr (Apg 21,20) – geht dabei auf das Konto historischer Kontraktion durch Lukas. Wenn Jerusalem damals einige Zehntausend Einwohner besaß – die Schätzungen schwanken zwischen 20 000 bis 60 000[15] –, ist kaum anzunehmen, daß bereits nach wenigen Wochen ein solcher Prozentsatz der Bewohner sich zum christlichen Glauben bekehrt hatte. Das missionarische Wirken wird viel lautloser und langsamer vor sich gegangen sein. Die kleine Schar der Gläubigen führte in Jerusalem ein stilles und zurückgezogenes Leben, aus dem erst die sogenannten Hellenisten (vgl. S. 25) herausgetreten zu sein scheinen.

Lukas beschließt den Pfingstbericht mit einem der sogenannten Sammelberichte:

„Sie hielten an der Lehre der Apostel fest und an der Gemeinschaft, am Brechen des Brotes und an den Gebeten ... Und alle, die gläubig geworden waren, bildeten eine Gemeinschaft und hatten alles gemeinsam. Sie verkauften Hab und Gut und gaben davon allen, jedem so viel, wie er nötig hatte. Tag für Tag verharrten sie einmütig im Tempel, brachen in ihren Häusern das Brot und hielten miteinander Mahl in Freude und Einfalt des Herzens. Sie lobten Gott und waren beim ganzen Volk beliebt. Und der Herr fügte täglich ihrer Gemeinschaft die hinzu, die gerettet werden sollten" (Apg 2,42/7; vgl. 4,32/7).

Dieser Sammelbericht schildert das Leben der Jerusalemer Urgemeinde nicht nur unter dem Gesichtspunkt der historischen Treue; er ist auch ein Wunschbericht, in dem Lukas gegen Ende des Jahrhunderts seinen Lesern das Ideal des Anfangs vor Augen stellen will. Hilfsbereitschaft, Einmütigkeit und Schlichtheit prägten die Gemeinde. Doch selbst wenn die Beschreibung nicht ganz paßt, sie kommt der Wirklichkeit näher als manche historische Rekonstruktion, die später versucht worden ist. Der gesamte lukanische Pfingstbericht darf nicht als exakte Dokumentation der Ereignisse in Jerusalem mißverstanden werden. Mit Nachdruck bezeugt die farbige Schilderung dagegen das Wirken des Heiligen Geistes als objektives Geschehen, das den Jüngerkreis in die Öffentlichkeit treten und mit der Mission hat beginnen lassen. Die Geisterfahrung, die Paulus für seine Gemeinden ähnlich und zugleich anders beschreibt, steht auch am Beginn der Jerusalemer Urgemeinde. Das ist der Kern, den Lukas zusammen mit den wesentlichen Inhalten der Petruspredigt der apostolischen Tradition entnommen hat und als historisches Ereignis bezeugen will.

3. Jerusalemer Urgemeinde und Juden

Auch für die Folgezeit ist es Lukas gelungen, ein eindrucksvolles Bild vom Werden der Kirche zu entwerfen (vgl. Apg 3f): Sofort nach der Entbindung des Geistes am Pfingstfest begann die stürmische Ausbreitung des Glaubens unter der autorisierten und tatkräftigen Führung der Apostel. Zwar gab es Widerstände seitens der jüdischen Obrigkeit, die aber den Plan nicht stoppen konnten. Als eine im Zusammenhang mit Stephanus ausbrechende Verfolgung einen Teil der Gemeinde aus Jerusalem vertrieb, rollte die erste Missionswelle, und bald entstanden Gemeinden in ganz Palästina bis hinauf nach Syrien. Auch Heiden wurden jetzt in die Kirche aufgenommen. Die Gemeinde in Jerusalem selbst aber war ein Herz und eine Seele. Ganz ist es Lukas jedoch nicht gelungen, diese Konzeption durchzuhalten. Bei genauer Betrachtung der Apostelgeschichte zeigen sich kleinere Risse und Ungereimtheiten. Geht man ihnen nach, ergibt sich ein Bild, das nicht unbedingt weniger eindrucksvoll, aber doch differenzierter ist.

3.1 Jüdische Gruppierungen

Ein differenziertes Bild zeigt sich schon, wenn man das Verhältnis der Urgemeinde zu den Juden betrachtet. Sie steht keinesfalls einer geschlossenen Ablehnung gegenüber. Feindlich gesonnen waren die Hohepriester, die Tempelpriesterschaft sowie die Sadduzäer, eine religiös-konservative und in der Lebensgestaltung zugleich liberale Partei, die ihre Anhänger in der Priesterschaft und in den einflußreichen Jerusalemer Geschlechtern besaß. Priesterschaft und Sadduzäer waren in vielem einander nicht grün, einig aber in der Ablehnung der Jesussekte, denn sofern diese eine messianische Bewegung war, stellte sie entsprechend ihrem politischen Verständnis eine Gefahr dar. Messianische Endzeiterwartungen waren regelmäßig mit der Hoffnung auf das Ende des Römerjochs verbunden und führten leicht zu

Unruhen und Revolten. Ließen sie sich nicht unter Kontrolle bringen, mußte mit dem Eingreifen der Römer gerechnet werden, wodurch die eigenen Privilegien in Gefahr gerieten.

Priester und Sadduzäer waren aber nicht die einzigen einflußreichen Leute in der Stadt. Das wirkte sich auf die Christengemeinde aus, wie einige Beispiele zeigen. Als Petrus und Johannes im Tempel predigten (vgl. Apg 4,1/22), wurden sie vom Tempelhauptmann festgenommen, vor das Synedrium zitiert und nach einigen Ermahnungen und vagen Drohungen entlassen. Dasselbe geschah wenig später mit allen Aposteln (vgl. Apg 5,17/42): Sie wurden verhaftet, vor den Hohen Rat gestellt, diesmal ausgepeitscht, schließlich aber wiederum nach Hause geschickt. Ein solches Vorgehen wird verständlich, wenn die Festgenommenen im Synedrium Fürsprecher besaßen, zu denen vor allem die Pharisäer gehörten, wie die Rede des Gamaliel in Apg 5,34/9 zeigt. Sie ist in dieser Form sicher eine Erfindung des Lukas, denn der von Gamaliel erwähnte Aufstand des Theudas fand erst zehn Jahre später statt[16]. Aber sie dokumentiert doch hinreichend die Haltung der Pharisäer, die nichts gegen einen Messianismus einzuwenden hatten, wenn er sich im Rahmen des mosaischen Gesetzes entfaltete. Ihre Feinde waren nicht Jesus und seine Jünger, sofern sie der Satzung der Väter treu blieben, sondern die Römer und alle Gesetzesübertreter. Sie hatten es aufgegeben, wie die Zeloten auf einen gewaltsamen Umsturz der politischen Verhältnisse zu dringen; sie hatten sich auch nicht wie die Essener von der Tempelfrömmigkeit in Jerusalem abgewendet, sondern versuchten vielmehr, durch ein frommes Leben mit Gebet und Fasten die Wende herbeizuführen, die Gott seinem Volk schenken würde; ohne direkte politische Macht besaßen sie doch großen Einfluß in der Bevölkerung (vgl. S. 57)[17].

Die Apostelgeschichte berichtet 12,1/17 von einer dritten Verfolgung, die nicht so glimpflich ablief. Ihr fiel der Apostel Jakobus, der Bruder des Johannes – wohl zu unterscheiden vom jüngeren Jakobus, dem Herrenbruder und Leiter der Jerusalemer Gemeinde –, zum Opfer und sie brachte Petrus in den Kerker. Nach Apg 12,1 ging der Anstoß aus nicht bekannten Gründen von Herodes Agrippa I. (41/4) aus. Jakobus wurde hingerichtet, Petrus entkam aus dem Gefängnis und verließ die Stadt. Die Hinrichtung des Jakobus fand kurz vor dem Tod des Herodes statt, der 44 in Caesarea starb (vgl. Apg 12,19/23; Josephus, Antiquitates 19,343/50); sie bietet das erste sichere Datum der Kirchengeschichte[18].

3.2 Christliche Gruppierungen

– Die Hellenisten von Apg 6

Die Pharisäer legten den Christen gegenüber ein komplexes Verhalten an den Tag. In der Auseinandersetzung mit Tempelpriesterschaft und Sadduzäern nahmen sie die Apostel in Schutz; nach Apg 15,5 waren etliche Pharisäer der Gemeinde beigetreten, was auf eine gewisse Verwandtschaft der Glaubensanschauungen schließen läßt. Auf der anderen Seite war der Pharisäer Saulus bei der Steinigung des Stephanus zugegen und stimmte dem Mord zu (Apg 7,58; 8,1); im Auftrag des Synedriums ging er nach Damaskus, um dort die Anhänger Jesu aufzuspüren (Apg 9,1f). Wie erklären sich diese gegensätzlichen Reaktionen? Gab es unter den Pharisäern eine christenfreundliche und eine christenfeindliche Richtung?

Wahrscheinlicher ist, daß es in der Urgemeinde Gruppierungen gab, die nicht in allem übereinstimmten und der pharisäischen Partei näher oder ferner standen. Hinweise dafür bietet Lukas, wenngleich ihm nichts daran liegt, die Schwierigkeiten und Spannungen des Anfangs hochzuspielen; er ist im Gegenteil um eine Harmonisierung der Widersprüche bemüht. Diese häufig zu beobachtende Tendenz hindert ihn aber nicht daran, auch das zu berichten, was in sein Konzept nicht ganz hineinpaßt. Es kommt vor, zwar versteckt und getönt, aber durchaus erkennbar für den, der genau zusieht.

So berichtet Lukas von Judenchristen griechischer Herkunft und Sprache, die wahrscheinlich aus der Diaspora stammten und sich wieder in Jerusalem niedergelassen hatten; er nennt sie Hellenisten im Gegensatz zu den Hebräern, d.h. den Judenchristen aus Judäa/Palästina. Das Zusammenleben beider Gruppen in Jerusalem führte zu Spannungen:

„In diesen Tagen, als die Zahl der Jünger zunahm, begehrten die Hellenisten gegen die Hebräer auf, weil ihre Witwen bei der täglichen Versorgung übersehen wurden. Da riefen die Zwölf die ganze Schar der Jünger zusammen und erklärten: Es ist nicht recht, daß wir das Wort Gottes vernachlässigen und uns dem Dienst an den Tischen widmen. Brüder, wählt aus eurer Mitte sieben Männer von gutem Ruf und voll Geist und Weisheit; ihnen werden wir diese Aufgabe übertragen. Wir aber wollen beim Gebet und beim Dienst am Wort bleiben. Der Vorschlag fand den Beifall der ganzen Gemeinde, und sie wählten Stephanus, einen Mann, erfüllt vom Glauben und vom Heiligen Geist, ferner Philippus und Prochorus, Nikanor und Timon, Parmenas und Nikolaus, einen Proselyten aus Antiochia" (Apg 6,1/5).

Wie man sieht, waren bei der täglichen Versorgung die Witwen der Hellenisten zu kurz gekommen. Daß der Vorgang mit der an anderer Stelle berichteten Gütergemeinschaft – „sie hatten alles gemeinsam" (Apg 2,44) – schlecht zusammenpaßt, stört Lukas nicht. Nebenbei enthält er einen bemerkenswerten Hinweis darauf, wie früh bereits eine organisierte Karitas in der Gemeinde beginnt (vgl. S. 243). Der Mißstand konnte rasch behoben werden; er hatte einen administrativen Grund. Die Apostel waren mit der Doppelaufgabe Predigt – Diakonie überlastet. Darum wurden sieben Männer gewählt, die fortan für den Tischdienst zu sorgen hatten. Damit war die Verstimmung beseitigt. Schließlich hatte es sich nur um eine kleine Panne in der Karitas gehandelt.

Doch so glatt der Bericht lautet, so viele Widerhaken hat er. Wenn die Apostel überlastet waren, warum wurden nur die hellenistischen Witwen übergangen? Lebten die Hellenisten am Rand der Gemeinde; hatten sie eigene Zusammenkünfte? Die sieben Männer tragen alle griechische Namen. Das läßt darauf schließen, daß sie alle zum hellenistischen Kreis der Gemeinde gehörten, wenngleich die Grenzen zwischen Diaspora- und Palästinajudentum fließend und auch in Jerusalem griechische Namen gebräuchlich waren. Aber daß sich unter den sieben kein nicht-griechischer Name findet, ist wohl kein Zufall. Warum wählte man nur Hellenisten für die Diakonie? Wäre ein gemischter Kreis nicht besser gewesen? Aber stimmt die Tischdienst-Geschichte überhaupt? Lukas wendet sich anschließend dem hervorragendsten Vertreter der Siebenergruppe zu: Stephanus. Von seiner karitativen Tätigkeit wird nichts berichtet, wohl daß er ein Wundertäter und wortgewaltiger Prediger war. Ihn und seine Anhänger traf bald darauf die Verfolgung, denn am Tag der Steinigung des Stephanus „brach eine schwere Verfolgung über die Kirche in Jerusalem herein. Alle wurden in die Gegenden von Judäa und Samaria zerstreut, mit Ausnahme der Apostel" (Apg 8,1).

Mit „alle" dürften die Hellenisten gemeint sein, denn es wird ausdrücklich vermerkt, daß die Apostel von der Zerstreuung ausgenommen waren und in der Stadt bleiben konnten. Gegen sie als gesetzestreue Juden, die regelmäßig in den Tempel gingen, hatten diejenigen, auf die die Vertreibung der Hellenisten zurückging, nichts einzuwenden. Man hört auch nichts davon, daß die Apostel samt der Jerusalemer Gemeinde sich mit den Hellenisten solidarisiert hätten. Hatten sie nichts dagegen einzuwenden, daß die für sie unbequeme Gruppe die Stadt verlassen mußte? Die Frage führt auf das Feld von Spekulationen.

Ein weiteres Mitglied des Siebenerkreises, Philippus, zeichnet sich nach der Verfolgung ebenfalls nicht durch Karitas, sondern durch großen Missionseifer aus (vgl. S. 35). Er hatte Erfolg und bekam den Ehrennamen eines „Evangelisten"; auch seine Töchter wurden wegen ihrer Prophetengabe gerühmt (Apg 21,8f).

Für die Ausweitung der Mission über Jerusalem und Judäa hinaus war die Verfolgung der Hellenisten von erheblicher Bedeutung. Hier geht es jedoch zunächst um die Rückschlüsse, die sich daraus für die Zusammensetzung der Jerusalemer Gemeinde ziehen lassen. Und da zeigt sich deutlich: Die sieben Männer in Apg 6 sind unbeschadet möglicher karitativer Tätigkeit keine Armenpfleger und Vorläufer der späteren Diakone, sondern die Repräsentanten (oder Leiter) einer besonderen Gruppe in der Gemeinde. Mit ihrer Predigt erregten sie Anstoß in der Öffentlichkeit und gerieten mit der jüdischen Obrigkeit aneinander; mit derselben Obrigkeit, die sich – wenigstens mit einem Teil ihrer pharisäischen Vertreter – schützend vor die Apostel stellte. Bis zur Zerstörung Jerusalems, noch eine ganze Generation lang, konnten die christlichen Hebräer, beim Volke geachtet (Apg 5,13.26), in der Stadt bleiben.

Wie die Lehre der Hellenisten aussah und welche Akzente sie gegenüber der Christusverkündigung durch die Hebräer-Judenchristen besaß, läßt sich nur umrißhaft festlegen. Lukas überliefert zwar die große Rede, die Stephanus vor dem Hohen Rat gehalten hat (Apg 7,2/53), aber in ihr mischt sich wieder altes Traditionsgut mit lukanischer Rhetorik. Am meisten fällt die Kritik auf, die Stephanus an Gesetz und Tempel übt, denn so lautete die Anklage wider ihn: „Dieser Mensch hört nicht auf, gegen diesen heiligen Ort und das Gesetz zu reden. Wir haben ihn nämlich sagen hören: Dieser Jesus, der Nazoräer, wird diesen Ort zerstören und die Gebräuche ändern, die uns Mose überliefert hat" (Apg 6,13f). Von den Aposteln dagegen wird berichtet, daß sie zu den Gebetszeiten in den Tempel gingen (Apg 3,1). Und Jakobus, der Herrenbruder, der in der Folgezeit die Führung der Jerusalemer Gemeinde übernahm, galt bis zu seinem Tode als Prototyp eines frommen Juden. Hegesipp, ein Judenchrist des 2. Jhs., hat ihn so beschrieben:

„Wein und geistige Getränke nahm er nicht zu sich, auch aß er kein Fleisch. Eine Schere berührte nie sein Haupt, noch salbte er sich mit Öl oder nahm er ein Bad. ... Allein pflegte er in den Tempel zu gehen, und man fand ihn auf den Knien liegend und für das Volk um Verzeihung flehend. Seine Knie wurden hart wie die eines Kameles" (Eusebius, Kirchengeschichte 2,23,5f)[19].

Er genoß hohes Ansehen beim Volk und erhielt den Beinamen „der Gerechte". Als im Jahre 62 der Statthalter Festus gestorben und der neue, Albinus, noch nicht eingetroffen war, benutzte der Hohepriester Hannas II. das Interregnum, um Jakobus und andere mißliebige Personen zu liquidieren. Die Pharisäer und das Volk haben den Tod des gesetzesstrengen Jakobus nicht gutgeheißen.

– Stellung zum Gesetz

Aus allen Beobachtungen ergibt sich, daß die Reaktion der jüdischen Öffentlichkeit auf die Christen nicht nur auf verschiedene jüdische Parteien, sondern auch auf differierende Gruppen innerhalb der Jerusalemer Gemeinde hinweist. Gesetzestreue und Gesetzeskritik, Tempelfrömmigkeit und Tempeldistanz galten als zwei mögliche Wege. Neben selbstverständlich geübter Praxis dürfte schon bald auch eine theologische Reflexion begonnen haben, bei der den „Hellenisten" eher als den „Hebräern" klar geworden sein mag, welche Konsequenzen der Glaube an Jesus für die Heilsbedeutung von Gesetz und Tempel nach sich ziehen mußte.
Die synoptische Tradition hat noch die doppelte Sicht des Anfangs bewahrt. Jesus hebt in den Evangelien durch seine Worte und sein Verhalten das Gesetz auf und betont zugleich, es festhalten zu wollen. Am spannungsreichsten lauten die Aussagen des Matthäus-Evangeliums. Auf der einen Seite stehen die Antithesen der Bergpredigt: Es ist den Alten gesagt worden, ich aber sage euch (Mt 5); Jesus ist mehr als das Gesetz und der Tempel, er steht über dem Sabbat (Mt 12,8). Auf der anderen Seite überliefert Matthäus das Jesuswort: „Denkt nicht, ich sei gekommen, um das Gesetz und die Propheten aufzuheben. Ich bin nicht gekommen, um aufzuheben,

sondern um zu erfüllen" (Mt 5,17). Und Mt 5,18 enthält die alte Tradition, daß kein Jota und kein Strichlein vom Gesetz aufgegeben werden darf, bevor Himmel und Erde vergehen. Eine Zeitlang konnte man versuchen, das eine zu tun, ohne das andere zu lassen (Mt 23,23), die neue Botschaft Jesu und das alte Gesetz miteinander zu verbinden, um eine Gerechtigkeit zu erreichen, die besser war als die der Schriftgelehrten und Pharisäer (Mt 5,20), denn ein totaler Bruch mit dem Gesetz war im judenchristlichen Bereich kaum möglich. Die Thora war staatliches Gesetz; nach ihr richtete sich das öffentliche und private Leben. Jesu Botschaft aber enthielt kein neues Gesetz, das das alte ersetzen wollte. Die Jerusalemer Christen mußten sich entsprechend verhalten, sonst hätten sie wie die Zeloten zur Revolution drängen oder wie die Qumraner in die Wüste auswandern müssen. Sie wollten aber in den Lebensordnungen dieser Welt bleiben, allerdings in der Weise, daß sie zugleich durch ihr Reden und Handeln von der kommenden Gottesherrschaft Zeugnis gaben, die letztlich nicht durch das Gesetz, sondern durch den Glauben an Jesus herbeigeführt würde[20].
Latenter Konfliktstoff war damit von Anfang an im Judenchristentum vorhanden. Denn das mosaische Gesetz regelte im jüdisch-pharisäischen Verständnis nicht nur die bürgerliche Lebensordnung, sondern enthielt auch die Heilsordnung vom Sinai und war insofern nach christlichem Verständnis abgetan. Wo man von ihm immer noch das Heil erwartete, mußte es aufgegeben werden. Wenn dieser Schritt nicht gelang und die schwierige Balance zwischen Gesetzesfrömmigkeit und Gesetzesfreiheit verfehlt wurde, die das Matthäus-Evangelium so eindrucksvoll zu halten versucht[21], wuchs die Gemeinde aus dem Zentrum christlichen Denkens und Handelns heraus und stand in der Gefahr, ihr eigenes Profil zu verlieren und wieder jüdisch zu werden. Nach der Zerstörung Jerusalems im Jahre 70 sind viele judenchristliche Gemeinden auf diesen rejudaisierenden Weg gedrängt worden. Insgesamt hat das Judenchristentum durch dieses Ereignis einen schweren Schlag erlitten (vgl. S. 58/62). Was es der missionierenden Kirche dennoch an theologischen und liturgischen Traditionen mitgegeben hat, ist nur noch schwer aufzudecken[22].

4. Ausgreifen der Mission über Jerusalem hinaus

Die Missionstätigkeit über Jerusalem hinaus sieht Lukas sich in konzentrischen Kreisen entwickeln (vgl. Apg 1,8). Die Apostel waren vom Herrn mit dieser Aufgabe betraut worden und kamen ihr schrittweise nach, immer größere Räume umspannend: Jerusalem, Judäa, Samaria und schließlich bis an die Grenzen der Erde. Sie unterschieden sich damit nicht unerheblich von den anderen jüdischen Parteien. Die Essener von Qumran z.B. trieben keine eigentliche Mission, sondern bauten einen straff organisierten Orden auf, der allein durch seine Existenz die „Söhne des Lichtes" anziehen sollte. Sie waren ihrem Wesen nach esoterisch-exklusiv, gerade darum aber von einer besonderen Anziehungskraft für manche Juden, die dem offiziellen Religions- und Kultbetrieb skeptisch gegenüberstanden. Die Zeloten setzten auf die revolutionär-nationale Karte und suchten durch prophetische Agitation das Volk in Aufstände zu verwickeln. Die Pharisäer versuchten durch beharrliche Belehrung, nicht ohne sozialen Druck, das Volk auf ihre Seite zu ziehen.

Anders die Anhänger Jesu. Sie sonderten sich nicht ab, sondern gingen in die Hauptstadt Jerusalem, aber nicht um die Brandfackel des Aufstandes in das Volk zu werfen oder um die religiös-politische Führung zu ringen, sondern um alle vor eine neue Botschaft zu stellen. Sie sind nicht Propheten, Revolutionäre oder Thorakundige, sondern Missionare; sie wollen nicht aussondern, sondern das ganze Volk zum neuen Israel in der bevorstehenden Gottesherrschaft sammeln.

Es wurde schon erwähnt (vgl. S. 23), daß das missionarische Werben in Jerusalem weniger spektakulär als durch Tempelpredigten und Schauwunder mit anschließenden Massenbekehrungen vor sich gegangen sein wird. Aber auch die Konstruktion des Lukas, die nach Jerusalem die Ausbreitung in Judäa und Samarien folgen läßt, widerspricht der synoptischen Tradition. Ihr zufolge zogen die Jünger zwei und zwei von Stadt zu Stadt, entboten den Friedensgruß in einzelnen Häusern, predigten das Reich Gottes, forderten die *metanoia* und bekräftigten ihr Wort durch die Austreibung der Dämonen. Die Evangelien (Mk 6,6/13 und Par.) verlegen die Aussendung der Jünger zwar in die Zeit des irdischen Lebens Jesu – eine Art Missionspraktikum, von dem die Jünger nach einiger Zeit zu Jesus zurückkehrten, um weiter bei ihm in die Schule zu gehen. Man kann aber fragen, ob die Berichte nicht eine Rückverlegung gegenwärtiger Missionspraxis in die Zeit vor Ostern darstellen. Jedenfalls kann damit gerechnet werden, daß in der galiläischen Heimat Jesu und der Apostel schon sehr früh, vielleicht bereits vor Jerusalem, Gemeinden entstanden sind. Seltsamerweise fehlt im Missionsbefehl von Apg 1,8 Galiläa. Der Grund könnte gerade darin bestehen, daß die Verkündigung dort bereits begonnen hatte. Daß Galiläa von der Mission nicht ausgeschlossen war, beweist die Apostelgeschichte in einer Nebenbemerkung, wenn in 9,31 im Anschluß an die Flucht des Paulus aus Damaskus gesagt wird: „Die Kirche in ganz Judäa, Galiläa und Samaria hatte nun Frieden." Es dürfte also von Anfang an außerhalb Jerusalems eine Galiläa-Mission gegeben haben, die von den Evangelien zwar in der Zeit des irdischen Jesus angesiedelt, aber erst nach Ostern ihre Früchte gebracht haben wird.

In Erwartung der Parusie hätte allerdings auch die Beschränkung der missionarischen Verkündigung auf Jerusalem einen Sinn ergeben. In Jerusalem sollte durch das Zeugnis der Apostel bei der Wiederkunft Christi das Heil nicht nur für ganz Israel offenbar werden, sondern für alle Völker gemäß der alten jesaianischen Weissagung von der Völkerwanderung zum Sion (vgl. Jes 60; Micha 4,1f), die Mt 8,11 in der Verheißung nachklingt: „Ich sage euch: Viele werden von Osten und Westen kommen und mit Abraham, Isaak und Jakob im Himmelreich zu Tisch sitzen." Wenn aber auf dem Weg über ein bekehrtes Israel alle Völker am endzeitlichen Heil Anteil erhalten würden, dann war es gerechtfertigt, in Jerusalem zu bleiben, nicht nur aus missionstaktischen, sondern aus theologischen Gründen. Ähnlich wie bei der verschiedenen Haltung der Hellenisten und der Hebräer gegenüber dem Gesetz könnte es am Anfang ein Missionsverständnis gegeben haben, das nicht überall gleich war: eine galiläische Missionstheorie, die Wandermission betrieb, und die streng jüdische Konzeption Jerusalems, der es um die Präsenz in der heiligen Stadt ging, die zum eschatologischen Konzentrationspunkt des erwarteten Gottesreiches werden sollte.

In die Krise mußte die abwartende und auf den alttestamentlichen Heilserwartungen aufruhende Erwartung kommen, sobald sich herausstellte, daß mit einer Bekehrung Israels als Voraussetzung der beginnenden Völkerwallfahrt der Heiden nach Jerusalem nicht zu rechnen war. Das geschah bald. Für Paulus war die Verstockung Israels noch ein bedrückendes Rätsel (Röm 9/11). Jakobus, der Herrenbruder, hat sich nie mit ihr abgefunden; er betete auf den Knien bis zu seinem gewaltsamen Ende im Tempel für die Rettung seines Volkes (vgl. S. 28). Die Apostelgeschichte weiß von dieser Erwartung genausowenig mehr wie von ihrer Enttäuschung. Falls es die beiden Missionsauffassungen gegeben hat, dann harmonisiert Lukas die verschiedenen Standpunkte. Als er schreibt, ist die Mission längst expansiv galiläisch; also war sie es von Anfang an. Aber auch Jerusalem kommt ins Spiel, nicht als eschatologischer Sammelpunkt, wie es der hebräisch-christlichen Konzeption entsprochen hätte, sondern als Missionszentrum, von dem aus die Verkündigung ihren Ausgang nimmt und in die Welt drängt.

Ob die Apostel tatsächlich ihre Verkündigung zunächst auf Jerusalem beschränkten und erst später (paarweise) durch Palästina zogen oder ob die galiläische Mission das erste ist und erst später nach Jerusalem übergreift, muß letztlich in der Schwebe bleiben. Als Jerusalem die Erwartungen enttäuschte, spätestens im Jahr 44, als Jakobus hingerichtet wurde und Petrus die Stadt verlassen mußte (vgl. S. 25), begann die Wandermission der Apostel und anderer Glaubensboten. Schon als Paulus nach Jerusalem kommt, um die Apostel zu sehen (Gal 1,18; vgl. S. 49), traf er dort nur Petrus an und natürlich den Herrenbruder Jakobus. Waren die anderen Apostel unterwegs? Umgekehrt weiß man von Aufenthalten des Petrus in Antiochien und später in Rom. Eine zufällige Bemerkung des Paulus in 1 Kor 9,5 zeigt, daß in den fünfziger Jahren zahlreiche Missionare unterwegs gewesen sein müssen. Paulus, der um seines Verkündigungsauftrags willen ungebunden bleiben wollte, fragt: „Haben wir nicht das Recht, eine Schwester als Frau mitzunehmen, wie die übrigen Apostel und die Brüder des Herrn und wie Kephas?" Noch später, um die Jahrhundertwende, erwähnt die Didache 11,3/6 Apostel genannte umherziehende Missionare, allerdings schon mit deutlich kritischem Unterton (vgl. S. 257).

Vielleicht hatte die durch die Hellenisten (Stephanus) heraufbeschworene Verfolgung tatsächlich den Anstoß gegeben, über Jerusalem und Judäa hinauszugreifen. Die in Jerusalem zurückbleibende Gemeinde mußte sich mehr und mehr den Gebräuchen der Väter anpassen, um Lebensraum zu behalten. Sie vergaß die Botschaft Jesu nicht, aber sie trat doch zurück und blieb ganz in die jüdische Frömmigkeit eingebettet, vollends als nach der Zerstörung Jerusalem aufgehört hatte, Zentrum der judenchristlichen Kirche zu sein. Die Mission dagegen weitete sich aus, faßte Fuß in vielen Städten, darunter in Rom, wo die Kirche nach den Worten des Irenäus durch die Apostel Petrus und Paulus gegründet wurde und wiederum ein Zentrum erhielt (adv. haer. 3,1,1; 3,2f)[23]. Die andere Sicht, das Reich Gottes herbeizuführen, nämlich betend in Jerusalem auszuharren wie Jakobus, nicht in die Weltstädte vorzudringen, sondern auf die Wallfahrt der Heiden zu hoffen, verdämmerte und ging verloren. Ein Wort wie das zuvor erwähnte (vgl. S. 30f) in Mt 8,11 erinnert nur noch dunkel daran.

Träger der Mission waren nach Lukas die Apostel, aber in Wirklichkeit sie sicher nicht allein. Von den Hellenisten, insbesondere von Stephanus und Philippus, wurde schon gesagt, daß sie sich predigend betätigten (vgl. S. 27). Der Kreis der Missionare muß aber noch weiter gezogen werden. Die schnelle Ausbreitung der Kirche wird in Palästina zumeist durch unbekannte Gemeindemitglieder geschehen sein, die dort, wo sie hinkamen, von ihrem Glauben kündeten. Als Paulus bekehrt wurde, war er auf dem Weg nach Damaskus, um dort die Gemeinde zu verfolgen (Apg 9,3). Also gab es in Damaskus Jünger Jesu, ohne daß von einem Apostel berichtet wird, der dort gewirkt hätte. In gleicher Weise findet Petrus, als er nach Lydda und Joppe kommt, dort Christen vor (Apg 9,32/43). Er und auch Johannes – von der Missionstätigkeit anderer Apostel hört man bei Lukas sowieso nichts – erscheinen überhaupt weniger als Missionare denn als Inspektoren schon bestehender Gemeinden. Wie schnell die Verbreitung über die Grenzen Palästinas hinaus vor sich gegangen sein muß, läßt sich aus einem Edikt des Kaisers Claudius ersehen (vgl. S. 97). Zwischen Juden und Judenchristen, die die römische Behörde noch nicht zu unterscheiden weiß, muß es zu Auseinandersetzungen gekommen sein, die den Kaiser einschreiten ließen. Doch nicht darauf kommt es hier an, sondern auf die Tatsache, daß es um 49 bereits Christen in den römischen Synagogengemeinden oder sogar eine eigene Christengemeinde gegeben hat. Nach Eusebius, Kirchengeschichte 2,14,6, soll Petrus bereits unter Claudius nach Rom gekommen sein und dort mit Simon Magus gestritten haben. 48/49 befand sich Petrus jedenfalls wieder in Jerusalem zum sogenannten Apostelkonzil. Als Paulus nach Italien kam und um 60 in Pozzuoli bei Neapel an Land ging, begrüßten ihn dort christliche Brüder, wie auch an weiteren Stationen auf dem Weg nach Rom (Apg 28,14f). Viele Namen tauchen auf; eine große Beweglichkeit zeigt sich schon in den ersten Jahren.

Mit der Ausweitung der Mission über Jerusalem hinaus, insbesondere mit der durch die Hellenisten begonnenen Glaubenspredigt, war aber noch eine besondere Problematik verbunden, deren Lösung der Mission erst ihre ganze Dynamik verlieh und die Struktur der gesamten werdenden Kirche, ihre Organisation sowie ihre Theologie wesentlich beeinflußte: die Hinwendung zu den Heiden.

II. Heidenmission

Literatur

J. BECKER, Paulus. Der Apostel der Völker (Tübingen 1989).
G. BORNKAMM, Paulus = UB 119 (Stuttgart [4]1979).
J. GNILKA, Paulus von Tarsus = HThK.S 6 (Freiburg 1996).
F. HAHN, Das Verständnis der Mission im Neuen Testament = WMANT 13 (Neukirchen 1963).
M. HENGEL/A.M. SCHWEMER, Paulus zwischen Damaskus und Antiochien = WUNT 108 (Tübingen 1998).
H. KASTING, Die Anfänge der urchristlichen Mission = BEvTh 55 (München 1969).
O. KUSS, Paulus. Die Rolle des Apostels in der theologischen Entwicklung der Urkirche (Regensburg 1971).
G. LÜDEMANN, Paulus, der Heidenapostel, 2 Bde. = FRLANT 123. 130 (Göttingen 1980, 1983).
Mission im Neuen Testament. Hrsg. v. K. KERTELGE = QD 93 (Freiburg 1982).
G. SCHILLE, Anfänge der Kirche. Erwägungen zur apostolischen Frühgeschichte = BEvTh 43 (München 1966).

1. Problematik und Verlauf

1.1 Spontaner Beginn

Der Übergang der Kirche von den Juden zu den Heiden ist unlöslich mit Person und Werk des Paulus verbunden. Er ist es gewesen, der die vollgültige Aufnahme von Heiden in den neuen Heilsverband der Kirche ohne Beibehaltung der jüdischen Elemente, Beschneidung und Gesetz, theologisch durchdacht und einsichtig gemacht hat. Er hat vor allem selbst als erfolgreicher Missionar unter den Heiden gewirkt. Aber so groß sein Verdienst an der Heidenmission auch ist: betrachtet man die Anfänge, muß auch hier genauer differenziert werden. Die Hinwendung zu den Heiden war nicht das Ergebnis einer theoretischen Entscheidung, sondern ein geschichtlicher Vorgang, der erst nachträglich begründet und gerechtfertigt wurde. Die ersten genannten und ungenannten Missionare des Hellenistenkreises waren so erfüllt von der Neuheit ihres Glaubens, daß sie bei der Verkündigung kaum sorgfältig darauf geachtet haben, daß ja nicht falsche, d.h. nichtjüdische Ohren das Evangelium vernahmen. Und die Hörer – auch Heiden – glaubten! Das war das staunenerregende Faktum, das dann in die theologische Einsicht von der Zuwendung des Heils an alle Menschen eingeordnet werden mußte, ein Problem von kaum zu überschätzender Tragweite, dessen Lösung das weitere Schicksal der Kirche bestimmt hat wie kaum ein anderes.

Wenn man sich den tatsächlichen Beginn der Heidenmission somit auch ziemlich problemlos vorstellen darf, ihre Rechtfertigung hat viel Mühe gemacht. Die Tradition hatte Worte Jesu bewahrt, die davon sprachen, daß er sich nur gesandt wußte zu den verlorenen Schafen des Hauses Israel (Mt 10,5f.23). Wie es trotzdem zur Heidenmission kommt, wird unterschiedlich beantwortet. Am ausführlichsten berichtet wieder die Apostelgeschichte. Aber auch die Evangelien suchen nach einer Antwort. Nimmt man alle Nachrichten zusammen, ergibt sich ein vielfarbiges Bild, das nicht leicht zu deuten ist[24].

1.2 Neutestamentliche Begründungen

Obwohl die Schilderung des Lukas in Apg 8/11 eine bestimmte Tendenz verfolgt, läßt sie die Spontaneität der Anfänge noch deutlich erkennen. Die Tendenz besteht darin, daß Lukas nicht nur zeigen will, wie die Heidenmission begann, sondern wie die Urgemeinde in Jerusalem zu ihrer Anerkennung geradezu gezwungen worden ist. Lukas will das „Gott will es" der Heidenmission herausstellen[25]. Darum hat er die Ereignisse nicht nach zeitlichen, sondern nach sachlichen Gesichtspunkten geordnet, die eine inhaltliche Steigerung ergeben.
Es beginnt mit dem Wirken des Hellenisten Philippus in Samaria. Die Samaritaner hatten sich zwar vom jüdischen Kultverband getrennt, sie waren aber Beschnittene und von gleicher Abstammung wie die Juden. Philippus' Predigt hatte vollen Erfolg; als die Apostel in Jerusalem hörten, Samaria habe das Wort Gottes angenommen, schickten sie Petrus und Johannes zur Geistsendung dorthin (Apg 8,14/7). Ganz so glatt wird die Sache in Wirklichkeit nicht verlaufen sein. Sich mit den verhaßten Samaritanern im selben Glauben zu solidarisieren, dürfte der Jerusalemer Gemeinde einige Mühe bereitet haben. Auffällig oft betonen die Evangelien die Qualitäten der Samariter (vgl. das Gleichnis vom barmherzigen Samariter [Lk 10,25/37]; der einzige von zehn Geheilten, der umkehrt und dankt, ist ein Samariter [Lk 17,11/9]; Jesu freundliche Aufnahme bei den Samaritanern [Joh 4,39/42]). War es notwendig, die Samariter so herauszustreichen, um das Mißtrauen ihnen gegenüber abzubauen? Hellenistische Missionare dürften in Samaria dagegen wohlgelitten gewesen sein. Es verband sie mit den Samaritanern die Abneigung gegenüber dem Jerusalemer Tempel und der Priesterschaft.
Die nächste Bekehrung in sachlicher Steigerung geschieht an dem Kämmerer und Hofbeamten der äthiopischen Königin Kandake (Apg 8,26/40). Wer war dieser Mann? Sein Verhältnis zum Judentum bleibt ein wenig in der Schwebe. Vielleicht war er ein Proselyt und jüdischer Sympathisant, jedenfalls abstammungsmäßig kein Jude. Er war nach Jerusalem gereist, um Gott anzubeten; auf der Heimfahrt im Wagen las er den Propheten Jesaja. Wieder ist es Philippus, der ihn bekehrt und tauft.
Ihren Höhepunkt erreicht die lukanische Klimax mit der Bekehrung des römischen Hauptmanns Kornelius, der nun mit Sicherheit ein unbeschnittener Heide war. Zuerst erhält Petrus in einer himmlischen Vision die Weisung, sich durch die jüdischen Reinheitsgebote nicht hindern zu lassen, den Heiden das Evangelium zu verkünden (Apg 10,15.20). Lukas nützt sie, um

das Heidenproblem, vor das sich die Jerusalemer Gemeinde gestellt sah, in einer packenden Szene ausführlich zu erörtern. Als Kornelius und alle, die bei ihm im Hause sind, die Predigt des Petrus hören, gläubig werden und erfahrbar den Heiligen Geist empfangen, kann ihnen die Taufe nicht länger verweigert werden (Apg 10,44/8). Die Frage, ob sie nachträglich beschnitten und auf das mosaische Gesetz verpflichtet werden müssen, wird hier noch ausgespart; Lukas behandelt sie erst später auf dem Apostelkonzil (vgl. S. 41). Vorerst bleibt es dabei: Gott hat die Taufe der Heiden gewollt. Mit dieser Auskunft beruhigen sich die gesetzesstrengen Brüder in Jerusalem (Apg 11,18). Die weitere Entwicklung hat gezeigt, daß diese Beruhigung vorläufig und unvollständig war und noch viel Streit, vor allem den Antiochenischen Zwischenfall zwischen Petrus und Paulus (vgl. Gal 2,11/4) zur Folge haben sollte.

In Antiochien war nämlich eine Gemeinde herangewachsen von einer solchen Größe und inneren Lebendigkeit, daß sie zum Ausgangspunkt der heidenchristlichen Mission werden konnte. Antiochien am Orontes, ehemalige Hauptstadt des Seleukidenreiches, war eine glänzende hellenistische Großstadt. Sie dürfte damals mehrere Hunderttausend Einwohner gezählt haben, darunter zahlreiche Juden[26]. Dieses großstädtische Judentum verhielt sich freier dem Gesetz gegenüber und war auch nicht unberührt geblieben vom Indifferentismus seiner synkretistischen Umgebung. Doch nicht nur an dieses wandten sich die aus Jerusalem vertriebenen, aus Zypern und Zyrene stammenden hellenistischen Missionare (vgl. Apg 11,20), sondern auch an die Heiden direkt, so daß eine Gemeinde entstand, die nun wirklich christlich war, insofern der Glaube an Christus Heiden und Juden zu einer neuen Gemeinschaft zusammenband und nicht mehr nur eine *hairesis* bildete, wie es deren viele gab, die eine Gruppe von Juden im jüdischen Glaubensverband bezeichnete. So verwundert es nicht, daß in Antiochien der neue Name *christianoi* entsteht. Die Außenstehenden, die den Namen prägten, erkannten die Anhänger Jesu als eine wohl mit dem Judentum zusammenhängende, aber doch selbständige Gruppe. Erst Anfang des 2. Jhs. wird der Name „Christen" zur Selbstbezeichnung[27].

Als die Gemeinde in Jerusalem von dem Erfolg der Verkündigung in Antiochien hörte, schickte sie Barnabas dorthin. Es klingt fast ein wenig beschwichtigend und wie eine Entschuldigung, wenn Lukas bemerkt: Als Barnabas das Wirken der Gnade Gottes sah, „freute er sich und ermahnte alle, dem Herrn treu zu bleiben, wie sie es sich vorgenommen hatten. Denn er war ein trefflicher Mann, erfüllt vom Heiligen Geist und von Glauben" (Apg 11,23). Ob Barnabas wirklich als Beauftragter Jerusalems und Glaubensinspektor die Reise nach Antiochien unternommen hat, ist fraglich. Wahrscheinlich gehörte er zu den zuvor erwähnten Männern aus Zypern, die infolge der Stephanusverfolgung aus Jerusalem fliehen mußten. Sein besonderes Verdienst ist es, daß er sich an Paulus erinnert und ihn von seinem Warteposten in Tarsus in die Gemeindearbeit nach Antiochien gerufen hat, das so zur Ausgangsbasis für die paulinische Mission geworden ist

(Apg 11,25f; vgl. S. 49). Allerdings war mit der von Lukas mitgeteilten Freude des Barnabas über die Vorgänge in Antiochien die Zustimmung der Jerusalemer Gemeinde noch nicht endgültig erreicht, wie die bald folgenden Auseinandersetzungen beweisen.

Faßt man den Gedankengang des Lukas unter Einbeziehung seines Evangeliums bis hierher zusammen, ergibt sich folgende Entwicklung: Jesus gewann eine Jüngergruppe und durchzog mit ihr Israel. Nach dem Zusammenbruch (Kreuzestod) sammelten sie sich, dem Befehl des Auferstandenen gehorchend, in Jerusalem, um auf die Ausgießung des Heiligen Geistes zu warten (Pfingsten). Sofort danach begann die Predigt in der Stadt. Eine Verfolgung führte zur Zerstreuung der Gemeinde und zur Predigt außerhalb Jerusalems. Zur Heidenmission aber kam es erst durch aktives Eingreifen Gottes, der Petrus gegen seinen Willen dahin führte, den Kornelius zu taufen. Das ergibt eine klare Schilderung, die sich auch weithin durchgesetzt hat, obwohl sie einige Schwierigkeiten bzw. blinde Flecken enthält: Wie es z.B. in Antiochien ohne Petrus zur Heidenmission gekommen ist, bleibt unbegründet. Die Gemeindegründungen in Galiläa, Syrien und Zilizien (vgl. Apg 15,23) werden ganz übergangen.

Andere Akzente und Ergänzungen bieten die übrigen Synoptiker. Matthäus teilt die Missionsgeschichte in zwei Etappen auf. Vor Ostern beschränkte sie sich streng auf Israel, der Auferstandene dagegen sandte seine Jünger aus zu weltweiter Mission: „Geht zu allen Völkern und macht alle Menschen zu meinen Jüngern" (Mt 28,19). Im Unterschied zu Lukas beginnt die Mission in Galiläa und es gibt kein Zuwarten nach der Auferstehung; die Beschränkung auf Israel ist heilsgeschichtlich überwunden. Allerdings scheint der Zeitpunkt der Ausweitung nicht Ostern zu sein, sondern bereits der Kreuzestod Jesu. An ihm zerbricht der Vorrang der Juden. Bei Matthäus bekennt die ganze römische Wachmannschaft Jesu Gottessohnschaft: „Wahrhaftig, das war Gottes Sohn!" (Mt 27,54). Mit dem Tode Jesu merken die Heiden auf und erkennen das neue Heil.

Noch stärker von Lukas und Matthäus unterscheidet sich der Lösungsversuch des Markus: Jesus beginnt mit der Berufung von Jüngern (1,16/20), aus denen alsbald die Zwölf ausgewählt werden (3,13f). Sofort nach den ersten Reden und Machttaten Jesu werden die Apostel ausgesandt (6,7), die aber zurückkehren, um im folgenden bei Jesus zu lernen, was ein Missionar wissen muß. An den Heilungen in Syrophönizien und in der Dekapolis (7,24/37) – also in heidnischem Gebiet – wird ihnen klar gemacht, daß Heidentum an und für sich nicht verunreinigt. Mit Mk 8 ist die Missionstätigkeit beendigt, die von Anfang an unterschiedslos die Heiden miteinschloß. Matthäische Beschränkungen kennt Markus nicht. Der Tod Jesu unterbricht radikal das Wirken der Jünger; sie zerstieben in alle Winde (Mk 14,27; vgl. S. 16). Nach der Auferstehung beginnt das missionarische Wirken erneut in Galiläa (Mk 14,28; 16,7).

1.3 Missionstheorien

Wie erklären sich die unterschiedlichen Aussagen der Evangelisten? Lassen sie auf verschiedene vorsynoptische Überlieferungen hinsichtlich der Praxis der Heidenmission schließen? Ausgehen kann man von einigen Logien bei Matthäus, die sich auffällig gegen die spätere weltweite Missionsauffassung dieses Evangeliums sperren. Mt 10,5f gebietet Jesus: „Geht nicht zu den Heiden, und betretet keine Stadt der Samariter, sondern geht zu den verlorenen Schafen des Hauses Israel." Ähnlich einschränkend klingt in derselben Missionsrede Mt 10,23: „Wenn man euch in der einen Stadt verfolgt, so flieht in eine andere. Amen ich sage euch: Ihr werdet nicht zu Ende kommen mit den Städten Israels, bis der Menschensohn kommt." Beide Stellen scheinen ganz unter dem Einfluß der jüdischen Apokalyptik gesprochen zu sein. Die Zeit langt nicht mehr für eine Ausweitung der Mission in heidnisch-samaritanisches Gebiet. Auch sollen die Jünger nicht zuviel Zeit auf eine unwillige israelitische Stadt verschwenden und lieber zur nächsten gehen, die bereit ist, sich dem eschatologischen Bußruf zu öffnen. Beide Logien gehören zum „Urgestein" des Matthäusevangeliums und verweisen auf eine alte judenchristliche Traditionsschicht[28]. Läßt sich daraus schließen, daß es eine Zeit gab, in der die Judenchristenheit im Stammland Palästina nur zögernd Mission trieb, und weist dann Mt 10,5f mit dem Verbot der Glaubensverkündigung bei Heiden und Samaritanern auf eine judenchristliche Mission hin, die zwar jetzt ganz Israel umfaßte, nach Norden hin aber einen Riegel bildete gegenüber galiläischen Missionaren, die über heidnische Gebiete und Samaria nach Palästina eindrangen? Die Judenchristen verträten damit eine Naherwartung, die es geboten sein ließ, zuzuwarten, bis der endzeitliche Richter erscheinen und die Völker zum Sion führen würde. Solche Gedanken sind aus der judenchristlichen Apokalyptik bekannt und haben ihren Reflex in Stellen wie Mt 8,11 gefunden (vgl. S. 30f).

Man konnte aus der Naherwartung aber auch einen anderen Schluß ziehen und in der jetzt angebrochenen eschatologischen Heilszeit unverzüglich mit der Sammlung der Heiden beginnen. Das scheint im nordgaliläischen Raum der Fall gewesen zu sein. Jesu Wirken im heidnischen Gebiet gab dazu die Berechtigung. Markus überliefert die entsprechende Tradition: Syrophönizien wird legitimiert durch Jesu Handeln an einer heidnischen Frau (Mk 7,24/30), und die ganze Dekapolis hört die Botschaft Jesu bereits durch den Mund eines geheilten Besessenen (Mk 5,20; vgl. 7,31/7). Verbirgt sich hinter dieser Erinnerung an Jesu Taten bei Markus ein in Galiläa beheimatetes Missionsbewußtsein, das den Partikularismus des Jerusalemer Judenchristentums nicht geteilt hat? Das würde bedeuten, daß sich im vorsynoptischen Zustand zwei Missionstheorien und -praktiken gegenübergestanden haben: Galiläa und Jerusalem! Die Evangelien versuchen dann bereits, beide Standpunkte einander anzunähern, die aus der Überlieferung einzelner Logien noch bekannt, zu ihrer Zeit allerdings bereits überholt waren. Denn die Apostelgeschichte zeigt, wie bald auch die Judenchristen Jerusalems dahin geführt worden sind, der Heidenmission zuzustimmen. Markus stützt sich noch ganz auf die galiläische Sicht der Dinge, einer Heidenmission von Anfang an. Matthäus erarbeitet einen theologisch gut begründeten Kompromiß, der das Gewicht des jüdischen Standpunkts, die Beschränkung auf Israel, anerkennt, aber am Kreuz zerbrechen und darum für die Gegenwart der Kirche überwunden sieht. Lukas endlich stellt die Dinge gewissermaßen auf den Kopf. Er hat das galiläische Programm der Heidenmission aus der judäischen Statik des Verbleibens in Jerusalem abgeleitet. Matthäus kennt möglicherweise einen weithin missionslosen Standpunkt (10,23), eine Israelmission (10,5f; 15,24) und endlich die Weltmission (28,19f); ähnlich schildert Lukas das Zuwarten bis zur Geistsendung, anschließend die Juden- und dann die Heidenmission. Die theologische Lösung unterscheidet dabei zwischen der vor- und nachösterlichen Sendung der Jünger. Zu fragen ist aber (und es sei daran erinnert, daß hier eigentlich nur Fragen gestellt werden konnten), ob sich hinter der theologischen Lösung nicht echte historische Gegebenheiten verbergen; daß es nämlich anfangs beides gegeben hat: das hoffende Warten auf die Wiederkunft des Herrn ohne den Willen, die Botschaft über Judäa hinaus zu verbreiten, und die sofort einsetzende Verkündigung der Angehörigen und Jünger Jesu in seiner Heimat, die nicht aufhören konnten, davon zu sprechen, was sie in den Jahren des Zusammenseins mit Jesus gesehen und gehört hatten, erst recht nicht nach der Auferstehung und der Erfahrung, daß Jesus lebt.

Über alledem sollte nicht vergessen werden, daß die Problematik des Beginns der Mission wirklich nur die allerersten Anfänge betrifft. Es hat nicht lange gedauert, da war die Mission – auch die theologisch viel schwieriger zu begründende Heidenmission ohne Gesetz und Beschneidung – allgemein anerkannt, und Gruppen, die sie immer noch beargwöhnten, gerieten bereits an den Rand der christlichen Glaubensgemeinschaft.

Wie schnell und lautlos die Heidenmission sich ausgebreitet haben muß, beweist möglicherweise das Claudiusedikt von 49 (vgl. S. 97). Der Streit, der „auf Anstiftung des Chrestos" zur Ausweisung der Juden führte, könnte nämlich darauf zurückzuführen sein, daß in Rom neben der Synagoge eine aus Juden und Nichtjuden zusammengesetzte christliche Gemeinde entstanden war, die eben wegen der in ihr vorhandenen unbeschnittenen Heiden von der römischen Synagoge nicht mehr toleriert wurde. Der Römerbrief des Paulus setzt wenig später in Rom dieselbe Gemeindesituation voraus[29].

Aus allen Nachrichten ergibt sich, daß die Heidenmission sehr früh begann, nicht aufgrund einer Grundsatzentscheidung, sondern als eine pragmatische Entwicklung. Sie entsprang dem Verkündigungsdrang versprengter Glaubenszeugen und entstand aus der Erfahrung, daß die jüdische Synagoge sich der Botschaft Jesu verschloß, während unbeschnittene, gesetzlose Heiden bereit waren zu glauben. Natürlich konnte die pragmatische Ausübung der Heidenmission auf die Dauer nicht genügen, die theologische Rechtfertigung mußte folgen. Daß sie nicht glatt und problemlos gefunden wurde, sondern erhebliche Auseinandersetzungen mit sich brachte, braucht nicht zu verwundern. Es verdient aber doch festgehalten zu werden, daß es zu einer der folgenreichsten Entscheidungen in der Kirchengeschichte auf dem Weg der Tat gekommen ist. Die Praktiker der Glaubensverkündigung beginnen das Neue, die Theologen rechtfertigen es im nachhinein. Spiegelt sich hier ein Grundgesetz kirchlicher Entwicklung?

1.4 Folgerungen

Das Entstehen von heidenchristlichen bzw. von gemischten Gemeinden mit einem beachtenswerten Anteil an Heidenchristen hatte erhebliche Konsequenzen: Sie schieden aus dem Synagogenverband aus und begaben sich damit der Duldung, die der jüdischen Glaubensgemeinschaft als einer *religio licita* seitens des römischen Staates zukam. Hier liegt der Grund für die später entstehenden Verfolgungen. Wie das Claudiusedikt anzudeuten scheint, dauerte es zwar noch eine Weile, ehe die römischen Behörden die Trennung begriffen hatten und zwischen Juden und Christen zu unterscheiden wußten; spätestens unter Nero war es aber soweit (vgl. S. 97).
Noch folgenreicher für die innere Struktur der wachsenden Kirche war etwas anderes. Der Schritt von Jerusalem nach Antiochien führte sie aus dem Bereich des palästinischen Judentums hinaus in die geistige Welt des Hellenismus. Das bedeutete zwar keinen totalen Bruch; die neu entstehenden Gemeinden blieben durch persönliche Kontakte und Spendengaben mit der Kirche Jerusalems verbunden. Festgehalten wurde an der Einheit des Bekenntnisses. Wichtige Glaubensinhalte wurden von Anfang an in Formulierungen ausgesprochen, die allen gemeinsam waren. Auch Paulus benutzte Wendungen mit palästinischem Gepräge; in bekenntnishaft formulierten Glaubensaussagen über Eucharistie und Auferstehung will er nur überliefern, was er selbst empfangen hat (vgl. 1 Kor 11,23; 15,3). Diese Rückbindung der außerpalästinischen Gemeinden an die Jerusalemer Muttergemeinde geschah nicht nur gefühlsmäßig, sondern war auch sachlich-theologisch begründet. Der Glaube an die Auferstehung Jesu band alle Gemeinden an die noch lebenden Zeugen dieser Auferstehung[30].
Es lassen sich aber ebenso Ergänzungen und Veränderungen feststellen. So mußte z.B. bei der Predigt vor Nichtjuden dem Kerygma von Christus der Glaubensartikel über den einen Gott hinzugefügt werden, ein Bekenntnis, das man Juden(christen) nicht einzuschärfen brauchte. Doch auch die christologischen Aussagen wandelten sich. Der Messiastitel z.B. verlor an Bedeutung. Übersetzte man Messias (Gesalbter) mit *Christos,* so sagte das einem Griechen nicht viel. Dachte ein Jude bei Salbung an Königserwählung und Mitteilung göttlichen Geistes, so der Grieche eher an Sport und Körperpflege. Ringkämpfer wurden mit Öl eingerieben und für den Kampf

fit gemacht. Im hellenistischen Raum war das Bekenntnis: Jesus ist der Christus (Gesalbte) blaß oder sogar irreführend. *Christos* verlor daher seine Qualität als Hoheitstitel und wurde Teil des Doppelnamens „Jesus Christus". Bereits Paulus verwendete ihn zusammen mit dem neuen Hoheitstitel *kyrios,* so daß das Bekenntnis fortan nicht mehr lautete „Jesus ist der Christus", sondern „Jesus Christus ist der Herr".

Das Überschreiten der Grenzen Palästinas und die Ausweitung der frühchristlichen Verkündigung in den heidnisch-hellenistischen Raum waren unvermeidlich. Ohne Substanzverlust gelingen konnten sie nur, wenn das Heraustreten der Kirche aus dem Schatten des alten Bundesvolkes theologisch gemeistert wurde. Bisher hatte man in Jerusalem und Antiochien (Antiochien hier als Prototyp heidenchristlicher Gemeinden verstanden) zwar gehandelt, aber noch unreflektiert, pragmatisch. In Antiochien hatte man sich genauso unklar vom Gesetz gelöst, wie man es in Jerusalem weiterhin beachtete. Eine Klärung wurde dringlich, wenn das Heidenchristentum nicht in den hellenistischen Synkretismus versinken und das Judenchristentum nicht wieder im überwundenen Sinn jüdisch werden sollte.

Diese Klärung war natürlich ein geschichtlicher Prozeß, der etwa die ganze Zeit des Wirkens des Paulus umfaßt. Er erfährt aber eine geschichtliche Verdichtung im sogenannten „Apostelkonzil", wie es Lukas in Apg 15 beschrieben hat.

2. Apostelkonzil

2.1 Verlauf

Die Datierung ist schwierig; angenommen werden die Jahre 43/44 oder 48/49, wobei das letztere Datum die größere Wahrscheinlichkeit für sich hat[31]. Undurchsichtig bleibt auch der konkrete Anlaß für die Zusammenkunft. Nach Gal 2,2 ging Paulus zusammen mit Barnabas und Titus aufgrund einer „Offenbarung" nach Jerusalem; nach Apg 15,1 dagegen erregten „einige Leute von Judäa" – Lk vermeidet es, eine Jerusalemer Delegation aus ihnen zu machen – in Antiochien Streit, als sie die Beschneidung der Heiden als Vorbedingung für das Heil forderten. Paulus legt den Galatern gegenüber Wert darauf, daß er aus eigenem Antrieb, unabhängig von menschlichen Instanzen gekommen ist; Lukas macht ihn zu einem Delegaten Antiochiens, der geschickt wurde, um in Jerusalem Weisung einzuholen.

Was Paulus erreichen wollte, ist klar; seine Position war theologisch durchdacht und begründet. Die Meinung der Jerusalemer Judenchristen war nicht so einhellig. Auf der einen Seite standen die Erfolge christlicher Missionare und die faktische Existenz heidenchristlicher Gemeinden, die niemand leugnen konnte, auf der anderen Seite Judenchristen pharisäischer Herkunft (vgl. Apg 15,5), für die das mosaische Gesetz weiterhin galt. Auch sie verfügten über gute Argumente: Wie ließ sich die Kontinuität der heilsgeschichtlichen Verheißungen ohne Gesetz und Beschneidung wahren? Konnte letztere einfach durch die Taufe ersetzt werden oder war sie nur die christliche Besiegelung der Beschneidung? Das „Konzil" traf eine eindeutige Antwort. Petrus und Jakobus gaben ihre Voten ab, die sachlich dasselbe besagten: Die Heiden brauchen das Gesetz nicht zu tragen. Es ist eine zu große Last, an der auch die Juden gescheitert sind – eine etwas simple pragmatische Begründung der Gesetzesfreiheit, die Paulus sehr viel tiefer theologisch rechtfertigen wird. Die Versammlung ist einverstanden. Paulus kommt bei Lukas nicht zu Wort; er und Barnabas sind die Empfänger des Beschlusses. Auch Johannes, nach Gal 2,9 einer der „Säulen" und wichtiger Verhandlungspartner, tritt nicht in Erscheinung, ebensowenig Titus, den Paulus nach Gal 2,3 gleichsam als Exempel mitgenommen hatte; er wurde nicht zur Beschneidung gezwungen. Wieder vereinfacht Lukas die Ereignisse, indem er einseitig die Führungsrolle Jerusalems betont. Streit zwischen Paulus und den Aposteln hat es nicht gegeben. Paulus, den Lukas nicht zu den Aposteln zählt und dem er auch den Apostelnamen vorenthält, erreicht zwar sein Ziel, bleibt aber den Autoritäten Jerusalems untergeordnet.

Paulus läßt dagegen in Gal 2 erkennen, daß die Frage nicht so reibungslos gelöst worden ist. Wo aber Lukas und Paulus in ihrem Bericht differieren, verdient Paulus hinsichtlich der historischen Treue den Vorzug, denn er konnte aus eigenem Erleben berichten, während Lukas – schon was den Hergang betrifft – auf Nachrichten angewiesen war. Es kommt hinzu, daß Lukas überhaupt nicht für ein vom „Historismus geplagtes Geschlecht des 20. Jahrhunderts"[32] schreiben, sondern seiner Generation die Gewißheit vermitteln will, daß ihr hellenistisches Christentum in Ordnung ist, von Gott und den verantwortlichen Männern der Kirche gebilligt. Sie dürfen als Neues Israel der Verheißungen Gottes sicher sein, gleich ob sie nun Gesetz und Beschneidung beachten oder nicht. Denn darin sind sich beide Quellen, Apostelgeschichte und Galaterbrief, einig: die Heidenchristen sind genauso frei von Gesetz und Beschneidung, wie es den Judenchristen nicht verwehrt ist, sich weiterhin an sie gebunden zu fühlen.

Enthält die Lösung einen faulen Kompromiß, der die Fakten akzeptiert und beiden Gruppen gestattet, was im Sinne eines Entweder – Oder hätte gelöst werden müssen? Nicht unbedingt, denn beide Parteien sind sich einig in dem Grundsatz, daß alle durch den Glauben an Christus und allein aus Gnade gerettet werden. Für die Heiden geschieht es, ohne daß sie Vorleistungen durch die Übernahme von Gesetz und Beschneidung erbringen müssen. Aber auch die Juden werden nicht gezwungen, beides aufzugeben. Jeder darf in dem Stand bleiben, in dem er berufen worden ist (1 Kor 7,17/20).

In der Praxis ließ sich das Problem natürlich nicht so schnell erledigen. Die beibehaltene Bindung der Judenchristen an das Gesetz enthielt Konfliktstoff, der das Zusammenleben von Juden und Heiden belastete. Mußten sich die Judenchristen, wenn für sie die Reinheitsgesetze weiterhin in Kraft blieben, nicht von den gemeinsamen Agapen zurückziehen? Der sogenannte „Antiochenische Zwischenfall" hat die in der Praxis verbliebenen Schwierigkeiten in aller Schärfe aufgedeckt. Paulus schreibt:

> „Als Kephas aber nach Antiochien gekommen war, bin ich ihm offen entgegengetreten, weil er sich ins Unrecht gesetzt hatte. Bevor nämlich Leute aus dem Kreis um Jakobus eintrafen, pflegte er zusammen mit den Heiden zu essen. Nach ihrer Ankunft aber zog er sich von den Heiden zurück und trennte sich von ihnen, weil er die Beschnittenen fürchtete. Ebenso unaufrichtig wie er verhielten sich die anderen Juden, so daß auch Barnabas durch ihre Heuchelei verführt wurde" (Gal 2,11/3).

Es handelt sich um denselben Barnabas, der sich nach Apg 11,23 gefreut hatte, als er nach Antiochien gekommen war und die Missionserfolge gesehen hatte (vgl. S. 36). Wie konnte man solchen Schwierigkeiten begegnen?

2.2 Jakobusklauseln

In diesem Zusammenhang muß auf einige Beschlüsse des Apostelkonzils eingegangen werden, die als „Jakobusklauseln" bekannt geworden sind und der geschichtlichen Einordnung etliche Schwierigkeiten bereiten. Jakobus hatte ausgeführt:

> „Darum halte ich es für richtig, den Heiden, die sich zu Gott bekehren, keine Lasten aufzubürden; man weise sie nur an, Verunreinigungen durch Götzen und Unzucht zu meiden und weder Ersticktes noch Blut zu essen. Denn Mose hat seit ältesten Zeiten in jeder Stadt seine Verkündiger, da er in den Synagogen an jedem Sabbat verlesen wird" (Apg 15,19/21).

So stand es dann auch in dem Brief, der Judas Barsabbas und Silas, den Abgesandten Jerusalems, sowie Paulus und Barnabas nach Antiochien mitgegeben wurde. Diese Klauseln im sogenannten „Apostoldekret" scheinen zunächst in offenem Widerspruch zu Gal 2,6 zu stehen, wo Paulus versichert: „Von den Angesehenen wurde mir nichts auferlegt." Gal 2,10 heißt es dann noch: „Nur sollten wir an ihre Armen denken; und das zu tun, habe ich mich eifrig bemüht." Doch diese Armenkollekte, die von den heidenchristlichen Gemeinden als Ausdruck ihrer Zusammengehörigkeit nach Jerusalem abgeführt wurde, war keine gesetzliche Verpflichtung. Wie lassen sich die Forderungen des Jakobus mit der kategorischen Verneinung von Auflagen durch Paulus miteinander vereinbaren?

Schon früh haben Exegeten vermutet, das „Apostoldekret" stamme nicht vom „Apostelkonzil", es sei vielmehr später aufgrund des Antiochenischen Zwischenfalls ohne Mitwirkung des Paulus beschlossen worden, um die Mahlgemeinschaft von Juden- und Heidenchristen zu ermöglichen. Lukas habe hier eine spätere Entscheidung vorgezogen und bei der grundsätzlichen Erörterung des Heidenchristenproblems auf dem „Apostelkonzil" zur Sprache gebracht[33]. Andere verweisen darauf, daß nicht das „Apostoldekret", wohl aber der Bericht darüber lukanische Komposition sein müsse.

Der Schriftbeweis in Apg 15,16/8 z.B. könne unmöglich vom „hebräischen" Jakobus stammen, sondern setze das Septuaginta-Verständnis hellenistischer Heidenchristen voraus[34].

Doch unabhängig von seinem Anteil an der Formulierung: Was hat Lukas mit den Klauseln bezweckt? Auf die richtige Spur führt die Beobachtung, daß die Auflagen, auch wenn sie wie Moralgebote klingen, kultische Vorschriften enthalten. Als moralische Verpflichtungen ergeben sie keinen Sinn. Daß die Heidenchristen nicht Götzendienst und Unzucht treiben dürfen, versteht sich von selbst und braucht nicht eigens eingeschärft zu werden. Die „Verunreinigung durch Götzen" bedeutet daher das Verbot, Götzenopferfleisch zu essen, wie es der Wortlaut des Dekrets ausdrücklich formuliert; Unzucht meint nicht Ehebruch, sondern verwandtschaftliche Verbindungen, die entsprechend dem jüdischen Gesetz als blutschänderisch galten. Der rituelle Charakter der Verbote von Ersticktem und von Blut ist ohnehin klar. Als solche nimmt Lukas sie in seinen Bericht über das Apostelkonzil auf, um die Begründung der gesetzesfreien Heidenmission durch ein weiteres Argument zu stärken.

Jakobus weist ja zur Begründung seiner Forderung darauf hin, daß Mose seit jeher überall verkündigt wird und die von ihm erhobenen vier Forderungen als solche bekannt und somit nichts Neues sind. Sie finden sich tatsächlich in ähnlicher Form wie im Text des „Dekrets" (Apg 15,29) in Lev 17 und 18. Das Besondere an ihnen, das sie von allen anderen mosaischen Gesetzen unterscheidet, ist dabei der Umstand, daß sie nicht nur für Juden, sondern auch für Heiden verpflichtend waren, die unter Juden wohnten. Das galt vor allem für Sklaven oder Dienstboten in jüdischen Haushalten. Nur wenn sie sich an diese Gebote hielten, konnten die Juden mit ihnen zusammen leben, ohne sich zu verunreinigen. Als mosaische Heidengesetze sind sie darum auch von den Heidenchristen zu beobachten. Lukas hat die beschneidungsfreie Heidenmission im „Apostelkonzil" mit einer ganzen Reihe von Gründen gerechtfertigt: mit dem göttlichen Willen, der sich bei der Bekehrung des Kornelius unmißverständlich geäußert hatte (Apg 15,7/9), mit der Unmöglichkeit auch für die Juden, das Gesetz zu erfüllen (15,10), mit dem Hinweis auf Zeichen und Wunder, von denen Barnabas und Paulus berichten konnten (15,12), mit einem Schriftbeweis aus Amos 9,11f (15,16). Jetzt, mit Vers 20f, beseitigt er einen letzten Einwand gegen die Heidenmission: Sie ist keine Mißachtung des mosaischen Gesetzes, sondern steht im Einklang mit Mose selbst, der von den Heiden ebenfalls nur diese Enthaltungen gefordert hat. Lukas wird sie nicht einer alten Quelle, sondern der lebendigen Praxis entnommen haben, die schon zu seiner Zeit auf die Apostel zurückgeführt wurde. Sie war entstanden, als es darum ging, Mahlgemeinschaft zwischen Juden- und Heidenchristen zu ermöglichen, wohl nicht in Jerusalem und auf Initiative des Jakobus, der ja nach Gal 2,12 einen Verkehr zwischen beiden Gruppen abgelehnt zu haben scheint, sondern in gemischt juden- und heidenchristlichen Gemeinden in der Diaspora. Es ging nicht um die Rettung eines Restes von Gesetzesfrömmigkeit, sondern um brüderliche Rücksichtnahme. Wenn die Heidenchristen die „Jakobusklauseln" beobachteten, konnten jüdische Gemeindemitglieder zusammen mit ihnen Mahl halten, ohne ihr Gewissen, das weiterhin den Reinheitsvorschriften verpflichtet war, zu belasten.

Die Klauseln haben noch lange nachgewirkt. In der Offenbarung des Johannes (2,14.20.24) werden sie erneut eingeschärft, jetzt allerdings als Absetzung von Heidentum und gnostisch-libertinistischen Christen. „Unzucht treiben" dürfte dabei schon im allgemeinen Wortsinn gemeint sein, denn im Lauf der Entwicklung wandelten sich die Klauseln von kultischen Reinheitsvorschriften zu Sittengeboten, die Glaubensabfall (Götzen), Mord (Blut) und Unzucht (Ehebruch) verbieten. Sie galten als die drei Kapitalsünden, an denen später auch die Unterscheidung zwischen Todsünden und geringeren Sünden ansetzte[35]. Das Verbot des „Erstickten" wurde dabei fallengelassen, denn es hatte als ausschließliches, nicht umfunktionierbares Kultgebot keine Bedeutung mehr, nachdem das Judenchristentum verschwunden war.

Das „Apostelkonzil", von dem nur wenig historisch exakte, sondern überwiegend lukanisch gefärbte Nachrichten erhalten sind, dokumentiert gleichwohl ein kirchengeschichtlich kaum zu überschätzendes Ereignis: Die Einheit der Kirche zerbrach nicht. Trotz der nicht vollständig ausgeräumten Schwierigkeiten, die im Alltag weiterhin Mühe machten, trennte sich Jerusalem nicht von Antiochien, verharrte Antiochien bei Jerusalem. Die Urgemeinde anerkannte die gesetzesfreie Christusverkündigung, und die Heidenchristen blieben der apostolischen Tradition verpflichtet[36].

Das 15. Kapitel mit dem „Apostelkonzil" bildet nicht nur umfang-, sondern auch schwerpunktmäßig die Mitte der Apostelgeschichte. Ab Kapitel 16 verschwindet Jerusalem aus dem Blickfeld, die Apostel werden nur noch einmal nebenbei erwähnt (16,4), Petrus verläßt die Stadt und wird nicht mehr gesehen. Der Rest des Buches ist der Missionsarbeit des Paulus gewidmet bis zu seinem Ende in Rom.

3. Paulus

3.1 Herkunft

Paulus entstammte einer gläubigen jüdischen Diasporafamilie. Er wurde geboren in Tarsus am Fuß des Taurusgebirges, damals eine blühende hellenistische Stadt und Zentrum griechischer Bildung. Schon als Kind hatte er das Klima des religiösen Synkretismus geatmet. Seine Entwicklung verlief jedoch anders als die vieler Diasporajuden; er blieb zutiefst im Glauben seiner Väter beheimatet. Selbstbewußt bezeichnet er sich als Hebräer, Israelit und Nachkomme Abrahams (2 Kor 11,22; Röm 11,11; Phil 3,5); stolz nennt er sich Saul nach dem ersten König der Zwölf Stämme. (Paulus ist sein zweiter, römischer Name, den er parallel zum ersten, hebräischen Namen führt.) Daß die Zugehörigkeit zum jüdischen Volk nichts Diskriminierendes an sich haben mußte, beweist die Tatsache, daß Paulus von Geburt an das tarsische Stadt- sowie das reichsrömische Bürgerrecht besaß[37]. Das damalige Diasporajudentum entwickelte ein ungebrochenes Sendungsbewußtsein, das zu ausgedehnter und erfolgreicher Propaganda trieb. Paulus hat dieses stolze Selbstverständnis des Juden im Römerbrief treffend beschrieben, um es allerdings zugleich in Frage zu stellen:

„Du nennst dich zwar Jude und verläßt dich auf das Gesetz, du rühmst dich deines Gottes, du kennst seinen Willen, und du willst, aus dem Gesetz belehrt, beurteilen, worauf es ankommt; du traust dir zu, Führer zu sein für Blinde, Licht für die in der Finsternis, Erzieher der Unverständigen, Lehrer der Unmündigen, einer, für den im Gesetz Erkenntnis und Wahrheit feste Gestalt besitzen. Du belehrst andere Menschen, dich selbst aber belehrst du nicht..." (2,17/21).

Die Freude über das Gesetz als Garant heilsgeschichtlicher Erwählung[38], das Bewußtsein, Licht für die Heiden zu sein, war im großstädtischen Diasporajudentum stark verwurzelt; ebenso offenkundig erscheint die Faszination, die dieser alte, geschlossene, monotheistisch zugespitzte Glaube auf die übrige Gesellschaft ausübte. Die schrecklichen Pogrome, die die Juden in verschiedenen Landstrichen immer wieder über sich ergehen lassen mußten, waren nur die Kehrseite dieser Anziehungskraft. Diese ungebrochene Selbsteinschätzung gilt es sich zu vergegenwärtigen, wenn man verstehen will, warum Paulus zum Verfolger wurde und welche Tragweite seine „Bekehrung" hatte.

Paulus entschied sich für die pharisäische Richtung. Seine Ausbildung soll er nach Apg 22,3 in Jerusalem bei Gamaliel empfangen haben. Pharisäischem Brauch entsprechend, verband sich mit der theologischen Ausbildung das Erlernen eines Berufes; Paulus wurde Zeltmacher. Als Eiferer für das Gesetz (vgl. Gal 1,14; Phil 3,5f) kämpfte er gegen jede Aufweichung des Vätererbes. Wenn er später die Werke des Gesetzes aufgab und die Rechtfertigung allein aus dem Glauben verkündete, war das nicht nur eine Annäherung an die Praktiken der liberalen Diasporasynagoge, sondern ein Bruch mit der Vergangenheit, wie er tiefer nicht gehen konnte, der ganz aus der Erkenntnis des Kreuzes resultierte, nicht aus pragmatischen Überlegungen. Paulus ist nicht auf einem so leichten und konfliktfreien Weg zur Heidenmission gekommen wie Stephanus und sein hellenistischer Kreis, sondern durch eine radikale Umwertung aller Werte, nicht weil Gesetz und Beschneidung unmodern, ein wenig peinlich, der Werbekraft jüdischer Mission unzuträglich waren, sondern weil sie wie „Unrat" erschienen angesichts der Erkenntnis Christi (Phil 3,7f). Man begreift, daß Paulus die Berechtigung der gesetzesfreien Heidenmission tiefer durchdenken mußte als alle anderen Missionare vor ihm; daß er aber auch um so leidenschaftlicher für das im Lichte des Kreuzes als richtig Erkannte gekämpft hat.

3.2 Bekehrung

Vor seiner Bekehrung hatte Paulus die Christen der gesetzesfreien Richtung in der hellenistischen Diaspora verfolgt. Daß er, wie Lukas Apg 26,10 berichtet, auch in Jerusalem gewütet haben soll, ist wenig wahrscheinlich. Der Messiasglaube gesetzestreuer und tempelfrommer Christen bot dafür keinen Anlaß. Paulus selbst sagt Gal 1,22, er sei den Gemeinden Judäas unbekannt gewesen bis zu seiner Bekehrung; einen Verfolger würden sie aber schwerlich so schnell vergessen haben.

Unwahrscheinlich ist ebenfalls die lukanische Nachricht, Paulus sei mit Vollmachten des Hohenpriesters nach Damaskus gekommen, um die Christen von dort gefesselt nach Jerusalem zu bringen (Apg 9,1f). Jurisdiktionsgewalt über die Grenzen Judäas hinaus hat der Hohe Rat unter römischer Gewalt nie besessen[39]. Paulus kann nur im Rahmen einer internen Strafgewalt, die sich die Synagogen untereinander zugestanden hatten, tätig geworden sein gegenüber Judenchristen, die sich noch im Synagogenverband befanden.

Wie aber kam es zur Bekehrung des Verfolgers? Hier unterscheiden sich die Selbstaussagen Pauli und die Berichte der Apostelgeschichte beträchtlich. Lukas berichtet das Damaskuserlebnis nicht weniger als dreimal, einmal in direkter Erzählung (Apg 9,3/19) und zweimal eingefügt in Reden des Paulus (22,6/11; 26,12/8), mit Variationen und Angleichungen an alttestamentliche Berufungsgeschichten. Die lukanischen Berichte sind erzählerisch so dicht und eindrucksvoll, daß sie bis heute das traditionelle Bild der Bekehrung geprägt haben.

Paulus' eigene Bemerkungen sind demgegenüber viel zurückhaltender. Ihm geht es nicht um seine Person, sondern um seinen Auftrag. Er ist Apostel und vom Herrn selbst beauftragter Auferstehungszeuge; das zu beweisen ist sein Anliegen.

> „Als aber Gott, der mich schon im Mutterleib auserwählt und durch seine Gnade berufen hat, mir in seiner Güte seinen Sohn offenbarte, damit ich ihn unter den Heiden verkündige, da zog ich keinen Menschen zu Rate; ich ging auch nicht sogleich nach Jerusalem hinauf zu denen, die vor mir Apostel waren, sondern zog nach Arabien und kehrte dann wieder nach Damaskus zurück" (Gal 1,15/7).

Man muß aus diesen Sätzen nicht schließen, Paulus habe sein ganzes Evangelium visionär empfangen; er hat gewiß die Gemeindetraditionen gehört und aufgenommen (vgl. S. 17). Aber sein Apostelauftrag ist ihm nicht durch kirchliche Autoritäten vermittelt worden und kann ihm deshalb auch nicht von ihnen streitig gemacht werden. Genau das aber verschweigt Lukas. Nach ihm wurde Paulus, vom wunderbaren Licht geblendet, in Damaskus von Hananias geheilt und getauft, ging nach Jerusalem und wurde im Tempel in einem neuen Gesicht von den verstockten Juden weg zu den Heiden gesandt (Apg 22,11/21). Nicht als Apostel, aber im Auftrag der

Apostel wurde Paulus von Jerusalem ausgehend zum großen Heidenmissionar. Wie aber geschah die Bekehrung wirklich, wenn die Damaskusberichte der Apostelgeschichte in der vorliegenden Form auf die literarische Arbeit des Lukas zurückgehen und die paulinischen Bemerkungen in Gal 2 von den Folgen, nicht vom Vorgang selbst sprechen? Historisch gesehen muß die Frage unbeantwortet bleiben. Stark formalisierend läßt sich sagen, daß Paulus plötzlich aufgegangen sein muß, wer der von ihm erbittert bekämpfte und am Kreuz hingerichtete Jesus in Wahrheit ist und welche Heilsbedeutung sein Tod besitzt. Das wie auch immer vor sich gegangene Damaskuserlebnis kann dabei genausowenig wie die Ostererlebnisse als Ergebnis einer psychologischen Entwicklung erklärt werden, sondern ihm liegt eine objektive Begebenheit zugrunde. Man könnte hier wiederholen, was bereits beim Pfingstbericht gesagt wurde (vgl. S. 22): Licht und Stimme sind möglicherweise wieder lukanische Einkleidung; was wirklich geschah, war die Umwandlung des Paulus durch die Begegnung mit dem auferstandenen Christus.

Eine – häufig unterstellte – krankhafte Veranlagung des Paulus[40], die nach Selbstbestätigung durch eine gnadenhafte Erscheinung verlangte, weil sie in der eigenen harten Gesetzesreligion versagt hatte, die das Frühere verwarf, weil sie es nicht zu erreichen vermochte, spricht nicht aus den Worten des Paulus. Vor Damaskus wurde nicht ein gequälter Mensch aufgerichtet, sondern ein selbstgerechter niedergeworfen durch die Selbstoffenbarung Jesu[41].

„Doch was mir vorher ein Gewinn war, das habe ich um Christi willen als Verlust erkannt. Ja noch mehr: ich sehe alles als Verlust an, weil die Erkenntnis Christi Jesu, meines Herrn, alles übertrifft. Seinetwegen habe ich alles aufgegeben und halte es für Unrat, um Christus zu gewinnen und in ihm zu sein. Nicht meine eigene Gerechtigkeit suche ich, die aus dem Gesetz hervorgeht, sondern jene, die durch den Glauben an Christus kommt, die Gerechtigkeit, die Gott aufgrund des Glaubens schenkt" (Phil 3,7/9).

3.3 Missionarische Tätigkeit

Über das missionarische Wirken Paulus' ist viel bekannt, wenn man es mit den Nachrichten über die anderen Apostel vergleicht. Dabei liegen über Dreiviertel seines Lebens auch nach der Bekehrung im Dunkel. Seine Missionsreisen und sein ganzes schriftstellerisches Wirken drängen sich in die letzten Lebensjahre zusammen.

Geboren wurde Paulus um die Zeitenwende; er war ein direkter Zeitgenosse Jesu, mit dem er aber zu Lebzeiten in keinerlei Berührung gekommen zu sein scheint. Bekehrung und Berufung können in die Zeit bald nach 30 angesetzt werden[42]. Von da an bis zum Apostelkonzil, d.h. für 16 Jahre, beschränken sich die Nachrichten auf die wenigen Verse Gal 1,15/2,1, weil die lukanischen Bemerkungen über diese Zeit historisch unsicher sind.

Nach seiner Bekehrung verbrachte Paulus drei Jahre in der Arabia, d.h. im Gebiet südöstlich von Damaskus. Ausdrücklich betont er, daß er erst danach (also um 35) nach Jerusalem gegangen sei, um Petrus kennenzulernen (Gal 1,18). Er blieb nur vierzehn Tage in der Stadt und traf neben Petrus nur noch den Herrenbruder Jakobus. Für die nächsten Jahre verlieren sich die Spuren seines Wirkens in Syrien und Zilizien, von wo ihn dann Barnabas nach Antiochien holte (vgl. S. 37). Erst vierzehn Jahre nach seinem ersten kurzen Besuch (d.h. um 48/49) ist er zusammen mit Barnabas und Titus (zum Apostelkonzil) erneut nach Jerusalem gezogen.

Diese kurzen Notizen des Paulus, sogar die Zahlenangaben, dürfen als zuverlässig angenommen werden. Paulus hat sie nicht nebenbei erwähnt; sie stehen in dem für ihn entscheidenden Zusammenhang der Begründung seines Apostolatsanspruchs, und er versichert feierlich bei Gott, daß er nicht lüge (Gal 1,20). Vergleicht man die paulinischen Selbstaussagen mit der Apostelgeschichte, lassen sich die richtigen historischen Erinnerungen, die Lukas bewahrt hat, aber auch die Umformungen, die seinen theologischen Absichten entsprechen, unschwer erkennen. Apg 9,20/30 zufolge begann Paulus sofort nach seiner Bekehrung in den Synagogen von Damaskus zu predigen. Nach geraumer Zeit – das müssen die drei Jahre in der Arabia und die Rückkehr nach Damaskus sein – beschlossen die Juden, Paulus zu töten. Doch ihr Anschlag wurde bekannt, und Paulus konnte nachts in einem Korb über die Mauer herabgelassen werden und nach Jerusalem entkommen. Dort suchte er sich den Jüngern anzuschließen, was aber erst gelang, als sich Barnabas für ihn einsetzte. In Jerusalem führte Paulus Streitgespräche mit den (jüdischen) Hellenisten[43], die ihn ebenfalls zu töten suchten. Daraufhin haben ihn die Brüder nach Caesarea gebracht und nach Tarsus zurückgeschickt. Für die nächsten mehr als zehn Jahre waren sie ihn damit los.

Über die Missionsreisen informieren die ausführlichen Berichte der Apostelgeschichte und einige Bemerkungen in den paulinischen Briefen, zwischen denen sich etliche Querverbindungen herstellen lassen. Die lukanischen Schilderungen bewahren eine Fülle wertvoller historischer Nachrichten unter Benutzung eines alten Itinerars, aber ebensoviele dramatische Ausschmückungen legendenhaften Charakters. Beeindruckend ist der weltweite Horizont, unter dem das Wirken des Paulus steht, auch wenn ihm dieser erst relativ spät, auf der nach der lukanischen Zählung zweiten Missionsreise, aufgegangen zu sein scheint. Zunächst hatte Paulus im Umkreis seiner Heimat missioniert. Die erste und noch die anfänglichen Stationen der zweiten Missionsreise führten ihn in das südliche Kleinasien. Es hätte nahegelegen, weiter vorzustoßen in den westlichen Teil der römischen Provinz Asia mit ihren alten, berühmten Städten, an die sich später die Apokalypse wendet: Ephesus, Smyrna, Sardes und Pergamon. Aber der Heilige Geist trieb Paulus nach Troas und dann aufgrund einer Vision nach Griechenland; ein Makedonier bittet ihn: „Komm herüber und hilf uns!" (Apg 16,9). In Philippi wuchs die erste paulinische Gemeinde auf europäischem

Boden heran, die dem Apostel Zeit seines Lebens teuer blieb. Paulus folgte dann der wichtigen, Ost und West verbindenden Via Egnatia bis Thessalonich, zog dann aber nicht weiter nach Norden ans Adriatische Meer, um nach Italien überzusetzen, sondern wurde zunächst durch Verfolgungen nach Süden abgedrängt. Über Beröa kam er nach Athen, wo er scheiterte und trotz der großen Areopagrede (Apg 17,22/31) keine Gemeinde entstand, und schließlich nach Korinth. In dieser Zeit muß bereits Rom als Missionsziel aufgetaucht sein, obwohl es sein Grundsatz war, nicht dort zu predigen, wo schon andere gewirkt hatten. Doch Rom war für die weitere Entwicklung der Kirche so wichtig, daß er es nicht unterlassen durfte, dort sein Evangelium der Gesetzesfreiheit verständlich zu machen. Rom sollte aber nicht Endstation sein; Paulus wollte weiter nach Spanien, bis an die Grenzen der Erde (vgl. Röm 15,14.28). Aus den Plänen wurde vorerst nichts. Die neu gegründeten Gemeinden konnten bei allem missionarischen Drang nicht so schnell verlassen werden. In Ephesus blieb Paulus allein zweieinhalb Jahre (52/55). Aber immer waren Rom und der weitere Westen das geheime Ziel. Paulus hat Rom wirklich erreicht, wenngleich als Gefangener; die Spanienmission dagegen bleibt unsicher, auch wenn der 1. Klemensbrief 5,6f (um 96) sie vorauszusetzen scheint.

Eine eschatologische Unruhe hat den Apostel getrieben und innerlich verzehrt. Allen Völkern muß das Evangelium verkündet werden, ehe Christus wiederkommt und alles dem Vater übergibt (1 Kor 15,28). Nur gut sieben Jahre umfaßt die Missionsarbeit vom Apostelkonzil bis zur Verurteilung in Rom, in denen das Werk vollendet werden mußte. Entsprechend schreibt der Apostel den Römern, als er ihnen sein Kommen anzeigt, er habe „von Jerusalem aus in weitem Umkreis bis nach Illyrien überallhin das Evangelium Christi gebracht" (Röm 15,19). Nach Illyrien, an die Küste des heutigen Dalmatien, führte die wichtige Via Egnatia, um auf der anderen Seite der Adria als Via Appia weiterzuführen nach Rom. Illyrien steht für den Westen und bezeichnet den einen Pfeiler, der im missionarischen Wirken des Apostels nicht fehlen darf, auch wenn von einem Wirken Pauli in der Provinz dieses Namens weiter nichts bekannt ist; genausowenig wie er in Jerusalem im eigentlichen Sinn missioniert hat, das aber ebenso erwähnt werden muß, weil von ihm als dem heilsgeschichtlichen Mittelpunkt der Welt das Evangelium an die Völker (Heiden) ausgeht. Wörtlich genommen ist Röm 15,19 eine Übertreibung, die aber zeigt, daß selbst solche topographischen Angaben nicht nur die geographische, sondern auch die theologische Planung des Apostels verraten[44].

Die Missionsarbeit des Paulus erscheint seltsam gebrochen. Die konkreten Erfordernisse des Augenblicks rivalisierten mit dem umfassenden Programm, ein weltweiter Missionsplan mit der Sorge um die einzelnen Gemeinden. An keiner Stelle konnte Paulus solange bleiben, wie es nötig gewesen wäre, nie so schnell weitereilen, wie er es gewünscht hätte. Im Rahmen dieses rastlosen missionarischen Wirkens, das ihn forderte bis zur Erschöpfung seiner physischen Existenz, schrieb er seine Briefe, fand er zur

Klärung der drängenden theologischen Fragen über die heilsgeschichtliche Gültigkeit des Alten Testaments und die gnadenhafte Überwindung des Gesetzes. „Durch die Gnade Gottes bin ich, was ich bin" (1 Kor 15,10), kommentiert Paulus diese wenigen kostbaren Jahre seines missionarischen Wirkens.

3.4 Lebensende

Die letzte Verzögerung, die die Romreise des Apostels erfuhr, hing mit der Kollekte zusammen, die Paulus nach Jerusalem überbringen wollte (Röm 15,28). Praktisch gesehen war sie eine karitative Hilfe, die die Missionsgemeinden der Muttergemeinde zukommen ließen; auf dem Apostelkonzil war sie beschlossen worden (Gal 2,10). Heilsgeschichtlich ließ sie sich mit der alttestamentlichen Verheißung in Verbindung bringen (Jes 60,5/7), daß am Ende alle Völker der Gottesstadt ihre Gaben bringen. Für Paulus stand aber wohl noch mehr dahinter. Er hätte nicht unbedingt selbst zu reisen brauchen, denn er konnte sich die Schwierigkeiten ausrechnen, die er in Jerusalem als abtrünniger Pharisäer bekommen würde. Warum wollte er also die Kollekte unbedingt eigenhändig abliefern? Der Grund liegt darin, wie Paulus sie verstand: nicht nur als Linderung materieller Notstände oder als Zeichen der Unterwerfung der Heidenchristen unter den Führungsanspruch der Jerusalemer Urgemeinde; für ihn sollte sie die Einheit der Kirche aus Juden und Heiden bekräftigen, die nicht nur eine theologische Theorie bleiben durfte, sondern konkret-geschichtliche Wirklichkeit werden mußte. Die Aufgabe war äußerst schwierig. Inzwischen war die Jerusalemer Gemeinde, isoliert und unbeteiligt an der stürmischen Entwicklung der Heidenmission, eingekreist von ihrer jüdischen Umgebung und angewiesen auf die Duldung der Pharisäer, womöglich noch schwerer zu gewinnen als beim Apostelkonzil ungefähr sieben Jahre zuvor[45]. Den Römern schrieb Paulus kurz vor seiner Reise:

„Ich bitte euch ...: Steht mir bei und betet für mich zu Gott, daß ich vor den Ungläubigen in Judäa gerettet werde, daß mein Dienst in Jerusalem von den Heiligen dankbar aufgenommen wird und daß ich, wenn es Gottes Wille ist, voll Freude zu euch kommen kann, um mit euch eine Zeit der Ruhe zu verbringen" (Röm 15,30/2).

Daß ihn die Ungläubigen (Juden) verfolgten und die Heiligen abwiesen, mit diesen beiden Möglichkeiten des Scheiterns mußte er rechnen.
Für die Reise nach Jerusalem, die Ereignisse dort, die Festnahme, den Gefangenentransport nach Rom und das Ende des Apostels ist man erneut auf Lukas angewiesen, wobei sich in seiner Darstellung wiederum wertvolle historische Nachrichten mit eigenen Zutaten vermischen. Trennt man beide, dann weist die historische Schicht einige Lücken auf, so daß der wirkliche Gang des Geschehens nicht mehr ganz rekonstruierbar ist. Gern hätte man z.B. gewußt, welche Reaktion die Kollekte hervorgerufen hat. Lukas er-

wähnt sie zwar in der Rede des Paulus vor dem Statthalter Festus (Apg 24,17), aber da wird sie zu einem Loyalitätsbeweis Pauli seinem Volk gegenüber, der durch das Almosen bekräftigt wird.

Die von Paulus selbst Röm 15,31 ausgesprochenen Ahnungen erfüllten sich. Breit erzählt die Apostelgeschichte Verhaftung, Verhöre vor mehreren Instanzen, dem Hohen Rat, dem Statthalter Felix und dem Statthalter Festus in Anwesenheit des Königs Agrippa II., dann die Überfahrt nach Rom, um dem kaiserlichen Gericht vorgestellt zu werden – als römischer Bürger hatte Paulus an den Kaiser appelliert –, die dramatische Seefahrt und den Schiffbruch vor der Insel Malta – die an verschiedenen Stellen gelegen haben kann[46]. Die Apostelgeschichte berichtet weiter, wie Paulus in Rom zwei Jahre in leichter Haft gehalten wurde und „ungehindert" *(akolytōs)* wirken konnte. Dann bricht sie unvermittelt ab; mit dem ungehinderten Verkündigen der christlichen Lehre in Rom ist ihr Programm von 1,8 erfüllt (vgl. S. 16). Falls der Philipperbrief in Rom geschrieben sein sollte – dagegen stehen zwar einige Schwierigkeiten, die aber auch gegen jede andere Lokalisierung vorgebracht werden können[47] –, fällt noch einiges Licht auf diese Zeit. Paulus schreibt nämlich:

„Ihr sollt wissen, Brüder, daß alles, was mir zugestoßen ist, die Verbreitung des Evangeliums gefördert hat. Denn im ganzen Prätorium und bei allen übrigen ist offenbar geworden, daß ich um Christi willen im Gefängnis bin" (Phil 1,12f).

Vom Lebensende des Paulus ist mit hinreichender Sicherheit nur bekannt, daß er in Rom das Martyrium erlitten hat. Lukas deutet es in der Abschiedsrede in Milet an, die er dem nach Jerusalem reisenden Apostel in den Mund gelegt hat (Apg 20,18/35); die deuteropaulinischen Pastoralbriefe setzen es voraus (2 Tim 4,6/8); der 1. Klemensbrief bezeugt es, wenn er schreibt:

„Wegen Eifersucht und Streit zeigte Paulus den Kampfpreis der Geduld; siebenmal in Ketten, vertrieben, gesteinigt, Herold im Osten wie im Westen empfing er den echten Ruhm für seinen Glauben; er lehrte die ganze Welt Gerechtigkeit, kam bis an die Grenze des Westens und legte vor den Machthabern Zeugnis ab; so schied er aus der Welt und gelangte an den heiligen Ort, das größte Beispiel der Geduld" (5,5/7)[48].

Die Tradition will, daß Paulus in der Verfolgung des Nero (64) umkam (vgl. S. 99); vielleicht starb er jedoch schon einige Jahre früher (um 60). In älteren Kirchengeschichten wird häufig als Todesdatum das Jahr 67 angegeben[49]. Das setzt voraus, daß der Prozeß für Paulus in Rom zunächst gut ausging und er noch einige Jahre frei wirken konnte. In dieser Zeit soll er seine Gemeinden im Osten noch einmal besucht haben. Auch die geplante Spanienreise (vgl. Röm 15,24.28) müßte in diese Zeit fallen. Eine neuerliche Verhaftung hätte dann die Verurteilung zum Tode gebracht. Gibt es Anhaltspunkte für diese späten Reisen? Phil 1,25f rechnet Paulus mit einem günstigen Ausgang seines Prozesses, was natürlich nicht heißen muß, daß sich seine Ahnungen auch erfüllt haben; hinzu kommt die Unsicherheit, ob die Abfassung des Briefes überhaupt in die Zeit der sogenannten römischen Gefangenschaft des Apostels fällt. Weitere Anhaltspunkte sollen die Pastoralbriefe liefern, die voraussetzen, daß Paulus wieder freigekommen ist und in Mazedonien und Kleinasien wirken konnte. Auf Kreta z.B. soll er Titus als Bischof eingesetzt haben. Nun sind die Pastoralbriefe allerdings keine echten Paulusbriefe; es ist also nicht der Apostel selbst, der hier über seine letzten Missionstätigkeiten berichtet. Andererseits kannte der Verfasser der Briefe Paulus gut, wie Inhalt, Stil und eine Fülle von geschichtlichen Reminiszenzen beweisen. Und er hatte keine Veranlassung, seine Leser, von denen einige über das Ende Pauli noch zuverlässige Nachrichten besessen haben können, mit unrichtigen Angaben zu verwirren[50]. Heute läßt sich keine historische Klarheit mehr gewinnen, weil Lukas es – aus welchen Gründen auch immer – unterlassen hat, das Ende des Paulus mitzuteilen[51]. Das Grab des Apostels wird in der nach ihm benannten Kirche fuori le mura an der Via Ostiense in Rom verehrt[52].

III. Lösung der Kirche von der Synagoge

Literatur

Antijudaismus im Neuen Testament? Exegetische und systematische Beiträge. Hrsg. v. W.P. ECKERT/N.P. LEVINSON/M. STÖHR = ACJD 2 (München 1967).
H. BIETENHARD, Caesarea, Origenes und die Juden (Stuttgart 1974).
J. DANIÉLOU, Théologie du Judéo-Christianisme = BT.HD 1 (Tournai 1958).
J. DANIÉLOU, Das Judenchristentum und die Anfänge der Kirche = VAFLNW.G 121 (Köln 1964).
A.F.J. KLIJN, Elcesaiti: DPAC 1 (1983) 1128f.
A.F.J. KLIJN/G.J. REININK, Patristic evidence for Jewish-Christian sects = NT.S 36 (Leiden 1973).
W. KRAUS, Zwischen Jerusalem und Antiochia. Die „Hellenisten", Paulus und die Aufnahme der Heiden in das endzeitliche Gottesvolk = SBS 179 (Stuttgart 1999).
M. LOHFINK, Das Jüdische am Christentum (Freiburg 1987).
G.P. LUTTIKHUIZEN, The Revelation of Elchasai = TSAJ 8 (Tübingen 1985).
J. MAIER, Jesus von Nazareth in der talmudischen Überlieferung = EdF 82 (Darmstadt 1978).
J. MAIER, Jüdische Auseinandersetzung mit dem Christentum in der Antike = EdF 177 (Darmstadt 1982).
R.A. PRITZ, Nazarene Jewish Christianity from the end of the New Testament until its disappearence in the fourth century = SPB 37 (Leiden 1988).
K.H. RENGSTORF/S. KORTZFLEISCH, Kirche und Synagoge. Handbuch zur Geschichte von Christen und Juden, Bd. 1 (Stuttgart 1968), bes. 23/83.
P. SCHÄFER, Geschichte der Juden in der Antike. Die Juden Palästinas von Alexander dem Großen bis zur arabischen Eroberung (Stuttgart/Neukirchen 1983).
H.-J. SCHOEPS, Theologie und Geschichte des Judenchristentums (Tübingen 1949).
H.-J. SCHOEPS, Das Judenchristentum = Delp-Taschenbücher 376 (Bern 1964).
M. SIMON, Verus Israel. Étude sur les relations entre Chrétiens et Juifs dans l'empire Romain (135–425) (Paris 1964).
G. STRECKER/J. MAIER, Neues Testament – Antikes Judentum = UB 422 (Stuttgart 1989).

1. Schicksal des jüdischen Volkes

1.1 Jüdisch-römischer Krieg

Schon seit längerem hatte es in Palästina kleinere Aufstände gegeben, in denen fanatische Messiasse die Landbevölkerung zu den Waffen gerufen hatten. Gamaliel erinnerte im Hohen Rat an sie, um den Aposteln zu helfen:

„Vor einiger Zeit trat Theudas auf und behauptete, er sei etwas Besonderes. Ihm schlossen sich etwa vierhundert Männer an. Aber er wurde getötet, und sein ganzer Anhang wurde zerstreut und aufgerieben. Nach ihm trat in den Tagen der Volkszählung Judas, der Galiläer, auf; er brachte viel Volk hinter sich und verleitete es zum Aufruhr. Auch er kam um, und alle seine Anhänger wurden zerstreut" (Apg 5,36f).

Organisierte Banden, unter ihnen die nach dem im Gewand verborgenen Krummdolch *(sica)* genannten Sikarier, zogen plündernd umher und mordeten nicht nur Heiden und Samariter, sondern auch mißliebige Volksgenossen (Flavius Josephus, Bell. Jud. 2,254f). Zu einem offenen Volksaufstand verdichteten sich diese Einzelaktionen, als der Prokurator Florus den Tempelschatz plündern ließ, um die sinkenden Steuereinnahmen aufzubessern. Florus mußte sich nach Caesarea zurückziehen und bewirkte damit das Umsichgreifen des Aufruhrs im ganzen Land. Der von Roms Gnaden regierende Agrippa II. versuchte mit 2000 Mann zu retten, was zu retten war, und mit Hilfe der römischen Garnison Jerusalem zu halten, doch vergebens. Die Burg Antonia und der Palast des Herodes wurden von den Aufständischen gestürmt und in Brand gesteckt, die Besatzung teils niedergemacht im Kampf, teils wortbrüchig nach der Kapitulation ermordet. Ebenso wurden in Masada, Machärus und Jericho die römischen Besatzungen überwältigt; im Gegenzug mußten in Caesarea und anderen heidnisch dominierten Städten viele Juden sterben. In diesem Spätsommer 66 floß viel Blut in Palästina.

Da sich der Prokurator noch immer nicht rührte, griff der Statthalter von Syrien, Cestius Gallus, ein und drang mit seiner 12. Legion bis Jerusalem vor, das er aber nicht einnehmen konnte. Als er umkehrte und von den Höhen Judäas zum Meer hinabstieg, wurde er von den Juden empfindlich geschlagen. Das aufständische Volk jubelte. Man begann eine neue Zählung: Jahr 1 nach der Befreiung Sions.

Die führenden Kreise Jerusalems, die bisher um Frieden bemüht gewesen waren, konnten sich der nationalen Begeisterung nicht länger entziehen und schlossen sich der Aufstandsbewegung an. In alle Provinzen des Landes wurden Kommandanten geschickt, um den Kampf gegen die Römer militärisch zu organisieren. Befehlshaber in Galiläa wurde Flavius Josephus, der die Ereignisse als unmittelbar Betroffener in seinen Büchern De bello Judaico[53] aus seiner Sicht geschildert hat.

Der Aufstand gegen Rom war eine Wahnsinnstat und trotz aller Begeisterung zum Scheitern verurteilt. Man kann die sadduzäische Priesterpartei verstehen, wenn sie allen messianischen Bewegungen feindlich gegenüberstand (vgl. S. 24f). Sie konnten nur die einigermaßen erträglichen Zustände gefährden, die man gegenüber der römischen Besatzungsmacht erreicht hatte. Mußten nicht die Aufrührer selbst, soweit sie nicht völlig verbohrt und vernünftigen Überlegungen unzugänglich waren, die politische und vor allem militärische Sinnlosigkeit ihres Kampfes einsehen? Die Erhebung würde am ehesten verständlich, wenn sie neben innerjüdischen politischen und sozialen Gründen, die eine Rolle gespielt haben können[54], aus religiösen Motiven gespeist worden wäre. Der selbstmörderische Kampf gegen Rom wäre dann provoziert worden, um Jahwe gleichsam zu zwingen, einzugreifen und seinen Messias zu senden. Von daher würde auch verständlich, daß sich die christlichen Gemeinden Palästinas aufgrund ihres Messiasverständnisses nicht in den Aufruhr haben hineinziehen lassen (vgl. S. 59).

Der Erfolg der Aufständischen gegen Cestius Gallus war ein Pyrrhussieg. Nero schickte seinen besten General, Vespasian, um die Scharte auszuwetzen. Dieser kam mit drei Legionen und einem Heer von Hilfstruppen, insgesamt an die 60 000 Mann, im Jahr 67 nach Palästina. Das offene Land Galiläas fiel sofort in seine Hand; auch der hartnäckige Widerstand der Aufrührer in den befestigten Städten wurde gebrochen. 68 begann die Eroberung Südpalästinas, die Vespasian allerdings nicht beendete, da er während der Wirren nach Neros Tod zunächst abwartete, um jederzeit als Kronprätendent nach Italien zurückkehren zu können. Sein Sohn Titus führte den Feldzug zu Ende. Kurz vor Ostern 70 begann er die Belagerung Jerusalems, wohin sich die Masse der Widerstandskämpfer zurückgezogen hatte, geschwächt durch blutige Auseinandersetzungen in den zwei Jahren Schonzeit, in denen die Kriegshandlungen von Vespasian verzögert worden waren. Das Erscheinen der Römer schloß sie zwar wieder zusammen, gegen die Kriegsmaschinen und Waffen des Titus hatten sie – noch dazu durch Hunger geschwächt – keine Chance. Im Juli fiel die Burg Antonia, Ende August ging der Tempel in Flammen auf, wenig später geriet die stark befestigte Oberstadt in die Hand der Römer. Mit dem Fall Jerusalems war der Krieg entschieden, wenn es auch wohl bis in den Frühling 74 gedauert hat, ehe nach der Übergabe von Herodeion und Machärus die Grenzfeste Masada ausgelöscht wurde[55].

1.2 Politische und religiöse Folgen

Die politischen Konsequenzen, die Rom aus seinem Sieg zog – an ihn erinnert der Titusbogen auf dem Forum Romanum –, waren einschneidend. Judäa wurde als selbständige Provinz von Syrien abgetrennt und mit einer eigenen Legion, der *legio X Fretensis,* als Besatzungsmacht belegt. Mit dem Tempel war der Opferkult vernichtet. Nur die Tempelsteuer in Gestalt des *fiscus Judaicus* blieb; sie mußte jetzt zur Beschämung der Juden nach Rom in den Tempelschatz des Jupiter Capitolinus gezahlt werden. Der Grundbesitz fiel größtenteils an den Kaiser, die Bevölkerung verarmte. 115/17 gab es vergebliche Aufstände in der Diaspora, in Ägypten, der Zyrenaika und auf Zypern. Im Mutterland flammte der Aufstand noch einmal unter Bar Kochba (132/35) auf. Hadrian reagierte mit noch größerer Schärfe als Vespasian. Jerusalem wurde nach der Vernichtung der Aufständischen völlig paganisiert und als eine rein heidnische Stadt mit dem Namen Colonia Aelia Capitolina wieder aufgebaut; und jedem Juden wurde bei Todesstrafe das Betreten dieser Stadt und ihrer Umgebung verboten. Damit war auch den Judenchristen der Boden entzogen. Jerusalem als Zentrum einer judenchristlichen Gemeinde war für immer verloren.

Die Strafmaßnahmen gegen den jüdischen Nationalismus ließen die Juden als solche unbehelligt. Rom gewährte ihrem Glauben weiterhin den Schutz einer *religio licita.* Der religiöse Zusammenhalt des Volkes erfuhr sogar nach den politischen Katastrophen eine Stärkung. Viele Parteiungen hörten auf. Hohepriesterschaft und Sadduzäer verloren ihre Bedeutung. Die zähe religiöse Kraft der aus Pharisäern und Schriftgelehrten (Soferim) sich bildenden Gruppe der Rabbinen gewann dagegen zunehmend an Einfluß. Eine sorgfältige Kasuistik der Gesetzesauslegung, die strenge Einheitlichkeit von Sitte und Bekenntnis, viele Eigenschaften, die normalerweise mit dem Judentum zur Zeit Jesu verbunden werden, gewann es erst im Verlauf der religiösen Konzentration nach 70.

1.3 Neuordnung in Jabne

Rabbi Jochanan ben Zakkai (74/ca. 80) gilt als der Begründer eines neuen geistigen und politischen Zentrums in Jabne (Jamnia) bei Jaffa. Unter ihm und seinem Nachfolger Gamaliel II. (ca. 80/ca. 120) wurden verschiedene Maßnahmen ergriffen, um ohne Tempel und Synedrium das Weiterbestehen des Volkes zu sichern. Alle müssen sich jetzt nach „der Überlieferung der Ältesten", der Halacha, richten, gegen die sich schon Jesus gewandt hatte (Mk 7,8f). Der Tempeldienst wird durch das regelmäßige Beten des *Schema* und des Achtzehnbittengebets ersetzt, die Opfer durch Almosen, Beten und Leiden. Auch im Judentum läßt sich eine Spiritualisierung und Ethisierung des Opferkultes beobachten, wie sie für den christlichen Gottesdienst charakteristisch wird. Durch gesellschaftlich-wirtschaftlichen Druck versuchte man, die differierenden Gesetzesauslegungen auszuschalten. Die Lehrmeinung der Schule Hillels, z.Z. Jesu eine Richtung unter vielen, wurde jetzt zur allein gültigen[56]. Dieses Judentum nach der Zerstörung des Tempels mit seiner verständlichen Enge und Unduldsamkeit bildet weithin die Folie für die Bewertung der Pharisäer in den Evangelien.
Unter Gamaliel II. wurde die *birkat ha-minim,* die Fluchformel über die Abweichler, in das Achtzehnbittengebet aufgenommen. *Minim,* ein Wort, das früher einfach jüdische Sonderrichtungen bezeichnete (Essener oder Alexandriner Juden philonischer Prägung usw.), bekam jetzt den Sinn häretischer Abspaltungen. Falls sich die Sonderrichtungen nicht unterwarfen, wurden sie aus den Synagogen ausgestoßen, ihr Schrifttum wurde ausgemerzt. Ein Widerhall dieser Verschärfung findet sich möglicherweise in den Evangelien. Nach Mt 10,17 werden die Jünger vor das Synagogengericht gebracht und bestraft (gegeißelt), d.h. sie bleiben im Synagogenverband, wenn auch als Übeltäter. Joh 12,42 heißt es dann, daß viele Juden an Jesus glaubten, es aber nicht offen bekannten wegen der Pharisäer, „um nicht aus der Synagoge ausgestoßen zu werden". Das trifft genau die Situation nach 80, nicht die des Anfangs, in der zwischen Pharisäern und Jesusanhängern, sofern sie gesetzestreu lebten, Duldsamkeit, wenn nicht gar eine gewisse Sympathie herrschte (vgl. Apg 15,5; S. 25). Das Johannesevangelium hat das Wort Jesu den neuen Verhältnissen angepaßt.

Weniger wahrscheinlich ist es, daß die Neuformulierung der Häretikerformel in Jabne die jüdische Reaktion auf eine bereits spürbare christliche Bedrohung darstellt. Die in der Geniza von Kairo entdeckte Fassung, die lange Zeit als Originaltext gegolten hat, lautet:

„Den Abtrünnigen sei keine Hoffnung, und das anmaßende Reich rotte schnell aus in unseren Tagen, und die Nazarener *(notsrim)* und die Häretiker *(minim)* mögen augenblicklich zugrundegehen. ‚Sie seien aus dem Buch des Lebens getilgt und nicht bei den Gerechten verzeichnet' (Ps 69,29). Gepriesen seist du, Herr, der die Anmaßenden niederbeugt"[57].

Der Nazarener-Zusatz dürfte jedoch erst später eingefügt worden sein[58], was nicht ausschließt, daß die Christen schon früh unter die *minim* gezählt worden sind; Justin bezeugt an zwei Stellen die Verfluchung von Christen in der Synagoge (dial. 16,4; 47,5). Für eine in Jabne erfolgte Begrenzung des Kanons der hebräischen Bibel gilt ähnliches wie für den *minim*-Zusatz; soweit sie überhaupt stattgefunden hat, wird sie mehr der innerjüdischen Konzentration auf die eigene Lehrüberlieferung als der bewußten Abgrenzung vom christlichen Schriftgebrauch gedient haben[59].

Zwischen 70 und 135 vollzog sich die entscheidende Wandlung vom jüdischen Nationalstaat zum rabbinischen Judentum, die bis heute weitergewirkt hat. Um als Volk zu überleben, mußte die Vielfalt religiöser Traditionen aufgegeben und eine Verengung der Gesetzesauslegung in Kauf genommen werden. Die Anziehungskraft der monotheistischen jüdischen Religion auf hellenistische Menschen ging zurück, die jüdische Mission erlahmte. Einzelne Proselyten mögen zwar noch gewonnen worden sein, bis dann die christlichen Kaiser jeden Übertritt zum Judentum verboten. Die jüdische Synagoge versagte sich nach 70 der Kirche. Ab Jabne ist klar, daß es zu einer nennenswerten Verbindung zwischen jüdischer Religion und christlichem Bekenntnis nicht kommen würde. Damit war auch das Schicksal des judenchristlichen Teils der Kirche besiegelt.

2. Untergang des Judenchristentums

2.1 Flucht nach Pella

Mit Judenchristen sind hier nicht einzelne Christen jüdischen Blutes oder palästinischer Herkunft gemeint, die es noch lange Zeit in vielen Gemeinden gab, sondern Sondergruppen innerhalb der Kirche, die sich immer mehr von der Mehrheit separierten und schließlich ein eigenes Gruppenschicksal erlitten[60].

Auf dem „Apostelkonzil" war eine extreme Gruppe hervorgetreten, „einige, aus dem Kreis der Pharisäer, die gläubig geworden waren" (Apg 15,5), welche die Ansicht vertreten hatten, ohne Beschneidung und Befolgung des Gesetzes könne kein Heide Christ werden. Sie unterlagen, gaben aber ihre Bemühungen nicht auf. In Antiochien trieben sie ihr Unwesen, und Paulus hatte in seiner Kleinasienmission von diesen „falschen Brüdern" (Gal 2,4) viel zu leiden. Sie drohten seine Arbeit in Galatien zunichte zu machen. Auch in die durch Parteiungen sowieso schon gefährdete Gemeinde von Korinth drangen sie mit angeblichen Empfehlungsbriefen aus Jerusalem ein (2 Kor 3,1) und sprachen dem Paulus die Apostelautorität ab. Später waren vielleicht sie es, die als Eiferer für das Gesetz Paulus der Apostasie bezichtigten und seine Festnahme in Jerusalem veranlaßten (Apg 21,27). Doch diese „Judaisten" waren eine Extremistengruppe, nicht die Jerusalemer Urgemeinde schlechthin. Petrus und auch Jakobus nahmen eine vermittelnde Stellung ein. Sie standen grundsätzlich zu den Beschlüssen des Apostelkonzils über die Freiheit der Heidenchristen vom Gesetz, mit der Folge, daß die judenchristliche Gemeinde in Jerusalem den Juden mehr und mehr suspekt werden mußte. So wurde der Justizmord an Jakobus, dem Herrenbruder, möglich (vgl. S. 28). Er war zeit seines Lebens Garant für die Gemeindeeinheit gewesen, wenn er auch über die gesetzesfreie Heidenmission nicht glücklich gewesen sein mag. Nach seinem Tod begannen die Spaltungen.

Neben den innergemeindlichen Schwierigkeiten bedrohten die politischen Ereignisse die judenchristliche Entwicklung. Der sich verschärfende Gegensatz zu den Juden, verbunden mit den heraufziehenden Gefahren der Katastrophe von 70, hat die judenchristliche Gemeinde zu dem Entschluß geführt, Jerusalem, den Mutterboden, zu verlassen und in das Ostjordanland auszuweichen. Unmittelbarer Anlaß war nach Eusebius eine geheime Weissagung an die Gemeindeführer.

„Als Jakobus, welcher nach der Himmelfahrt unseres Erlösers zuerst den bischöflichen Stuhl in Jerusalem erhalten hatte, auf die angegebene Weise beseitigt worden war, als die übrigen Apostel nach unzähligen Todesgefahren, die man ihnen bereitet hatte, das Judenland verlassen hatten und zur Predigt des Evangeliums zu allen Völkern hinausgezogen waren, als endlich die Kirchengemeinde in Jerusalem in einer Offenbarung, die ihren Führern geworden war, die Weissagung erhalten hatte, noch vor dem Krieg die Stadt zu verlassen und sich in einer Stadt Peräas, namens Pella, niederzulassen, und als sodann die Christgläubigen von Jerusalem weggezogen waren, und weil damit gleichsam die heiligen Männer die königliche Hauptstadt der Juden und ganz Judäa völlig geräumt hatten, da brach zuletzt das Strafgericht Gottes über die Juden wegen der vielen Freveltaten, die sie an Christus und seinen Aposteln begangen hatten, herein und vertilgte gänzlich dieses Geschlecht der Gottlosen aus der Menschengeschichte" (Kirchengeschichte 3,5,2f)[61].

Es handelt sich hier um eine stark polemisch gefärbte Interpretation der Ereignisse aus der Sicht der siegreichen Heidenkirche: Der Untergang Jerusalems ist Folge der Gottlosigkeit der Juden, die den Messias nicht anerkannt haben. Die sogenannte Matthäus-Apokalypse (Mt 24,15/28) könnte die Schrecken der Flucht widerspiegeln. Vielleicht enthält die Offenbarung des Johannes mit dem Bild von der Flucht der Frau in die Wüste (Offb 12,6) ebenfalls einen Hinweis auf die Flucht nach Pella, die 66/67 erfolgt sein dürfte[62]. Was immer es mit der Vision an die Gemeindevorsteher auf sich gehabt haben mag, fest steht, daß die palästinischen Christen an den messianischen Aufständen nicht beteiligt waren, deswegen als Verräter galten und von ihren jüdischen Volksgenossen verfolgt wurden. Aber sie konnten sich nicht gut einer nationalen messianischen Bewegung anschließen, wenn sie davon überzeugt waren, daß mit Jesus der Messias schon gekommen war.

Sie flohen in das Ostjordanland und missionierten das syrisch-arabische Grenzgebiet zwischen Beröa (östlich von Antiochien und Damaskus) und dem Ostrand des Toten Meeres. Ein Teil kehrte nach Beruhigung der Lage nach Judäa zurück. Ihr Missionseifer und ihre Missionserfolge könnten bestätigt werden durch die Fluchformeln über die *minim,* unter denen nicht zuletzt die Judenchristen gemeint sein werden[63]. Nach dem Bar Kochba-Aufstand mußten sie als Beschnittene wie alle Juden endgültig Stadt und Umgebung Jerusalems verlassen. Die Ausweisung durch Hadrian geriet in eine wilde Flucht; ihr größtes Heiligtum, den Stuhl, auf dem Jakobus gesessen hatte, mußten sie zurücklassen. Zur Zeit Konstantins wurde er in Jerusalem als kostbare Reliquie gezeigt[64]. Die nach Bar Kochba in Colonia Aelia Capitolina, wie Jerusalem jetzt genannt wurde, wieder entstehende Gemeinde war rein heidenchristlich, ihr Bischof Markus ein Heidenchrist.

Warum ging die judenchristliche Gemeinde nach Pella, einen Ort mit Schlupfwinkelcharakter, 80 m über dem Jordan versteckt in einem Seitental am Rand des transjordanischen Hochplateaus gelegen? Warum wich sie nicht in die näher und zentraler gelegenen Städte am Meer aus, wohin die jüdische Emigration zielte? Der Hauptgrund dürfte sein, daß die judenchristliche Kirche neben Jerusalem vor allem in Galiläa verwurzelt war, dem Heimatland der Familie Jesu, die an der Mission, die schon früh auf die angrenzenden Gebiete übergegriffen hatte, sicher maßgeblich beteiligt war. Auch in Jerusalem war nach dem Tod des Herrenbruders Jakobus von den Aposteln und leiblichen Verwandten des Herrn Simon ben Klopas zum neuen Gemeindeleiter gewählt worden; er war nämlich, „wie man erzählte, ein Vetter des Heilandes; denn nach dem Bericht des Hegesipp war Klopas der Bruder des Joseph" (Eusebius, Kirchengeschichte 3,11). Im Judenchristentum scheint es eine dem Kalifat vergleichbare Weitergabe der geistlichen Führung der Gemeinde an den jeweils nächsten Verwandten gegeben zu haben. Julius Africanus, ein Judenchrist aus dem 2. Jh., berichtet, „Verwandte des Herrn" hätten sich von Nazareth und Kochaba aus über das übrige Land ausgebreitet (ebd. 1,7,14). Die Gründung der Gemeinde von Damaskus noch vor der Stephanusverfolgung (vgl. S. 32) kann nur von Galiläa aus erfolgt sein. Ebenso wird die Dekapolis (älterer Name für Peräa mit Pella), die nach Mk 7,31/7 durch die Heilung des Taubstummen bereits von Jesus gehört hatte, judenchristliches Missionsgebiet gewesen sein und der aus Jerusalem weichenden Urgemeinde Anlaufstellen geboten haben[65].

2.2 Häretische Isolation

Das Judenchristentum blieb in den schwierigen Jahren zwischen 70 und 135 noch recht lebenskräftig, seinen Rang als Mutterkirche auch für die Heidenchristen hatte es allerdings verloren. Trotzdem scheinen die Kontakte nicht sofort abgerissen zu sein. Der Jakobusbrief läßt noch die Verbindung erkennen, die man zwischen paulinischen und judenchristlichen Gedanken herzustellen suchte. Aber die Gefahr der Isolierung dieser ins Ostjordangebiet abgetriebenen Gruppen aus Jerusalem und anderen palästinischen Orten war doch gegeben, nicht nur geographisch, sondern auch geistig. Das Heidenchristentum drängte in andere Richtungen, ebenfalls nicht nur geographisch; die Auseinandersetzungen hörten auf, damit aber auch die gegenseitige Förderung.

Eine Isolierung fand auch gegenüber dem offiziellen Judentum und seiner Interpretation des Gesetzes statt. Darüber hinaus war das Ostjordanland eine religiös schillernde Landschaft. Seit jeher hatten hier wie in der Gegend ums Tote Meer verschiedene jüdische Sekten und Sondergruppen Zuflucht gesucht. In ihren Einflußbereich gerieten die judenchristlichen Gemeinden, vom offiziellen Judentum zur Häresie erklärt, von den aufstrebenden christlichen Brudergemeinden Kleinasiens und Europas vergessen. Und doch lebten unter ihnen noch einige der ersten Jünger des Herrn und seine nächsten Verwandten. Man kann sich leicht vorstellen, wie ein Gefühl der Vereinsamung aufkam, Resignation sich breitmachte, eine Vermischung mit anderen jüdischen Sekten stattfand, die das gleiche Schicksal erlitten hatten, und die judenchristliche Gruppe ihrerseits langsam, unmerklich in judaistisches Sektierertum absank. Es kam hinzu, daß sich lehrmäßige Übereinstimmungen der judenchristlichen Verkündigung mit anderen Sekten herausstellten, deren Mitglieder sich den judenchristlichen Gemeinden anschlossen. Es gab im Ostjordanland verschiedene Täufersekten, Essener, Nasaräer, Ossäer und Sampsäer. Bischof Epiphanius von Salamis auf Zypern hat im 4. Jh. mit pedantischer Genauigkeit richtige und falsche Nachrichten über sie gesammelt (haer. 18f). Heute lassen sich die Umrisse der häretisch werdenden judenchristlichen Theologie der Ebioniten (der „Armen"), wie sie seit Irenäus, adv. haer. 3,15,1, genannt werden, im Hinblick auf Gesetzesverständnis, Engelchristologie, Sakramente, Gemeindeorganisation und Paulusgegnerschaft aufgrund des spärlich erhaltenen oder von den Kirchenvätern überlieferten judenchristlichen Schrifttums in ihren Grundzügen aufzeigen[66].

Die siegreiche Heidenkirche hat ihre christlichen Brüder und Schwestern im Ostjordanland bald aus den Augen verloren. Gelegentlich haben spätere Theologen noch von ihnen berichtet, aber das hört sich schon an wie Erzählungen aus längst vergangener Zeit. Und sie rangieren bereits in der Rubrik Ketzer. Justin, der selbst aus Palästina stammte, vermag kaum noch Konkretes über sie zu berichten. Wenn er das Problem diskutiert, ob Judenchristen, die das Gesetz halten, selig werden können, klingt das schon nicht mehr nach einem aktuellen Problem, sondern nach einer theoretischen Erörterung (dial. 47). Irenäus von Lyon weiß von den Ebioniten, daß sie die Jungfrauengeburt leugnen, nur das Matthäus-Evangelium gebrauchen und von Paulus nichts wissen wollen. Also sind sie Häretiker (adv. haer. 1,26,2). Auch einige in die Großkirche übergewechselte Judenchristen wie Ariston von Pella und Hegesipp verfügen über keine genauen Nachrichten. Origenes hört von Judenchristen erst, als er von Alexandrien nach Caesarea übersiedelt. Heidenchristliche Bischöfe in Palästina haben ihre judenchristlichen Mitbrüder kaum jemals zu Gesicht bekommen.

Genaueres vermelden in der 2. Hälfte des 4. Jhs. erst wieder der schon erwähnte Ketzerhistoriker Epiphanius, dessen historische Zuverlässigkeit jedoch nicht immer nachprüfbar ist, sowie Hieronymus, die beide den Resten des Judenchristentums eigens nachgegangen sind. Nach Epiphanius, haer. 29,7, sitzen Judenchristen in der Dekapolis, in Pella, Kochaba (ungefähr 30 km nördlich von Pella) und weiter nördlich in Beröa (Aleppo), östlich von Antiochien. Möglicherweise haben Judenchristen die heidenchristlich dominierte Gemeinde von Antiochien verlassen – dann verhielte sich Beröa zu Antiochien ähnlich wie Pella zu Jerusalem –, oder die Emigration ging von Damaskus aus[67]. Hieronymus hat sich in der Wüste Chalkis östlich von Antiochia aufgehalten und ebenfalls den „Nazaräern" nachgespürt. In Beröa will er ihr hebräisches Matthäus-Evangelium abgeschrieben und es später ins Griechische und Lateinische übersetzt haben, wovon außer ein paar Zitaten aber nichts übrig geblieben ist[68].

2.3 Elchasaiten

Etwas Genaueres ist nur von einer gnostisierenden Sekte überliefert worden, die im 3. Jahr Trajans (101) im Ostjordanland auftauchte. Ihr Prophet, Elchasai, hatte seine Offenbarungen um 116 in einem Buch niedergelegt, das wahrscheinlich völlig unbekannt geblieben wäre, wenn nicht um 200 ein gewisser Alkibiades aus Apamäa in Rom versucht hätte – übrigens ohne großen Erfolg – die Lehren seines Meisters zu verbreiten (vgl. Hippolyt, ref. 9,13). Besonders attraktiv war die Sündenvergebungslehre der Elchasaiten. Sie propagierten eine zweite Taufe, die wie die erste alle Schuld vergeben sollte. Bei der zweiten Taufe müssen die sieben Zeugen angerufen werden: Himmel, Wasser, die heiligen Geister, Gebetsengel, Öl, Salz und Erde. Die Bedeutung der einzelnen Zeugen ist schwer zu bestimmen. Hinreichend deutlich wird: Die zweite Taufe kann zwar dasselbe wie die erste, aber sie ist komplizierter. Das weist in eine Zeit, da die bleibende Heiligkeit der Christen Sorgen zu machen beginnt und die Frage der Sündenvergebung nach der Taufe brennend wird (vgl. S. 202). Die Elchasaiten scheinen die Ebioniten unterwandert und die Auflösung der Gemeinden beschleunigt zu haben.

Dennoch konnten sich judenchristliche Gemeinden an einzelnen Orten noch längere Zeit halten. Auf ihr Vorhandensein in Kleinasien weist die Verehrung der Ruhestätte des Philippus und zwei seiner jungfräulichen Töchter im kleinasiatischen Hierapolis hin; eine andere Tochter lag in Ephesus begraben (Apg 21,8f; Eusebius, Kirchengeschichte 3,31,3; vgl. S. 183). Für die 2. Hälfte des 4. Jhs. bezeugt Epiphanius Ebioniten auf Zypern; im Abendland sind Symmachianer genannte Judenchristen bekannt; Augustinus will von ihnen sowie von Nazaräern noch um 400 in Nordafrika wissen. Dagegen behauptet um 450 der gut unterrichtete Theodoret von Cyrus, in Syrien gebe es judenchristliche Ebioniten als selbständige Gruppe nicht mehr.

Diese Nachrichten ließen sich noch um weitere vermehren. Das Bild, das sie ergäben, bliebe dennoch unscharf und lückenhaft. Das Judenchristentum ist weithin unbemerkt verschwunden[69]. Es war ein stilles Sterben in der Einsamkeit, welches die expandierende Heidenkirche kaum zur Kenntnis genommen hat. Allein in der stadtrömischen Kunst des 5. Jhs. taucht die doppelte Wurzel der Kirche in den Moasiken von der *ecclesia ex gentibus* und der *ecclesia ex circumcisione* aus unerfindlichen Gründen noch einmal kurz auf[70]. Das politische Schicksal Palästinas hatte Judentum und Judenchristentum geschwächt und als Konkurrenten bzw. Partner der heidenchristlichen Kirche zurücktreten lassen. Das ändert jedoch nichts daran, daß die heidenchristliche Kirche die Wurzel, der sie entstammte, in Theologie und Liturgie nicht verleugnen konnte.

3. Entfremdung zwischen Kirche und Synagoge

Das Verhältnis der christlichen Gemeinden zu den Juden war von Anfang an zwiespältig gebrochen. Auf der einen Seite wissen sich alle, ob Juden- oder Heidenchristen, unlöslich mit den Juden verbunden. Nicht nur wegen des Glaubens an Gott, auch Jesus weist zurück auf seine jüdische Herkunft[71]. Es ist eine unleugbare Tatsache: „Das Heil kommt von den Juden" (Joh 4,22). Zugleich ist Christus Stein des Anstoßes. Er wird als Messias, auf den Juden und Christen warten, entweder angenommen oder verworfen. Die Juden haben ihn verworfen, sie haben ihn sogar – so wird ein Vorwurf lauten – getötet. Schon die neutestamentlichen Schriften enthalten im Hinblick auf das Judentum die Spannung zwischen Zugehörigkeit und Ablehnung. Darüber hinaus spiegeln sie die fortschreitende Entfremdung zwischen Synagoge und Kirche.

3.1 Hinweise im Neuen Testament

– Paulus

Paulus ist noch stolz auf seine Herkunft als Jude (2 Kor 11,22; Gal 2,15; Phil 3,5). Er weiß um die hohe Stellung Israels, das erwählt wurde, Gottes Gesetz zu empfangen und den Messias hervorzubringen (Röm 9,3/5). Daß Israel sich dem Glauben an Jesus verweigert, macht ihm sein Volk nicht hassenswert, sondern erfüllt ihn mit Schmerz. Doch auch diese Verstokkung ist nicht nur Bosheit, sondern eingeholt in Gottes Heilsplan. Israels Verweigerung hat einen tiefen Sinn: sie eröffnet die Chance der Heiden, die zum Glauben kommen, bis ihre Fülle erreicht ist; dann aber wird ganz Israel gerettet werden (Röm 11,25f). Röm 9/11 sind schmerzlich bewegter und bewegender Ausdruck der Not, in der Paulus um das theologische Verständnis des momentanen Abseitsstehens der Juden ringt. Nicht verschwiegen werden darf jedoch die Stelle 1 Thess 2,15, in der von Paulus festgestellt wird, daß die Juden Jesus und die Propheten getötet und die Christen verfolgt haben, die Juden, „die Gott mißfallen und allen Menschen feind sind". Diese außerordentlich scharfe Formulierung erinnert an zeitgenössische antijüdische Polemik. Sie stellt aber eine Ausnahme im paulinischen Schrifttum dar und wird – falls es sich nicht um eine spätere Glosse handelt[72] – verständlich, wenn man bedenkt, wieviel Anfeindung gerade Paulus seitens der Juden zu erdulden hatte.

– Evangelien

Hinsichtlich der Evangelien wurde bereits vermerkt (vgl. S. 57), daß sie weniger die Auseinandersetzungen Jesu mit den Pharisäern und der übrigen jüdischen Führung widerspiegeln, sondern vielmehr diejenigen zur Zeit ihrer Abfassung. Wie sind die in ihnen enthaltenen antijüdischen Tendenzen zu beurteilen?
Was die Passionsgeschichte angeht, sind sich die Evangelien einig, daß der Prozeß gegen Jesus korrekt geführt worden ist. Was an Jesus geschah, stand unter dem Willen Gottes und dem Ja Jesu selbst. „Mußte nicht der Messias all das erleiden, um so in seine Herrlichkeit zu gelangen?" (Lk 24,26). Das göttliche „es mußte" *(dei)*, nicht menschliche Bosheit ist letzter Grund für Jesu Todesleiden, was nicht ausschließt, daß die unglückliche politische Verquickung der messianischen Frage mit der Botschaft Jesu einen Schuldanteil der Juden enthält. Doch nur Mt 27,25 findet sich der Ruf: „Sein Blut komme über uns und unsere Kinder", eine Verwünschung, die sich in der weiteren Geschichte des Verhältnisses zwischen Juden und Christen so unheilvoll ausgewirkt hat[73]. Zu Unrecht, denn die Tatsache, daß Matthäus dieses Fluchwort nicht alttestamentlich färbt und begründet, läßt erkennen, daß er es als ein Wort dieser konkreten Stunde aufgefaßt hat und nicht als

eine durch die Generationen weiterwirkende heilsgeschichtliche Verdammung. Es ist daher exegetisch falsch, die Juden als selbstverflucht hinzustellen und ihr weiteres Schicksal mit diesem Wort erklären zu wollen.
Ein scharfer Antijudaismus ist dagegen in den Auseinandersetzungen Jesu mit den Pharisäern über die wahre Gesetzesfrömmigkeit zu erkennen. Hier dürfte sich die Situation der christlichen Gemeinden widerspiegeln, die nach 70 unter Nachstellungen zu leiden hatten, als die Pharisäer den Kampf gegen alle jüdischen Sondergruppen forcierten (vgl. S. 57f).

– Johanneische Schriften

Diese Verschärfung wird noch deutlicher in den johanneischen Schriften. Die Apokalypse läßt erkennen, daß in Kleinasien die Trennung der christlichen Gemeinden vom jüdischen Verband in vollem Gange ist, weil sie sich innen und außen von den Juden bedroht fühlen. Im Sendbrief an die Gemeinde von Smyrna heißt es: „Ich kenne deine Drangsal und deine Armut, doch du bist reich, und ich kenne die Lästerung von seiten derer, die sagen, sie seien Juden und sind es nicht, sondern eine Synagoge Satans" (Offb 2,3; vgl. Offb 3,9 an die Gemeinde von Philadelphia).
Auch das Johannes-Evangelium ist schroffer als die Synoptiker. Die älteren Evangelien differenzieren noch: Die Widersacher Jesu sind die Pharisäer und die politischen Führer des Volkes, d.h. diejenigen, die wegen der Tempel- und Gesetzeskritik Jesu und wegen seines Messiasanspruches einen Grund für ihre Ablehnung hatten; bei Johannes sind „die Juden" generell Widerpart Jesu und stehen auf der Seite der Finsternis und Lüge. Wenn das Johannes-Evangelium es für notwendig hält, spezifisch jüdische Feste und Gebräuche näher zu erklären (2,13; 5,1; 6,4; 4,9; 11,5 u.a.m.), zeigt sich, daß die Trennung zwischen Kirche und Synagoge vollzogen ist, die Christen die religiösen Gewohnheiten der Juden abgelegt haben und bereits nicht mehr verstehen.
Ungefähr zur gleichen Zeit bezeugt die Didache, daß christliche Gemeinden sich ganz bewußt von der jüdischen Gebets- und Fastenpraxis absetzen (vgl. S. 67f). Sobald Christen aber aus der gottesdienstlichen Gemeinschaft mit den Juden ausgeschieden waren, verloren sie den Schutz der staatlich lizenzierten jüdischen Religion. Juden konnten Christen denunzieren und staatliche Verfolgungen heraufbeschwören, was auch geschehen sein wird (vgl. Offb 2,10; Apg 17,6/8). Diese Situation muß berücksichtigt werden, wenn man die scharfen Angriffe der johanneischen Schriften richtig einordnen will, die in dem Vorwurf gipfeln: Die Juden haben „den Teufel zum Vater" (Joh 8,44)[74]. Sie wirken verheerend, wenn man sie aus dem Sinnzusammenhang löst und – noch dazu unter Berufung auf ein Evangelium – die Juden summarisch als „Teufelsbrut" betrachtet. Johannes meint folgendes: Insofern die Juden Christus ablehnen, verfolgen und zu töten trachten, sind sie nicht mehr – was sie auch sind – Kinder Abrahams, sondern Kinder des

Teufels, denn sie tun das, was Jesu Gegenspieler betreibt. Wenn sie dagegen zu denen gehören, die an ihn glauben, die nicht verloren gehen, sondern das ewige Leben haben (Joh 3,16), gehören sie nicht zur Synagoge Satans, seien sie nun Juden oder Heiden. Daß die Juden nicht einfach qua Juden Kinder des Teufels sind und aufhören, Kinder Abrahams zu sein, beweist der Satz, der ebenfalls vom johanneischen Jesus stammt: „Denn das Heil kommt von den Juden" (Joh 4,22). Eine Verschärfung der Auseinandersetzungen ist im johanneischen Schrifttum gleichwohl festzustellen. Sein Antijudaismus bleibt jedoch – und das ist eine wichtige Feststellung, an die immer wieder erinnert werden muß, auch wenn sie selbstverständlich sein sollte – rein religiös begründet.

Aufs Ganze gesehen war eine theologische Auseinandersetzung mit jüdischer Lehre und Frömmigkeit in den neutestamentlichen Schriften unvermeidlich. Wie man Gesetz und Beschneidung aufgeben und sich trotzdem als legitimer Erbe der Verheißungen Israels verstehen konnte, war eine Frage, die der Kirche nicht nur von den Juden gestellt wurde, sondern auch die neutestamentlichen Schriftsteller bedrängte[75]. Sie mußten nachweisen, daß sie im Licht Jesu ein zutreffenderes Verständnis der Offenbarung Gottes besaßen als die Juden, wenn sie dem Vorwurf der Neuerung begegnen wollten.

Man sah einer Religion manche Ungereimtheiten nach, wenn sie eine alte Tradition nachweisen und sich auf viele Ahnen berufen konnte. Den Juden mußte deswegen daran gelegen sein, die Messianität Jesu in Frage zu stellen und eine klare Trennlinie zwischen sich und den Anhängern Jesu zu ziehen. Dann war die neue Religion die Neuerung einiger Abweichler. Die Auseinandersetzung entbrannte folgerichtig besonders heftig um das Alte Testament. Schon die Evangelien hatten sich bemüht, Leben und Taten des Herrn alttestamentlich zu begründen. Daß der Schriftbeweis aus dem Alten Testament zuerst für die Leidensgeschichte gesucht wurde, nimmt nicht wunder. Der Kreuzestod des Messias-Jesus war der dunkle Punkt, der am dringlichsten der Weissagung von Urzeit her bedurfte.

3.2 Auseinandersetzung um das Alte Testament

Die jüdische Bibel war in der Übersetzung der Septuaginta schon längst zum Missionsbuch der Synagoge geworden. Sie galt in der hellenistischen Welt als ein Buch voll tiefer religiöser Weisheiten. Harte Stellen und unannehmbare Passagen hatte man im Raum der Diaspora hellenistischem Empfinden schmackhaft gemacht mittels der allegorischen Methode, die unverständliche historische Inhalte in tiefsinnige Bilder auflöste. Kriegerische Auseinandersetzungen z.B. stehen für den Kampf der Tugenden mit dem Laster; im Paradies versinnbildet Adam den Verstand, Eva das Gefühl, die Schlange die Leidenschaften. Philo von Alexandrien (gest. 45/50 n.Chr.) war ein Meister dieser Methode gewesen, die ihrerseits eine Geschichte besaß und im Rahmen der Homerinterpretation entwickelt worden war. Philo hatte mit ihrer Hilfe die jüdische Theologie mit der hellenistischen Philosophie ausgesöhnt.

Dieselbe Methode wandten jetzt die Christen gegenüber den Juden an, nicht nur um ihren Anteil am Alten Testament zu reklamieren, sondern um es den Juden ganz zu entreißen. Der Barnabasbrief, eine frühchristliche Schrift, die wahrscheinlich zwischen den beiden großen jüdischen Aufständen entstanden ist, behauptet unbekümmert, alle Vorschriften des Gesetzes über Opfer, Fasten, Beschneidung, Feste, Speisen und Tempel seien niemals wörtlich gemeint gewesen. Die Juden hätten mit dem Schlachten von Tieren und der Beschneidung von Kindern das Alte Testament fleischlich mißverstanden; die Christen verkündeten es geistig, und darum gehöre es ihnen. Der Barnabasbrief konnte eine solche Argumentation wagen, weil schon in der jüdischen Diaspora die allegorische Auslegung der Heiligen Schrift weit verbreitet war. Seine Behauptung ist gleichwohl überspitzt und in dieser extremen Form auch nicht wiederholt worden[76]. Irenäus, adv. haer. 3,21,2, dürfte ebenfalls übertreiben, wenn er meint, die Juden würden ohne Bedenken ihre Heiligen Schriften verbrannt haben, wenn sie hätten voraussehen können, daß die Christen kommen würden, um die Bibel gegen ihre alten Besitzer zu wenden. Dennoch gelang es der Kirche in erstaunlich kurzer Zeit, sich das Alte Testament auch innerlich anzueignen. Man operierte mit dem Schlüssel von Verheißung und Erfüllung, um den heilsgeschichtlichen Sinn typologisch zu erschließen. Allerdings dauerte es noch Jahrhunderte, ehe der Schlüssel so verfeinert war, daß er ganz paßte und alle dunklen Stellen des Alten Testaments aufschloß. Die Schwierigkeit der eigenen Position lag vor allem darin, daß man das schmachvolle Ende des Messias und das Ausbleiben des Offenbarwerdens der messianischen Heilszeit erklären mußte, oder anders gesagt, daß man lernen mußte, zwischen Jesu erster Ankunft in Niedrigkeit und einer zweiten Ankunft in Herrlichkeit zu unterscheiden.

3.3 Fortschreitende Entfremdung

In der am Beginn des 2. Jhs. wahrscheinlich in Syrien entstandenen Didache findet sich beides: zum einen das gemeinsame alttestamentliche Erbe in seiner bleibenden Bedeutung für die christliche Lebensgestaltung. Die ersten sechs Kapitel verarbeiten wahrscheinlich einen jüdischen „Proselytenkatechismus", der unter dem Bild von den zwei Wegen, dem Weg des Lebens und des Todes, sittliche Normen aufstellt, die bis auf wenige kleinere Zusätze, die dem „gesetzesfreundlichen" Matthäus-Evangelium nahestehen, jüdisch geprägt sind. Zum anderen zeigt sich in den folgenden Kapiteln, daß bei aller Übernahme jüdischer Bräuche und gottesdienstlicher Übungen eine klare Distanzierung von der Synagoge gesucht wird. Die Didache bestimmt:

„Eure Fasttage sollen nicht mit denen der Heuchler (d.h. Juden) zusammenfallen; denn die fasten am zweiten und fünften Tag der Woche, ihr aber sollt am vierten Tage und am Rüsttage (d.h. Freitag) fasten. Auch sollt ihr nicht beten wie die Heuchler. Vielmehr sollt ihr, wie der Herr in seinem Evangelium befohlen hat, so beten: Vater unser im Himmel! Geheiligt werde dein Name! Dein Reich komme! Dein Wille geschehe wie im Himmel so auch auf Erden! Unser tägliches Brot gib uns heute! Und vergib uns unsere Schuld, wie auch wir vergeben unseren Schuldigern! Und führe uns nicht in Versuchung, sondern erlöse uns von dem Übel! Denn dein ist die Kraft und die Herrlichkeit in Ewigkeit. Dreimal am Tag sollt ihr so beten!" (8,1/3).

Übernahme und Ablösung zeigen sich deutlich in diesen Anweisungen. Das ausdrücklich beibehaltene und freiwillig geübte zweimalige Fasten in der Woche wird ohne Angabe von Gründen auf andere Wochentage verlegt. Ebenso ist unter Beibehaltung der Gebetssitte als solcher an die Stelle des dreimal täglich zu sprechenden Achtzehnbittengebets (vgl. S. 57) ebenso bewußt, nämlich unter Berufung auf eine Anweisung Jesu für das Beten seiner Jünger, das Vaterunser gesetzt worden. Darüber hinaus ist bemerkenswert, wie die Kennzeichnung der Pharisäer und Schriftgelehrten als „Heuchler" durch Jesus jetzt generell auf alle Juden übertragen wird. Das deutet darauf hin, daß in der Didache der Bereich der innerjüdischen Auseinandersetzung verlassen ist, in dem die Apostrophierung der genannten Gruppen durch Jesus ihren Platz hatte, und Christen und Juden sich als voneinander geschiedene Gemeinschaften betrachten. Es ist dabei nicht auszuschließen, daß sich in dem generalisierenden Gebrauch des Wortes „Heuchler" Einflüsse eines intensiven syrischen Antijudaismus bemerkbar machen[77]. Vielleicht haben auch Verfolgungen seitens der Juden mitgewirkt, von denen die Didache ebenfalls zu sprechen scheint, wenn sie 1,3 fordert: „Fastet für die, die euch verfolgen!" Wenn das Fasten den Zweck haben sollte, den Juden Gottes Vergebung zuzuwenden und sie zur Umkehr zu bewegen, läge in dieser Aufforderung noch ein Hinweis darauf, daß die Bereitschaft zu missionarischem Werben um die Juden trotz der eingetretenen Trennung noch nicht aufgegeben ist.

Insgesamt gesehen wächst die Distanz zu den Juden im weiteren Verlauf des 2. Jhs., wobei schwer zu entscheiden ist, ob der Grund dafür in einer weitgehenden Entfremdung zwischen Kirche und Synagoge, im Desinteresse aneinander oder in der Notwendigkeit einer Vertiefung des eigenen Glaubensverständnisses liegt. In den Briefen des Ignatius von Antiochien finden sich scharfe Stellungnahmen gegen die Juden (vgl. Magn. 9,1f; 10,3), aber die sind grundsätzlich-theoretischer Art und lassen nicht auf eine wirkliche Konfrontation zwischen den Gemeinden oder auf eine Gefährdung durch die Synagoge schließen. Rassisches Denken ist Ignatius selbstverständlich fremd; wenn ein Beschnittener zum Glauben an Christus kommt, hat er in der Kirche volles Heimatrecht, ja den Juden kommt sogar vor den Heiden ein Platz in der Kirche zu (Phil. 5,2). Bemerkenswert ist ebenfalls, daß Ignatius weder die Passion Jesu noch sein eigenes Martyrium in Rom mit der Feindschaft der Juden in Verbindung bringt.

Das wird anders im Brief der Gemeinde von Smyrna an die Gemeinde von Philomelium in Phrygien – einem kleinasiatischen Zeugnis aus der Mitte des 2. Jhs. – mit dem Bericht über den Tod ihres Bischofs Polykarp. Hier heißt es, daß die ganze Menge der Heiden und Juden, die in Smyrna wohnten, in ungestümer Wut und mit lautem Geschrei Polykarp angeklagt hätten: „Der da ist der Lehrer Asiens, der Vater der Christen, der unsere Götter vernichten will, der viele lehrt, ihnen nicht zu opfern und nicht zu ihnen zu beten!" (Polykarpmartyrium 12,2). Die Menge verlangt vom Asiarchen Philippus als dem zuständigen Beamten, einen Löwen auf Polykarp loszulassen. Als das nicht möglich ist, weil die Tierkämpfe bereits beendigt sind, fordern sie, den Bischof lebendig zu verbrennen.

„Dies nun wurde mit solcher Eile durchgeführt, daß es fast schneller getan als gesagt war, indem nämlich die ganze Volksmenge sofort aus Werkstätten und Bädern Holz und Reisig zusammenschleppte, wobei vor allem die Juden bereitwillig, wie es bei ihnen üblich ist, Hilfe leisteten" (13,1).

Ein antijüdischer Ton ist unüberhörbar. Aber hier handelt es sich auch um einen konkreten Fall, in den die Erbitterung der Gemeinde über den Tod ihres verehrten Bischofs hineinspielt.
Andere Schriften dieser Zeit wie der wahrscheinlich aus Ägypten stammende Barnabasbrief, der 1. Klemensbrief, der Hirt des Hermas und die Schriften Justins aus Rom, die Epistula Apostolorum ebenfalls aus Ägypten oder Syrien unterlassen dagegen so gut wie jede konkrete Anschuldigung gegen die Juden. Ebenfalls in Syrien begegnet dann am Beginn des 3. Jhs. in der Didaskalia die Aufforderung, besonders in den Tagen des Passa für die Juden zu beten, eine Übung, die in unseren Tagen wieder einen guten Grund bekommen hat, nachdem die unglückliche spätere Formulierung dieses Bittgebetes für die *perfidi Judaei* von Papst Johannes XXIII. und dem 2. Vatikanum korrigiert worden ist[78].
Bei fortschreitender Entfremdung gingen die theologischen Auseinandersetzungen begreiflicherweise weiter, denn die Erstarkung der religiösen Kraft des Judentums nach 135 geschah auf dem Boden einer strikten Befolgung des Gesetzes. Wo immer Kirche und Synagoge aufeinandertrafen, waren eine Diskussion über das Verhältnis von Gesetz und Evangelium sowie die Interpretation der Heilsgeschichte unvermeidlich. Dagegen ist an sich nichts einzuwenden, wenngleich man nicht übersehen darf, daß auch theologische Auseinandersetzungen Zündstoff bergen können, der losgeht, wenn die eine Seite politische Macht erhält und gegen die andere Seite vorgehen kann.
Ein instruktives Beispiel für die schlimmen Folgen einer zunächst theologisch gemeinten Aussage bietet die Passa-Homilie des kleinasiatischen Bischofs Meliton von Sardes, die man als die älteste erhaltene christliche Osterpredigt bezeichnen kann. Sie enthält eine typologische Auslegung des Auszuges aus Ägypten in Ex 12: Das Passalamm versinnbildet Jesus, das

Lamm Gottes, das geopfert wurde und damit das jüdische Passalamm außer Kraft gesetzt hat. In diesem Zusammenhang heißt es:

„Hört es, alle Geschlechter der Völker und seht es: Ein nie gewesener Mord geschah in Jerusalem, in der Stadt des Gesetzes, in der hebräischen Stadt, in der Stadt der Propheten, in der Stadt, die als gerecht angesehen wurde! Und wer wurde gemordet? ... Der, welcher die Erde aufgehängt hat, ist selbst aufgehängt worden; der, der die Himmel anheftete, ist angeheftet worden; der, der das All festgemacht hat, ist am Holz festgemacht worden! Gott ist getötet, der König Israels ist durch Israels Rechte beseitigt worden!" (94/6).

Hier taucht zum ersten Mal dem Inhalt nach das Wort auf, das von nun an durch die Geschichte geistern wird bis nach Oberammergau: die Juden als Gottesmörder. Dabei kann mit Sicherheit angenommen werden, daß Meliton mit seiner Auslegung kein Judenmassaker anzuzetteln beabsichtigte. Er wollte seiner Gemeinde den Reichtum des Leidens Jesu aufschließen und wahrscheinlich für die Fixierung des Ostertermins auf den 14. Nisan eintreten (vgl. S. 221f). Erhebliches Gewicht dürften auch die christologischen Motive besitzen, die in dieser Zeit die Kirche zu beschäftigen begannen, d.h. die Frage nach dem Verhältnis von Gottheit und Menschheit in Jesus. Wer starb mit Christus am Kreuz – Gott oder Mensch? Im Rahmen dieses Interesses ist der Satz von der Tötung Gottes eine christologische Aussage, die unabhängig davon ist, ob Juden oder Nichtjuden Jesus ans Kreuz gebracht haben. Sie will gegen häretische Abweichungen klären, wer der ist, der am Kreuz starb: nicht nur Mensch, sondern auch Gott. Natürlich kann ein Erschrecken damit verbunden sein, wenn bewußt wird, wer da am Kreuz hing. Aber das muß sich nicht in Wut gegen die Henker richten, sondern kann ehrfürchtige Dankbarkeit wecken gegenüber dem, der diesen Tod auf sich genommen hat. Melitons Formulierung hat ebenso wie die Fluchformel aus Mt 27,25 (vgl. S. 64) zunächst auch keine Folgen gehabt. Die Charakterisierung der Juden als Gottesmörder war dennoch von unerhörter Brisanz, denn auch theologisch korrekte Formulierungen können gefährlich werden, wenn ihr konkreter Anlaß nicht mitbedacht wird. Gottesmörder sind nur die theologisch abstrakt gedachten Juden im Lichte einer vertieften Christologie, die erkannt hat, daß Jesus am Kreuz wahrhaft Gottes Sohn war, nicht die Juden des geschichtlichen Karfreitags und schon gar nicht die Juden aller Zeiten und Zonen[79].

Die Zeit der frühesten Kirche stellt noch den glimpflichsten Abschnitt in der Geschichte zwischen Kirche und Synagoge dar. Die beschämenden und sogar blutigen Kapitel dieser Geschichte folgen erst später. Tödlich wurde die Bedrohung für die Juden vor allem dann, wenn die Auseinandersetzung vom theologischen auf das wirtschaftliche und dann besonders auf das rassische Gebiet verlagert wurde.

IV. Religiöse Umwelt

Literatur

R. BECK, Mithraism since Franz Cumont: ANRW II,17,4 (Berlin/ New York 1984) 2002/115.
W. BURKERT, „Antike Mysterien". Funktionen und Gehalt (München 1990).
M. CLAUSS, Mithras. Kult u. Mysterien (München 1990).
Die Philosophie des Neuplatonismus. Hrsg. v. C. ZINTZEN = WdF 436 (Darmstadt 1977).
J.R. FEARS, Herrscherkult: RAC 14 (1988) 1047/93.
J.-C. FREDOUILLE, Götzendienst: RAC 11 (1981) 828/95.
H. FUNKE, Götterbild: RAC 11 (1981) 659/828.
W. GEERLINGS, Die Stellung der vorkonstantinischen Kirche zum Militärdienst = Beiträge zur Friedensethik 4 (Barsbüttel 1989).
M. GIEBEL, Das Geheimnis der Mysterien. Antike Kulte in Griechenland, Rom und Ägypten (Zürich 1990).
O. GIGON, Die antike Kultur und das Christentum (Gütersloh 1966).
A. VON HARNACK, Militia Christi. Die christliche Religion und der Soldatenstand in den ersten drei Jahrhunderten (Tübingen 1905 = Darmstadt 1963).
H. HERTER/K. HOHEISEL/H. BRAKMANN, Haus I (Hausgötter, Hausschutz): RAC 13 (1986) 770/801.
H.-J. KLAUCK, Die religiöse Umwelt des Christentums I/II = Studienbücher Theologie 9,1/2 (Stuttgart 1995/96).
W. NESTLE, Die Haupteinwände des antiken Denkens gegen das Christentum: ARW 37 (1941) 51/100 (Wiederabdruck: WdF 649 [Darmstadt 1990] 17/80).
P. PARUSEL, Mysterien: Lexikon der Religionen (Freiburg ²1988) 439/41.
M. POHLENZ, Die Stoa. Geschichte einer Bewegung (Göttingen ²1959; Erläuterungsband, Göttingen ³1964).
R. REITZENSTEIN, Die hellenistischen Mysterienreligionen (Leipzig ³1927).
W. RORDORF, Tertullians Beurteilung des Soldatenstandes: VigChr 23 (1969) 105/41.
E. STAUFFER, Christus und die Caesaren = GTBS 83/84 (Hamburg ⁷1966).
R. TURCAN, Les cultes orientaux dans le monde Romain (Paris 1989).
Umwelt des Urchristentums. Hrsg. v. J. LEIPOLDT u. W. GRUNDMANN. 3 Bde. (Berlin ²1967).

Es ist immer wieder bewundernd vermerkt worden, welchen Erfolg die christliche Mission bereits in der nachapostolischen Zeit gehabt hat. In der Tat überspannt bereits am Ende des 1. Jhs. ein Netz von Gemeinden die Küste und zum Teil das Hinterland des östlichen Mittelmeeres; im Westen hat das Christentum wenigstens in einigen Städten Italiens, in Südgallien, vielleicht in Spanien und vor allem in Rom Fuß gefaßt (S. 263/7). Zwar übertreiben die neutestamentlichen und frühchristlichen Schriftsteller, wenn sie von der Verbreitung des Evangeliums in der ganzen Welt berichten[80]. Immerhin fragt auch der Statthalter von Bithynien Anfang des 2. Jhs. bei Kaiser Trajan an, wie er sich den Christen gegenüber verhalten solle, „besonders wegen der großen Zahl der Angeklagten" (ep. 10,96; vgl. S. 101). Wie auch immer die frühesten Aussagen über die schnelle Verbreitung des Christentums eingeschränkt werden müssen, fest steht, daß keine der religiösen Bewegungen, die damals das römische Imperium zu durchdringen versuchten, vergleichbare Missionserfolge aufzuweisen hatte[81].

Man hat seit jeher nach den Gründen für dieses schnelle Wachstum gesucht und, angefangen von den frühchristlichen Apologeten bis hin zu apologetischen Handbüchern moderner Zeit, immer wieder an die Einheit des Römerreiches, die gemeinsame Weltsprache des Koine-Griechisch und den spätantiken Weltverkehr erinnert. Tatsächlich gab es damals Kommunikationsmöglichkeiten wie zu kaum einer anderen Zeit. Trotzdem sollte man nicht – wie oft versucht – auf solche Umstände das Pauluswort anwenden: „Als aber die Zeit erfüllt war, sandte Gott seinen Sohn" (Gal 4,4). So wenig die eben genannten und noch andere Voraussetzungen unwichtig waren für den Erfolg der christlichen Verkündigung, so dürfte sich doch die „Fülle der Zeit" im theologischen Sinn einer exakten historischen Begründung entziehen. Dagegen wird es nützlich sein, sich die religiöse Umwelt zu vergegenwärtigen, in die die christliche Verkündigung einzudringen versuchte, weil sie auf Missionsmethode und -inhalt eingewirkt hat. Diese Umwelt war geprägt durch Kaiserkult, Mysterienfrömmigkeit, die religiöse Betätigung in Haus und Familie und eine popularphilosophische Ethik, insbesondere der Stoa.

1. Kaiserkult

1.1 Funktion

Im Osten hatte der Herrscherkult, der seit den verklärten Taten Alexanders des Großen über die Diadochenreiche hinweg in Übung geblieben war, mit Kaiser Augustus (31 v. – 14 n.Chr.) eine neue Blüte erlebt. Uraltes Verlangen des Orients mischte sich mit griechischer Erlösungssehnsucht und etruskischer Seherweisheit, wenn Vergil in der berühmten 4. Ekloge von einem Heiland weissagte, der als göttliches Kind das goldene Zeitalter heraufführen werde[82]. Eine Kalenderinschrift von Priëne in Kleinasien beschreibt das Glück der augusteischen Zeit, das massiv an die Person des Kaisers gebunden ist, u.a. so:

„Dieser Tag, der Geburtstag des Kaisers, hat der ganzen Welt ein anderes Aussehen gegeben. Sie wäre dem Untergang verfallen, wenn nicht in dem heute Geborenen für alle Menschen ein gemeinsames Glück aufgestrahlt wäre. Wer richtig urteilt, wird in diesem Geburtstag den Anfang des Lebens und der Lebenskräfte für sich erkennen. Unmöglich ist, gebührend zu danken für die großen Wohltaten, die dieser Tag gebracht hat. Die Vorsehung, die über allem Leben waltet, hat diesen Mann zum Heil der Menschen mit solchen Gaben erfüllt, indem sie ihn uns und den kommenden Geschlechtern als Heiland *(sotēr)* gesandt hat. Allem Krieg wird er ein Ende setzen und alles herrlich ausgestalten. In seiner Erscheinung *(epiphaneia)* sind die Hoffnungen der Vorfahren erfüllt. Er hat nicht nur die früheren Wohltäter der Menschheit alle übertroffen, sondern es ist auch unmöglich, daß je ein Größerer käme. Der Geburtstag des Kaisers war für die Welt der Anfang der Freudenbotschaften *(euaggelion),* die seinetwegen ergangen sind"[83].

Evangelien – hier fällt dieses inhaltsschwere Wort kurz vor der Zeitenwende in einem Text der Kaiserverherrlichung. Die Geburt des Kaisers wird zum Heil für alle Menschen. Mit ihr erneuert sich die Welt, beginnt ein neues Zeitalter. Augustus hat diese religiöse Stimmung begrüßt und sie – wenn er sich auch in Rom selbst zurückhielt – für den Osten kräftig gefördert. Was anderes hätte die zahllosen Völker des Reiches besser einigen können als die Idee von einem Kaiser-Heiland, der von allen ersehnt und bejubelt wurde? Nach einer Periode der Kriege und Selbstzerfleischung hatte Augustus der Welt die *pax romana* als das goldene Zeitalter gebracht; er war ihr wahrer Heiland. Die Verehrung der traditionellen Götter erlebte einen neuen Aufschwung im Kult des Kaisers und des Rom-Gedankens im Kult der *Dea Roma*. Auf diese Weise wurde eine Gemeinsamkeit des Empfindens geschaffen, die Provinz- und Rassengrenzen überschritt und die lebensnotwendige Ideologie des Römerreiches schuf. Wie sehr die bewußtseinsmäßige Einheit des Reiches mit dem Kaiserkult stand und fiel, sollten die Christen zu spüren bekommen, als sie sich außerstande sahen, den Kaiser- und Romkult mitzumachen.

Die Hochstimmung der augusteischen Zeit konnte sich auf die Dauer nicht halten. Figuren wie Caligula oder Nero mußten – zumindest bei nachdenklichen Menschen – den Glauben an einen Kaiserheiland erschüttern. Trotzdem hörte der Kaiserkult nicht auf; er wurde sogar – auch von offizieller Seite – immer mehr gesteigert, weit über das Maß hinaus, das Augustus gefordert bzw. zugelassen hatte. Es blieb nicht aus, daß er seinerseits hohl werden und zu serviler Formalität herabsinken konnte. Doch nicht ausschließlich, denn wenngleich ein Weltheiland mehr bieten mußte, als die römischen Kaiser leisten konnten, und vor allem im Westen eine gewisse Skepsis nicht aufhörte: die Sehnsucht nach dem guten Herrscher blieb wach, die Hoffnung auf einen Kaiser, der alles zum Guten wenden und das goldene Zeitalter erneuern würde.

Von einem neuen Zeitalter und Weltheiland sprachen auch die Christen. Damit stellt sich die Frage, ob der Kaiserkult nur eine tödliche Gefahr für die Kirche bedeutete oder nicht auch die Herausforderung enthielt, neue Aspekte in die Christusverkündigung einzubeziehen.

1.2 Domitian

Die Frage läßt sich konkretisieren, indem man Titulaturen und Akklamationen aus dem religiösen Kaiserzeremoniell auf ihren möglichen Widerhall in christlichen Texten untersucht. Chronologisch eignet sich dazu besonders die Zeit Kaiser Domitians (81–96), weil bei ihm der Anspruch auf ein Gottkaisertum besonders kraß in Erscheinung tritt und reiches urkundliches Material vorhanden ist, das die Anmaßung des Kaisers, aber auch die Reaktion der Menschen, Städte und Provinzen dokumentiert[84]. Martial und Statius, die beiden Hofpoeten, haben die kaiserlichen Selbstoffenbarungen fortlaufend dichterisch kommentiert, die Reichsmünzen haben das göttliche Bildnis des Kaisers und seiner Angehörigen in alle Welt getragen und bis heute erhalten.

Domitians Selbstverständnis drückt sich treffend in der Wendung *dominus et deus* aus, die Sueton, vita Caes. Domitian 13,1f, als symptomatisch für die Herrschaftsauffassung des Kaisers ansieht[85]. Diese Anrede entspricht im ungefähr zeitgleichen Johannes-Evangelium dem Bekenntnis des Apostels Thomas vor dem auferstandenen Christus: „Mein Herr und mein Gott!" (20,28). Der Jupiterstatue auf dem Kapitol ließ Domitian seine eigene Bildnisbüste aufsetzen; sein Thron galt als Göttersitz. Die Fülle der Hoffnungen und Ehrungen konzentrierte er auf seinen kleinen Sohn, der ihm von seiner Gattin Domitia geschenkt worden war. Der Kleine wurde hochstilisiert zum Himmelskind, das die Erwartungen der Jahrtausende und die immer noch nicht ganz verwirklichte Adventsekloge Vergils erfüllen sollte. Leider starb der Junge im Jahre 83, zehn Jahre alt. Der Kaiser ließ ihn daraufhin zum Gott, seine Mutter zur Muttergottes proklamieren. Auf den Münzen erscheint sie in Gestalt der Göttin Demeter oder Kybele, thronend auf dem Göttersitz mit Zepter und Diadem der Himmelskönigin. Dazu die Umschrift: „Mutter des göttlichen Caesar". Noch eindringlicher gerät die Apotheose des verstorbenen Prinzen selbst auf einer Goldmünze aus dem Jahr 83: Er sitzt in göttlicher Nacktheit auf dem Himmelsglobus und spielt mit sieben Sternen. Die Umschrift lautet: „Der göttliche Caesar, Sohn des Kaisers Domitian".

Glanz fiel vom Götterkind natürlich zurück auf die Eltern; der Hofdichter beeilte sich, Domitian als *genitor deorum* zu feiern und ein neues Adventslied anzustimmen, das dem vergilschen nachempfunden war, als sich ein neuer Thronfolger anmeldete: „Komme zur Welt, der du bist den Vätern vor Zeiten verheißen, wahrer göttlicher Sproß; komm herab erhabener Knabe." Leider kam das ersehnte Kind nie zur Welt, und der Kaiser mußte zwei Söhne seines Vetters Titus Flavius Klemens adoptieren.

Eine große Gnade war es, wenn der Kaiser erschien und sich dem Volke zeigte. Diese „Erscheinung des Herrn" *(epiphania Domini)* wurde sorgfältig inszeniert. Im Zirkus nahm Domitian unter einem Thronbaldachin Platz, Kaiser und Jupiter in einer Person. Die Massen erschienen in weißen Gewändern und begannen orkanartig, spontan (im übrigen gut einstudiert) ihre Akklamationen zu rufen: „Heil dem Herrn!" „Wer ist dir gleich!" „Du allein bist würdig, zu nehmen das Reich!" „Komm, komm, und zögere nicht!" „Herr von Ewigkeit zu Ewigkeit!" Diese Zurufe werden noch sprechender, wenn man sie oder auch andere, zeitlich etwas frühere oder spätere Akklamationen in der Ursprache hört, denn dann stellen sich überraschende Assoziationen an Doxologien und Akklamationen in der christlichen Liturgie ein: *Nika! Eis aiōna! Kyrie, eleison! Dignus et iustus es!* [86].

Daß Kaiserzeremoniell und Herrscherideologie auf die Liturgie und das Christusbild in Theologie und Kunst der Reichskirche des 4. Jhs. eingewirkt haben, ist vielfach nachgewiesen worden. Hier ist zu fragen, ob der am Beispiel Domitians beschriebene Kaiserkult bereits in der vorkonstantinischen Periode Reaktionen ausgelöst hat. Wenn sich Erwartung und Hoffnung auf einen göttlichen Kaiser richten, der Garant des Heiles und Friedensbringer ist, wird sich die Gestalt des jüdischen Rabbi Jesus nicht wandeln müssen, wenn er in dem von solchen kaiserlichen Weltheilandsgedanken erfüllten hellenistischen Raum verbreitet werden soll? Wie hat die christliche Verkündigung auf den Kaiserkult reagiert? Hat sie ihn bekämpft, oder ist sie ihm auch durch eine naive oder sogar bewußte Übernahme von Kaiserkultelementen begegnet? Beide Möglichkeiten wären ja denkbar.

1.3 Neutestamentliche Reaktionen

– Johannesapokalypse

Für die Möglichkeit einer polemischen Auseinandersetzung bietet die Apokalypse des Johannes reiches Material. Nach Eusebius, Kirchengeschichte 3,17f, ist Domitian in seinem Kampf gegen den wahren Gott und diejenigen, die ihn verehren, der Nachfolger Neros. Zu seiner Zeit soll Johannes auf die Insel Patmos verbannt worden sein und in der Apokalypse den Antichrist bekannt gemacht haben durch die Nennung der geheimnisvollen Zahl 666 (Offb 13,18)[87]. Nun ist natürlich die Interpretation dieser Zahl – die von Nero über Domitian bis Napoleon und Hitler auf alle Christenfeinde gedeutet worden ist – wie überhaupt die Fixierung des zeitgeschichtlichen Hintergrundes für die Apokalypse außerordentlich schwierig. Trotzdem lassen sich etliche Stellen anführen, die im Kaiserkult zur Zeit Domitians Entsprechungen haben und Vorstellungen verraten, die sich unbeschadet alttestamentlicher Anklänge am ehesten auf dem Hintergrund des Kaiserkults erklären lassen.
Imperatorisch klingt z.B. die Doxologie am Anfang von Offb 1,6: „Ihm sei die Ehre und die Macht von Ewigkeit zu Ewigkeit"[88]. „Domitianisch" getönt ist das Ende der Apokalypse. „Hell glänzt der Morgenstern, doch heller leuchtet der Caesar", hatte Statius vom Kaiser gesungen; *ho astēr ho lampros ho prōinos,* der strahlende Morgenstern, wird Jesus vom Apokalyptiker genannt (Offb 22,16). Die Hofdichter flehen im Namen der Roma um die Wiederkehr des Kaisers: „Morgenstern, bringe den Tag, komm bald, und laß uns nicht bangen. Roma bettelt darum, daß ihr der Caesar erscheine!" Auch Johannes bittet: „Amen. Komm, Herr Jesus!" (Offb 22,20)[89].
Die Apokalypse wendet sich an die sieben Gemeinden in Kleinasien, eine Gegend also, in der die Kaiserverehrung besonders krasse Formen angenommen hatte. Pergamon war die erste Stadt, in der dem Augustus zusammen mit der *Dea Roma* ein Tempel geweiht worden war; Ephesus hatte nachgezogen und riesige Konstruktionen für einen Domitian-Tempel errichtet[90]. Das Bild des heroisierten Kaisers, vor dem Lichter brannten, wurde durch Gebet und Opfer geehrt. Besonders feierlich ging es am jährli-

chen Konsekrationstag zu. Aus den umliegenden Orten kamen die Abgesandten mit goldenen Kränzen, die am Kultbild des Kaisers niedergelegt wurden[91]. Man vergleiche damit die Thronvisionen des ersten und vierten Kapitels der Johannes-Apokalypse, in denen der wahre Kult des wahren Königs dem angemaßten Kult des Kaisers entgegengesetzt wird. Sieben goldene Leuchter, der goldene Gürtel, sieben Sterne in der Rechten des Menschenähnlichen und die das *aurum coronarium* (Goldkränze) darbringenden Ältesten (Offb 1,12/20; 4,9/11), alle diese aus Kaiserkult und Hofzeremoniell bekannten Details gehören zum Material, mit dem der Apokalyptiker seine Visionen literarisch gestaltet. Das Christusbild gewinnt damit imperiale Züge und entwächst der inhaltslosen Menschensohn-Vorstellung der synoptischen Evangelien. Allerdings mit einem deutlich polemischen Unterton im Kampf gegen die Anmaßung der irdischen Herrscher, noch nicht weil das Kaiserzeremoniell geeignet erscheint, die Würde des himmlischen Königs und Pantokrators Christus zu unterstreichen. Das geschieht erst im 4. Jh., vor allem in den großen Apsismosaiken. Aber da war der Kaiser selbst Christ geworden und kein Konkurrent des Gottkönigs Christus mehr.

– Pastoralbriefe

Auch in den Pastoralbriefen gibt es einige Stellen, die einen imperatorischen Klang haben, wenn man sie mit Kaiserakklamationen vergleicht[92]. In Tit 3,4 heißt es: „Erschienen ist die Güte und Menschenfreundlichkeit unseres Gottheilandes." Nicht nur der *sotēr,* auch *chrēstotēs* und *philanthrōpia,* d.h. Güte und Menschenfreundlichkeit, sind typische Herrschertugenden und stehen auf Inschriften und Münzen häufig nebeneinander.
Eine auffällig starke Bedeutung besitzt auch das Wortfeld *epiphaino, epiphaneia.* Die Epiphanie des Gottkaisers, sein *adventus* in Städte und Provinzen wurde mit liturgisch ausgestalteter Feierlichkeit begangen[93]. Eine Formulierung wie Tit 2,13: „Wir warten auf das Erscheinen der Herrlichkeit unseres großen Gottes und Heilandes Jesus Christus" könnte mit Ausnahme des Christusnamens wortwörtlich so vom Kaiser gesagt sein.
Die Parallelen sind verblüffend, die Schlüsse, die man aus ihnen ziehen kann, trotzdem schwierig, weil Ähnlichkeiten nicht in jedem Fall Abhängigkeiten bedeuten. Auch wenn etliche der zuvor angegebenen Begriffe im Kaiserkult eine Rolle gespielt haben, bleibt die Frage, ob *sotēr, philanthrōpia* und *epiphaneia* ausschließlich *termini technici* des Kaiserkultes sind oder nicht auch in anderen Zusammenhängen gebraucht werden konnten. *Sotēr* z.B. ist gewiß Kaisertitel; aber im jüdisch-hellenistischen Raum kann er ebenso als eine der Septuaginta vertraute Gottesbezeichnung und in den Mysterienreligionen als der Name des rettenden Kultgottes bis hin zu den einfachen Heilgöttern wie Asklepios oder Wundermännern wie Apollonios von Tyana vorkommen. Ähnliches gilt für *epiphaneia*. Neben dem kaiser-

lichen *adventus* bezeichnet sie im biblischen Bereich die Ankunft Gottes im Wort oder Wunder und in den Mysterienreligionen sein Erscheinen im Kult. Auch beim *kyrios*-Titel muß mit einem mehrschichtigen Gebrauch gerechnet werden. Das alles scheint darauf hinzudeuten, daß der Sprachgebrauch noch offen ist und in den Pastoralbriefen nicht unbedingt auf den Kaiserkult hinweisen muß.

Sollte der Kaiserkult trotzdem eine Wurzel für die Sprechweise der Pastoralbriefe gewesen sein, muß weiter gefragt werden, ob die Übernahme bewußt geschah in einer gewollten polemischen Gegenüberstellung des Christuskultes zum götzendienerischen Kaiserkult oder ob mehr unbewußt versucht worden ist, mit Ausdrücken aus dem Kaiserkult die eigenen Glaubensvorstellungen über Christus wiederzugeben, die kaiserkultischen Wendungen vielleicht sogar imperiale Vorstellungen in der Christologie geweckt haben, so daß durch sprachliche Übereinstimmungen das Christusbild neue Akzente erfahren hätte. Es gibt den Christusglauben ja nicht an sich, sondern immer nur in einem geschichtlichen Kontext, wobei der Kontext nicht der Offenbarung, sondern der Zeitsituation entstammt.

Als Fazit ergibt sich aus diesen Überlegungen:

a) An den Kaiser knüpften sich seit Augustus die Erwartungen des Volkes, die durch die zuweilen miserablen Inhaber des Kaiserthrones zwar gedämpft, aber nicht ausgelöscht wurden. Der Kaiserkult stellte eine eminent politische Macht dar, die vor allem im Osten die verschiedenen Völker des Imperiums zusammenband. Akklamationen und Zeremoniell stilisierten den Kaiser zu einem Gottheiland hoch, der Frieden und Heil garantierte.

b) Die christlichen Gemeinden gerieten mit dem Kaiserkult notwendigerweise aneinander, sobald dieser als Loyalitätserweis von den Christen verweigert werden mußte. In der Apokalypse des Johannes wurde ebenso wie in den späteren Märtyrerakten und bei frühchristlichen Apologeten die Anmaßung des Kaiserkultes angeprangert und als satanische Versuchung der wahren Gottesanbetung gegenübergestellt.

c) Schwieriger ist die Frage, ob der Kaiserkult nicht auch die christologische Predigt gefärbt hat, ob nicht in Steigerung auf Christus übertragen wurde, was im Raum der Kaiserverehrung formuliert worden war. Die Beeinflussung der Christologie im 4. Jh. mit ihren Auswirkungen auf Kunst, Liturgie und Theologie sind vielfach bewiesen. Offen ist, ab wann mit einem solchen Einfluß zu rechnen ist und ob die Pastoralbriefe bereits dafür herangezogen werden können.

2. Mysterienreligionen

Neben dem Kaiserkult prägen die Mysterienreligionen die religiöse Umwelt der frühchristlichen Mission. Ihren Einfluß exakt zu bestimmen fällt allerdings nicht leicht, denn obwohl inzwischen eine kaum noch übersehbare Menge religionsgeschichtlichen Materials gesammelt worden ist, lassen sich die zeitliche Entwicklung, die verschiedenen Ausgestaltungen, die aktiven und passiven Beziehungen der Mysterienkulte untereinander sowie ihre soziale Relevanz nur schwer durchsichtig machen. Nachrichten in Bild und Schrift aus acht Jahrhunderten und allen Provinzen des römischen Imperiums fügen sich zu keinem eindeutigen Bild zusammen.

2.1 Religionsgeschichtliche Einordnung

Als die religionsgeschichtliche Forschung die erstaunliche Parallelität religiöser Bräuche, Zeremonien, Einweihungsriten und asketischer Übungen in den Mysterienkulten und in der frühen Kirche entdeckte, war man zunächst geneigt, das Christentum als Ableger oder doch zumindest als einen Zweig dieser Kulte anzusehen. Im Verein mit der historisch-kritischen Methode schien es zu gelingen, das Christentum als eine Spielart im hellenistischen religiösen Synkretismus zu erklären[94]. Heute ist unbestritten, daß auch in diesem Punkt das Problem Antike und Christentum vielschichtiger ist, als zunächst angenommen, daß schon vom Zeitansatz her Abhängigkeiten häufiger bei manchen Mysterienkulten als beim Christentum anzunehmen sind und daß zwischen Analogien und Genealogien ein Unterschied besteht. Ähnlichkeiten sind nicht verwunderlich: Religiöse Handlungen und Gebärden, heilige Mähler und Waschungen, das Erheben der Hände, Verneigen und Knien u.a.m. stimmen in vielen Kulten überein, weil religiöse Ausdrucksformen von Natur aus begrenzt sind. Nachdem die These vom Ursprung des Christentums aus den Mysterienreligionen abgetan ist, kann heute unbefangen über die Querverbindungen zwischen Christentum und Mysterienreligionen gesprochen werden.

Der Kaiserkult, so sehr seine Bedeutung auch seit dem augusteischen Zeitalter gewachsen war, erfüllte seinen Zweck vor allem im gesellschaftspolitischen Bereich; unerfüllt blieb das religiöse Bedürfnis des Individuums. Aus ihm heraus entstanden die Gemeinden der in die Mysterien Eingeweihten. Sie wußten sich aus der Schar der Mitbürger herausgehoben und in geheimnisvolle Beziehung zu göttlichen Kräften versetzt. Einswerden mit der Gottheit, auf das man sich durch rituelle Waschungen vorbereitete, das man im heiligen Mahl, in mystischer Versenkung oder auch in orgienhafter Raserei erreichte, war das Ziel. Weniger wichtig scheinen – von Ausnahmen abgesehen – ethische Verpflichtungen gewesen zu sein.

Die Mysterienreligionen versprachen dem Eingeweihten die Wiedergeburt zu neuem Leben. Das machte sie besonders attraktiv, denn die Sehnsucht nach Erlösung war übermächtig in einer Zeit, in der die Menschen sich gefesselt und unfrei fühlten durch die Sterne, wie die Chaldäer lehrten, oder durch ein unpersönliches und unvorhersehbares Schicksal, wie die Stoiker meinten, wer wußte das schon genau. Trotzdem streckte sich die Seele aus nach dem Ewigen, auch wenn sie sich gefesselt fühlte an den Leib und die Bindungen dieser Welt. Natürlich gab es auch Skeptiker, die nach der Maxime handelten: „Freu dich des Guten dieser Erde so lange du kannst, danach zerfällst du in Staub und Asche", oder noch derber: „Iß und trink, denn morgen bist du tot" – wie es auf antiken Grabsteinen heißt. Aber so billig ließen sich viele ernsthafte Menschen nicht abspeisen. Darum suchten sie Trost und Befreiung in den Mysterien, die in zunehmendem Maße nicht nur aus magisch-kultischen Praktiken bestanden, sondern sich mit geheimem Wissen anfüllten. Die Erlösungssehnsucht vieler Menschen kam auch der christlichen Mission zustatten. In den Mysterienkulten äußerten sich Sehnsüchte, denen die christliche Verkündigung entsprechen konnte. Auf diesem Hintergrund und nicht im Hinblick auf Einheitssprache, Weltverkehr und ein befriedetes römisches Reich bekommt das Wort des Paulus an seine galatischen Gemeinden viel eher Klang: „Als aber die Zeit erfüllt war, sandte Gott seinen Sohn, geboren von einer Frau und dem Gesetz unterstellt, damit er die freikaufe, die unter dem Gesetz stehen, und damit wir die Sohnschaft erlangen" (Gal 4,4; vgl. S. 72). Wie der Kaiserkult können daher die Mysterienreligionen nicht nur als Gefahr, sondern auch als stimulierende Herausforderung für die christliche Verkündigung betrachtet werden.

2.2 Einzelne Kulte

– Demeter

Die ältesten Mysterien waren die der Demeter in Eleusis bei Athen. Nach der Kultlegende hatte Hades, der Gott der Unterwelt, Persephone, die Tochter der Göttin Demeter, mit Hilfe des Zeus geraubt, um sie zur Gattin zu nehmen. Demeter, im Schmerz über den Verlust ihrer Tochter, machte die Erde unfruchtbar. Darum mußte Zeus den Hades zwingen, Persephone einen Teil des Jahres aus der Unterwelt zu entlassen und ihrer Mutter zurückzugeben. Die übrige Zeit konnte sie bei ihm in der Erde bleiben. Demeter war es zufrieden und schickte den Triptolemos aus, der den Menschen die Kornähre schenkte. Ohne Schwierigkeiten erkennt man den Wechsel von Sommer und Winter, das Ruhen des Kornes im Grab der Erde und sein Wachsen und Blühen auf der Erde in diesem Mythos wieder. Er wurde symbolhaft, verschlüsselt durch Gebet, Gesang, Tanz, in Prozessionen und szenischer Darstellung, durch Bilder und Gegenstände in der Mysterienfeier vergegenwärtigt. Bereits im 5. Jh. vor Christus besaßen die Demeter-Mysterien festgefügte Formen, die sie im wesentlichen beibehalten haben dürften, bis sie im Römerreich ihre Verbreitung erlangten. Vom genauen Inhalt und Ablauf dieser und aller anderen Mysterienfeiern weiß man allerdings nur wenig. Es waren ursprünglich private Kulte, durch strenge Geheimhaltungsvorschriften vor der öffentlichen Neugier geschützt. Im Mittelpunkt der Kultfeiern scheint eine Schau göttlicher Dinge gestanden zu haben, die durch eine Reihe von Übungen und Riten, unterstützt durch theatralische Effekte, vorbereitet wurde. Was genau der Myste sah und erlebte, bleibt dunkel. Er wird irgendeines wundersamen Geschehens ansichtig geworden sein, das ihm die Zuversicht schenkte, mit dem Wohlwollen der Gottheit in dieser und auch in der zukünftigen Welt rechnen zu dürfen. Andere griechische Mysterien neben Demeter waren die der Kabiren von Samothrake und vor allem die Dionysos- oder Bacchusmysterien, die bereits 186 v.Chr. wegen ihrer Wildheit vom römischen Senat verboten worden waren. Eine noch größere Bedeutung als Parallelerscheinung zum wachsenden Christentum besaßen die orientalischen Mysterienkulte, die hellenisiert und den religiösen Bedürfnissen der Kaiserzeit angepaßt über das ganze Imperium verbreitet waren, vor allem die ägyptischen Isismysterien, die kleinasiatische Religion der Magna Mater (Kybele) sowie der aus dem Iranischen stammende Mithraskult.

– Isis

Über die Isismysterien schreibt – und schweigt zugleich – Apuleius (geb. um 125 n.Chr.) in einem Bericht über die Einweihung des Lucius:

„[Nach vielerlei Vorbereitungen, unter rituellen Reinigungen und zehntägigem Fasten] war [endlich] der Tag [der Einweihung] da, der mir durch göttlichen Termin bestimmt war; und die Sonne neigte sich und brachte den Abend herbei. Da, schau, strömen von allen Seiten die Scharen herbei und ehren mich nach altem religiösem Brauch, Mann für Mann, mit mancherlei Geschenken. Darauf werden alle Uneingeweihten weit entfernt, ich werde mit einem Gewand aus rohem Leinen angetan, und der Priester faßt mich bei der Hand und führt mich in das Innere des Heiligtums.
Du fragst mich vielleicht ziemlich ängstlich, eifriger Leser, was dann gesprochen wurde, was nun geschah. Ich würde es dir sagen, wenn ich es sagen dürfte; du würdest es erfahren, wenn es dir zu hören erlaubt wäre. Allein, gleich hart würden Ohren und Zunge zu büßen haben für unbedachte Wißbegier. Doch will ich dein womöglich frommes Verlangen nicht länger auf die Folter spannen. So höre denn, aber glaube; es ist wahr! Ich bin dem Grenzbereich des Todes genaht, und nachdem ich Persephones Schwelle niedergetreten, habe ich alle Elemente durchfahren und bin dann zurückgekehrt. Mitten in der Nacht sah ich die Sonne in blendend weißem Licht leuchten, nahte den unteren und oberen Göttern von Angesicht zu Angesicht und betete sie aus nächster Nähe an. Sieh, nun habe ich dir berichtet. Du hast es zwar gehört; aber trotzdem verstehst du es notwendigerweise nicht. So will ich dir denn erzählen, was allein, ohne daß man sich versündigt, den Uneingeweihten zur Kenntnis gebracht werden kann.
Es war früher Morgen [inzwischen] geworden; da trat ich nach Vollendung der heiligen Handlung [aus dem Adyton des Tempels] heraus, durch zwölffache Stola geweiht ... In meiner Rechten trug ich eine flammende Fackel, und mein Haupt zierte ein Palmenkranz, dessen schimmernde Blätter wie Strahlen hervorragten. Nachdem ich so, als Bild der Sonne ausgeschmückt, einer Bildsäule gleich da stand, wurde plötzlich der Vorhang weggezogen, und das Volk strömte herzu, mich zu schauen. Hierauf beging ich meinen festlichen Geburtstag als Eingeweihter" (Metamorphosen 11,23f)[95].

Die Isismysterien gehen auf einen altägyptischen Mythos zurück, der erzählt, wie Osiris, der königliche Gatte und Bruder der Isis, von seinem Bruder Typhon getötet und in vierzehn Teile zerstückelt wurde, die Typhon überall versteckte. Isis trauerte und brachte nach vielen Mühen die Teile wieder zusammen, was das Wiederaufleben des Osiris bedeutete. Wiederum sind das Todesproblem und die Sehnsucht nach Auferstehung in diesem Mythos unverkennbar.

Von diesem Kern-Mythos aus ist Isis dann aber weitergewachsen zu einer Art Allgöttin über Schicksal, Leben und Tod. Sie segnet den Ackerbau und schützt die Schiffahrt. Mit einem großen Fest, dem *navigium Isidis,* wurde ab dem 2. Jh. in Rom alljährlich der Tag der Eröffnung der Schiffahrt begangen. Isis erweckt alle Kunstfertigkeiten der Menschen. In Andachten, die täglich morgens in den Isistempeln begannen, in Prozessionen und mit Festgesängen wurde die Göttin verehrt. Sie hatte zahlreiche Priester, die langwallende weiße Leinengewänder trugen und mit kahlrasiertem Schädel einhergingen. Die Einweihung in die Isismysterien entsprach weithin den eleusinischen Bräuchen. Wie überhaupt alle östlichen Mysterienkulte erst hellenisiert und damit orgiastisch entschärft im Imperium Romanum Verbreitung fanden.

– Kybele

Für Isis war diese Zähmung nicht so wichtig. Um so mehr für den kleinasiatischen Kult der Magna Mater und ihres jugendlichen Geliebten Attis, dessen mystischen Tod die Galli (Priester) mit wilden Tänzen, Selbstverstümmelung und Blutvergießen zu begehen pflegten, bis die Auferstehung des Attis gefeiert werden konnte. Wiederum berichtet Apuleius:

„Sie traten vor, die Arme bis zu den Schultern entblößt, mit großen Schwertern und mächtigen Beilen und tanzten wie Wahnsinnige ... Mit Händen und Füßen machten sie tausenderlei Gebärden; sie bissen sich, und zum Schluß nahm jeder seine Waffe und brachte sich an den Armen mehrere Wunden bei. Unter ihnen war einer noch wahnsinniger als die anderen, der manchmal aus der Tiefe seines Herzens aufseufzte, als wäre er im Geist entrückt oder von göttlicher Kraft erfüllt. Und danach [wenn er wieder ein wenig zu sich gekommen war] ersann er eine große Lüge, indem er behauptete, er habe die himmlische Majestät der Göttin beleidigt ..., weshalb er sich selbst bestrafen werde; und darauf nahm er eine Peitsche und geißelte seinen Leib, bis das Blut in Strömen floß" (Metamorphosen 8,27)[96].

– Mithras

Weit verbreitet war ebenfalls der Mithraskult, so sehr, daß man in ihm den wahren Konkurrenten des Christentums gesehen hat. Um ein Haar, wenn z.B. Konstantin im *sol invictus* nicht Christus, sondern Mithras gesehen hätte, wäre das Imperium mithräisch und nicht christlich geworden – sagt man. Doch diese Gefahr hat nie bestanden[97]. Es sind zwar mehrere Hundert Mithräen, d.h. kleine, immer unterirdische Kulträume der Mithrasgläubigen bekannt geworden, aber da zu jeder Gemeinde nur ein oder zwei Dutzend Mitglieder gehörten, blieben sie insgesamt gesehen eine kleine

Schar. Dann fällt auf, wie die Mithräen sich an einigen Stellen häufen, während sie in anderen Gebieten ganz fehlen. Der Grund dafür ist, daß Mithras vorherrschend ein Soldatengott war. Mithrasheiligtümer gab es also überall dort, wo Soldaten stationiert waren, in den Garnisonen und an den Grenzen. In der Tat trifft man die Grenzen des römischen Reiches ziemlich genau, wenn man die Fundorte von Mithräen in eine Landkarte einzeichnet. Auch in Deutschland sind entlang des Limes in Osterburken, Heddernheim bis hinauf nach Dormagen zahlreiche Mithrasheiligtümer entdeckt worden, mit z.T. sehr gut erhaltenen Kultbildern des Gottes. Zu den Mithrasanhängern gehörten überwiegend Soldaten und Kaufleute; Frauen waren ausgeschlossen. In den schon früh stark christianisierten Gebieten Kleinasiens, Griechenlands und Nordafrikas war der Kult nur schwach verbreitet. D.h. eine gefährliche Konkurrenz für die Kirche ist Mithras nie gewesen.

Da literarische Zeugnisse fast vollständig fehlen, bleibt die Deutung der Mithrasverehrung auf die Interpretation der erhaltenen Denkmäler angewiesen. Auf dem Kultbild wird stereotyp dargestellt, wie der jugendliche Mithras einen Stier tötet, aus dessen Schwanz ein Ährenbüschel sprießt, während sein Blut die Erde tränkt und ihr Fruchtbarkeit verleiht. Durch eine Verbindung Mithras' mit dem Sonnengott weitet sich seine vegetative Bedeutung zu einer kosmischen aus. Die Mithrasgemeinde war straff organisiert. Der Myste gewann in sieben Stufen (Graden) Anteil an den Verheißungen des Mysteriums. An der Spitze der kultischen Versammlung stand der *pater,* zugleich *magister sacrorum* und *summus pontifex.* Die Bedeutung der übrigen Grade bleibt dunkel, obwohl ihre Namen bekannt sind. Das archäologische Material, das inzwischen über Mithras gesammelt ist, füllt zwar dicke Bände, vermittelt aber keine sicheren Erkenntnisse, weil es keine schriftlichen Nachrichten gibt, die den Sinn der von Natur aus vieldeutigen Bilder, Zeichen und Symbole festlegen würden. Wollte man Dogma und Praxis des Christentums allein aus den Katakombenbildern ohne die literarischen Zeugnisse der Bibel und der Kirchenväter erklären, stünde man vor derselben unlösbaren Aufgabe.

2.3 Vergleich

Aber die Unmöglichkeit, etwas Präzises über den Lehrgehalt der einzelnen Mysterienkulte ausmachen zu können, resultiert nicht nur aus Geheimhaltungsvorschriften und mangelhaften Quellen, sondern liegt im Wesen der Kulte selbst begründet. Sie wollen überhaupt nicht lehren, schon gar nicht eine dogmatisch fixierte Wahrheit. Sie vermitteln dem Mysten Eindrücke und Stimmungen; sie erwecken ein religiöses Gefühl und auf diesem Weg – nicht über den nachdenkenden Verstand – Hoffnung und Zuversicht. So geheimnisvoll dunkel wie die nächtliche kultische Feier, so stumm wie die schweigende Mysteriengemeinde sind die Inhalte der Mysterien. Alles, was man sieht und hört und empfindet, läßt sich verschieden deuten entsprechend der Höhe religiöser Erkenntnis, die der einzelne erreicht hat bzw. befriedigt sehen möchte. So vermag der einfache Mensch, der weder lesen noch schreiben kann, ebenso wie der gebildete Philosoph Myste desselben Kultes zu werden, denn um von der Gottheit Heil *(sotēria)*, Entsühnung und „Bewußtseinserweiterung" zu erfahren, braucht man nicht zu denken, man muß nur empfinden können.

Das war so attraktiv, wie es fromm sein zu können, ohne denken zu müssen, noch heute ist. Die weite Verbreitung von Erweckungsbewegungen, Sekten, Jugendreligionen, Meditationsgruppen liefert den Beweis. Die Attraktivität der Mysterienkulte enthüllt zugleich aber auch ihre Schwäche. Glauben ohne zu denken können die meisten nur für einige Zeit, denn die Frage nach der Wahrheit der mit den Empfindungen und Gefühlen bewußt gemachten religiösen Inhalte läßt sich auf die Dauer nicht unterdrücken. Wirkliche Konkurrenz scheinen die Mysterienkulte für die christliche Mission daher nicht gewesen zu sein, ganz abgesehen davon, daß die in ihren eigenen Heilsindividualismus versponnenen Mysterienanhänger kaum versuchten, eine missionierende Konkurrenz zu entfalten. Was die Mysterienkulte anziehend machte, wie sinnenfälliger Kult und eine das Gefühl ansprechende Frömmigkeit, das bot die Kirche ihren Anhängern auch. Darüber hinaus aber noch mehr: eine Lehre, die den Anspruch erhob, wahr zu sein und mit Argumenten überzeugen zu können (vgl. S. 118f), für die man daher bereit war, mit dem Leben einzustehen. Dem hatte der Mysteriengläubige nichts entgegenzusetzen. Mochte er seinen Gott noch so hoch halten, für ihn zu sterben bestand kein Anlaß. Denn eine Wahrheit, die zu besitzen man nicht vorgibt, braucht man auch nicht zu bezeugen. So verschwand der Mithraskult wenige Jahrzehnte nach Konstantin, ohne erkennbaren Widerstand geleistet zu haben, einfach weil der Kaiser einen anderen Kurs steuerte. Wenn es eine ernsthafte Konkurrenz für das Christentum gab, dann lag sie anderswo.

3. Haus und Gesellschaft

3.1 Heidnischer Hauskult

Stärker als der offizielle Kaiserkult und die Mysterienkulte blieb das angestammte religiöse Leben im Haus und in der Familie lebendig und noch lange Zeit eine spürbare Konkurrenz für den christlichen Glauben. Der Kaiserkult vollzog sich im öffentlich-politischen Raum; auch zur Feier der Mysterien verließ man die gewohnte Umgebung; man versammelte sich unter Gleichgesinnten, um seinen persönlichen religiösen Bedürfnissen nachzukommen.

Die am wenigsten spektakuläre und nach außen in Erscheinung tretende Umgebung für Gebet und Opfer aber waren das Haus und die Familie.

Hier beschützten die Penaten weiterhin die Vorratskammern, die Laren achteten auf den Hof und die Wohnräume, und Vesta bewahrte das Feuer. Tagwerk, Wochenlauf, Jahreszeiten und Feste, die Ereignisse des Menschenlebens wie Geburt, Hochzeit, Tod, Abreise und Heimkehr fanden im Rahmen der Familie, des *oikos,* statt und wurden dort mit Gebet und Opfer vor den Hausgöttern begleitet. In Pompeji hat man zahlreiche Tempel ausgegraben und auch mehrere Versammlungsorte für Mysterienkulte entdeckt, darüber hinaus aber an die 600 Lararien gefunden, d.h. die typischen kleinen Verehrungsstätten für die Hausgötter in Form von Nebenräumen, Ädikula oder Kapellchen, angefüllt mit Statuetten oder Wandbildern. Geht man durch die archäologischen Museen, kann man sie zu Hunderten in den Vitrinen sehen: kleine Terrakotten der gängigen einheimischen, landes- und ortsgebundenen Schutzgöttinnen und -götter, die zuhauf in den Häusern auf Kommoden und in Wandnischen gestanden haben müssen. Wertvollere Götterfigürchen waren aus Silber oder sogar vergoldet[98].

Diese pagane Haus- und Familienfrömmigkeit ist auch nicht in die Krise geraten, von der der offizielle Staatskult und mit zunehmendem Einfluß des Christentums die Mysterienkulte betroffen wurden. Noch 392 muß Theodosius d.Gr. detaillierte Gesetze gegen die Verehrung von Laren, Penaten und Genien erlassen (Cod. Theod. 16,10,12)[99]. Wie das Leben des Kindes von Anfang an mit dem häuslichen Götterkult verquickt war, beschreibt noch am Ende des 4. Jhs. der christliche Dichter Prudentius (gest. nach 405):

„Als einmal die heidnischen Herzen der Väter in Besitz genommen hatte der nichtige Aberglaube, lief er hin, ununterbrochen, durch tausend Stufen der Generationen. Der zarte Erbe war von Furcht ergriffen und verehrte alles, was ihm als verehrungswürdig die alten Vorfahren vor Augen gestellt hatten ... Schon im Alter des Weinens [als Kleinkind] hatte er vom Opferkuchen gekostet; die mit Wachs bestrichenen Steine hatte er gesehen und die schwarzen Laren feucht werden vom Salböl. Den in Gestalt der Fortuna mit dem Füllhorn geformten heiligen Stein hatte er zu Hause als kleines Kind stehen gesehen und die Mutter bleichen Antlitzes davor beten. Bald dann auf die Arme der Amme gelegt, rieb er auch selbst mit den Lippen den Stein [Kuß des Götterbildes], kindliche Gebete sprach er aus und erflehte Reichtum vom blinden Stein; er war überzeugt, daß dort man müsse erbitten, was immer man wünsche. Niemals jedoch wendete er Augen und Geist zur Burg der Vernunft, hielt vielmehr die albernen Bräuche fest, indem er die Götter des Hauses mit dem Blut von Lämmern feierte" (c. Symmachum 1,197/214).

Seit jeher hatten die kirchlichen Lehrer den Aberglauben dieser Religiosität zu entlarven versucht, indem sie unter Rückgriff auf die Argumente heidnischer Autoren auf den Unsinn hinwiesen, Götterbilder zu verehren[100]. Wie sollen Gebilde aus Holz oder Stein, mit Lappen behängt und mit Öl beschmiert, für Wohlstand und Gesundheit sorgen können? In der Kirche gab es bis um die Mitte des 3. Jhs. noch keine Bilder, ganz zu schweigen von Statuen, so daß die Kritik unbefangen vorgetragen werden konnte. Aber viele Kinder – klagt Prudentius – kamen gar nicht dazu, Augen und Geist „zur Burg der Vernunft" zu erheben und den Trug zu durchschauen; sie blieben in den religiösen Bräuchen der Familie gefangen.

3.2 Gefahr des Götzendienstes

Die pagane Familienfrömmigkeit bot vielen Menschen in ausreichendem Maß eine religiöse Heimat; sie erschwerte die christliche Mission, insofern sie nirgendwo auf ein völliges religiöses Vakuum stieß. Auch außerhalb des Hauses war das gesellschaftliche Umfeld so von Idololatrie (Götzendienst) durchtränkt, daß ein Christ kein öffentliches Fest begehen, kein Theater oder Stadion besuchen konnte, ohne sich zu verunreinigen[101]. Überall stieß er auf die *pompa diaboli,* der er in der Taufe abgeschworen hatte. Viele Berufe, vor allem höhere Magistraturen, Soldatenstand und Schule, aber auch manche Handwerke waren mit götzendienerischen Handlungen verbunden und konnten daher von Christen nicht ausgeübt werden. In der Traditio Apostolica Hippolyts werden Anfang des 3. Jhs. genaue Anweisungen gegeben, was bei der Annahme von Katechumenen zu beachten ist.

> „Man soll nachforschen, welche Tätigkeiten und Berufe die ausüben, die man zum Unterricht mitbringt. Ist jemand Bordellbesitzer, soll er aufhören oder man weise ihn ab. Ist einer Bildhauer oder Maler, lehre man ihn, keine Götzenbilder zu machen; sie sollen ihre Berufe aufgeben oder man weise sie ab. Ist einer Schauspieler oder gibt er Vorstellungen im Theater, soll er aufgeben oder abgewiesen werden. Wer Kinder unterrichtet, soll besser davon ablassen; wenn er keinen anderen Beruf hat, sei es ihm gestattet. Ebenso soll der Wagenlenker, der kämpft und am Wettkampf teilnimmt, aufgeben oder abgewiesen werden. Wer Gladiator ist oder Gladiatoren im Kampf unterrichtet, oder ein Jäger, der an der Hetze teilnimmt, oder ein Beamter, der mit dem Gladiatorenkampf zu tun hat, der soll seine Tätigkeit aufgeben oder abgewiesen werden. Wer Priester oder Wächter von Götterbildern ist, soll davon ablassen oder abgewiesen werden" (16).

Daß Bordellbetreiber, Schauspieler und Gladiatoren nicht Christen werden konnten, bedurfte keiner Diskussion. Auch die Abweisung von Bildhauern und Malern, die sich mit der Herstellung von Götterbildern beschäftigten, erwies sich als unvermeidbar. Einige scheinen allerdings geklagt zu haben, sie würden keinen Verdienst mehr finden, wenn sie ihre Tätigkeit aufgeben müßten. Tertullian, idol. 8, in Karthago teilt ihre Befürchtungen nicht. Er rät ihnen, Anstreicher und Bauhandwerker zu werden, denn Wände zu tünchen und Gebäude zu errichten sei gefragter als die Herstellung von Götterbildern. Komplizierter war der Bereich der Bildung, und zwar nach beiden Seiten hin: für die Lehrer, die Mythen und Götterfabeln vortragen mußten, wie für die Kinder, die keinen Unterricht besuchen konnten, ohne von der Idololatrie infiziert zu werden. Was heute zu klassischer Bildung abgestorben ist, war damals noch glaubensgefährdende Gegenwart. Trotzdem war man sich christlicherseits weitgehend darin einig, zumindest den Elementarunterricht zu gestatten, um nicht in einen totalen Bildungsnotstand zu geraten. Klare Fälle, an denen es nichts zu deuten gab, waren wieder die Priester und Wächter von Götterbildern, die die kostbaren Götterstatuen aus Gold oder Silber auf öffentlichen Plätzen bewachen mußten, damit sie nicht gestohlen wurden. Die christlichen Apologeten haben die Notwendigkeit der Bewachung für die Ohnmacht der Götter weidlich ausgeschlachtet und die Götterverehrung damit lächerlich gemacht (vgl. Diognetbrief 2,7).

Aufschlußreich sind die Regelungen hinsichtlich der Soldaten. Die Traditio Apostolica bestimmt:

„Der Soldat, der unter Befehl steht, soll keinen Menschen töten. Erhält er den Befehl, soll er ihn nicht ausführen und auch keinen Eid leisten. Will er aber nicht, weise man ihn ab. Wer die Schwertgewalt hat oder Magistrat einer Stadt ist und den Purpur trägt, soll seine Stellung aufgeben oder abgewiesen werden. Katechumenen oder Gläubige, die Soldat werden wollen, sollen abgewiesen werden, weil sie Gott mißachtet haben" (16).

Unzweideutig wird festgestellt, daß kein Christ bzw. Taufbewerber Soldat werden darf. Was aber ist, wenn ein Soldat Christ werden will, wenn die Botschaft des Evangeliums im Militärlager gehört wurde und zu einer Bekehrung geführt hat? Hier war eine kategorische Ablehnung nicht möglich, denn ein Soldat, der seinen Fahneneid geleistet hatte, konnte nicht einfach den Dienst quittieren. Die Traditio ist bereit, ein Zugeständnis zu machen, wobei in dem, was sie fordert, erkennbar wird, worin die Unvereinbarkeit zwischen Christsein und Soldatenstand besteht: im Blutvergießen. Kein Soldat darf einen Menschen töten, auch nicht, wenn er ausdrücklich den Befehl dazu erhält. Versieht er nur Wachdienst an den Grenzen des Landes, ohne töten zu müssen, mag sich Soldat- und Christsein eine Zeitlang vereinbaren lassen. Daß das Verbot des Tötens der entscheidende Grund ist, wird durch die Bemerkungen über die Schwert- und Purpurträger unterstrichen. Mit ihnen dürften Personen gemeint sein, die in amtlicher Vollmacht Todesurteile aussprechen mußten. Auch das galt als Töten und erschien mit dem Christenstand unvereinbar. Einen ebenso gravierenden Abweisungsgrund bildete der Amts- oder Fahneneid, der mit dem Kaiser- und Götteropfer verbunden war.

Bereits im 2. Jh. war die Verweigerung des Kriegsdienstes seitens der Christen übel vermerkt worden. Ein gebildeter Christengegner, Kelsos (vgl. S. 115f), machte den Christen um 170 neben vielem anderen den Vorwurf, daß sie abseits stünden und sich um die Verteidigung der *Pax Romana* nicht kümmerten. Darum forderte er sie auf, „dem Kaiser mit aller Kraft beizustehen und sich mit ihm für das, was rechtens ist, abzumühen, auch für ihn zu kämpfen und – wenn die Lage es nötig macht – mit ihm ins Feld zu ziehen und mit ihm seine Truppen anzuführen". Origenes, Contra Celsum 8,73, antwortete dem Kelsos noch zwei Generationen später, die Christen hätten besseres zu tun, als Krieg zu führen und Hinrichtungen zu bewerkstelligen. Wenn sie für den Staat beteten, nützten sie ihm mehr als mit dem Schwert. Ähnlich argumentiert Tertullian.

Es gab christliche Verweigerungen und eine Negierung der gängigen gesellschaftlichen Ordnungen auf allen Gebieten. Schon die Kinder waren Einschränkungen unterworfen. Die Didaskalia 22 (3. Jh.), die aufs Ganze gesehen einen recht vernünftigen und gemäßigten Ton anschlägt, fordert, daß christliche Kinder nicht mit ihren heidnischen Altersgenossen spielen, damit sie nicht heidnischen Lastern verfallen.

Will man die Situation damaliger Christen und christlicher Familien begreifen, muß man sich bewußt machen, daß sie winzige Minderheiten in den großen Städten bildeten, weithin isoliert vom öffentlichen Leben, von Festen und Umzügen. Wenn der Verfasser des 1. Petrusbriefes sein Schreiben an die auserwählten Fremdlinge in der Zerstreuung richtet (1,1), wenn er sie mahnt, als Fremde und Beisassen, d.h. als solche zu leben, die nicht wirkliche Bürger dieser Welt sind – selbst wenn sie das Bürgerrecht einer Stadt oder des Imperiums besitzen –, trifft er wohl auch emotional-gefühlsmäßig das Selbstverständnis vieler Christen. Sie galten als *tertium genus*[102], d.h. nach Heiden und Juden als letzte, unterste Gruppe im Staat, als vaterlandslose Gesellen, des Menschenhasses *(odium humani generis)* verdächtig, Asoziale, von denen der heidnische Mitbürger wenig wußte, denen er aber gerade wegen dieser Unwissenheit alles Schlechte zutraute. Hinzu kam die Gefährdung durch die Verfolgungen, die Christen und ihre Familien in die Isolation drängten.

3.3 Familienkonflikte

Dabei war gerade die Familie der Bereich, in dem ein Zurückweichen vor jedem Kontakt mit der Idololatrie einfach unmöglich war. Es kam höchst selten vor, daß ein ganzer *oikos* sich bekehrte. Das geschah nur, wenn der *pater familias* Christ wurde und seine ganze Familie mit in den neuen Glauben brachte, wobei allerdings, wie die Apologie des Aristides 15,6 ausdrücklich bezeugt, die Sklaven des Hauses nicht zum Übertritt gezwungen werden durften. Daß es solche Übertritte ganzer Familien/*oikoi* gegeben hat, bezeugen sowohl Irenäus (vgl. Eusebius, Kirchengeschichte 5,21,1) als auch Klemens von Alex., strom. 6,167,3. Häufiger jedoch wird gerade der Hausherr noch ungläubig gewesen sein, während sich einzelne Sklaven und Bedienstete, Frauen und Kinder bekehrt hatten. Kelsos berichtet, wie sich die christlichen Missionare oft ganz bewußt über Dienstboten, Kinder und Frauen Eingang in die Häuser verschafften (vgl. S. 254). Welche Schwierigkeiten christliche Ehefrauen seitens ihrer heidnischen Gatten, gläubige Söhne von ihren ungläubigen Vätern und Sklaven von ihren Herren um ihres Glaubens willen zu gewärtigen hatten, ist von vielen frühchristlichen Schriftstellern eindringlich geschildert worden[103]. Völlige Abgrenzung von den idololatrischen Bräuchen eines heidnischen Hauses war gar nicht möglich und die Kirche daher zu Kompromissen genötigt. Wie sehr sie dazu bereit war, bezeugt der sonst alles andere als laxe Tertullian. Er ist der Meinung, daß ein Christ durchaus an Familienfeierlichkeiten wie der *toga virilis* (Volljährigkeit), den Sponsalien, Nuptialien oder Nominalien teilnehmen dürfe, auch wenn ein Kontakt mit götzendienerischen Akten dabei nicht zu vermeiden sei:

„Man darf sich dazu laden lassen, nur darf der Titel der Einladung nicht lauten ‚zur Teilnahme am Opfer', und muß ich so viel tun dürfen, als mir beliebt. Wollte Gott, daß wir gar nicht mit anzusehen hätten, was zu tun uns untersagt ist! Allein weil der Böse die Welt nun einmal ganz in Idololatrie verstrickt hat, so wird es erlaubt sein müssen, bei gewissen Dingen zugegen zu sein, wenn wir uns damit der Verbindlichkeiten gegen Menschen, nicht gegen ein Idol entledigen" (idol. 16).

Das Leben einer heidnischen Familie war so stark von idololatrischen Praktiken geprägt, daß ein Christ alle familiären und verwandtschaftlichen Bande hätte zerreißen, ja daß er aus der Welt hätte auswandern müssen, wenn er jede Gefahr götzendienerischer Verunreinigung hätte vermeiden wollen. Das aber hat die Kirche weder gefordert noch für wünschenswert gehalten. Der Christ mußte in seinen alten Lebenszusammenhängen bleiben, wenn er diese umgestalten und missionieren wollte. Die Kirche hat sich nie als eine Sekte verstanden wie z.B. die Leute von Qumran. Die waren, um der Unreinheit und Befleckung durch diese Welt zu entgehen, in die Wüste ausgewandert (vgl. S. 29f). Die Christen sind genau den umgekehrten Weg gegangen: trotz aller Fremdheit und Isolation in die Welt hinein, nicht aus ihr hinaus. Denn es bleibt ja ein erstaunliches Phänomen, mit welcher Schnelligkeit im 2. und 3. Jh. das *Imperium Romanum* christlich durchsäuert worden ist. Einzelne Christen in heidnischen Häusern sowie christliche Familien mit ihrer besonderen Lebensart, die von der Lebensart heidnischer Familien auf der einen Seite sehr verschieden, auf der anderen aber wiederum auch anziehend gewesen sein muß, dürften den Prozeß der Missionierung erfolgreich unterstützt haben (vgl. S. 238).

4. Philosophische Religiosität

4.1 Ethischer Impuls

Eine letzte konkurrierende Kraft stellte für die christliche Missionspredigt die philosophische Ethik dar, auf die sich das philosophische Bemühen hauptsächlich konzentrierte. Die anderen philosophischen Gebiete, Naturphilosophie und Logik (Erkenntnislehre), besaßen ihr gegenüber eine weitaus geringere Bedeutung – nicht als Folge des Christentums, wie immer wieder behauptet worden ist, wenn der Verfall der Naturwissenschaften in der Spätantike der Wissenschaftsfeindlichkeit des frühen Christentums angelastet wird. Zwar heißt es 1 Kor 3,18f: „Keiner täusche sich selbst. Wenn einer unter euch meint, er sei weise in dieser Welt, dann werde er töricht, um weise zu werden. Denn die Weisheit dieser Welt ist Torheit vor Gott." Doch ist die Warnung vor den weltlichen Wissenschaften, die aus diesen Worten des Apostels herausgehört werden konnte, älter als das Christentum. Die Frage, ob auf naturphilosophische und naturwissenschaftliche Erkenntnisse überhaupt Verlaß sei und wem es nütze, sich mit Problemen der Astronomie, Metereologie, Zoologie und dergleichen herumzuschlagen, wurde bereits mit dem Namen des Sokrates verbunden: Der Mensch soll sich um die Tugend (d.h. um Ethik) bemühen. Wenn einer sie erworben hat, dann mag er zusehen, ob noch Zeit und Kraft für wissenschaftliche Arbeit übrig bleibt.

Daß die auf Sokrates zurückgeführte Kritik an der naturphilosophischen Forschung nachgewirkt hat, bezeugt Plinius d.Ä. (gest. 79 n.Chr.), Naturgeschichte 2,117:

„Über diesen Gegenstand [gemeint sind die Winde] haben mehr als zwanzig alte griechische Schriftsteller Beobachtungen überliefert. Um so mehr wundere ich mich darüber, daß zu einer Zeit, da der Erdkreis uneins und in verschiedene Reiche, d.h. in einzelne Glieder zerteilt war, so viele Männer sich solch schwer zu erforschender Gegenstände annahmen, zumal mitten zwischen Kriegen und bei unzuverlässigem Gastrecht ..., während heute in so festlicher Friedenszeit, unter einem Fürsten, der solche Freude hat am technischen und geistigen Fortschritt, überhaupt nichts Neues hinzugelernt wird aufgrund neuer Forschung, ja nicht einmal das von den Alten Entdeckte gründlich angeeignet wird"[104].

Trotz günstiger Zeitumstände im römischen Friedensreich muß Plinius das Desinteresse an den Naturwissenschaften beklagen; alle geistigen Bemühungen richten sich auf die Ethik. Zwar fiele es nicht schwer, in einer Kulturgeschichte der römischen Kaiserzeit auch ein Kapitel über den sittlichen Niedergang zu schreiben. Die zeitgenössischen Schriftsteller wissen über den Zerfall der Familie, sexuellen Überdruß, soziale Ungerechtigkeiten und Gewalt eindringlich zu berichten[105]. Auf der anderen Seite bemühte sich jedoch zur gleichen Zeit eine popularisierte religiöse Philosophie innerhalb und außerhalb der Mysterienreligionen um die Erziehung des Volkes. Kynisch-stoische Wanderlehrer verbreiteten eine handfeste Moral und predigten auf Straßen und in Auditorien ein wahrlich nicht zimperliches Ethos. Unerbittlich wurde die Frage nach dem Sinn des Lebens gestellt, wurden landläufige Meinungen kritisiert und Vorurteile abgebaut. Ein erstaunlich kosmopolitischer Zug durchzieht die Überlegungen. Da gilt nicht mehr Grieche oder Barbar, Freier oder Sklave, Mann oder Frau, sondern nur der Mensch, der zur Philosophie, d.h. zu vernunftgemäßem Handeln berufen ist. Was Paulus so großartig soteriologisch gedeutet hatte, die Gleichheit aller Menschen vor Gott durch die Erlösung Christi (vgl. Gal 3,28), bewegt als sehnsüchtige Erwartung viele Gemüter[106].

In die philosophische Predigt mischten sich tief religiöse Züge, denn als Grundlage aller sittlichen Lebensführung erscheint die Erkenntnis, daß alle Menschen von Gott geschaffen sind als Kinder des einen Vaters. Ein eindringliches Zeugnis des Nachdenkens über den Sinn des Lebens und die Bestimmung des Menschen findet sich bei Epiktet:

„Brauche mich hinfort, [Gott,] wozu du willst. Ich bin mit dir eines Sinnes, ich bin der Deine. Gegen nichts will ich mich sträuben, was du mir ausersehen. Führe mich, wohin du willst; bekleide mich mit einem Gewand, wie du willst. Ist es dein Wille, daß ich ein Amt führe? Daß ich Privatmann sei? Daß ich in der Heimat bleibe? Daß ich in die Verbannung muß? Daß ich arm, daß ich reich sei? [Was immer es sei:] in allem werde ich dein Fürsprecher vor den Menschen sein.

Was kann ich lahmer Greis denn anderes tun, als Gott zu loben? Wäre ich eine Nachtigall, so täte ich, was die Nachtigall kann ... Nun aber bin ich ein vernunftbegabtes Wesen; darum muß ich Gott lobsingen. Das ist mein Amt; ich erfülle es und bleibe auf diesem Posten, solange es mir vergönnt ist; und euch rufe ich auf, einzustimmen in diesen selben Lobgesang" (Diss. 2,16; 1,16)[107].

4.2 Stoa

Epiktet (etwa 50–120) gehört neben Seneca, dem Lehrer Neros, und Marc Aurel, dem Philosophen auf dem Kaiserthron (gest. 180), zu den Vertretern der jüngeren Stoa, die als Zeitgenossin der sich ausbreitenden Kirche den moralischen Inhalt der frühchristlichen Predigt in starkem Maß beeinflußt hat. Mochten die kosmologischen *dogmata* auch der kirchlichen Lehre diametral entgegengesetzt sein, zusammen mit Elementen aus anderen philosophischen Schulrichtungen war so etwas wie ein stoisches Daseinsgefühl, waren Regeln stoischer Lebensbewältigung entstanden, die mit den Anweisungen des Evangeliums verwandt zu sein schienen. Im 4. Jh. konnte sogar ein angeblicher Briefwechsel zwischen Paulus und Seneca für echt gehalten werden[108]; Tugendtafeln und Lasterkataloge im *Corpus Paulinum* erinnerten lebhaft an stoische Vorbilder.

– Vernunftgemäß

Die stoische Ethik war gekennzeichnet durch Strenge und Ernst. Sie wollte dem Menschen helfen, sein Schicksal, dem er sowieso nicht entgehen kann, mit Würde zu ertragen, wenn nötig, klaglos zu leiden. Man spart sich eine Menge Ärger, wenn man seine Wünsche und Begierden richtig auswählt. Um das Ziel *(telos)* menschlichen Handelns, die *eudaimonia (beatitudo),* zu erreichen, muß man sich klar darüber werden, was im Bereich des eigenen Willens liegt und was nicht. Der Mensch muß sein Denken, Fühlen, Wollen so ausrichten, daß sein Seelenfrieden nicht gestört wird. Fernhalten muß er die von ihm durch das *hegemonikon* seiner Seele steuerbaren Kräfte von äußeren Einflüssen und Wünschen, über die er nicht Herr ist, wie Luxus, Reichtum, Ansehen und Stellung. Aber selbst so wichtige Dinge wie Gesundheit, Leib und Leben dürfen nicht begehrenswert werden, denn dann bringt ihr Verlust Unglück, Tränen, Leid (vgl. Epiktet, Enchiridion 1,1). Nur wunschlos ist man glücklich.

Auch das Leben gehört zu den *adiaphora,* den sittlich wertneutralen Dingen. Es ist nicht unbedingt ein Gut, so wie der Tod nicht unbedingt ein Übel ist. Darum ist die Lebensdauer gleichgültig; es kommt nicht darauf an, daß einer das Spiel des Lebens lange spielt, sondern daß er es gut spielt und anständig abtritt.

Vom Leib haben die Stoiker meist verächtlich geredet. Marc Aurel, Selbstbetrachtungen 4,48 und an vielen anderen Stellen, nennt ihn einen Leichnam, eine Fleischmasse, von der befreit zu werden er sich sehnt.
Das Verhältnis des Stoikers zur Welt ist das der Verhältnislosigkeit. Sie geht ihn nichts an. Am besten, man betrachtet die Welt und ihr Getöse wie ein Schauspiel, in dem man die Rolle spielt, die einem vom Schicksal aufgetragen ist. Auflehnung ist zwecklos. Alle sind vom Schicksal hinter den Karren gespannt. Wer freiwillig mitläuft, den zerrt die Kette nicht, die um seinen Hals gelegt ist; weigert er sich, wird er mitgeschleift; folgen muß man so oder so.
Es ist verständlich, daß in einem System, in dem Bedürfnislosigkeit und Leidenschaftslosigkeit eine so große Rolle spielen, der Askese eine wichtige Bedeutung zukommt. Sie muß die Leidenschaften zügeln, die immer darauf aus sind, mit Hilfe der durch die Sinne vermittelten äußeren Reize die Triebe und Begierden anzustacheln, das *hegemonikon* in der Seele zu verwirren und den Seelenfrieden zu stören.
Den Maßstab, nach dem sich die Askese (wie das Verhalten des Menschen überhaupt) zu richten hat, liefert die Natur. Es ist stoischer Grundsatz: *secundum naturam vivere,* oder – da die Vernunft die Natur des Menschen ausmacht: *secundum rationem vivere.* Was im einzelnen natürlich und vernünftig ist genau festzustellen, darauf haben die Stoiker unendlich viel Mühe verwandt. Unnatürlich und damit gegen die Vernunft des Menschen ist es z.B. für den Mann, den Bart zu scheren, denn die Natur will ja Haare an dieser Stelle wachsen lassen. Stoiker unter den Kirchenvätern, wie Klemens von Alexandrien, sind folglich gegen das Rasieren (vgl. paed. 3,1,3; 18,1.19, 1.24,1)[109]. Insgesamt gesehen war das *secundum naturam*-Prinzip gar kein schlechter Grundsatz. Die Askese blieb auf diese Weise maßvoll und vermied „unvernünftige" Übertreibungen; es ging nicht um Kasteiungen und Abtötung aller menschlichen Bedürfnisse, sondern um Selbstbeherrschung und Selbstzucht.
Das Ziel asketischer Erziehung im ungefährdeten Besitz aller Tugenden stellt der *vir sapiens* dar. Die Stoiker haben es so hochgeträumt, daß sie selber zweifelten, ob es jemals erreicht werden könnte. Aber auch wo die Vollendung noch nicht erreicht ist, ergibt sich ein anziehendes Bild: ein Mensch, der sich selbst in der Gewalt hat, frei von Zorn und Emotionen, klug überlegend, maßvoll handelnd, unerschütterlich allen Schicksalsschlägen gegenüber, klaglos im Leid, gelassen noch im Tod. Wie sehr nicht nur das frühchristliche, sondern das gesamte abendländisch-christliche Erziehungsideal stoisch geprägt ist, läßt sich schwerlich übersehen. Noch in heutigen Predigten schimmert das stoische Menschenbild durch.
Natürlich dürfen die Gefahren stoischen Tugendstrebens nicht verschwiegen werden. Kühle und Empfindungslosigkeit, Mißtrauen gegenüber dem Gefühl und dem Selbstvergessen, Kampf gegen die Phantasie als Urheberin unruhestiftender Bilder in der Seele machen leicht hart und erbarmungslos. Tatsächlich gilt die *misericordia* als ein Affekt und ist als solcher dem Stoi-

ker suspekt. An die Spitze der Tugenden setzt er dagegen die Gerechtigkeit, deren kompromißlose Durchsetzung nicht immer ohne Härte auskommt. Wenn nämlich jeder nur das bekommt, was ihm zusteht *(suum cuique* als Ideal der *iustitia distributiva),* kommen alle die zu kurz, die auf Mitleid und Erbarmen angewiesen sind. Und ist nicht auch die Liebe ein Affekt, die nicht immer „vernünftig" handelt? Jedenfalls scheint die Reserve, die fast alle Stoiker gegenüber der Ehe und Geschlechtlichkeit empfinden, nicht zuletzt darin begründet zu sein, daß sie jede hingebende Liebe scheuen, bei der nicht allein die Vernunft Antrieb und Maßstab des Handelns ist.

– Naturrecht

Die Forderung, nach der Vernunft bzw. nach der Natur zu leben, beruht für den Stoiker auf der Überzeugung, daß in ihnen ethische Gesetze beschlossen liegen, die der Willkür der menschlichen Beurteilung entzogen sind. Eine der edelsten Früchte der stoischen Ethik sind der Naturrechtsbegriff und das aus ihm hervorgegangene Humanitätsverständnis. Für den Stoiker gründet das von Menschen geschaffene positive Recht auf einem ungeschriebenen, ewigen Naturrecht, das mit der Weltvernunft gleichzusetzen ist[110].

Aus dem Naturrechtsbegriff haben die Stoiker weitreichende Konsequenzen gezogen. Aufgrund der gemeinsamen Natur und der Teilhabe am Logos sind für sie alle Menschen gleich, ja sie sind Brüder. Wird das akzeptiert, kann ein Sklave nicht mehr nur eine Sache *(res)* sein. Logischerweise ergingen unter Nero, dem Schüler Senecas, die ersten Schutzbestimmungen für Sklaven, Hadrian stellte ihre Ermordung unter Strafe, Antoninus Pius gewährte ihnen Asylrecht. Hier brauchten später die christlichen Kaiser nur fortzusetzen, was unter dem Antrieb stoischer Gedanken begonnen worden war. Konstantins des Großen Sklavengesetzgebung z.B. fügt sich nahtlos in diese Entwicklung ein, und es ist müßig zu fragen, ob sie stoisch oder christlich war; sie war beides[111].

– Stoische Religiosität

Nicht leicht zu beantworten ist die Frage, wie weit die stoische Lebensphilosophie religiös begründet ist. Einzelne Stoiker waren gewiß fromm. Es gibt ergreifende Gebete, von denen der sogenannte Zeushymnus, den man auch ein antikes Gloria genannt hat, so anhebt:

„Es gebührt sich, den Kosmos und das, was wir mit einem anderen Namen Himmel nennen, durch dessen Umdrehung das All seine lebendige Existenz hat, für Gott zu halten, für ewig, heilig, unermeßlich, niemals entstanden, niemals vergehend ..."[112].

Insofern die Vernunft des Menschen und das Naturgesetz Teile eines pantheisierend als göttlich verstandenen Kosmos darstellen, erscheint natürlich auch die Ethik als religiös begründet. Aber das ist keine religiöse Motivation, deren Grund außerhalb des Menschen und seiner Welt läge. Das religiöse Gefühl des Stoikers ist Naturgefühl, sein Gott ist das All. Wo einzelne Stoiker, wie z.B. Epiktet, ein persönlich empfundenes, überweltliches Gottesbild verraten, dürfte es andere, nichtstoische Wurzeln haben. Als Stoiker kann einer zwar ergreifend von der Vorsehung Gottes sprechen, in der sich der Mensch geborgen wissen darf, er muß aber auch vom Zwang (*anagkē*) des Schicksals sprechen, welcher das Vertrauen in die Vorsehung wieder zunichte macht. Wenn nämlich nicht nur der Lauf der Welt einem lückenlosen Kausalnexus unterworfen ist, sondern auch das Innere des Menschen und jede seiner Handlungen vom Schicksal eindeutig determiniert sind, fallen Schicksal und Vorsehung, Weltgesetz und Zeus letztlich wieder in eins zusammen.

Damit fehlt der stoischen Ethik, so zutiefst human und edel sie in ihrem materialen Inhalt ist, letztlich der Beweggrund, alle diese Anstrengungen auf sich zu nehmen. Die stoischen Ziele (*ataraxia* und *apatheia*, Vernunftgemäßheit, Überwindung der Leidenschaften) sind überwiegend negativ formuliert. Sie gestalten keine Welt, sondern helfen, aus einer alt und schal gewordenen anständig abzutreten. Die christliche Verkündigung konnte die ethischen Inhalte der Stoa weithin übernehmen. Was sie hinzufügte war das zündende Motiv: Nachfolge Christi in der Erwartung des kommenden Gottesreiches.

4.3 Philosophie und Offenbarung im Widerstreit

Ähnlich enge Übereinstimmungen wie mit der Stoa auf dem Gebiet der Ethik ergaben sich im Bereich philosophischer Gotteserkenntnis, Mystik und Spiritualität mit dem Neuplatonismus, als dessen eigentlicher Schöpfer Plotin (204–296 n.Chr.) gilt. Da sich die geistigen und persönlichen Kontakte jedoch erst gegen Ende des 3. Jhs. auszuwirken beginnen, braucht hier auf diese Schule, die den Platonismus noch einmal kräftig erneuern konnte, nicht ausführlich eingegangen zu werden[113]. Alle Übereinstimmungen und Berührungspunkte mit der Philosophie an den Rändern der christlichen Lehre, soweit es um eine philosophisch verantwortbare Lebensgestaltung ging, dürfen aber nicht darüber hinwegtäuschen, daß sich die kirchlichen Theologen des 2. und 3. Jhs. der unüberbrückbaren Gräben zwischen heidnischer Philosophie und christlicher Offenbarung bewußt waren. Kein Satz des Apostolischen Glaubensbekenntnisses ließ sich mit philosophischer – einschließlich platonischer – Kosmologie und Gotteslehre auch nur annähernd überein bringen. Die Erschaffung einer endlichen Welt aus dem Nichts, Auferstehung des Fleisches, die Notwendigkeit von Erlösung und Sündenvergebung, die Menschwerdung Gottes in Zeit und Schöpfung, alle diese Glaubenssätze widersprachen diametral spätantikem Denken. Auch der Glaube an Gott, den Vater, Schöpfer Himmels und der Erde, stimmte nur in der Ablehnung der Vielgötterei mit philosophischen Vorstellungen überein. Kein Platoniker/Neuplatoniker vermochte Gott als eine der Welt zugewandte, personhafte, mit Namen versehene und ansprechbare Wirklichkeit zu denken; er war ein höchstes Prinzip, das in ewiger Beziehungslosigkeit verharrte und nur *via negationis* beschrieben werden durfte[114]. Mit Ausnahme von Justin und Klemens von Alexandrien, die sich um eine angemessene Würdigung heidnischer Weisheitserkenntnis bemühten, betonen die übrigen Väter mehr den negativen als den positiven Einfluß der Philosophen. Selbst eine so verehrungswürdige Gestalt wie Sokrates erfährt mehr Kritik als Lob[115]. Wo heidnische Philosophen Wahrheit erkannt haben, geschah es nicht als Teilhabe am göttlichen Logos, sondern als Diebstahl an den Schätzen, die Mose in den Schriften des Alten Testaments niedergelegt hatte[116]. Daß sich die frühchristlichen Prediger und Theologen von der Übermacht heidnischer Bildung bedroht gefühlt hätten, wird nirgendwo spürbar.

Wie ist – aufs Ganze gesehen – das geistig-religiöse Klima zu bewerten, in dem die frühchristliche Mission sich entfalten mußte? Waren Kaiserkult, Mysterienvereine, Familienfrömmigkeit und Philosophen Gegner, die der neuen Bewegung erbitterten Widerstand geleistet haben? Man gewinnt den Eindruck, daß sie mehr stimulierende als lähmende Konkurrenten gewesen sind; sie hatten religiöse Stimmungen und soteriologische Erwartungen geweckt, deren Erfüllung sie schuldig bleiben mußten. So traf die Kirche – unbeschadet der Verfolgungen – im geistig-religiösen Raum auf keinen gleichwertigen Gegner. Mit ihrer Botschaft von Gott und seiner Erlösung, unterstützt durch den sittlichen Lebenswandel ihrer Glieder, fand sie ein vielfältiges Echo.

V. Äußere Widerstände

Literatur

C. ANDRESEN, Logos und Nomos. Die Polemik des Kelsos wider das Christentum = AKG 30 (Berlin 1955).
St. BENKO, Pagan Criticism of Christianity during the first two Centuries A.D.: ANRW II,23,1 (Berlin/New York 1979) 1055/118.
H.D. BETZ, Lukian von Samosata und das Neue Testament. Religionsgeschichtliche und paränetische Parallelen = TU 76 (Berlin 1961).
T. CHRISTENSEN, Christus oder Jupiter. Der Kampf um die geistigen Grundlagen des Römischen Reiches (Göttingen 1981).
Das frühe Christentum im römischen Staat. Hrsg. v. R. KLEIN = WdF 267 (Darmstadt 1971).
M. FIEDROWICZ, Die Apologie im frühen Christentum (Paderborn 2000).
R. FREUDENBERGER, Das Verhalten der römischen Behörden gegen die Christen im 2. Jahrhundert = MBPF 52 (München 1967).
R.M. GRANT, Greek Apologists of the second century (London 1988).
R. JOLY, Christianism et Philosophie. Études sur Justin et les Apologistes grecs du deuxième siècle = Université Libre de Bruxelles. Faculté de Philosophie et Lettres 52 (Brüssel 1973).
P. KERESZTES, Imperial Rome and the Christians, 2 Bde. (New York 1989).
H. LAST, Christenverfolgung II (juristisch): RAC 2 (1954) 1208/28.
J. MOREAU, Die Christenverfolgungen im Römischen Reich = AWR, N.F. 2 (Berlin 1961).
E.F. OSBORN, Justin Martyr = BHTh 47 (Tübingen 1973).
K. PICHLER, Steit um das Christentum. Der Angriff des Kelsos und die Antwort des Origenes = RSTh 23 (Frankfurt/Bern 1980).
CH. REEMTS, Vernünftiger Glaube. Die Begründung des Christentums in der Schrift des Origenes gegen Celsus = Hereditas 13 (Bonn 1998).
W. SCHÄFKE, Frühchristlicher Widerstand: ANRW II,23,1 (Berlin/New York 1979) 460/723.
J. SPEIGL, Der römische Staat und die Christen. Staat und Kirche von Domitian bis Commodus (Amsterdam 1970).
W. SPEYER, Zu den Vorwürfen der Heiden gegen die Christen: JbAC 6 (1963) 129/35 (Wiederabdruck: Frühes Christentum im antiken Spannungsfeld. Ausgewählte Aufsätze = WUNT 50 [Tübingen 1989] 7/14).
H.-D. STÖVER, Christenverfolgung im Römischen Reich (Eltville 1990).
G. THÜR, Gerichtsbarkeit: RAC 10 (1978) bes. 389/91.
F. VITTINGHOFF, „Christianus sum" – das „Verbrechen" von Außenseitern der römischen Gesellschaft: Hist. 33 (1984) 331/57.
J. VOGT, Christenverfolgung I (historisch): RAC 2 (1954) 1159/208.
R.L. WILKEN, Die frühen Christen. Wie die Römer sie sahen (Graz 1986).

1. Verfolgung durch den Staat

Über die Christenverfolgungen im Römischen Reich gibt es noch immer falsche und übertriebene Vorstellungen. Daß die Kirche bis zur Zeit Konstantins in den Katakomben gelebt habe, ist eine romantische Verzeichnung der Wirklichkeit. Die Katakomben waren keine geheimen Fluchtstätten der Christen, sondern Friedhöfe, die normalen Bestattungen dienten und keinesfalls nur Märtyrergräber besaßen; die frühesten entstanden am Beginn des 3. Jhs., die ausgedehnteren erst in der Friedenszeit. Unterirdische Begräbnisanlagen sind vor allem eine römische Eigenart wegen der dort günstigen Bodenverhältnisse[117].

Die Verfolgungen haben den Bestand der Kirche nicht gefährdet; der Todesmut einzelner Christen hat sich viel eher werbend auf die nachdenklichen Zeitgenossen ausgewirkt. Folgenschwerer waren sie für das innergemeindliche Leben. Sie haben die Gemeinden durchaus erschüttert, aber nicht so sehr wegen der Bedrohung von außen, sondern wegen des Versagens im Inneren. Was sollte mit Christen geschehen, die in der Todesgefahr schwach geworden waren und den Glauben verleugnet hatten? Die Bußstreitigkeiten des 3. Jhs. resultieren nicht zuletzt aus den Verfolgungen.

Die um 417/8 verfaßte Historia adversus paganos 7,27 des Orosius unterscheidet zehn Verfolgungen entsprechend den zehn Plagen Ägyptens. Der Vergleich, den schon Augustinus skeptisch beurteilt hat (Civ. Dei 18,52), hinkt, denn Ägypten, das sonst immer als Bild für das Reich des Bösen dient, wird hier zum Vorbild der Kirche. Die Zehnereinteilung ist auch historisch nicht haltbar. Sinnvoll unterscheiden lassen sich zwei Phasen: 1. bis 250 zeitlich und räumlich planlos und vereinzelt auftretende Verfolgungen, die oft einen pogromartigen Charakter tragen; 2. ab Decius (249/51) systematisch, gezielt und umfassend durchgeführte Maßnahmen. Ob sie die Gemeinden hätten ausbluten lassen, ist nicht mehr zu beantworten, denn sie dauerten glücklicherweise nur kurze Zeit.

1.1 Verlauf

– Vorneronianische Verfolgungen?

Die Verfolgungen hatten zur Voraussetzung, daß die christlichen Gemeinden seitens der römischen Behörden als eigenständige und von den Juden unterschiedene Gruppe erkannt wurden. Die Juden besaßen nämlich besondere Rechte, die ihnen die Ausübung ihrer Religion gestatteten und sie von der Verehrung der Staatsgötter befreiten. Wann die Trennung zwischen Synagoge und Kirche für die staatlichen Organe erkennbar vollzogen war und mit Christenverfolgungen im eigentlichen Sinn gerechnet werden muß, ist schwer zu sagen. Umstritten ist vor allem, ob sie schon vor Nero begonnen haben. Bei den judaisierenden Sektierern, die von Kaiser Tiberius (14–37) aus Rom ausgewiesen worden sind, kann es sich aus chronologischen Gründen noch nicht um Christen gehandelt haben. Dann hat im Jahr 41 Claudius (41–54) auf eine griechische und eine jüdische Gesandtschaft aus Alexandrien geantwortet, die wegen blutiger Ausschreitungen nach Rom gekommen waren. Im Brief des Kaisers heißt es, nachdem ihnen ihre Privilegien grundsätzlich bestätigt worden waren, an die Adresse der Juden gewandt:

„Es ist ihnen untersagt, Juden kommen zu lassen und solche in die Stadt einzulassen, die aus Syrien oder Ägypten auf dem Wasserwege eintreffen; verstoßen sie dagegen, so würde ich mich gezwungen sehen, wirklich ernsten Verdacht gegen sie zu schöpfen. Wenn sie meine Anordnungen nicht befolgen, werde ich sie mit allen Mitteln verfolgen als Leute, die eine Seuche, die sich über die ganze Welt verbreitet, einschleppen."[117a]

In diesem Ausfall, der angesichts des in der ganzen Länge des Briefes angeschlagenen ruhigen Tons plötzlich und überraschend kommt, hat man eine Anspielung auf die Christen vermutet. Ob aber die christliche Propaganda um diese Zeit in Alexandrien in der Lage war, in der jüdischen Gemeinde eine solche Unruhe zu stiften, daß die heidnische Bevölkerung sich einmischte und beide Gruppen, Griechen und Juden, Gesandtschaften an den Kaiser schickten, muß doch bezweifelt werden.

Anders verhält es sich mit der schon erwähnten (vgl. S. 32) Ausweisung der Juden aus Rom, die wahrscheinlich im Jahr 49 erfolgte. Diese mag tatsächlich auf Auseinandersetzungen in der jüdischen Gemeinde zurückgehen, die durch die christliche Mission hervorgerufen worden waren. Sueton erwähnt ja, sie seien auf Anstiften eines gewissen Chrestos *(impulsore Chresto)* entstanden. Aber auch wenn diese Vermutung zutrifft, traf die Ausweisung die Judenschaft als Ganze und zeigt, daß die römischen Behörden zwischen Juden und (Juden-)Christen noch nicht zu unterscheiden vermochten.

– Nero

Deutlich auf die Verfolgung der Christen zielen dagegen die Maßnahmen Neros (54–68). Im Jahre 58 fand ein Prozeß gegen Pomponia Graecina, die Frau des Konsuls Aulus Plautus, wegen *externa superstitio* (abergläubischer Praktiken) statt. Ob damit das christliche Bekenntnis dieser Dame aus der römischen Aristokratie gemeint ist, bleibt unbeweisbar; Inschriften mit dem Namen der Pomponii in der Kallistuskatakombe stammen erst aus späterer Zeit. Bedeutsamer ist die von Nero angezettelte Verfolgung, die mit dem Brand Roms im Sommer 64 zusammenhängt. Tacitus, Annalen 15,44,2/8, berichtet (um 110):

„Aber weder durch irgendwelche menschliche Bemühungen noch durch großzügige Spenden des Kaisers oder durch Sühneopfer an die Götter ließ sich der Verdacht beseitigen, daß der Brand auf Befehl entfacht worden sei. Um daher das Gerücht zum Schweigen zu bringen, führte Nero Angeklagte vor und ließ mit ausgesuchten Grausamkeiten Leute bestrafen, die durch ihre Schandtaten verhaßt waren und vom Volk Christen genannt wurden ... (vgl. S. 17). So wurden sie denn verhaftet. Zuerst diejenigen, die geständig waren, und dann auf deren Denunziation hin eine große Menge *(ingens multitudo)*; die Angeklagten wurden viel weniger wegen Brandstiftung als wegen ihres Hasses auf die Menschheit verurteilt *(odium generis humani)*. Ihr Tod wurde zu einem Schauspiel gemacht, das sie der Verhöhnung preisgab, indem man sie mit Tierfellen bedeckte und von Hunden zerfleischen ließ oder sie kreuzigte oder gleich lebenden Fackeln, sobald der Tag sich gesenkt hatte, anzündete und die Nacht erhellen ließ. Nero hatte für dieses Schauspiel seine Gärten zur Verfügung gestellt und veranstaltete Zirkusspiele, wobei er sich selber in der Tracht eines Kutschers unters Volk mischte oder seinen Wagen lenkte. Obgleich nun diese Strafen über Schuldige verhängt wurden und die Christen schärfste Strafen verdienten, erregten sie Mitleid, da sie nicht im Interesse der Erhaltung des Staates, sondern als Opfer der Grausamkeit eines einzelnen fielen"[118].

Obwohl Sueton, Vit. Caes. Nero 16,2,38, die zweite Quelle, die über das grausame Ereignis berichtet, die Verfolgung nicht mit dem Brand Roms verbindet, ist an der Richtigkeit der Darstellung des Tacitus nicht zu zweifeln. Die Verbindung fehlt bei Sueton, weil er seinen Stoff systematisiert; er berichtet getrennt von den guten und bösen Taten der Kaiser: unter erstere fällt bei ihm die Verfolgung der Christen, unter die zweiten die Brandstiftung. Dem Namen nach war auch die Verfolgung unter Nero keine Christenverfolgung, denn die Betroffenen werden hingerichtet als Brandstifter *(incendiarii)* – darum der Tod durch wilde Tiere und Verbrennen –, nicht als Christen, obwohl sie der Brandstiftung nicht schuldig waren, wohl des Hasses auf das Menschengeschlecht *(odium generis humani)*, einer Haltung, die man schon den Juden vorgeworfen hatte, weil sie sich abgesondert und der Lebens- und Kultgemeinschaft entzogen hatten, die zur Grundlage des *Imperium Romanum* gehörte. Wenn sich eine Gruppe isolierte und ihren eigenen Riten und Gebräuchen folgte, tauchten leicht Verdächtigungen auf. So hieß es denn von den Christen, bei ihren nächtlichen Zusammenkünften begingen sie Inzest, Ritualmorde und Kannibalismus. Vielleicht hatten Gerüchte über die Eucharistiefeiern den Argwohn geschürt, bei ihnen würden Fleisch und Blut geopfert und genossen. Noch Tertullian, apol. 7,1/5, mußte sich gegen Verleumdungen verteidigen, die den Christen thyesteische Mahlzeiten und ödipodeische Unzucht vorwarfen:

„Wir werden große Verbrecher genannt wegen des im Kindermord bestehenden Geheimkultes und des davon bereiteten Mahles und der auf das Mahl folgenden Blutschande, zu der die Hunde, die das Licht umstürzen, als Kuppler der Finsternis zur Beschwichtigung der Scheu über die ruchlose Lust uns die Gelegenheit bereiten. Man sagt uns das in einem fort nach, und doch sorgt ihr nicht dafür, gerichtlich das zu ermitteln, was man uns schon so lange nachsagt … Täglich werden wir umlagert, täglich verraten, selbst bei unseren Versammlungen und Zusammenkünften häufig überfallen. Wer hat dabei jemals das weinende Kind erwischt? Wer hat die blutigen Zyklopen- und Sirenenschädel dem Richter, wie er sie gefunden, aufbewahrt?"

Natürlich dürfte manchen Behörden und aufgeklärten Heiden die Haltlosigkeit der Beschuldigungen bald aufgegangen sein. Ein Mann wie Kelsos, eingefleischter Christenfeind und scharfer Kritiker des Christentums (vgl. S. 115), hat auf entsprechende Verdächtigungen darum auch verzichtet. Aber sie bildeten eine Gefahr. Die Leute konnten auf sie zurückgreifen und immer wieder mußten sie als Handhabe für Ausschreitungen gegen die Christen herhalten. Für den römischen Staat waren andere Anklagen schwerwiegender: Atheismus, Religionsfrevel und Majestätsbeleidigung *(crimen laesae maiestatis)*, d.h. im Grunde immer dieselbe Anschuldigung der staatsfeindlichen Gruppenbildung. Die Juden vertraten ein gleicherweise exklusives Bekenntnis. Warum es ihnen gelang, den Status einer *religio licita* zu erreichen, den Christen aber nicht, gibt wohl zutreffend Kelsos wieder, wenn er das Judentum als noch tragbar erklärt, weil es trotz seiner verächtlichen Absonderlichkeiten eine von den Vätern ererbte Volksreligion ist, das Menschen aller Völker und Stände an sich ziehende Christentum aber wegen seines Absolutheitsanspruchs einen absurden Verstoß gegen alle Weltordnung darstellt.

Das Vorgehen Neros setzt voraus, daß die Christen der Hauptstadt bei der Bevölkerung in schlechtem Ruf standen, sonst hätte der Kaiser die Schuld am Brand nicht auf sie abschieben können. Es schuf zugleich einen Präzedenzfall: Wann immer die Volkswut sich gegen die Christen wandte, konnten die Behörden sie als Menschenverächter und Staatsfeinde behandeln. Dazu bedurfte es keines besonderen Gesetzes, denn man ging gegen sie nicht als Christen vor, sondern wegen der Straftaten, die mit der christlichen Religion als selbstverständlich gegeben betrachtet wurden. Ein gegen die Christen gerichtetes Gesetz, ein sogenanntes *institutum Neronianum,* das Tertullian nat. 1,7,9 erwähnt, hat es wahrscheinlich nie gegeben[119]. Die Verfolgung unter Nero hörte sofort auf, nachdem die angeblichen Brandstifter gefunden worden waren; sie griff auch nicht auf andere Städte oder Provinzen über, was hätte geschehen müssen, wenn ein allgemeines Christenverfolgungsgesetz ergangen wäre. Sie traf nur die römische Gemeinde, die aber so schwer, daß sie fast ausgelöscht wurde. Namen von Märtyrern sind nicht überliefert; die Tradition verlegt den Tod von Petrus und Paulus in die Zeit Neros[120].

– Domitian

Unter Neros unmittelbaren Nachfolgern scheint es zu keinen weiteren Verfolgungen gekommen zu sein. Erst Domitian (81/96) wird von der Tradition wieder unter die Christenfeinde gerechnet. Da dies aber offensichtlich geschieht, um das Zehn-Plagen-Schema (vgl. S. 96) auszufüllen, müssen die Nachrichten, die sich auf ihn beziehen, besonders kritisch geprüft werden.

Nach Eusebius, Kirchengeschichte 3,18,4, sollen viele Christen auf die Insel Pontia verbannt worden sein, darunter Flavia Domitilla, eine Nichte des Konsuls Flavius Klemens; nach Sueton und Cassius Dio wurden auch der Konsul Flavius Klemens selbst, ein leiblicher Vetter des Kaisers, sowie der Konsul des Jahres 91, Acilius Glabrio, wegen Atheismus und Hinneigung zu jüdischen Sitten hingerichtet. Diese Anklage kann dafür sprechen, daß sie Christen waren bzw. mit dem Christentum sympathisierten. Ob die Acilier-Gruft in der Priszilla-Katakombe und die Benennung der Domitilla-Katakombe mit den oben genannten Personen zu tun haben, läßt sich nicht sicher beantworten. Domitian litt unter Minderwertigkeitsgefühlen, die er möglicherweise durch die Forcierung des Kaiserkultes zu kompensieren suchte (vgl. S. 73/5). Daß er gegen höchste Staatsbeamte sogar aus seiner eigenen Familie vorging, ist nicht unmöglich. Sie dürften den Maßlosigkeiten des verunsicherten Kaisers ein wenig verächtlich zugeschaut haben, was dann als Atheismus ausgelegt wurde.

Eusebius, Kirchengeschichte 3,20,1/6, hat noch eine weitere Nachricht aufbewahrt. Danach soll der mißtrauische Kaiser zwei Davidsnachkommen aus dem Verwandtenkreis Jesu vor seinen Richterstuhl zitiert haben. „Denn er fürchtete den Advent des Messias wie einst der König Herodes." Domitian nahm die beiden ins Kreuzverhör. Als er aber ihre schwieligen Bauernhände sah und sie von einem Reiche Christi reden hörte, das nicht von dieser Welt sei, begnügte er sich damit, sie lächerlich zu machen und heimzuschicken.

Schwierig ist ebenfalls das Verhältnis zwischen etwaigen christenfeindlichen Maßnahmen Domitians und den Nachrichten der Apokalypse zu bestimmen. Der sich besonders im Osten steigernde Kaiserkult bildet gewiß die dunkle Folie der Offenbarung des Johannes. Sicher ist es auch im Osten zu Volksaufständen und dem Eingreifen eifriger Statthalter gekommen; direkte Verfolgungsmaßnahmen des Kaisers brauchen dafür nicht angenommen zu werden. Der 1. Klemensbrief als zeitgenössischer Bericht schafft keine volle Klarheit. Er berichtet von Unglück und Leid, die unerwartet und ohne Unterbrechung über die Kirche von Rom hereingebrochen sind (1,1). Nachdem er an die Verfolgung unter Nero erinnert hat, fährt er fort: „Wir befinden uns auf demselben Kampfplatz und derselbe Kampf ist uns auferlegt" (7,1; vgl. 1 Petr 4,12/6; Meliton von Sardes bei Eusebius, Kirchengeschichte 4,26,9). Konkreter wird Klemens nicht. Wollte er die Vorfälle herunterspielen, um das Verhältnis zu den Behörden nicht zu belasten? Kommen immer noch Verwechslungen zwischen Juden und Christen vor oder versuchte der Staat, von eifrigen Denunzianten unterstützt, auch die Christen zum *fiscus Judaicus* (vgl. S. 56) heranzuziehen?

Folgendes dürfte feststehen: Seit Nero ist die Aufmerksamkeit des Staates gegenüber den Christen zwar geweckt, aber weder Domitian noch seine Nachfolger scheinen mit Edikten oder direkten Maßnahmen gegen die Gemeinden vorgegangen zu sein. Das schließt nicht aus, daß es zu Verfolgungen gekommen sein kann, die einzelne Beamte unter dem Druck der Öffentlichkeit durchführten. Es gab zwar kein reichsrechtliches Gesetz gegen die Christen, aber aus der argwöhnischen und feindseligen Haltung der Bevölkerung konnte sich die Auffassung entwickeln, Christsein sei unvereinbar mit den Lebensgewohnheiten im Römerreich. Christen sind Aussteiger und Asoziale; nichts ist ihnen heilig, was der römischen Gesellschaft teuer ist, nicht einmal die Zirkusspiele. Die Verfolgungen blieben lokal beschränkt und gegen einzelne gerichtet. Ähnlich wie die Silberschmiede von Ephesus aus Geschäftsinteressen den Aufruhr gegen Paulus angestiftet hatten (vgl. Apg 19), werden auch in der Folgezeit persönliche Interessen, Feindschaften und Mißgunst zur Denunziation von Christen geführt haben.

– Trajan und der Brief des Plinius

Ein aufschlußreiches Zeugnis für die Rechtsunsicherheit, in der die Christen lebten, bietet der Brief des Statthalters von Bithynien, Plinius' des Jüngeren. 111/112 schrieb er an Kaiser Trajan (98–117), weil er sich vergewissern wollte, ob er sich in der Christenfrage richtig verhalten habe:

„Ich bin es gewohnt, Herr [gemeint ist Trajan], alles, worüber ich im Zweifel bin, vor Dich zu bringen. Denn wer kann besser als Du mein Zögern leiten bzw. meine Unkenntnis belehren?
Christenprozessen habe ich nie in amtlicher Eigenschaft beigewohnt; deshalb weiß ich nicht, was und wie weitgehend entweder bestraft oder ermittelt zu werden pflegt. So habe ich nicht wenig gezaudert, ob irgendeine Unterscheidung in der Behandlung der verschiedenen Altersgruppen gemacht werden soll, oder ob Leute, die noch tief im zarten Alter stehen, ebenso behandelt werden sollen wie solche, die altersmäßig schon weiter fortgeschritten sind; ferner ob tätiger Reue Verzeihung gewährt werden soll, oder ob es einem, der überhaupt je Christ gewesen ist, nicht von Nutzen sein solle, dieses Christsein wieder aufgegeben zu haben; schließlich ob das Christsein selbst, wenn es von Schandtaten frei ist, oder die Schandtaten, die mit diesem Christsein gegeben sind, bestraft werden sollen.
Bis zum Eintreffen Deines Bescheids bin ich gegen diejenigen, gegen die bei mir als Christen Strafantrag gestellt worden war, in folgender Weise gerichtlich verfahren: Ich habe sie verhört, ob sie Christen seien. Als sie gestanden, habe ich sie ein zweites und drittes Mal gefragt, nachdem ich ihnen bereits das Todesurteil angedroht hatte. Wenn sie bei ihrem Geständnis beharrten, ließ ich sie zur Hinrichtung abführen. Denn ich zweifelte nicht: wie beschaffen das eingestandene Vergehen auch immer sein mag, so müssen doch sicherlich Hartnäckigkeit und unbeugsame Halsstarrigkeit bestraft werden. Es gab noch andere Leute, die in einer ähnlichen unsinnigen Verbohrtheit verharrten, sie trug ich in die Akten ein als Leute, die nach Rom zu überweisen sind, weil sie römische Bürger waren.
Noch während der gerichtlichen Behandlung dieser Fälle verbreitete sich, wie das ja zu geschehen pflegt, die Anklage, und es fielen neue Fälle dieses Vergehens an. Es wurde mir eine schriftliche Anzeige ohne Absendernamen vorgelegt, die die Namen vieler enthielt. Die einen der Angezeigten behaupteten, weder Christen zu sein noch je gewesen zu sein. Als sie nach meinem Vorbild die Götter anriefen und Deinem Bild, das ich zu diesem Zweck zusammen mit den Götterbildern heranholen hatte lassen, mit Weihrauch und Wein ein Bittopfer dargebracht hatten, außerdem Christus verflucht hatten, hielt ich es für richtig, sie freizulassen; denn es heißt, wirkliche Christen können nichts dergleichen vollziehen. Die anderen aber, die in der Anzeige namentlich aufgeführt waren, bekannten, sie seien Christen, stritten es aber bald wieder ab; sie seien zwar Christen gewesen, hätten aber wieder damit aufgehört, manche vor drei Jahren, einige vor noch mehr Jahren, ein paar sogar vor zwanzig Jahren. Auch sie alle vollzogen kultische Akte der Verehrung vor Deinem Bild und den Götterbildern und verfluchten Christus.
Sie versicherten aber, das sei ihre ganze Schuld bzw. ihr ganzer Irrtum gewesen, daß sie gewöhnt seien, an einem bestimmten Tag vor Tagesanbruch zusammenzukommen, im Wechselgesang ein Lied zu Christus gewissermaßen als ihrem Gott *(Christo quasi deo)* zu singen und sich durch einen Eid nicht zu einem Verbrechen, sondern dazu zu verpflichten, keine Diebstähle, Räubereien oder Ehebrüche zu begehen, nicht gegen Treu und Glauben zu verstoßen, nichts Hinterlegtes abzuleugnen, wenn es eingefordert werde. Danach sei es Sitte gewesen, auseinanderzugehen und sich später wieder zu treffen, um gemeinsam ein Mahl einzunehmen, allerdings ein alltägliches und unschuldiges; doch selbst das hätten sie aufgegeben nach meinem Edikt, durch das ich, in Befolgung Deiner

101

Mandate, das Bestehen von Hetärien [geschlossenen Vereinen oder Konventikeln] verboten hatte. Um dieses letzte zu prüfen, hielt ich es für um so notwendiger, zwei Sklavinnen, die Diakonissen *(ministrae)* genannt werden, peinlich auf die Wahrheit dieser Aussagen hin zu befragen [d.h. zu foltern]. Doch fand ich nichts anderes heraus als einen verkehrten, maßlosen Aberglauben" (ep. 10,96)[121].

Plinius schließt mit einem Hinweis auf die Dringlichkeit seiner Anfrage wegen der großen Zahl der Betroffenen; er ist jedoch überzeugt, den christlichen Aberglauben, der sich nicht nur in den Städten, sondern bereits über die Dörfer und das flache Land ausgebreitet hat, unterbinden und die verödeten Tempel wieder beleben zu können.

Bald traf aus der kaiserlichen Kanzlei in Rom die Antwort ein:

„Lieber Secundus, Du hast das Verfahren, das zu befolgen Du schuldig warst, anläßlich der gerichtlichen Ermittlung in den Fällen der Leute, gegen die als Christen bei Dir Strafantrag gestellt worden war, auch wirklich befolgt. Denn es kann keine allgemeingültige Bestimmung getroffen werden, die das Verfahren an einen von vornherein fixierten Ablauf bindet. Sie sollen nicht aufgespürt werden; wenn sie jedoch angeklagt und überführt werden, sind sie zu bestrafen, doch mit der Einschränkung, daß derjenige, der abstreitet, Christ zu sein, und das durch die Tat deutlich macht, d.h. durch den Kultakt zu unseren Göttern, Verzeihung auf Grund der gezeigten tätigen Reue erhalten soll, wiewohl er, was seine Vergangenheit anlangt, ein Verdächtiger bleibt. Schriftliche Anzeigen jedoch, die ohne Absenderangabe vorgelegt werden, sollen bei keinem Strafantrag gerichtlich berücksichtigt werden. Denn ein derartiges Vorgehen bietet einen sehr schlechten Präzedenzfall und paßt nicht zu unserer Zeit *(nec nostri saeculi est)*"[122].

Der Briefwechsel enthält eine Fülle wichtiger Nachrichten aus heidnischer Quelle. Zunächst bezeugt er den nicht mehr zu übersehenden Anteil der Christen an der Bevölkerung der kleinasiatischen Provinz Pontus-Bithynien. Anderswo in Kleinasien wird mit einer ähnlichen Verbreitung des christlichen Glaubens gerechnet werden dürfen (vgl. S. 264), der nach Plinius durch „Ansteckung" *(contagio pervagata)* weitergegeben wird. Die Antwort einiger Angeklagter im Verhör, sie seien vor vielen Jahren Christen gewesen, jetzt jedoch nicht mehr, deckt aber auch Schwächen der Mission auf, die möglicherweise zu schnell erfolgt war. Aufschlußreich sind die Auskünfte über Gottesdienst und christliche Lebensgestaltung.

Was die Verfolgungssituation angeht, bestätigt sich das ungezielte und gelegentliche Eingreifen der Behörden. Bevor Plinius, etwa fünfzigjährig, Statthalter von Bithynien wurde, hatte er noch nicht mit Christenprozessen zu tun gehabt. Die Rechtsunsicherheit der Christen war dennoch groß. Es konnte jederzeit zu Anklagen und Hinrichtungen kommen, wenn die Behörden auf Christen stießen und die öffentliche Ordnung durch sie gestört schien. Auch Plinius zögerte nicht, die Todesstrafe zu verhängen wegen der Halsstarrigkeit *(pertinacia),* die in der Weigerung bestand, Christus zu verleugnen. Wer dazu bereit war, ging straffrei aus. Die Frage, ob Christsein an sich oder die mit dem Christsein verbundenen Straftaten zu verurteilen seien, erübrigte sich im Grunde damit.

Die Antwort des Trajan unterstreicht, daß es kein Gesetz gegen die Christen gegeben hat. Sein Verzicht darauf, allgemeingültige Bestimmungen zu treffen, „die das Verfahren an einen von vornherein fixierten Ablauf binden", zeigt die ganze Verlegenheit des Staates gegenüber dem Christenproblem. Christsein an sich für strafwürdig zu erklären, polizeiliche Fahndung trotzdem zu unterlassen *(conquirendi non sunt)* war ein unlogisches Provisorium, das nur so lange tragbar war, wie die Christen eine Minorität darstellten. Sobald der Staat die Kirche als eine über das ganze Imperium festgefügte Institution erkannte, mußte es zu gezielten Maßnahmen kommen. Trajan gibt noch eine politische, keine juristische Antwort. Die christlichen Apologeten bis hin zu Tertullian haben immer wieder Untersuchungen und die Angabe der Verbrechen gefordert, gegen die sie sich verfehlt haben sollten. Doch genau solche Religionsprozesse wünschte der Staat nicht. Seine Statthalter sollten kraft der Befugnisse ihres Amtes handeln und bei Anklagen gegen Widersetzlichkeiten vorgehen, die aber erst mit einem Opferbefehl provoziert werden mußten, um sie bestrafen zu können.

Obwohl die Zahl der Martyrien nicht gering gewesen sein kann – Epiktet berichtet aus seiner Verbannung in Nikopolis, wo er 140 starb, von dem wahnsinnigen Fanatismus, mit dem die Galiläer der Todesgefahr begegnet seien[123] –, sind nur wenige Namen aus dieser Zeit bekannt. Ein prominentes Opfer war Simeon, der zweite Bischof von Jerusalem, der im Alter von 120 Jahren gekreuzigt worden sein soll. Vielleicht ist diese Hinrichtung der Reflex eines Parteienzwistes, der damals die Jerusalemer Kirche spaltete. Häretiker sollen Simeon als Nachkommen des Stammes David angezeigt haben (vgl. Eusebius, Kirchengeschichte 3,32,6). Das zweite bekannte Opfer ist der antiochenische Bischof Ignatius (vgl. ebd. 3,36,7/15), der in den letzten Regierungsjahren Trajans kurz nach 110 in Rom unweit des Collosseums den Märtyrertod erlitten haben soll.

– Von Hadrian bis Philippus Arabs

Trajans Nachfolger Hadrian (117–138) galt der Kirche als Wohltäter, selbst wenn gegen Ende seiner Regierungszeit der römische Bischof Telesphorus das Martyrium erlitten haben sollte. Seinen guten Ruf hat sich Hadrian bei den Kirchengeschichtsschreibern vor allem wegen eines Reskripts erworben, das er um 125 an den Statthalter Minucius Fundanus gerichtet hat und das von Justin begreiflicherweise in seiner Apologie angeführt worden ist (apol. 1,68; vgl. Eusebius, Kirchengeschichte 4,9). Der Kaiser schreibt:

„Ich erhielt eine Anfrage, die von Serenius Granianus ... an mich gerichtet worden war. Ich habe daher entschieden, den Fall nicht ungeprüft zu lassen, damit die Leute nicht verwirrt werden und damit den Denunzianten nicht freie Bahn für ihr Verbrechen gewährt werde.
Falls die Bewohner der Provinz bei ihrer Klageerhebung gegen die Christen zu beharren in der Lage sind, so daß sie auch vor Gericht Rede und Antwort stehen können, dann soll gegen sie nur in dieser Sache verhandelt werden, jedoch nicht auf einfache Anklagen oder gar auf Volksakklamationen allein hin. Wenn nämlich jemand Anklage erheben will, so wäre es viel eher am Platze, daß du als Richter über Rechtmäßigkeit der Anklage entscheidest.

Wenn nun einer die Christen anklagt und überführen kann, daß sie etwas gegen die Gesetze tun, dann verhänge die angemessene Strafe im Einklang mit der Schwere ihres Verbrechens. Beim Herakles (schwöre ich): Wenn jemand eine derartige Anklage nur der Denunziation wegen einreicht, dann verfahre gegen ihn je nach der Schwere des Verbrechens und trage Sorge dafür, daß du ihn auch wirklich bestrafst"[124].

Wie schon bei Trajan ist die Abneigung Hadrians gegen jedes Denunziantentum deutlich hörbar. Justin wollte aber noch mehr herauslesen: Hadrian habe nicht mehr das Christsein an sich, sondern nur noch Vergehen von Christen gegen die Gesetze unter Strafe gestellt. Eine solche Interpretation kann aber nicht zutreffen. Hadrian muß ganz auf der Linie des Trajan geschrieben haben, wie die Praxis der Folgezeit beweist. Auch für ihn bestand das Verbrechen im Christsein bzw. in den mit dem Christsein automatisch angenommenen Schandtaten. Besonders unterstrichen wird, daß die Anklage des Christseins bei Gericht bewiesen werden muß. Damit war natürlich für die Betroffenen ein nicht unerheblicher Schutz verbunden, denn es ist ein Unterschied, ob eine Menge brüllt und Blut sehen will oder ob einer persönlich Anzeige erstatten, dafür geradestehen und das Todesurteil gleichsam mitverantworten muß.

Martyrien unter Hadrian sind nicht sicher bezeugt, wohl unter seinem Nachfolger Antoninus Pius (138–161), der selbst sicher kein Christenverfolger war. Aber das war nun einmal die Situation der Christen: Auch wenn sie häufig ruhig und ungeschoren unter den Gesetzen des römischen Staates leben konnten, Rechtssicherheit besaßen sie nicht. Ein von der Volkswut bedrängter Statthalter, der vielleicht noch Grund hatte, Mißerfolge auf anderen Gebieten zu kompensieren und administratives Versagen zu vertuschen, konnte gegen die Christen vorgehen. So kommt es, daß in der 2. Hälfte des 2. Jhs. unter Marc Aurel (161–180) und Commodus (180–192) die Verfolgungen erschreckend zunahmen.

Das eindrucksvollste Zeugnis über Martyrien in dieser Zeit enthält der Brief der Gemeinde von Lyon und Vienne an die Christen in Asien und Phrygien über eine 177 aus einer Volkswut heraus urplötzlich hereingebrochene Verfolgung. Der Brief schildert genau ihren Verlauf, der sich immer mehr steigerte. Die Namen der Märtyrer und ihre verschiedenen Todesarten werden sorgfältig vermerkt. Es wird auch nicht verschwiegen, daß viele aus Angst den Glauben verleugneten. Der ganze Bericht beweist, daß die Vorgänge mit römischer Strafjustiz nichts mehr zu tun und pogromartigen Charakter angenommen hatten. Von den Verfolgern heißt es:

„Sorgfältig wachten sie Tag und Nacht darüber, daß wir keinen bestatteten. Die von den Tieren und vom Feuer übriggelassenen, zerfleischten und verkohlten Körperreste und von den übrigen Märtyrern die Köpfe samt ihrem Rumpfe wurden zur Schau gestellt und ebenfalls mehrere Tage unter militärischer Bewachung unbeerdigt gelassen ... Bei uns aber herrschte große Trauer, weil wir die entseelten Körper nicht beerdigen konnten. Weder war uns die Nacht dazu behilflich, noch ließ sich mit Bestechung und mit Bitten etwas erreichen. Sorgfältig hielten die Wächter Wache, gleich als hätten sie großen Gewinn davon gehabt, daß sie unbeerdigt blieben" (Eusebius, Kirchengeschichte 5,1,1/63, hier 59/61)[125].

Nach sechs Tagen endlich wurden die Überreste verbrannt und die Asche in die Rhône gestreut. Die Heiden wollten die Hoffnung der Märtyrer auf Auferstehung zunichte machen.

In Rom starb Justin um 165, in Smyrna 156 (oder 167) Bischof Polykarp. Eine Reihe weiterer Märtyrer in verschiedenen Landschaften und Städten sind aus dieser Zeit bekannt. Und das alles geschah unter Kaisern, die persönlich keinerlei Interesse an den Verfolgungen gehabt haben dürften. Marc Aurels Aufzeichnungen lassen zwar eine Verachtung des Christentums erkennen, er selbst unternahm aber nichts gegen die Christen. Seine prochristliche Haltung aufgrund eines Regenwunders im Quadenkrieg (vgl. Tertullian, apol. 5,5/8; Eusebius, Kirchengeschichte 5,5,1/7) ist allerdings wohl nur eine Legende[126].

Tatsächlich christenfreundlich dürfte Marcia, die Konkubine des Commodus[127], gewesen sein. Am Hofe befanden sich Christen in höchsten Stellen. Trotzdem wuchs die Bedrohung in der 2. Jahrhunderthälfte. Zahlreiche Katastrophen waren zum Regierungsantritt Marc Aurels über das Reich hereingebrochen: Pest, Hungersnot, Überschwemmungen in Rom, Barbareneinfälle in Ost und West – zum ersten Mal kündigte sich das Ende des Imperiums an, auch wenn dessen Agonie noch Jahrhunderte dauern sollte. Das Volk suchte einen Sündenbock und fand ihn in den Christen, deren Anwachsen in allen Provinzen nicht mehr zu übersehen war. Sie waren doch die einzigen, die nicht teilnahmen an den Opfern, die der Kaiser zum Verlöschen der Pest angeordnet hatte. Eindrucksvoll hat Tertullian, apol. 40,2, die Stimmung beschrieben:

„Erhebt sich der Tiber über die Mauern [d.h. gibt es eine Überschwemmung], unterläßt der Nil es, die Ufer zu übersteigen [d.h. gibt es keine Überschwemmung], ist der Himmel wolkenleer, bebt die Erde, herrscht eine Hungersnot, wütet die Seuche, sogleich schreit man: die Christen vor den Löwen."

Unter den Severern und den Soldatenkaisern der ersten Hälfte des 3. Jhs. überwogen die Phasen friedlicher Koexistenz. Dazwischen schoben sich kurze, aber bereits wesentlich härtere Verfolgungswellen. Septimius Severus (193–211) begünstigte in den ersten Jahren seiner Regierung die Christen, bis es 202 zu einem gefährlichen Umschwung kam, der sich im Verlauf des 3. Jhs. noch häufiger wiederholte. Der Grund ist immer derselbe: Das Christentum entwickelte sich zu einem Faktor im Staat, der nicht mehr zu übersehen war. Durch seine Mitglieder, vor allem bei Hofe, scheint es nicht selten die Sympathie der Kaiser geweckt zu haben, bis sie erkannten, daß es nur eine Alternative zwischen dem überkommenen Staatskult und dem christlichen Glauben gibt. Vor die Wahl gestellt, entschieden sich die Herrscher des 3. Jhs. noch für die Religion der Väter gegen die Kirche. Erst Konstantin wagte es, auf die neue Kraft der Kirche zu setzen; das bedeutete dann aber das Ende des religiösen Heidentums und die Fortsetzung der Auseinandersetzungen unter umgekehrten Vorzeichen. Aus der Christenverfolgung wurde – wenn auch in anderer, unblutiger Weise – eine Heidenverfolgung[128]. Sie beweist die Unausweichlichkeit der Christenverfolgung, denn einen neutralen, säkularisierten Staat, in dem Christen und Heiden auf religiösem Sektor pluralistisch miteinander leben konnten, gab es nicht.

202/203 erschien ein Erlaß des Kaisers, der den Übertritt zum Judentum und Christentum unter schwere Strafe stellte. Die Maßnahme richtete sich gegen die erfolgreiche christliche Mission. Sie erforderte eine polizeiliche Überwachung der kirchlichen Aktivitäten. Man wollte nicht (oder konnte auch schon nicht mehr) alle Christen ausrotten; aber sie sollten keinen Nachwuchs gewinnen dürfen und langsam aussterben. Die trajanische und hadrianische Politik hatte das Christsein als solches verboten und dann nach Möglichkeit die Augen zugemacht, um die Christen nicht zur Kenntnis zu nehmen. Das wird jetzt anders, was besonders die Taufbewerber zu spüren bekamen. Aus Karthago stammt der authentische Märtyrerbericht über das Leiden einer Katechumenengruppe um Perpetua und Felicitas. Bekannt sind aus dieser Zeit aber auch Verfolgungen alten Stils in einzelnen Provinzen, zu deren Opfern Leonides, der Vater des Origenes, zählt (Eusebius, Kirchengeschichte 6,1).

Ähnliches geschah unter dem Nachfolger des Septimius Severus, Caracalla (211–217). Während der Kaiser selbst betont christenfreundlich war, wurde Nordafrika durch den Prokonsul Scapula von schweren Verfolgungen heimgesucht. Allerdings hatte der Statthalter hier mit starken montanistischen Kräften zu tun, die durch den Anschluß Tertullians Auftrieb erhalten hatten und es darauf anlegten, die staatlichen Behörden zu provozieren (vgl. S. 127/9).

Elagabal (218–222) wollte den Kult des Sonnengottes von Emesa für das ganze Reich verpflichtend machen, um den überall bemerkbaren Zug zum Monotheismus politisch fruchtbar werden zu lassen. Ob die Maßnahme Erfolg gehabt hätte, bleibt unbekannt, denn die Regierungszeit des Kaisers dauerte nur kurz. Deutlich ist in der Religiosität der syrischen Kaiser ein synkretistischer Zug zu bemerken, der von östlichen Kulten geprägt wurde. Er kam dem Christentum, das als östliche Religion gelten konnte, zunächst entgegen. Julia Mammaea, die Mutter von Alexander Severus (222–235), ließ Origenes nach Antiochien kommen, um mit ihm über religiöse Fragen zu sprechen; Hippolyt von Rom konnte ihr ein Buch widmen (Eusebius, Kirchengeschichte 6,21,3). Der Kaiser selbst soll in seinem Arbeitszimmer ein Spruchband mit der goldenen Regel aus Mt 7,12 hängen gehabt haben: „Alles also, wovon ihr wollt, daß es die Leute euch tun, das sollt auch ihr ihnen tun." Und in seinem Lararium standen Figuren von Orpheus, Abraham, Apollonius von Tyana und Christus (Historia Augusta, Sev. Alex. 29,2)[129].

Eine Reaktion erfolgte unter Maximinus Thrax (235–238), auf den ein Erlaß zurückgeht, der zunächst die Christen bei Hofe traf, sich dann aber gegen die kirchlichen Amtsträger richtete. Damals wurden der römische Bischof Pontianus und Hippolyt[130] nach Sardinien deportiert. Eine typische

Reaktion auf die Verschärfung war eine Christenhetze in Kappadokien, wo man den Christen die Schuld an einem Erdbeben in die Schuhe zu schieben versuchte (Firmilian bei Cyprian, ep. 75,10).

Schwerwiegende Folgen hat das Vorgehen des Maximinus jedoch nicht gehabt. Ihn und auch den folgenden Kaiser Gordian beschäftigten viel zu sehr interne Machtkämpfe, als daß sie den Christenverfolgungen besondere Aufmerksamkeit geschenkt hätten. Um die Jahrhundertmitte kam dann mit Philippus Arabs (244–249) ein Kaiser auf den Thron, der mit den Christen so sehr sympathisierte, daß schon die Zeitgenossen meinten, er sei selber Christ gewesen. Ob damals eine völlige Aussöhnung zwischen Christentum und Römischem Staat in der Luft lag, erscheint dennoch eher unwahrscheinlich. Kaiserliche Sympathien, die neben allen möglichen Heilsbringern auch Christus zugeneigt waren, konnten den Konflikt nicht lösen. Er mußte weiterglimmen, solange ein Kaiser nicht wirklich umschwenkte und auf das Christentum als staatstragende religiöse Kraft setzte. Soweit war es damals aber noch nicht, denn 249 kam nach langer Zeit wieder ein Kaiser auf den Thron, der mit altrömischen Traditionen vertraut war und dem Staat mitsamt seiner angestammten Religion sein früheres Ansehen zurückgeben wollte, Decius. Mit ihm begann die zweite, entscheidende Phase der systematischen Christenverfolgung.

– Von Decius bis Diokletian

Die ersten Maßnahmen, die bei Decius' Regierungsantritt (Herbst 249) schlagartig begannen, konnten zunächst als Reaktion auf das Regiment seines christenfreundlichen Vorgängers Philippus Arabs gelten. Bereits im Dezember wurden Christen verhaftet, im Januar 250 wurde der römische Bischof Fabian hingerichtet. Der Kaiser sorgte dafür, daß die Gemeinde in Rom ohne Bischof führerlos blieb. Dann erging um die Mitte des Jahres ein Edikt, das allen Untertanen des Reiches befahl, an einer *supplicatio,* d.h. einem Bittopfer für die Götter, teilzunehmen. Es sollte eine Demonstration römischer Einmütigkeit werden, die bei der fortwährend stärker werdenden Bedrohung des Reiches durch äußere Gegner dringend geboten erschien. Die Christen wurden nicht eigens genannt, waren aber am schärfsten betroffen. Denn der Kaiser schaltete zur Durchführung des Edikts die gut funktionierende staatliche Bürokratie ein. Kommissionen wurden eingesetzt, die die Erfüllung der vorgeschriebenen Opferzeremonien am *dies imperii* zu überwachen und darüber eine Bescheinigung auszustellen hatten. 43 solcher *libelli* sind auf ägyptischen Papyri im Original erhalten geblieben.

Die Christen gerieten in einen schweren Gewissenskonflikt. Man verlangte von ihnen ja nicht eine förmliche Abschwörung ihres Glaubens; eine Loyalitätsbekundung gegenüber dem Kaiser reichte aus, und sie bekamen ihren *libellus*. Viele Behörden waren durchaus entgegenkommend. Sie forderten kein komplettes Opfer, sondern begnügten sich damit, wenn Christen ein paar Körnchen Weihrauch streuten; ob sie im stillen dabei das Glaubensbekenntnis sprachen, kümmerte sie nicht. Angesehenen Christen wurde sogar – gegen entsprechende Bezahlung – eine Opferbescheinigung ausgestellt, ohne daß sie auf dem Kapitol erscheinen mußten; andere schickten einen Sklaven als Stellvertreter. Alle möglichen Türchen und Hintertürchen wurden probiert. Wer allerdings nach einer gewissen Zeit bei durchgeführten Kontrollen keine Opferbescheinigung vorweisen konnte, wurde eingekerkert, gefoltert, um wenigstens eine scheinbare Opfereinwilligung zu erpressen, und – wenn alles nichts fruchtete – schließlich hingerichtet.

Die Zahl der sicher bezeugten Märtyrer ist angesichts dieser großangelegten Aktion vergleichsweise gering. Cyprian von Karthago nennt zwei Namen, setzt aber weitere voraus; der Konfessor Lucianus bezeugt für Nordafrika sechzehn Märtyrer, von denen die meisten im Kerker umkamen. Für Ägypten beschreibt Bischof Dionysius die Todesarten von vierzehn Märtyrern in Städten und Dörfern und den Tod einzelner Christen durch Hunger und Kälte während der Flucht vor der Verfolgung. Den Zeugentod starben Bischof Alexander von Jerusalem und Bischof Babylas von Antiochien. Aus der Asia proconsularis stammt der Bericht vom Martyrium des Presbyters Pionius[131].

Vielleicht war der Blutzoll nicht höher, weil die Verfolgung nur kurz dauerte und gegen Ende 250 bereits aufhörte. Der Kaiser mußte wegen eines neuen Goteneinfalls in die Donauprovinzen abreisen und fiel bald darauf im Kampf. Die Behörden, die durch die Opferprozedur überfordert waren und kein Interesse an blutigen Hinrichtungen hatten, ließen sofort von weiteren Verfolgungen ab. Die vergleichsweise geringe Zahl der Märtyrer hängt aber auch mit dem Versagen vieler Christen zusammen, die entweder geopfert oder sich auf irgendeinem Weg eine Opferbescheinigung erschlichen hatten. In Nordafrika, Spanien und Asien waren Bischöfe unter den Abgefallenen. Das Ausmaß des Abfalls, die Masse der *sacrificati, thurificati* oder *libellatici* (wie man später diejenigen unterschied, die das volle Götteropfer dargebracht, nur Weihrauch gestreut oder sich eine Bescheinigung beschafft hatten), die bittere Erkenntnis, wie viele morsche Äste sich bereits am Baum der Kirche befanden, war der eigentliche Schock der decischen Verfolgung; ebenso belastend waren die pastoralen Schwierigkeiten, als viele der Abgefallenen zurück in die Gemeinden drängten und die Bischöfe die Bedingungen für eine Rekonziliation der *lapsi* festlegen mußten (vgl. S. 209).

Die bittere Erfahrung vielfältigen Versagens war aber auch heilsam. Das zeigte sich bei der Verfolgung durch Valerian (253–260), der in seinen ersten Regierungsjahren den Christen wohlwollend gegenüberstand, dann aber vielleicht unter dem Einfluß des Ministers Macrianus umschwenkte. Ein Edikt aus dem Jahr 257 traf den Klerus: Bischöfe, Priester und Diakone mußten opfern, Gottesdienste oder Zusammenkünfte auf Friedhöfen wurden untersagt. Cyprian und Dionysius, die kirchlichen Führer Nordafrikas und Ägyptens, wurden sofort in Haft genommen. Ein weiteres Edikt von 258 zielte auf die führende Laienschicht. Christliche Senatoren und Ritter verloren ihren Rang und ihr Vermögen, vornehmen Frauen drohte Verbannung und Konfiskation aller Güter. Die *caesariani,* d.h. das große Heer der Beamten, die im Palast und auf den kaiserlichen Domänen beschäftigt waren, wurden mit Güterentziehung und Zwangsarbeit bestraft, falls sie das Opfer verweigerten. Das Ziel der Maßnahme war, dem Staatsschatz neue Mittel zuzuführen; daneben sollten die führenden christlichen Kreise beseitigt und die Kirche zur Bedeutungslosigkeit verurteilt werden. Prominentestes Opfer der valerianischen Verfolgung wurde Cyprian von Karthago. Der Prokonsul Galerius Maximus verkündete am 14. September 258 das Urteil. Es lautete samt Begründung:

„,Seit langem hast du das Leben eines Hochverräters geführt und mit zahlreichen anderen eine dunkle Verschwörung angezettelt. Du bist ein erklärter Feind der Götter und der Gesetze des römischen Staates. Die frommen und erhabenen Fürsten, die Kaiser Valerianus und Gallienus und der erlauchte Caesar Galerianus, haben dich nicht zur Gemeinschaft ihrer Religionsbräuche zurückführen können. Weil du der eigentliche Urheber verabscheuungswürdiger Verbrechen bist und andere zu Schandtaten verführt hast, soll an dir ein Exempel statuiert werden zur Warnung für diejenigen, die du zu deinen Mitverschworenen gemacht hast; um den Preis deines Blutes sollen Zucht und Sitte gewahrt werden.' Nach diesen Worten verlas der Prokonsul das Todesurteil von einer Tafel. ‚Thascius Cyprianus soll durch das Schwert hingerichtet werden'" (Acta proconsularia Cypriani 4).

Die Hinrichtung ihres Bischofs im Beisein der karthagischen Gemeinde wurde zu einem bewegenden Schauspiel. Das würdige Sterben vieler Bischöfe, Presbyter und Diakone beeindruckte auch andernorts die heidnischen Mitbürger. Die Kirche, aufgerüttelt durch die bittere Erfahrung unter Decius, bestand die neuerliche Probe; Abfälle werden nicht berichtet. Das Blutopfer so vieler Christen setzte den Kaiser in den Augen nachdenklicher Mitbürger ins Unrecht. Als Valerian 259 von den Persern gefangengenommen und sein Leichnam angeblich ausgestopft und rot angestrichen in einem Barbarentempel ausgestellt wurde, verfehlte diese *mors persecutoris* nicht ihren Eindruck auf die Zeitgenossen.

Der Nachfolger Gallienus (260–268) tat, was auch angesichts der verzweifelten außenpolitischen Lage geraten war: Er stellte alle Verfolgungen sofort ein. Mehr noch, er erließ ein Toleranzedikt, das den Christen ihre Kultstätten zurückgab und sie vor jeder Belästigung schützte. Damit begann für die Kirche eine Friedenszeit von über 40 Jahren, ehe nach der völlig unsinnigen und in die zeitliche Entwicklung überhaupt nicht mehr hineinpassenden Verfolgung unter Diokletian, durch Galerius 311 eingeleitet, unter Konstantin (306–337) der logisch einzig richtige Schritt getan wurde, der das Christentum nicht nur zur *religio licita,* sondern zunehmend zur staatstragenden Kraft machte.

1.2 Bewertung

– Unausweichlichkeit der Verfolgung

Es liegt eine Tragik darin, daß der römische Staat, nach Cicero auf *iustitia* und *pax* gegründet und wesentlich religiös bestimmt, sich um seiner Selbstbehauptung willen veranlaßt sah, seine stets propagierte und praktizierte religiöse Toleranz preiszugeben und als Mittel der Selbsterhaltung zum Religionszwang zu greifen, dabei aber auf eine religiöse Gruppe (die Kirche) stieß, die sich diesem Zwang nicht beugen konnte und bereit war, für ihre Glaubensüberzeugung das Leben ihrer Glieder aufs Spiel zu setzen. Die Verfolgungen waren unausweichlich, weil Staat und Kirche nur zusammenfinden konnten, wenn der Staat die ihm überkommene religiöse Grundlage aufgab. Die Kirche konnte auf ihren Anspruch nicht verzichten; sie konnte nur gewinnen oder untergehen. Daß es fast drei Jahrhunderte dauerte, ehe der Staat zur Anerkennung des neuen Glaubens bereit war, verwundert nicht.

Die Tragik der Verfolgungen betrifft in erster Linie das Vorgehen des Staates, das von Anfang an auf einer bedenklichen Rechtsgrundlage ruhte, die eine moralische Rechtfertigung der einzelnen Maßnahmen immer unglaubwürdiger machte. Nero hatte als erster eine grausame Verfolgung heraufbeschworen, um die Volkswut von sich abzulenken. Dieser verbrecherische Anfang belastete die weitere Christenpolitik des Staates, die ohne klares Konzept zwischen blutigem Kampf und völliger Toleranz hin und her lavierte. Sie war zum Scheitern verurteilt, nicht ohne zuvor eine Rechtsunsicherheit zu schaffen, in der sich Behördenwillkür und Volkswut verhängnisvoll auswirken konnten. Menschliches Versagen, kleinliche Rachsucht und behördliche Engstirnigkeit haben viel Leid über zahlreiche Gemeinden und einzelne Christen mitsamt ihren Familien gebracht.

Was die Verfolgungen für das Selbstverständnis der Kirche bedeutet haben und ob man unter diesem Gesichtspunkt auch von einer Tragik sprechen muß, ist eine ganz andere Frage. Gewiß haben die Verfolgungen den Bestand der Kirche nicht gefährdet, obwohl die Zahl von sechs- bis siebentausend Märtyrern, die man für die Zeit bis Konstantin errechnet hat[132], nicht bagatellisiert werden kann und durchaus genügte, in den Gemeinden das Bewußtsein wachzuhalten, eine Kirche der Märtyrer zu sein. Man wird die Verfolgungen trotzdem nicht als schweres Hindernis für die Mission werten dürfen, denn Mission und Martyrium gehören engstens zusammen. Die Missionare sollen dem Auftrag Jesu in Apg 1,8 entsprechend seine Zeugen sein bis an die Grenzen der Erde. Das schloß von Anfang an ein, den Namen Jesu auch vor Statthaltern und Königen unter Einsatz des eigenen Lebens bekennen zu müssen. Das Wort Martyrium, d.h. Zeugnis, bekommt daher schon bald den präzisen Sinn von Blutzeugnis[133]. Der Märtyrer ist ein Zeuge, der die Wahrheit seiner Verkündigung mit seinem Leben besiegelt. Diese Bereitschaft verlieh der Mission eine Glaubwürdigkeit, die der übrigen religiösen Propaganda abging. Auch wenn niemand sagen konnte, ob und wann das Martyrium gefordert werden würde, der Ernstfall des Glaubens in der Hingabe des Lebens war mit dem Bekenntnis zu Christus innerlichst verbunden.

– Propagandaeffekt?

Das Martyrium standhafter Christen hat gewiß seinen Eindruck auf die daran Beteiligten, Gläubige wie Heiden, nicht verfehlt. Justin berichtet aus eigener Erfahrung:

„Ich selbst war ein Anhänger der platonischen Lehre. Als ich die Christen schmähen hörte und andererseits sah, wie sie furchtlos dem Tod und allen Schrecknissen entgegengingen, schloß ich, daß diese Leute unmöglich in Bosheit und Wollust leben konnten. Denn welcher Wollüstling oder Unmäßige, welcher Mensch, dem das Essen von Menschenfleisch Genuß gewährt [vgl. S. 98], könnte den Tod willkommen heißen, der ihn doch nur seiner Lust berauben würde? Würde er nicht vielmehr alles aufbieten, um hier am Leben und den Obrigkeiten verborgen zu bleiben, statt sich selbst anzuzeigen und am Leben gestraft zu werden?" (apol. 2,12).

Märtyrerberichte, die erzählen, wie Zuschauer, Richter und Henker vom Sterben der Christen so beeindruckt waren, daß sie sich zum Glauben bekehrten, sind nicht nur Legende, sondern enthalten durchaus Erinnerungen an tatsächliche Vorkommnisse. Tertullian, apol. 50,13, hat die Wechselwirkung zwischen Martyrium und Mission in die einprägsame Formulierung gefaßt: *semen est sanguis Christianorum*. Das Blut der Märtyrer wird zum Samen für neue Christen.
Oft genug ist aber auch jede propagandistische Wirkung ausgeblieben, haben Martyrien die schaulustige Menge nur noch lüsterner auf weiteres Blutvergießen gemacht. Nüchtern vermerkt der Bericht über die Lugdunensischen Märtyrer:

„Die einen knirschten über die Märtyrer vor Wut mit den Zähnen und verlangten noch grimmigere Rache an ihnen, die anderen lachten und spotteten über sie unter Lobpreisung ihrer Götzen, denen sie die Bestrafung der Christen zu verdanken glaubten. Diejenigen aber, welche noch einigermaßen Haltung bewahrten und noch etwas Mitleid zu kennen schienen, schmähten, indem sie wiederholt fragten: ‚Wo ist nun ihr Gott? Was nützte ihnen ihre Gottesverehrung, die ihnen doch mehr wert war als ihr eigenes Leben?' So verschieden äußerten sich die Heiden" (Eusebius, Kirchengeschichte 5,1,60)[134].

Die Übernahme des Martyriums ist darum nie um seines Werbeeffektes willen von der Kirche verlangt oder auch nur angestrebt worden. Gewiß kam es vor allem in rigoristischen Gruppen vor (vgl. S. 127), daß einzelne zum Martyrium drängten. Aber die Bischöfe warnten: Von sich aus das Martyrium zu suchen, ist Vermessenheit. Wer weiß, ob einer standhält, wenn es hart auf hart geht? Nur Gott kann das Martyrium auferlegen bzw. gewähren (vgl. Cyprian, mort. 17). Hinzu kam die Sorge um die Mitchristen. Glaubensheroen, die die Behörden provozierten und eine Verfolgung anzettelten, traten eine Lawine los, deren Lauf sie nicht begrenzen konnten. Andere wurden mitgerissen, die nicht so mutig waren, bei Verhör und Folter nicht standhaft blieben und so durch den Übermut einiger in den Glaubensabfall getrieben wurden. Daher war es in der Kirche nie umstritten, daß Flucht in der Verfolgung erlaubt war und manchmal geradezu geboten schien.

Die Überlegungen konnten noch einen Schritt weitergehen, indem man fragte: Trägt der Märtyrer als Missionar nicht auch die Verantwortung für seine Widersacher? Wirkliche Bruderliebe besteht darin, den Verfolger zu Christus zu führen, nicht ihn in das Verbrechen des Mordes zu treiben. Origenes meint, es sei gewiß etwas Großes um das todesmutige Bekenntnis im Martyrium.

„Aber nichtsdestoweniger ist es auch schön, wenn man die Gelegenheit zu einer so ungeheuren Versuchung nicht aufsucht, sondern sie vielmehr auf jede Weise zu vermeiden strebt, und das nicht bloß, weil ihr Ausgang für uns ungewiß ist, sondern auch aus folgendem Grund: Wir wollen nicht der Anlaß sein, daß unsere Verfolger, die die Untat noch nicht begangen und unser Blut noch nicht vergossen haben, noch sündiger und noch gottloser werden. Darum weichen wir ihnen, soviel es an uns liegt, aus. Denn sie würden sonst durch unsere Schuld noch größerer und schwererer Strafe verfallen, wenn wir selbstsüchtig nur unseren eigenen Vorteil im Auge behielten und uns von ihnen auch noch töten ließen – vorausgesetzt, daß dazu keine Nötigung besteht" (Tract. in Joh. 28,23 [18]).

Man braucht bei Origenes nicht zu argwöhnen, seine Zurückhaltung entspränge einer Zaghaftigkeit, die sich dem Wagnis der radikalen Glaubensprobe im Martyrium entziehen wolle. Er hat sich nach dem Martyrium gesehnt; als junger Mann war er nur mit List davon abzuhalten gewesen, sich den Behörden zu stellen – seine Mutter soll ihm die Kleider versteckt haben (Eusebius, Kirchengeschichte 6,2,5). Doch wichtiger als das persönliche Haschen nach der Glorie des Martyriums war ihm die Bitte Jesu: „Vater, vergib ihnen" (Lk 23,34).

Das Martyrium ist nicht nur ein mitreißendes Exemplum, sondern aus missionarischer Sicht ebenso eine Niederlage gegenüber dem Verfolger, der nicht gewonnen wird, sich vielmehr durch seinen scheinbaren Sieg über den Märtyrer in seiner Verblendung bestärkt sehen kann. Verfolgt man diesen Gedanken noch einen Schritt weiter, wird allerdings eine gefährliche Grenze erreicht, die von manchen gnostischen Gruppen überschritten und auch von Klemens von Alexandrien bedenklich nahe gestreift wird: daß man nämlich um der Mission willen meint, jedes Martyrium vermeiden zu müssen. Ist es nicht besser, äußerlich nachzugeben, um weiter die Chance zu behalten, für den Glauben zu werben? Gewiß kann es zum Martyrium kommen, aber eigentlich nur aus einem Mißverständnis heraus, weil man sich nicht genug verständlich gemacht hat und die weltlichen Obrigkeiten die wohlgemeinten Absichten der christlichen Verkündigung nicht begriffen haben. Es gibt späte Märtyrerberichte, da redet und predigt der Märtyrer und ist missionarisch-pädagogisch tätig bis zum letzten Atemzug. Die alten Märtyrerakten sind da sparsamer. Es gibt das Verstummen des Märtyrers vor dem Bösen, so wie Jesus vor Pilatus verstummte: „Und er antwortete ihm auch nicht ein einziges Wort" (Mt 27,14). Damit dürfte das Wesen des Martyriums tiefer erfaßt sein, denn es beruht nicht nur auf einem Mißverständnis. Das Bekenntnis des Namens Jesu fordert die Menschen heraus und entscheidet das Schicksal der Völker. Die Welt antwortet auf die christliche Verkündigung nicht nur mit Bekehrung, sondern auch mit Haß. Diese Reaktion ist unvermeidlich. Der Jünger Christi steht nicht über seinem Meister (Mt 10,24)[135].

– Unverfügbarkeit

Das Martyrium ist kein missionarisches Propagandamittel – selbst wenn es diesen Effekt gehabt haben mag; es ist kein Mittel für den einzelnen, sich Verdienste, himmlischen Lohn und Glorie zu erwerben – selbst wenn der Märtyrer im Himmel gekrönt wird; es ist aber auch nicht nur ein Mißverständnis, das pastorale Klugheit in der missionarischen Verkündigung hätte vermeiden können. Das Martyrium entzieht sich aller menschlichen Verplanung und Verzweckung. Trotzdem hängt es aufs engste mit der Mission und Ausbreitung des Glaubens zusammen. Die Kirche mußte den Namen Jesu verkündigen, sei es gelegen oder ungelegen, weder um das Martyrium zu erreichen, noch um es zu vermeiden, sondern um die Welt vor die Entscheidung zu stellen. Welche Reaktionen die Predigt auslöst, hat nicht der Verkündiger zu verantworten, sondern liegt bei Gott. Da Christus seine Jünger gesandt hat wie Schafe unter die Wölfe (Mt 10,16), wird der Kirche der auch blutige Konflikt mit der Welt niemals erspart bleiben. Es ist nicht nur ein Mißverständnis und Folge fehlenden Kontaktes, wenn Wölfe Schafe reißen. So erinnert das 2. Vatikanische Konzil daran:

„Da Jesus seine Liebe durch den Einsatz seines Lebens für uns bekundet hat, hat keiner eine größere Liebe, als wer sein Leben für ihn und die Brüder hingibt. Dieses höchste Zeugnis der Liebe zu geben war die Berufung einiger Christen schon in den ersten Zeiten und wird es immer sein. Das Martyrium, das den Jünger dem Meister in der freien Annahme des Todes für das Heil der Welt ähnlich macht und im Vergießen des Blutes gleichgestaltet, wertet die Kirche als hervorragendes Geschenk und als höchsten Erweis der Liebe. Wenn es auch nur wenigen gegeben wird, so müssen doch alle bereit sein, Christus vor den Menschen zu bekennen und ihm in den Verfolgungen, die der Kirche nie fehlen, auf dem Weg des Kreuzes zu folgen" (Lumen gentium 42)[136].

Wird das Martyrium in dieser eschatologischen Notwendigkeit gesehen, nicht gesucht, nicht verzweckt, aber auch nicht feige vermieden, bekommt es seinen angemessenen Platz in der Einschätzung der Kirche und erfährt es die Verheißung Christi, daß der Märtyrer das Versagen nicht zu fürchten braucht, weil der Heilige Geist ihm beisteht, wenn er vor Statthaltern und Königen das Bekenntnis ablegen muß (Mt 10,18/20). Theologisch betrachtet bezeugen Verfolgung und Martyrium die Authentizität der frühchristlichen Mission in eindrucksvoller Weise.

2. Intellektuelle Auseinandersetzung

2.1 Literarische Angriffe

– Unkenntnis seitens der Heiden

Wenn so oft von der erfolgreichen Ausbreitung des Christentums und vom schnellen Wachsen der Gemeinden gesprochen worden ist, darf das nicht den Blick dafür verstellen, daß bis weit ins 2. Jh. hinein das Christentum von den gebildeten Heiden so gut wie nicht zur Kenntnis genommen worden ist. Auch die Christenverfolgungen sind ein Beweis dafür, daß den staatlichen Behörden und den kaiserlichen Beratern die innere Dynamik des Christentums entgangen ist. Daher gibt es keine fundierten Stellungnahmen seitens heidnischer Schriftsteller, Historiker oder Philosophen über die Verfolgungen. Was Tacitus, Sueton, Epiktet, Marc Aurel oder der Arzt Galen[137] vermerken, geht über ein wenig Mitleid mit den Gefolterten und peinliche Betroffenheit über die zutage tretende Märtyrer-Sturheit kaum hinaus. Im allgemeinen gilt ihnen die christliche Sekte als abergläubischer Konventikel, dem allerlei seltsame Laster zuzutrauen sind. Die spärlich fließenden Quellen zeigen, daß sich auch Gebildete die wüsten Beschuldigungen der Menge gegen die Christen kritiklos zu eigen gemacht haben. So Kreszens, mit dem Justin einen Disput führte (apol. 2,8[3]), oder der Rhetor Fronto, der in einer Senatsrede oder in einer öffentlichen Vorlesung alles nachschwätzte, was der Pöbel den Christen nachsagte. Wenn anfangs des 3. Jhs. Minucius Felix, ein gebildeter christlicher Literat, im Dialog zwischen Octavius und Caecilius (9,6) einen Passus aus diesem Fronto zitiert und bei Heiden wie Christen als bekannt voraussetzt, zeigt sich, welche Wirkung solch leichtfertiges Gerede hatte, auch wenn es von den Argumenten her keine Bedrohung des christlichen Glaubens darstellte. Ein verantwortungsvoller Beamter wie Plinius scheint von ähnlichen Verdächtigungen gehört zu haben; er überzeugte sich aber selbst davon, daß die beargwöhnten christlichen Gastmähler harmlos waren (vgl. S. 101). Als abergläubisch-schwärmerisch galt die neue Religion aber auch ihm. Der gebildete Römer dürfte vom Christentum so viel gewußt haben, wie normal gebildete Leute heute von irgendwelchen religiösen Sekten wissen, d.h. fast gar nichts. Man hatte von einigen absonderlichen Bräuchen gehört, über die normales religiöses Empfinden nur den Kopf schütteln konnte.

– Lukian von Samosata

Etwas genauer geht Lukian von Samosata (um 120–180) auf die Christen ein, so daß deutlich wird, wie sich das Christentum in den Augen eines weitgereisten und kenntnisreichen, hochgebildeten, aber doch etwas oberflächlichen Schriftstellers des 2. Jhs. darstellte. Denn dieser Lukian war kein Christenhasser; er war überhaupt kein Hasser, eher ein Spötter. Ihm war nichts heilig, nicht einmal der homerische Götterhimmel, oder wenigstens tut er so. In der kleinen Schrift *De morte Peregrini* hat er das Leben des Peregrinus Proteus entlarvt, der sich 165 in Olympia selbst verbrannt hatte und dem von seinen Anhängern ein Kult eingerichtet worden war. In dem abenteuerlichen Leben dieses Peregrinus hatte es auch eine Phase gegeben, in der er Christ gewesen war und es in der Christengemeinde zu Ansehen und einträglichen Ämtern gebracht hatte. Er hatte die heiligen Schriften ausgelegt und selbst neue verfaßt. Sein Ansehen stieg ins Maßlose, als er vor Gericht gestellt und ins Gefängnis gebracht wurde – wegen Mordes an seinem Vater, wie Lukian vermerkt[138].

„Als er gefangen gesetzt worden war, faßten die Christen die Sache als ein gemeinsames Unglück auf, und bei ihren Versuchen, ihn loszubekommen, setzten sie alles in Bewegung. Da dies jedoch sich als unausführbar erwies, so ward wenigstens in jeder anderen Beziehung, nicht bloß gelegentlich, sondern ernstlich für ihn gesorgt. Gleich am frühen Morgen konnte man in der Umgebung des Gefängnisses alte Witwen und Waisenkinder warten sehen; die leitenden Männer unter ihnen bestachen die Gefängniswächter, um drinnen bei ihm schlafen zu können. Dann wurden Mahlzeiten von vielen Gerichten hereingeschafft, ihre heiligen Sprüche wurden vorgetragen, und der wackere Peregrinus – denn diesen Namen trug er damals noch – hieß bei ihnen ein neuer Sokrates" (12f).

Soweit diese Situationsschilderung, die nichts weiter will, als die Christen lächerlich zu machen, weil sie auf einen Scharlatan wie Peregrinus hereinfallen. Genaueres über den Inhalt der christlichen Lehre weiß Lukian nicht; Christus hält er für einen in Palästina gekreuzigten Mann, der eine neue Mysterienreligion eingeführt hat[139].

– Kelsos

Sehr viel genauer unterrichtet, aber auch voll feindseliger Verachtung gegenüber den Christen ist Kelsos (um 180); sie sind für ihn der widerwärtigste Aufstand gegen alles, was dem Griechentum heilig ist, gegen *logos* und *nomos,* ein armseliger Haufen von Würmern im Winkel eines Misthaufens, die darüber streiten, wer von ihnen der größte Sünder ist (Origenes, Contra Celsum 4,23). Auf der anderen Seite verraten sie ein missionarisches Selbstbewußtsein, das geradezu lächerlich anmutet. Wurzellos und ohne eine volksmäßig begründete Tradition zu besitzen, jagen sie dem Trugbild einer Weltreligion nach, die alle Völker von Europa und Asien unter einem Gesetz vereinigen soll (ebd. 5,25; 8,72). Völlig unannehmbar ist für Kelsos das Gottesbild der Christen, vor allem ihre Lehre von der Menschwerdung Gottes. Denn die unwandelbare Wesenheit Gottes kann doch nicht eine Wandlung zum Minderen durchmachen. Was die Christen von der wunderbaren Geburt des Gottessohnes aus einer Jungfrau an Fabeln erzählen, dient nur der Verdunkelung der Tatsache, daß eine von dem Soldaten Panthera mißbrauchte Ehebrecherin diesen Jesus geboren hat (ebd. 1,32; 69).

Doch jede Argumentation ist vergeblich, denn die Christen verstehen ihre eigenen Lehren nicht; die Torheit des Kreuzes ist ihr Ideal, eine Religion der Dummen und der Verdummung.

„Einige wollen nicht einmal Rechenschaft über das, was sie glauben, geben oder empfangen. Sie gebrauchen Formulierungen, wie: ‚Forsche nicht nach, sondern glaube!' und ‚dein Glaube wird dich retten!' ... ‚Die Weisheit in dem irdischen Leben ist ein Übel, die Torheit aber ist ein Gut'" (Contra Celsum 1,9)[140].

So wie Jesus, der sich vom Zimmermann zum Räuberhauptmann mauserte, der minderwertige Personen zu seinen engsten Gefolgsleuten wählte, Zöllner und Matrosen, so sind auch die Christen: Sklaven, niedere Handwerker, Kinder und Dienstboten. Mit unverschämter Dreistigkeit aber bemächtigen sich die christlichen Lehrer des Gedankengutes der großen griechischen Geister, um es verborgen und verfälscht in ihre Propaganda einzubeziehen. Die gesamte christliche Lebenshaltung ist widerspruchsvoll und sinnlos. Das Beste wäre schon, die Christen zögen aus ihrer lebensfeindlichen Haltung die letzte Folgerung und verließen diese Welt, möglichst ohne Nachkommenschaft zu hinterlassen. Sonst müßte der Staat eingreifen, um diese geheime Sekte, die allem griechischen Denken Hohn spricht, auszumerzen[141].

Das sind nur ein paar Kostproben aus der Polemik des Kelsos, der zu den schärfsten Kritikern des frühen Christentums gehört und gleich dem ungefähr einhundert Jahre später schreibenden Porphyrios – wie manche meinen – bis heute nicht widerlegt ist. Eine solche Widerlegung soll auch hier nicht versucht werden; ebensowenig soll geprüft werden, ob Origenes, der sich noch zwei Generationen später daran gemacht hat, in acht Büchern Contra Celsum den unbequemen Angreifer zu widerlegen, ihm in allem gerecht geworden ist. Die Christen damals werden durch die Ausfälle des Kelsos kaum verwirrt worden sein. Dafür waren seine bissigen Bemerkungen über Christus und die Apostel in ihren Augen doch zu sehr Karikatur. Und ihre eigene Geistesverfassung sowie das Leben in ihren Gemeinden kannten sie besser als ihr Kritiker. Sie gehörten zu einer aufstrebenden Bewegung; dagegen konnten die Verfolgungen des Staates, die Feindschaft der Juden, das Mißtrauen der heidnischen Bevölkerung und die spöttische Überlegenheit der Gebildeten nichts ausrichten. Die Gemeinden wuchsen, die Mission breitete sich aus. Das gab Selbstvertrauen und Mut. Die Schilderung des Kelsos ist jedoch insofern interessant, als sie die Stimmung gegen die Christen wiedergibt und damit ein Stück des Hintergrundes erhellt, auf dem die Verfolgungen verständlich werden.

2.2 Die frühchristlichen Apologeten

– Vernünftigkeit des Glaubens

Auf diesem Hintergrund wird aber auch das Bemühen der frühchristlichen Apologeten verständlich, die versuchen, gegen eine Weltöffentlichkeit anzutreten und Vorurteile auszuräumen. Das Volk, die Gebildeten, die staatlichen Behörden, letztlich die Kaiser mußten umgestimmt werden, wenn sich die Lage bessern sollte. Es begann mit der Verteidigungsschrift eines sonst unbekannten Quadratus an Kaiser Hadrian; dann folgen Bittschriften und Apologien an die Kaiser oder Statthalter in dichter Folge. Ob sie ihre Adressaten jemals erreicht haben, ist fraglich, ob sie die Gebildeten der Zeit zu überzeugen vermochten, ebenso. Sie waren z.T. literarisch ungelenk, philosophisch ungenügend und theologisch bedenklich. Trotzdem war der Versuch von unübersehbarer Bedeutung, ein Missionsfaktor ersten Ranges. Die christliche Verkündigung trat mit vollem Bewußtsein aus der Geborgenheit der innergemeindlichen Katechese heraus und sprach nach „draußen" in der Überzeugung, eine Lehre zu besitzen, die mit den besten Ergebnissen der heidnischen Philosophie konkurrieren und sie zu ihrem ersehnten Ziel führen könnte. Selbstverständlich ließ sich eine solche Aufgabe nicht im ersten Anlauf bewältigen. Aber die Versuche wurden unverdrossen fortgesetzt mit dem Erfolg, daß bereits wenige Generationen später, Anfang des 3. Jhs., ein Theologe wie Origenes gleichrangig neben dem Neuplatoniker Plotin als Vertreter der Bildung seines Zeitalters bei Heiden und Christen erschien und von Julia Mammaea an den kaiserlichen Hof eingeladen wurde (vgl. S. 106).

Auf diese Weise haben die Apologeten einen entscheidenden Schritt zur Gewinnung der hellenistischen Welt getan; sie haben versucht, den Geist griechischer Wissenschaft für die Verkündigung der Kirche fruchtbar zu machen. Die Kirche ist damals den umgekehrten Weg wie das Judentum gegangen, das sich zunehmend abkapselte. Die Kirche hat sich der weltlichen Kultur und dem menschlichen Wissen geöffnet. Sie entwickelte sich zum genauen Gegenteil von dem, was Kelsos ihr vorgeworfen hatte. Sie wurde kein Verein, der sich auf Torheit und Aberglaube zurückzog und alle menschliche Bildung ablehnte. Sie nahm die Herausforderung des griechischen Geistes an und bestand darauf, daß ihr Glaube nicht unvernünftig sei, vielmehr rational verantwortet werden könne – ein Schritt von unübersehbarer Tragweite. Die Entscheidung für die Rationabilität des Glaubens, die Überzeugung, daß die Vernunft nicht ausgeschaltet werden muß, wenn der Mensch der Botschaft Christi glaubt, besitzt einen ähnlichen Rang wie die Entscheidung für die gesetzesfreie Heidenmission. In Gestalt dieser unvollkommenen Apologien, unter der Bedrohung des Staates, trotz des Gespöttes oder der Ignorierung durch die zeitgenössische Philosophie vollzog sich eine Entwicklung, die die Kirche bis zur Stunde geprägt hat und grundsätzlich nie wieder zurückgenommen worden ist. Bis heute ist in der Kirche der geoffenbarte und bekenntnishaft verkündete Glaube mit der theologischen Reflexion verbunden, d.h. mit dem Bemühen, ihn vor allen Ergebnissen menschlich-weltlichen Wissens zu verantworten.

Gewiß hat es immer wieder Strömungen und Gruppen gegeben, die die wissenschaftliche Auseinandersetzung fliehen und sich auf den inneren Bereich des Glaubens zurückziehen wollten; eine fundamentalistische Gefahr, die immer droht. Genauso hat es nie an Versuchen gefehlt, dem christlichen Glauben die Vernünftigkeit abzusprechen und ihn als irrationalen Autoritätsglauben zu verdächtigen. Zuzugeben ist auch, daß die Effektivität der Verkündigung nicht von ihrem wissenschaftlichen Unterbau abhängig ist und in der Regel mehr von der persönlichen Überzeugungskraft des Verkündigers als von seinen vernunftgemäßen Argumenten lebt. Ein einfacher Sektenprediger kann unter Umständen mehr Glauben wecken als ein akademisch gebildeter Theologe. Frühchristliche Theologen wie Tertullian und Origenes haben vor den Schlingen der Philosophie gewarnt und die *simplicitas fidei* gegen die *argumenta philosophorum* verteidigt[142], denn „was hat Jerusalem mit Athen zu schaffen?" (Tertullian, praescr. haer. 7). Tatsächlich läßt sich nicht leugnen, daß die Einbeziehung menschlichen Wissens in die theologische Reflexion die Gefahr der Verfremdung des Glaubens in sich bergen kann. Was die Periode der frühchristlichen Apologeten angeht, so sind nicht wenige geneigt, mit ihr den Abfall des Christentums von den Ursprüngen und die sogenannte Hellenisierung des Glaubens beginnen zu lassen. Nicht ganz zu Unrecht, denn eine gewisse Verkürzung des Glaubensgutes läßt sich bei den Apologeten nicht abstreiten, auch wenn man den Gelegenheitscharakter ihrer Schriften in Rechnung stellt. Doch alle diese Einschränkungen und Bedenken zugegeben: der mit den Apologeten beginnende Prozeß einer vernunftgemäßen Begründung des Glaubens, ihr Ja zum griechischen Geist und damit zur Werthaftigkeit menschlichen Wissens, ist von der Kirche zu Recht akzeptiert worden. Was selbstverständlich nicht einschließt, daß alle Ergebnisse dieser frühen Synthese zwischen Glaube und Philosophie akzeptiert werden müßten. Maßgebend ist nur der Glaube selbst, nicht seine theologische Interpretation.

– Justin

Kelsos hatte das Christentum charakterisiert als Aufstand gegen den Logos und die Ablehnung aller Bildung *(paideia),* kurz als Depravation des griechischen Geistes. Doch konnte Kelsos sein vernichtendes Urteil selbst glauben? In dem bereits erwähnten Fragm. 1,9 (vgl. S. 116) kritisiert er „einige", die nicht einmal Rechenschaft geben wollen über das, was sie glauben. Heißt das, es gab neben diesen „einigen" andere, die durchaus zu einer rationalen Begründung ihres Glaubens bereit waren? Und wer ärgerte Kelsos am meisten? Die Unbedarften, oder die anderen, die sich unbefangen des griechischen *logos* zu bemächtigen suchten? Kelsos gibt zu:

„Die Einsichtigeren sowohl unter den Juden als auch den Christen schämen sich über diese [biblischen Geschichten] und versuchen sie irgendwie allegorisch zu deuten. Doch sie sind nicht so, daß sie irgendeine Allegorie zulassen, sondern enthalten die wüstesten mythischen Fabeln" (Origenes, Contra Celsum 4,48).

An anderen Stellen wendet er sich mit bitteren Worten gegen solche, die sich auf Platon berufen und ihn – wie er meint – mißbrauchen (ebd. 6,19). Er kennt also eine gebildete christliche Minderheit, die sich bei der Interpretation des Alten Testaments der Allegorese bedient und philosophisch mit Platon argumentiert. Genau das aber tun Christen, die wie Justin das Pallium des Philosophen tragen und sich mit einer vernünftigen Darstellung des Glaubens werbend um das Griechentum bemühen.

Kelsos nennt keine Namen, denn gebildete Christen passen ganz und gar nicht in sein Modell von einem intellektuell und moralisch verkommenen Christentum. Trotzdem spricht manches dafür, daß er Justinsche Schriften vorliegen gehabt hat und sein aus Origenes' Widerlegung rekonstruierbarer *Alethēs logos* als eine Auseinandersetzung mit Justin verstanden werden kann[143]. So wird z.B. der geschichtsphilosophische Aufbau bei Kelsos einsichtig, der bei einem griechischen Metaphysiker, für den das Sein der Ideen wichtiger ist als das Werden der Geschichte, überrascht. Eine geschichtsphilosophische Begründung der Erlösung war aber das Gegebene für einen christlichen Apologeten. Heil, christlich verstanden, ist ja keine ewige Idee, sondern etwas, das sich in der Geschichte ereignet. Wenn Kelsos die aufstrebenden Bildungschristen treffen wollte, mußte er die geschichtliche Wirksamkeit des griechischen *nomos* und *logos* von der verqueren christlichen Usurpation abheben. Wenn es aber stimmt, daß Kelsos als Antwort auf Justin verstanden werden kann[144], erhellt daraus die außerordentliche Bedeutung dieses christlichen Philosophen.

Hatten frühchristliche Theologen schon vor ihm mit Hilfe des Schemas von Weissagung und Erfüllung die Kirche als legitime Erbin Israels ausgewiesen, so ging Justin einen Schritt weiter. Er reklamierte nicht nur das Judentum und seine Heilsgeschichte, sondern nunmehr auch das Griechentum und seine Geistesgeschichte für die christliche Botschaft, in der sich beide erfüllen[145]. Den prägnantesten Ausdruck hat diese Auffassung gefunden in dem berühmt gewordenen Wort vom *logos spermatikos*, vom keimhaft vorhandenen Logos, d.h. von der ahnungsweisen Präsenz der göttlichen Wahrheit überall dort, wo im Juden- oder Heidentum, in den archaischen Religionen, bei Dichtern und Philosophen ein Schimmer ein und derselben göttlichen Wahrheit erahnt wurde, die mit der Offenbarung durch Jesus ins volle Licht getreten ist[146].

Der Anspruch, den Justin damit auszusprechen wagt, ist ganz erstaunlich. Er, der Vertreter einer kleinen, verfolgten und verachteten Gruppe, vereinnahmt alle jemals gedachte, ausgesprochene oder niedergeschriebene menschliche Erkenntnis als keimhafte Vorausahnung der Wahrheit, die er verkündet. So etwas zu behaupten verrät entweder die naive Borniertheit eines wirklichkeitsfernen Fanatikers oder aber es ist Ausdruck eines im

Glauben begründeten unerschütterlichen Selbstbewußtseins. Justin wagte die Öffnung zu den Heiden; er respektierte die Werthaftigkeit der Wahrheitskörner bei seinen Hörern und Gegnern, um sie für die volle Wahrheit zu gewinnen, an der Sokrates und andere heidnische Wahrheitssucher als „anonyme Christen" schon Anteil besaßen[147]. Er fühlte sich als Glied einer vorwärtsdrängenden religiösen Bewegung, deren Überzeugungskraft inmitten eines weit verbreiteten Skeptizismus ansteckend wirkte.

Justin nimmt unter den frühchristlichen Apologeten eine hervorragende Stellung ein. Tatian, Athenagoras oder Theophilus von Antiochien haben von ihm gelernt, Ariston, Miltiades, Aristides und der schon erwähnte Quadratus (vgl. S. 117), die ihm vorausgehen, sind nichts als erste, unzulängliche Versuche[148]. Auch Justins „Philosophie" ist in sich betrachtet noch ein *mixtum compositum* aus stoischer Ethik, platonischer Ideenlehre mit dem Ziel der Gottesschau und mittelplatonischer Logos- und Dämonenlehre in geschichtsphilosophischer Rahmung. Wie Erlösung durch Gnade, die Heilsbedeutung von Tod und Auferstehung Jesu oder das urchristliche Bekenntnis der Trinität in diese Philosophie hineinpassen, vermag Justin noch nicht in ein theologisches Gesamtkonzept einzubinden. Trotzdem fehlt nichts vom tradierten Glaubensgut. Justin hat das Kreuz, welches nach Paulus alle Philosophie zur Torheit macht, nicht schamvoll verschwiegen. Er wurde kein christlicher Philosoph, weil er sich genierte, ein Jünger Christi zu sein. Justin hat nicht versucht, aktuell zu sein durch Weglassen dessen, was dem aufgeklärten Zeitgenossen befremdlich-peinlich erscheinen mochte. In Rom hatte er unweit der Milvischen Brücke ein Lokal gemietet, in dem er Schüler unterrichtete – unentgeltlich, wie es sich für einen echten Philosophen ziemte. Er stand bei aller Selbständigkeit dennoch nicht außerhalb der Gemeinde. Ihm ist – um nur ein Beispiel zu nennen – die erste ausführliche Beschreibung eines Sonntagsgottesdienstes oder einer Eucharistiefeier im Anschluß an die Taufe zu verdanken (vgl. S. 216f). Die beiden Seiten seiner christlichen Existenz standen für Justin nicht in Spannung nebeneinander. Er lebte aus der Überzeugung, daß es möglich sein muß, die Werthaftigkeit des Christentums allen Menschen, die Wahrheit und Gerechtigkeit suchen, vernunftgemäß darzulegen. Er sprach nicht aus bloßer Freude am Diskutieren, sondern um seine Hörer zu einer Entscheidung zu führen. Die Wahrheit steht nicht in kühler Neutralität über den Parteien, sondern ist in Christus konkret geworden und verwirklicht sich in der Gemeinschaft, der Kirche. Darum ist Justin für sie eingetreten gegen Vorurteile und Verleumdungen, öffentlich, unerschrocken, wie es einem Philosophen zukommt, wenn es sein muß mit dem Einsatz des eigenen Lebens[149]. Unter dem Stadtpräfekten Rusticus wurde er um 165 zusammen mit sechs weiteren Christen ergriffen und hingerichtet (Mart. s. Iustini et sociorum). Seit Tertullian, contra Val. 5,11, trägt er den Ehrentitel „Philosoph und Märtyrer".

– Wirkungen und Gefahren

Die Apologeten wollten Kaiser und Öffentlichkeit davon überzeugen, daß die Christen ungefährliche Menschen seien, loyale Staatsbürger und pünktliche Steuerzahler. Darum bekämpften sie den Polytheismus mit den Waffen, die schon die philosophische Kritik geschärft hatte, darum versuchten sie den eigenen Glauben in einer Weise zu erläutern, die dem gebildeten Heiden verständlich war. In der Schrift eines unbekannten Apologeten an den heidnischen Intellektuellen Diognet heißt es:

> Die Christen sind „weder durch Heimat noch durch Sprache und Sitten von den übrigen Menschen verschieden. Sie bewohnen nirgendwo eigene Städte, bedienen sich keiner abweichenden Sprache und führen auch kein absonderliches Leben. ... Sie bewohnen Städte von Griechen und Barbaren, wie es einem jedem das Schicksal beschieden hat, und fügen sich der Landessitte in Kleidung und Nahrung und in der sonstigen Lebensart, legen aber dabei einen wunderbaren und anerkanntermaßen überraschenden Wandel in ihrem bürgerlichen Leben an den Tag. ... Um es kurz zu sagen, was im Leibe die Seele ist, das sind in der Welt die Christen" (Brief an Diognet 5,1/4; 6,1).

Nicht nur hier, von allen Apologeten wird wirklich verteidigt und geworben. Daran sei abschließend erinnert, weil in diesem Überblick weniger von ihrer eigentlichen apologetischen Absicht und dem Nahziel ihrer Bemühungen gesprochen worden ist, sondern mehr von der Langzeitwirkung, die sie gehabt haben. Der apologetische Effekt ihrer Schriften ist weithin wirkungslos geblieben. Wahrscheinlich haben sie kein einziges Martyrium verhindert; ihr Einfluß auf die Gebildeten dürfte gering gewesen sein; auch zur innertheologischen Klärung des Glaubens vermochten sie nur wenig beizutragen. Dennoch markiert das apologetische Schrifttum an sich und unabhängig von seiner Qualität eine wichtige Stufe in der Entwicklung der kirchlichen Verkündigung. Sie wandte sich nach draußen an die Welt, sie rechtfertigte sich vor den weltlichen Machthabern und verantwortete sich vor der antiken Philosophie. Natürlich gab es auch im übrigen frühchristlichen Schrifttum, in den späten neutestamentlichen Schriften und bei den Apostolischen Vätern Auseinandersetzung und Verteidigung. Ihr Blick ist jedoch mehr nach innen gewandt; es geht ihnen um die Klärung und Vertiefung des eigenen Glaubens, um seine Bewahrung vor Verzerrungen durch die von außen anstürmenden intellektuellen und moralischen Versuchungen. Das apologetische Schrifttum dagegen richtet sich an die Außenstehenden. Der eigene Glaube ist ihm unbezweifelt vorgegeben; er soll nicht vor dem eigenen Gewissen, vor dem eigenen Nachdenken, sondern vor der Welt gerechtfertigt werden; es trägt – wenigstens seiner Intention nach – einen eminent missionarischen Charakter. Die Apologeten suchten die Anerkennung des Staates und der Philosophie und waren dafür bereit, eine Verbindung mit der Kultur und ihrer Umwelt einzugehen. In der Spannung zwischen dem einmaligen Ereignis des historischen Jesus und seiner Verkündigung in vielen Sprachen unter den Völkern wählten sie nicht die radikale Lösung der christlichen Asketen, die wahre Jüngerschaft durch den Ausstieg aus der Gesellschaft zu verwirklichen suchten, sondern die gleichsam „vernünftige", die, ohne falsche Kompromisse einzugehen, die Welt durchdringen wollte. So wenig wie die Kirche sich in die Wüste oder in abgelegene Gebiete zurückgezogen hatte, so wenig sollte sie sich in eine geistige Isolation begeben[150].

Das war ein notwendiger Schritt, der allerdings auch Gefahren einschloß, die schon bald sichtbar wurden. Die Welt, die für die Kirche gewonnen werden konnte, drang selbst in die Kirche ein; die Philosophie, vor der der Glaube gerechtfertigt wurde, versuchte ihrerseits, sich des Glaubens zu bemächtigen und ihn ihren Gedanken anzupassen. Entsprechend dem Maß ihres Erfolges führte die frühchristliche Mission zu innerkirchlichen Spannungen, bei denen die Kirche versuchen mußte, die Mitte zu halten zwischen den Extremen einer Auflösung durch Verweltlichung und fundamentalistischer Isolierung. Unvermeidlich trat neben die äußere Bedrohung durch Welt und Staat die innere Gefährdung durch die Häresien.

VI. Innere Gefährdungen

Literatur

TH. BAUMEISTER, Montanismus und Gnostizismus. Die Frage der Identität und Akkomodation des Christentums im 2. Jh.: TThZ 87 (1978) 44/60.
N. BROX, „Schweig, und ergreife, was göttlich ist". Der mystagogische Weg der spätantiken Gnosis: Gottes Weisheit im Mysterium. Vergessene Wege christlicher Spiritualität. Hrsg. v. A. SCHILSON (Mainz 1989) 102/16.
C. COLPE, Gnosis II (Gnostizismus): RAC 11 (1981) 537/659.
E. DASSMANN, Der Stachel im Fleisch. Paulus in der frühchristlichen Literatur bis Irenäus (Münster 1979).
Die Gnosis, 3 Bde. Hrsg. v. C. ANDRESEN u.a. = BAW.AC (Zürich/München 1969/80).
U. LUZ, Erwägungen zur Entstehung des „Frühkatholizismus": ZNW 65 (1974) 88/111.
K. RUDOLPH, Die Gnosis. Wesen und Geschichte einer spätantiken Religion (Göttingen ^{2}1980).
W. SCHEPELERN, Der Montanismus und die phrygischen Kulte. Eine religionsgeschichtliche Untersuchung (Tübingen 1929).
H. SCHLIER, Das Denken der frühchristlichen Gnosis: Neutestamentliche Studien für R. Bultmann (Berlin 1954) 67/82.
G. SCHÖLLGEN, „Tempus in collecto est". Tertullian, der frühe Montanismus und die Naherwartung ihrer Zeit: JbAC 27/28 (1984/85) 74/96.
C. SCHOLTEN, Probleme der Gnosisforschung: alte Fragen – neue Zugänge: IKaZ 26 (1997) 481/501.
A. STROBEL, Das heilige Land der Montanisten = RVV 37 (Berlin/New York 1980).

1. Parusieverzögerung und montanistische Bewegung

Als auslösende Faktoren für die dogmatische Fixierung des urchristlichen Kerygmas sind häufig die missionarische Ausbreitung der Kirche und die Gefahr heraufziehender Häresien genannt worden. Um die Einheit des Glaubens zu bewahren, habe die geistgewirkte Verkündigung an die festgelegte Form von Glaubenssätzen gebunden werden müssen. Da eine solche Erklärung von äußeren Momenten ausgeht, die selber schon eine Deutung der Geschichte enthalten, ist daneben versucht worden, die Entwicklung aus einem dem Christusereignis selbst immanenten Grund zu begreifen. Einer dieser Erklärungsversuche lautet: Weg und Ergebnis der nachapostolischen Geschichte, Entstehung und Inhalt des frühchristlichen Dogmas sind das Ergebnis einer Enteschatologisierung der urchristlichen Verkündigung als Folge der Parusieverzögerung. Weil die Wiederkunft des Herrn ausblieb, wurde aus der anrufenden Botschaft Jesu kirchliche Lehre über Glaube und Sitte[151].

1.1 Naherwartung und Endzeitberechnungen

Tatsächlich stellte die ausbleibende Parusie die Missionspredigt vor bedrängende Fragen. Sie brachen schon in den paulinischen Gemeinden auf.

Was mit denen geschieht, die vor der Wiederkunft des Herrn sterben, wollten die Christen in Thessalonich wissen. Paulus antwortete und versicherte:

„Wir, die Lebenden, die noch übrig sind, wenn der Herr kommt, werden den Verstorbenen nichts vorausbaben. Denn der Herr selbst wird vom Himmel herabkommen, wenn der Befehl ergeht, der Erzengel ruft und die Posaune Gottes erschallt. Zuerst werden die in Christus Verstorbenen auferstehen; dann werden wir, die Lebenden, die noch übrig sind, zugleich mit ihnen auf den Wolken in die Luft entrückt, dem Herrn entgegen. Dann werden wir immer beim Herrn sein. Tröstet also einander mit diesen Worten!" (1 Thess 4,15/8).

Im folgenden (ebd. 5,1f) weigert sich Paulus, einen Termin für die Wiederkunft anzugeben. Er mahnt zur Wachsamkeit mit dem auch von den Synoptikern bekannten Bild vom Dieb in der Nacht (Mt 24,43; Lk 12,39). Trotzdem ist schon bald versucht worden, den Tag und die Stunde zu berechnen. Eine besondere Meinung vertraten die Chiliasten[152], d.h. Christen, die gestützt auf die Johannesapokalypse ein 1000jähriges Friedensreich vor dem eigentlichen Weltende erwarteten. Offb 20,2f heißt es:

„Christus überwältigte den Drachen, die alte Schlange – das ist der Teufel oder der Satan –, und er fesselte ihn für tausend Jahre. Er warf ihn in den Abgrund, verschloß diesen und drückte ein Siegel darauf, damit der Drache die Völker nicht mehr verführen konnte, bis die tausend Jahre vollendet sind. Danach muß er für kurze Zeit freigelassen werden."

Die Exegese der Stelle bietet im einzelnen viele Schwierigkeiten; unklar ist vor allem, ob die 1000 Jahre auf einen tatsächlichen Zeitraum oder metaphorisch ausgelegt werden müssen. Unabhängig von der Auslegung steht fest, daß es sich bei den frühchristlichen Chiliasten/Millenaristen um keine Sektierer gehandelt hat; Theologen, die den Chiliasmus vertreten haben, finden sich quer durch alle Richtungen: Papias von Hierapolis (Anfang 2. Jh.), Justin, Meliton, Irenäus und Tertullian rechnen dazu, Hippolyt und Cyprian schwanken, Origenes bestreitet ihn entschieden[153]. Noch im 3. und 4. Jh. gab es Autoren, die chiliastische Neigungen verraten, und kirchlicherseits ist die Lehre von einem 1000jährigen Friedensreich nie verworfen worden.

Die Unsicherheit bezüglich des Weltendes wird allerdings auch durch den Chiliasmus nicht ausgeräumt. Die Frage, wann die Fesselung des Satans zu erwarten ist, wird ja nicht beantwortet. So bleiben Berechnungen des Weltendes weiterhin akut. Ein erster Hinweis findet sich im Barnabasbrief 15,3/5 (vor 140):

„Vom Sabbat heißt es am Anfang bei der Schöpfung: Und Gott schuf in sechs Tagen die Werke seiner Hände; und er vollendete sie am siebten Tag und ruhte an ihm und heiligte ihn (Gen 2,2). Paßt auf, Kinder, was die Worte bedeuten: Er vollendete sie in sechs Tagen. Das bedeutet, daß der Herr das All in 6000 Jahren vollenden wird. Denn der Tag bezeichnet bei ihm tausend Jahre. Er selbst aber bezeugt es mir mit den Worten: Siehe, ein Tag des Herrn wird wie tausend Jahre sein (Ps 89,4). Also, Kinder, wird das All in sechs Tagen gleich sechstausend Jahren vollendet werden. Und er ruhte am siebten Tag, das bedeutet: Wenn sein Sohn gekommen ist und die Zeit des Gesetzlosen beendet, die Gottlosen richtet und die Sonne, den Mond und die Sterne verwandelt, dann wird er recht ruhen am siebten Tag" (15,3/4)[154].

Nach diesem Text dauert die Weltzeit 6000 Jahre; das entspricht der Länge der Schöpfungstage. Die Gleichung ergibt sich aus der Verbindung von Gen 1 und Ps 89,4. Man konnte sie der jüdischen Apokalyptik entnehmen, in der seit den Weltzeitalterlehren des Buches Daniel solche Spekulationen gepflegt wurden. Betrachtete man nun die Geschlechterfolgen des Alten Testaments, wie sie auch die Evangelien in den Stammbäumen Jesu darboten (Mt 1,1/17; Lk 3,23/38), mochte es gelingen, das Ende der 6000 Jahre zu berechnen. Es hätte nahegelegen, Tod und Auferstehung Jesu, das eschatologische Ereignis schlechthin, mit dem Jahr 6000 gleichzusetzen. Weil die Eschata Jesu jedoch nicht eintraten und die Parusie sich verzögerte, mußte man den Tod Jesu bzw. seine Geburt, die auch als Fixpunkt herangezogen worden ist, zurückdatieren, damit noch eine Frist bis zur Parusie übrig blieb. Das machte keine Schwierigkeiten, wenn man die biblischen Zeitangaben anders ordnete. So hat z.B. Hippolyt die Geburt des Herrn auf das Jahr 5500 berechnet.

„Aber es spricht jemand: Wie willst du mich überzeugen, daß im fünftausend und fünfhundertsten Jahre Christus geboren wurde? Lerne leicht, o Mensch! Denn wie vorlängst durch Moses in der Wüste in Betreff der Hütte ein Gleichnis ward und Bilder waren der geistlichen Geheimnisse, damit, wenn kommt hernach die Wahrheit in Christus, du dieses sich erfüllt habend erkennst. Denn er spricht zu ihm: ‚Mache den Kasten [die Bundeslade] aus nicht faulendem Holz und vergolde ihn mit lauterem Gold von innen und außen, und mache seine Länge zwei Ellen und eine halbe, und seine Breite eine Elle und eine halbe und seine Höhe ebenfalls eine Elle und eine halbe'. Dies aber zusammengerechnet wird fünf Ellen und eine halbe, damit gezeigt werden fünftausend und fünfhundert Jahre, in welchen der Erlöser gekommen, der von der Jungfrau, wie von der Lade, seinen Leib in die Welt herausführte, vergoldet von innen durch das Wort, aber von außen durch den Heiligen Geist. ... Daß aber zur fünften und halben Zeit [d.h. im Jahre 5500] der Erlöser kam in die Welt, habend die unverwesliche Lade, seinen Leib – denn so spricht Johannes: ‚Es war aber die sechste Stunde', damit er die Hälfte des Tages zeige, ein Tag aber des Herrn sind ‚tausend Jahre'; von diesen die Hälfte ist fünfhundert"[155].

In einer grandios-kuriosen Verbindung von Ex 25,10f und Joh 19,14 gelangte Hippolyt zu seiner Lösung. Er selbst war gewiß kein penetranter Chiliast und nicht begierig auf das Ende. Er lebte um 200 ; wenn Christus im Jahre 5500 geboren worden ist, müssen noch 500 Jahre bis zum Weltende im Jahr 6000 vergehen. Also bleiben ihm noch 300 Jahre. Darüber brauchte er sich keine Sorgen zu machen, und er war seine Frager los. Seine Berechnungen zeigen immerhin, was die Gemeinde bewegte. Weltuntergangsprophezeiungen fielen damals angesichts schwerer Kriegsnöte und grassierender Seuchen unter Kaiser Marc Aurel (vgl. S. 105) auf fruchtbaren Boden. Als warnendes Beispiel hat Hippolyt von einem Bischof in Pontus berichtet, der von Traumgesichten heimgesucht worden war und seiner Gemeinde geweissagt hatte, binnen Jahresfrist werde das Weltgericht hereinbrechen. Woraufhin die Leute ihr Hab und Gut verschleuderten, ihre Äcker nicht mehr bestellten und in Furcht und Zittern unter ständigen Gebeten den Jüngsten Tag erwarteten. Ein anderer Bischof war in Syrien mit seiner ganzen Gemeinde, einschließlich der Kinder, in die Wüste gezogen, dem wiederkommenden Christus entgegen. Der Bischof war nicht nur ein schlechter Prophet, sondern auch kein guter Pfadfinder. Die umherirrenden Leute wurden von einer Polizeistreife aufgegriffen und wären beinahe als Räuber hingerichtet worden (Danielkommentar 4,18f). Man kann verstehen, daß Hippolyt bei solchen Vorkommnissen mit seiner 300-Jahre-Frist für Beruhigung sorgen wollte.

Die Versuche, das Weltende zu berechnen und mit dem Jüngsten Tag zu drohen, haben bis auf den heutigen Tag nicht aufgehört – wenn auch mehr am Rand der Kirche und in christlichen Sondergruppen. Die Kirche selbst ist allen Wiederkunftsspekulationen gegenüber skeptisch geblieben mit dem Ergebnis, daß die Erwartung der Parusie Christi weithin ein theoretischer Glaubenssatz geworden ist, der das christliche Bewußtsein nur wenig prägt. Wirkliche Zukunftsutopien artikulieren sich heute woanders, außer in verschiedenen Sekten in gesellschaftskritischen und ideologischen Gruppen unterschiedlicher Couleur. Erst seit dem 2. Vatikanischen Konzil bemühen sich Theologie und Liturgie verstärkt darum, verlorenes Terrain wieder gutzumachen[156].

1.2 Montanismus

Eine ethische Verschärfung erfuhr die Parusieerwartung in der montanistischen Bewegung, ohne daß mit dem Montanismus exakte Angaben über das nahe bevorstehende Weltende verbunden gewesen zu sein scheinen. Wohl wird man den montanistischen Rigorismus als Indiz für das Erlahmen der Wiederkunftshoffnung und damit verbundene Ermüdungserscheinungen in den christlichen Gemeinden betrachten dürfen[157].

– Entstehung und Ziele

Die Bewegung nahm ihren Ausgang von Phrygien im Inneren Kleinasiens. Von ihren Gegnern wurde sie deswegen als „phrygische", von ihren Anhängern als „neue Prophetie" bezeichnet; erst später erhielt sie den Namen ihres Hauptpropheten Montanus. Er stammte aus Ardabau unweit des Idagebirges, einer Gegend, die seit jeher Zentrum ekstatischer Religiosität gewesen war. Hier wurden die große Mutter Kybele und die Wildheit des Attis verehrt (vgl. S. 81); Montanus soll vor seiner Konversion selbst Kybelepriester gewesen sein.

Ins allgemeine Bewußtsein trat die Bewegung um 175. Vor allem zwei Frauen, Priscilla und Maximilla, machten von sich reden, die wie Montanus in Verzückung gerieten und in Ekstase redeten. Ein von Bischof Epiphanius im 4. Jh. überliefertes montanistisches Orakel beschreibt das so:

„Siehe der Mensch ist wie eine Leier und ich [der Geist] schlage sie wie das Plektron. Der Mensch schläft und ich wache. Siehe, der Herr ist's, der den Menschen ihre Herzen nimmt und ihnen ein anderes gibt" (haer. 48,4,1).

Noch andere, kleinere Geister wurden mit der Zeit von ekstatischer Erregung ergriffen; doch vornehmlich waren es diese drei, welche die prophetische Gabe besaßen, die auch nicht weitervererbt werden, sondern die mit ihnen wieder erlöschen sollte. „Nach mir", sagt Maximilla, „wird kein Prophet mehr kommen, sondern die Endvollendung" (Epiphanius, haer. 48,2,4). D.h., die Prophetin wollte nicht nachgeahmt, sondern als abschließende Gottesoffenbarung anerkannt werden. Es sollte keine „Zeit der Kirche" mehr geben, nachdem jetzt in den drei Propheten das vom Johannes-Evangelium angesagte dritte Zeitalter des Parakleten angebrochen war. Die phrygischen Propheten erwarteten das neue Jerusalem aus Offb 21,2, das vom Himmel herniedersteigen und sich im phrygischen Pepuza (oder im benachbarten Tymion) niederlassen sollte. In Pepuza hat die Zentralleitung der Montanistenkirche ihren Sitz genommen und etliche Zeit ausgeharrt[158].

Aus ihrer Parusieerwartung zogen die Montanisten einige präzise ethische Forderungen. Zunächst scheinen sie den Eheverzicht propagiert zu haben; von Priscilla und Maximilla jedenfalls behauptet der antimontanistische Schriftsteller Apollonius, sie hätten ihre Männer verlassen, nachdem sie vom Geist erfüllt worden seien (Eusebius, Kirchengeschichte 5,18,3). Sie konnten sich dabei auf Paulus berufen, der ähnlich gelehrt und seine Bevorzugung sexueller Enthaltsamkeit eschatologisch begründet hatte. Die Kürze der Zeit lohnt nicht mehr das Verlangen nach ehelicher Vereinigung und den Wunsch nach Kindern, „denn die Gestalt dieser Welt vergeht" (1Kor 7,31). Später wandelte sich das montanistische Gebot des Eheverzichts zum strikten Verbot der zweiten Ehe, die in der gesamten Spätantike in keinem hohen Ansehen stand[159].

Verschärft wurde auch das Stationsfasten, das als „Wachfasten" seit jeher in der Kirche üblich und eng mit eschatologischen Motiven verknüpft war (vgl. S. 221). Es hatte zunächst keinen leibabtötenden Sinn, sondern sollte gemäß dem Jesuswort: „Wachet und betet", die Erwartung der Wiederkunft Christi stärken. Nicht zuletzt wegen der Montanisten verlor das Stationsfasten in der Kirche an Bedeutung; als Mittel zur Abtötung der Begierden und des Leibes wurde es in der Folgezeit asketisch neu motiviert.

Gefährlich wurde die montanistische Bewegung den Gemeinden durch eine ungezügelte Sucht nach dem Martyrium, die geeignet war, die Behörden zu reizen; Flucht in der Verfolgung galt den Montanisten als feige und wurde verboten. Manche Bischöfe hatten Mühe, aufgeregte Gemüter in ihren eigenen Gemeinden zu beruhigen, um Schlimmeres zu vermeiden.

Lassen sich neben dem Verbot der zweiten Ehe, Fastenverschärfung und Martyriumsdrang in der montanistischen Bewegung noch andere Triebkräfte erkennen, die möglicherweise als Reaktion auf die missionarische Ausbreitung der Kirche zu verstehen sind? Häufig wurde versucht, den

Montanismus als Widerstand der urchristlichen Geistträger gegen das entstehende Amt in der Kirche zu verstehen. Daß montanistische Übertreibungen dazu beigetragen haben können, Propheten und andere Charismatiker, mit denen die Gemeinden schon länger ihre Mühe hatten (vgl. S. 31), weiter in Mißkredit zu bringen, ist nicht auszuschließen. Auch die Tatsache, daß nur eine Apokalypse – und die erst nach langem Zögern – in den neutestamentlichen Kanon aufgenommen worden ist, mag mit der kirchlichen Skepsis gegenüber Geistoffenbarungen zusammenhängen, wie sie im Montanismus explosionsartig aufgetreten waren. Aber als einen Aufstand gegen das Amt kann man den Montanismus nicht bezeichnen, denn im weiteren Verlauf war die montanistische Bewegung selbst amtlichen Regelungen durchaus nicht abgeneigt. Schon Montanus verriet Neigung und Talent zum Organisieren. Die montanistischen Gemeinden wurden zu besonderen Spenden aufgerufen und eigene Verwalter zur Betreuung der Gelder eingesetzt; die montanistischen Prediger erhielten Geld aus einer gemeinsamen Kasse, damit sie nicht auf die Mildtätigkeit der besuchten Gemeinden angewiesen waren. Wie in den großkirchlichen Gemeinden wurden Bischöfe, Presbyter und Diakone eingesetzt; Aufsehen erregte dabei die Zulassung von Frauen zu diesen Ämtern. In der amtlichen Organisation ihrer Gemeinden haben die Montanisten offensichtlich keinen Abfall vom urchristlichen Ideal gesehen[160].

– Kirchliche Abwehr

Abgesehen von dem allgemein als ungehörig empfundenen öffentlichen Auftreten von Frauen hatte die Kirche Mühe, der montanistischen Propaganda zu begegnen. Vielen Bischöfen wird durchaus klar gewesen sein, welche Gefahr die unkontrollierbare montanistische Prophetie in sich barg; sie konnten unmöglich dulden, daß neben dem sich eben erst formierenden Kanon neutestamentlicher Schriften die *oracula* neuer Offenbarungen durch die montanistischen Propheten traten. Darüber hinaus jedoch boten die Montanisten kaum Angriffspunkte. Manche Bischöfe und Gemeinden waren von ihnen beeindruckt. Die Erneuerung des urchristlichen Eifers wurde von vielen als eine notwendige Aufgabe begrüßt. Hatte das Johannes-Evangelium nicht wirklich von einem Parakleten gesprochen, der die Gläubigen in alle Wahrheit einführen würde? Prophetische Frauen erregten zwar Anstoß, aber der prophetische Geist galt doch noch so viel, daß er akzeptiert wurde, wenn er sich unzweifelhaft als wirksam erwies. Die montanistische Lehre trat nirgendwo in Widerspruch zur kirchlichen Glaubensregel, und auch die ethischen Verschärfungen überstiegen nicht die Grenze, die sie dogmatisch falsch gemacht hätte. Nur wenn die Montanisten von ihren Ehe- und Fastengeboten das Heil des Menschen abhängig machten, lag darin eine Vergesetzlichung des Evangeliums, bei der man hätte einhaken können. Doch dieser gleichsam „dogmatische" Angriffspunkt wurde nicht gesehen, denn in etwa ging die Kirche denselben Weg verstärkter Sittenzucht. Möglicherweise hätte man ebenso bei der monarchianischen Gotteslehre der Montanisten einhaken können, d.h. bei der Frage, wie Vater, Sohn und Geist der eine Gott sind (vgl. S. 154). Stand nicht zu befürchten, daß die montanistische Lehre vom Parakleten die göttliche Würde des Heiligen Geistes übersah? Aber die Trinitätstheologie war auch in kirchlichen Kreisen noch längst nicht klar und ausdiskutiert.

Zur Abwehr des Montanismus versammelten sich die Bischöfe zum ersten Mal zu Synoden (vgl. S. 179). Offensichtlich hatten sie das Bedürfnis, miteinander zu beraten, weil alle die Gefahr spürten, der einzelne aber nicht wußte, wie ihr zu begegnen war. Grobe Irrlehren konnte man den Montanisten nicht nachweisen. Etwas mehr Eifer nach montanistischem Vorbild mochte mancher Bischof seiner eigenen Gemeinde gewünscht haben. Da Dogma und Moral anscheinend keinen Anlaß zum Einschreiten boten, versteifte man sich bei der Abwehr auf die ekstatischen Phänomene als das auffallendste Merkmal dieser Bewegung; man bemühte sich nach Kräften, ihre Echtheit anzuzweifeln, indem man die mangelnden moralischen Qualitäten ihrer Träger aufs Korn nahm. Auch der im Zusammenhang mit dem Montanismus in erheblichem Maß einsetzende literarische Abwehrkampf (vgl. Eusebius, Kirchengeschichte 5,17f) bewegte sich weithin auf dem Niveau des späteren Ketzerklatsches mit der moralischen Herabsetzung des Gegners. Eine mögliche grundsätzlich-dogmatische Auseinandersetzung verlagerte sich damit auf das parapsychologische Gebiet ekstatischer Erscheinungen. Der Montanismus wurde, von den Bischöfen verurteilt und aus der Kirche ausgeschlossen, zur Sekte wider Willen.

Seiner Verbreitung zunächst in Kleinasien und Syrien tat das keinen Abbruch. Leider ist nichts darüber bekannt, ob der Montanismus seine Erfolge innerhalb der bereits bestehenden Gemeinden erzielte oder ob er auch aus der heidnischen Bevölkerung Anhänger gewinnen konnte. Er griff auf Rom und den Westen über, wo Irenäus in Südgallien sich mit den Gemeinden von Lyon und Vienne für die Montanisten einsetzte. In Nordafrika wurde der klügste theologische Kopf der Zeit, Tertullian, ab etwa 207 ihr Vorkämpfer; für die Gemeinde Karthagos ein Schock, wie „wenn Newman der Heilsarmee beigetreten wäre"[161]. Und aus den späten, rigoristisch-montanistischen Schriften Tertullians wird eigentlich erst ganz deutlich, worum es letztlich ging: um die Heiligkeit der Kirche und wie sie sich den Sündern gegenüber verhalten sollte. Denn darin bestand das eigentliche Problem der ausbleibenden Parusie, daß die Christen des Wartens müde und wieder weltförmig wurden. Der Montanismus und Tertullian setzten auf die rigoristische Karte des Entweder-Oder. Darum pochten sie auf den prophetischen Geist als Ausweis der Legitimität ihrer harten Forderungen. Der Kirche war natürlich ebenfalls nichts daran gelegen, den Ernst der Gebote aufzugeben, sie wollte aber auch milde sein und dem Sündenvergebungsauftrag Christi gerecht werden. Der missionarische Erfolg, der die Gemeinden schnell wachsen ließ, verschärfte das Problem: Wieviel Sünder und Sündenvergebungsbedarf verträgt die Kirche, wenn sie ihren Heiligkeitsanspruch nicht aufgeben will? So gesehen ist die Auseinandersetzung mit dem ekstatisch-prophetischen Element im Montanismus nur ein Aspekt des viel umfassenderen Sündenproblems, das wiederum mit dem Ausbleiben der Parusie zusammenhängt (vgl. S. 200).

1.3 Kirchliche Erklärungsversuche

– Langmut Gottes und *mora finis*

Die ausbleibende Parusie hat in der frühen Kirche deutliche Spuren hinterlassen und die werdende Theologie vielfältig herausgefordert. Schon der 1. Klemensbrief mußte sich mit einem umlaufenden Spruch auseinandersetzen, der lautete: „Dies haben wir schon in den Tagen unserer Väter gehört, und siehe, wir sind alt geworden und nichts davon ist uns widerfahren" (23,3). Ähnlich klagt wenig später am Beginn des 2. Jhs. der 2. Petrusbrief:

„Vor allem sollt ihr eines wissen: Am Ende der Tage werden Spötter kommen, die sich nur von ihren Begierden leiten lassen und höhnisch sagen: Wo bleibt denn seine verheißene Ankunft? Seit die Väter entschlafen sind, ist alles geblieben, wie es seit Anfang der Schöpfung war" (3,3f).

Petrus, dessen Autorität hier in Anspruch genommen wird, versteht sich selbstverständlich nicht dazu, die Wiederkunftshoffnung aufzugeben. Aber der Brief muß sich doch etwas einfallen lassen, um die Verzögerung zu erklären:

„Das eine aber, liebe Brüder, dürft ihr nicht übersehen: daß beim Herrn tausend Jahre wie ein Tag sind. Der Herr zögert nicht mit der Erfüllung der Verheißung, wie einige meinen, die von Verzögerung reden; er ist nur geduldig mit euch, weil er nicht will, daß jemand zugrunde geht, sondern daß alle sich bekehren ... Weil ihr das erwartet, bemüht euch darum, von ihm ohne Makel und Fehler und in Frieden angetroffen zu werden. Seid überzeugt, daß die Geduld unseres Herrn eure Rettung ist. Das hat euch auch unser geliebter Bruder Paulus mit der ihm geschenkten Weisheit geschrieben; es steht in allen seinen Briefen, in denen er davon spricht. In ihnen ist manches schwer zu verstehen, und die Unwissenden, die noch nicht gefestigt sind, verdrehen diese Stellen ebenso wie die übrigen Schriften zu ihrem eigenen Verderben" (3,8/16).

Das Ausbleiben der Parusie wird als Hinweis auf die Langmut Gottes, nicht auf seine Schwäche gedeutet; der Jahr- und Tagvergleich zeigt im übrigen, daß noch kaum Zeit vergangen ist (vgl. S. 124f). Bemerkenswert ist die Erwähnung des Paulus, dessen Briefe offensichtlich in die Diskussion einbezogen worden sind und die nach Auffassung des 2. Petrusbriefes in der Tat einige mißverständliche Stellen enthalten[162].

Das Bild wird noch farbiger, wenn man in die im 2. Jh. ins Kraut schießenden apokryphen Evangelien, Apostelgeschichten und Apokalypsen hineinschaut. Sie sind in der Regel phantastischer und wundersüchtiger als die neutestamentlichen und anderen frühchristlichen Schriften, zugleich jedoch ein getreuer Spiegel der Befürchtungen und Erwartungen vieler Christen. In der Petrus-Apokalypse (um 135) wird berichtet:

„Als der Herr auf dem Ölberg saß, traten die Seinigen zu ihm. Sie fielen vor ihm nieder und flehten ihn alle einzeln an und baten ihn also: Offenbare uns die Zeichen deiner Wiederkunft und des Weltendes, damit wir die Zeit deiner Wiederkunft erkennen und merken und darüber die nach uns Kommenden belehren können, denen wir das Wort deines Evangeliums predigen und die wir in deiner Kirche [als Vorsteher] einsetzen, damit sie, wenn sie es hören, sich in acht nehmen und die Zeit deiner Wiederkunft erkennen" (1).

Trotz aller Warnungen der Evangelien und anderer frühchristlicher Schriften, wachsam zu sein, ohne den Tag und die Stunde zu wissen: man konnte die eschatologische Spannung nicht aushalten. Entweder man erfuhr genau, wann und wo Christus erscheinen würde, oder die Wiederkunftshoffnung schwand dahin. Viele der nachapostolischen und besonders der apokryphen und gnostischen Schriften beschäftigen sich nicht nur mit der Parusieverzögerung, sondern dürften überhaupt erst aus diesem Anlaß entstanden sein. Die nicht verstummenden Fragen verlangten nach neuen Offenbarungen, und ein Wort wie Apg 1,3, in dem berichtet wird, wie Jesus vierzig Tage lang mit den Aposteln über die Angelegenheiten des Reiches Gottes gesprochen hatte, verleitete unwiderstehlich dazu, über diese Reden Näheres zu erfahren. In der Epistula Apostolorum z.B. wird ein solches Gespräch Jesu mit den Aposteln lang und breit wiedergegeben. Von der Wiederkunft heißt es:

„Wir aber sprachen zu ihm: ‚O Herr, nach noch wieviel Jahren wird dies geschehen?' Er sprach zu uns: ‚Wenn das 50. Jahr vollendet ist, zwischen Pfingsten und Pascha wird stattfinden die Ankunft des Vaters'" (17 [28])[163].

Die Interpretation der Parusieverzögerung als Langmut Gottes führte mit der Zeit noch zu einer anderen Sicht der Dinge: Man hoffte auf das vorläufige Ausbleiben der Wiederkunft, um noch eine Frist zu erhalten. Frist wozu? Die kirchlichen Schriftsteller möchten sie zu Buße und Bekehrung genutzt sehen, befürchten allerdings, daß sie zu vermehrtem Sündigen mißbraucht werden könnte. Anders die Apologeten, die eine Verzögerung erhoffen, damit sich erweisen kann, daß durch die Überwindung des alten Götterglaubens die Zustände in der Welt nicht verschlimmert werden, sondern das Christentum als neue Universalreligion fähig ist, die menschliche Kultur zu entwickeln und den Bestand des *Imperium Romanum* zu garantieren.

Die veränderte Bewertung der Parusieverzögerung dürfte auch durch die Schrecken des Weltendes beeinflußt worden sein, wie sie in den Eschatologiereden der Synoptiker auftauchen: Hunger, Kriege und Naturkatastrophen (vgl. Mt 24,3/14; Mk 13,3/12; Lk 21,7/19). Der Normalchrist war gar nicht so begierig auf das Ende, weil er seine Begleiterscheinungen fürchtete; er hoffte vielmehr inbrünstig, nicht mit in den Strudel des Weltendes hineingerissen zu werden. So wird aus dem Ruf: „Komm, Herr Jesus" *(Maranatha)* (Offb 22,20; Didache 10,6) das Gebet um die *mora finis,* die weitere Verschiebung des Endes, wie Tertullian (apol. 31,3/32,1) schamvoll gestehen muß. Er selbst blieb beim Gebet um die baldige Wiederkunft, denn:

„wenn sich Gottes Wille und unsere Erwartung auf die Verwirklichung des Reiches des Herrn beziehen, wie können dann gewisse Leute um irgendeine Verlängerung für die Welt bitten, wo doch das Reich Gottes, für dessen Ankunft wir beten, auf die Vollendung der Welt gerichtet ist" (orat. 5,1)[164].

– Frühkatholizismus

Für das Ergebnis der nachapostolischen Entwicklung wurde der Begriff Frühkatholizismus geprägt, der in der Regel negativ gefüllt ist: Enttäuscht über die ausbleibende Parusie, ersetzte die Kirche, um der Auflösung zu wehren, das apostolische Kerygma durch dogmatische Lehren und den in den Charismen frei wirkenden Geist durch rechtlich verfaßte kirchliche Ämter. Frühkatholizismus bezeichnet auf diese Weise den Abfall der Kirche von ihren Ursprüngen und ihren Niedergang, indem der Zwang an die Stelle der Freiheit und das Recht an die Stelle der Liebe getreten ist[165].
Versucht man dagegen, das Phänomen des Frühkatholizismus – soweit das bei der Vorbelastung des Begriffs überhaupt möglich ist – wertfrei zu beschreiben, stößt man auf folgendes Problem: Die Jahre, in denen die Augenzeugen starben und eine Generation heranwuchs, die nicht nur am Jesusereignis keinen Anteil hatte, sondern auch die unmittelbaren Zeugen dieses Ereignisses nicht mehr persönlich kannte, war notwendig eine kritische Zeit. Zum ersten Mal machte sich der historische Graben, der den Glauben von den diesen Glauben begründenden Ereignissen trennte, bedrückend bemerkbar. Und er wurde von Jahr zu Jahr unaufhaltsam breiter. Die Unruhe, die entstehen mußte, war unvermeidbar und hat nicht die Enttäuschung über das Ausbleiben der Parusie zur Voraussetzung. Natürlich hätte eine bald erfolgte Wiederkunft des Herrn alle Probleme gelöst. Da sie jedoch ausblieb, sahen sich die Gemeinden und insbesondere ihre Leiter neuen Aufgaben gegenübergestellt, unabhängig davon, ob sie über das Ausbleiben der Parusie enttäuscht waren oder nicht. Die Schwierigkeiten bei der Gestaltwerdung der nachapostolischen Kirche resultieren aus der Tatsache, daß die Kirche eine Geschichte hat, nicht aus der Enttäuschung über diese Tatsache.
Ebensowenig trifft zu, daß die frühchristliche Entwicklung einen Prozeß fortschreitender Enteschatologisierung darstellt, in dem die Wiederkunftserwartung immer mehr unterdrückt, abgebaut oder spiritualisiert worden ist. Ein Nebeneinander von hochgespannter Naherwartung und beginnendem Verständnis für eine Zeit der Kirche findet sich bereits in den Evangelien. Im Markus-Evangelium verheißt Jesus:

„Amen, ich sage euch: Von denen, die hier stehen, werden einige den Tod nicht erleiden, bis sie gesehen haben, daß das Reich Gottes in (seiner ganzen) Macht gekommen ist" (9,1).

Die eschatologische Färbung der Stelle ist eindeutig; auch wenn nicht leicht bestimmt werden kann, was mit dem „Reich Gottes in seiner ganzen Macht" gemeint ist. Eine Parallele des Logions findet sich bei Lukas:

„Wahrlich, das sage ich euch: Von denen, die hier stehen, werden einige den Tod nicht erleiden, bis sie das Reich Gottes gesehen haben" (9,27).

Die leichten Verschiebungen, die Lukas angebracht hat, sind bezeichnend; er spricht nicht mehr vom „Kommen", sondern nur noch vom „Sehen" des Reiches. Damit ist das Problem, wann das „Kommen" sich ereignet, eliminiert. Das zeitlose Reich kann gesehen werden, denn es ist nach Lk 17,21 „schon mitten unter euch". Da Lukas nach Markus schreibt, scheint sich mit der Veränderung von Markus zu Lukas die These von der Enteschatologisierung der Verkündigung Jesu auf dem Weg zum Frühkatholizismus zunächst zu bestätigen. Doch der Anschein trügt. Jünger als Markus ist auch Matthäus. Bei ihm lautet das Logion:

„Amen, ich sage euch: Von denen, die hier stehen, werden einige den Tod nicht erleiden, bis sie den Menschensohn in seiner königlichen Macht kommen sehen" (16,28).

Mit dieser Formulierung vertritt Matthäus am konsequentesten die Naherwartung. Jesus verheißt einigen der Umstehenden, daß sie ihn wiederkommen sehen, noch bevor sie sterben. Eine Abschwächung der eschatologischen Erwartung ist somit in der Generation, in der das Matthäus-Evangelium entstanden ist, nicht zu vermerken. Das zeigt sich an weiteren Stellen. Nur Matthäus verknüpft den Untergang Jerusalems mit der Parusie (vgl. Mt 24,29: „Sofort nach der Drangsal jener Tage ..."), nur bei ihm findet sich die Bemerkung, daß die Mission mit den Städten Israels noch nicht fertig sein wird, bevor der Menschensohn kommt (Mt 10,23; vgl. S. 38f).
Auf die vielfältigen exegetischen Probleme, die mit diesen und anderen eschatologischen Aussagen in den Evangelien verbunden sind, kann hier nicht eingegangen werden[166]. Es sei nur noch einmal unterstrichen, daß in der Abfolge der Evangelien keine zunehmende Parusieenttäuschung festzustellen ist. Es zeigen sich vielmehr zwei Traditionslinien: einmal die eschatologische Unruhe des Markus und vor allem des Matthäus, auf der anderen Seite der Versuch einer theologischen Neuinterpretation bei Lukas und noch deutlicher bei Johannes. Lukas rechnet bereits mit einer Geschichte der Kirche; darum schreibt er seine Apostelgeschichte. Einen anderen Weg geht Johannes mit der sogenannten präsentischen Eschatologie: Auferstehung und Gericht sind nicht nur Ereignisse, die noch ausstehen und erst in nächster oder auch weiterer Zukunft eintreten, sondern sie vollziehen sich schon in der Gegenwart:

„Amen, amen, ich sage euch: Die Stunde wird kommen, und sie ist schon da, in der die Toten die Stimme des Sohnes Gottes hören weden; und alle, die sie hören, werden leben" (5,25; vgl. 3,18).

Christus ist nach Johannes nicht fern von seiner Gemeinde und kehrt nicht erst bei der Parusie zurück; er bleibt in ihr gegenwärtig durch Wort, Geist und Sakrament. Ob diese Weise der Anwesenheit genügen würde, die Abstandserfahrung der verrinnenden Zeit auszugleichen, war damals eine offene Frage und mag zur Zeit des Johannes-Evangeliums nicht wenige Gemeinden und Kirchenführer beunruhigt haben. Erst die nachfolgende Geschichte hat der Kirche die Erfahrung geschenkt, daß sie ausreicht. Im geisterfüllten Wort des Evangeliums und im geistgewirkten Sakrament ist noch heute für jeden Gläubigen eine Nähe zu Jesus möglich, die durch die vergangene und vergehende Zeit nicht schwächer geworden ist.

2. Geschichtlichkeit der Offenbarung und gnostische Bedrohung

2.1 Kirchengeschichtliche Einordnung

Zwei Probleme bewegten die Kirche in nachapostolischer Zeit. Das erste war rückwärts gewandt und lautete: Wie behält die Gemeinde (der Christ) bei fortschreitender zeitlicher Entfernung von Jesus und seinen Zeugen Kontakt mit den geschichtlichen Grundlagen des Glaubens? Das zweite betraf die Zukunft: Da die eschatologische Heilszeit zwar mit Christus gekommen ist, unabhängig von dem Termin seiner Wiederkunft die Heilsgeschichte die natürliche Geschichte aber nicht aufhebt, die Kirche nach Lukas sogar selbst dabei ist, ein Teil der Geschichte zu werden, oder anders – paulinisch – gesagt: da der Christ zwar geistlich lebt, trotzdem aber noch im Fleische bleibt, oder noch anders – johanneisch – gewendet: da der Christ dem Kosmos zwar nicht mehr unterworfen, aus der Welt aber noch nicht herausgenommen ist, wie kann verhindert werden, daß Kirche und Christen wieder welthaft werden? Wie kann sich der neue Äon im alten durchsetzen, solange beide noch nicht endgültig geschieden sind?
Eine erste Antwort hat der Montanismus gegeben. Er stellt ja nicht eine Häresie unter vielen dar, die heute nur noch eine historische Bedeutung hat, sondern artikuliert eine Grundgefährdung des christlichen Glaubens, die sich aus der Geschichtlichkeit der Kirche ergibt. Der Montanismus wollte eine heilige Kirche; er war bereit, die weltlichen Ordnungen zu negieren, weil der Christ mit der sündenverfallenen Welt nichts mehr zu schaffen haben sollte. Da eine vollständige Weltverneinung eine utopische Forderung war, gingen radikale Gruppen meist von der Utopie einer unmittelbar bevorstehenden Wiederkunft Christi aus. Die Sehnsucht nach völliger Weltflucht ist in verschiedenen Spielarten durch die Geschichte hindurch immer wieder wachgehalten worden, neben den Montanisten von Eustathianern, Messalianern, Priszillianisten über die mittelalterlichen Ar-

mutsbewegungen bis hin zu modernen adventistischen Gruppen. In der Kirche konnten solche Strömungen nur geduldet und fruchtbar werden, wenn sie – wie im Mönchtum – das Verlassen der Welt als evangelischen Rat empfahlen und nicht als Bedingung wahren Christseins forderten.

Eine andere Antwort auf das Problem der verrinnenden Zeit und die Gefahr der Verweltlichung des Glaubens lieferte die Gnosis, wiederum nicht als eine zufällige Häresie, sondern als eine urtümliche Versuchung, der sich die christliche Botschaft stets von neuem ausgesetzt sieht. Wenn hier Montanismus und Gnosis als zwei Antworten auf dasselbe Problem nebeneinander gestellt werden, darf allerdings nicht übersehen werden, daß beide Größen kaum miteinander zu vergleichen sind. Der Montanismus ist viel simpler als der Gnostizismus; er stellt eine zeitlich und räumlich exakt zu fassende Bewegung dar. Einige seiner Wurzeln gründen zwar in der völkischen Eigenart der Bewohner des mittleren Kleinasiens, im Grunde ist er aber eine rein christliche Bewegung mit einigen wenigen klar zu fassenden Zielen und Motiven. Ganz anders die Gnosis! Sie ist in einigen Ausformungen gewiß auch eine christliche Häresie, die es zu eigenen Gruppierungen und regelrechten Sonderkirchen gebracht hat. Aufgrund der antihäretischen Schriften einiger Kirchenväter (Irenäus, Hippolyt, Klemens, Tertullian, Epiphanius) und vor allem nachdem 1945/46 bei Nag Hammadi in Oberägypten eine Bibliothek originärer gnostischer Schriften entdeckt worden ist, läßt sich sogar eine ganze Reihe von Schulhäuptern und Sonderrichtungen unterscheiden. Es gab Simonianer (nach Simon Magus aus Apg 8,9/24), Valentinianer, Basilidianer, die Richtung eines Menander, Saturnil von Antiochien, Karpokrates von Alexandrien, daneben Barbelognostiker, Sethianer, Ophiten, darüber hinaus westliche und östliche Ausprägungen. Aber mit der Aufzählung oder auch Beschreibung solcher Gruppen hat man das Phänomen Gnosis als geistige (philosophische oder theologische) religiöse Bewegung noch längst nicht erfaßt. Die Gnosis bestand nicht nur in der Gestalt kirchlicher Häresien. Fast möchte man sagen: In dem Augenblick, in dem man die Gnosis (bzw. Gnostiker) als soziologische Gruppe, als eine Gemeinschaft mit beschreibbaren Inhalten und Verhaltensweisen fassen konnte, war ihre Gefahr gebannt, denn in diesem Stadium konnten die kirchlichen Lehrer und Bischöfe Trennungsstriche zwischen kirchlicher und gnostischer Lehre ziehen und ihre Gemeinden gegenüber der gnostischen Versuchung immunisieren.

2.2 Gnosis

– Gnostische Grunderfahrung

Die Gnosis als kirchliche Häresie ist ein Endstadium in ideologischer Erstarrung. Was aber ist sie in ihrem Kern und Ursprung? Inzwischen wurde längst entdeckt, daß es neben der christlichen eine vorchristlich heidnischantike und jüdische Gnosis gegeben hat. Wo ihre tiefsten Wurzeln liegen, im iranischen Dualismus oder im babylonischen Astrologismus, darüber geraten die Religionsgeschichtler noch immer in Streit. Die einen verweisen auf Ägypten, andere auf den hellenistischen Synkretismus. Bei genauerem Zusehen ergibt sich, daß alle diese Wurzeln in Frage kommen können und sich unter wandelnden Gestalten die immer gleichen Motive verbergen. Nirgendwo tritt ein geschlossenes System mit klar geprägten Begriffen oder dogmatisch festgelegten Lehrsätzen zutage, vielmehr ein vielfarbiger Strom religiöser Anschauungen und Ideen, der sein Aussehen ständig ändert. Trotzdem – und das ist das Entscheidende – bildet die Gnosis eine Bewegung, der die gleichen Grundüberzeugungen sowie ein ganz bestimmtes Daseinsgefühl zugrunde liegen. Die Gnosis kann sich babylonisch, iranisch oder ägyptisch geben, sie kann in jüdische und christliche Sprachgewänder schlüpfen, sie kann mit Philosophie, Mythos und kultischer Mystik kollaborieren, sie kann sich vielfältig artikulieren und bleibt doch immer dieselbe. Darum kommt alles darauf an, den gnostischen Kern zu umschreiben. Anders kommt man der Herausforderung, die die Gnosis der Kirche gegenüber darstellte, nicht auf die Spur. Hat man den Kern einmal erfaßt, dann läßt sich unschwer zeigen, wie gnostische Gedanken bereits in die Schriften des Neuen Testaments hinein gewirkt haben und Teile der Theologie bei den Apostolischen Vätern, bei Irenäus und den antignostischen Theologen des 3. Jhs., bei Tertullian, Klemens von Alexandrien, Origenes und Hippolyt von ihnen bestimmt worden sind.

Unabhängig von ihren Ursprüngen und Ausprägungen ist die Gnosis Teil spätantiken Daseinsverständnisses, ja eine Möglichkeit von Daseinsverständnis überhaupt. Man könnte ein Wort des Gnostikers Theodotos gleichsam als Definition der Gnosis bzw. der sie bewegenden Fragen anführen: „Wer waren wir; was sind wir geworden; wo waren wir, wohin sind wir geworfen; wohin eilen wir, wovon werden wir frei; was ist Geburt, was Wiedergeburt?" (Klemens von Alexandrien, Excerpta ex Theodoto 78). Allerdings nicht eigentlich diese Fragen machen die Gnosis aus – ein antiker Philosoph, ein christlicher Kirchenvater könnte sie auch stellen –, sondern die Antworten, die gegeben werden, oder auch eine pessimistische Grundstimmung, die in den Fragen mitschwingt und die dem modernen Menschen gar nicht so fremd ist.

Der spätantike Gnostiker besaß ein durch und durch negatives Welt- und Daseinsverständnis. Er betrachtete sich als gefangen, hinabgeworfen aus seiner Heimat, dem *Pleroma,* in das Dunkel des Leibes und der Materie, dem Wahn, Traum und Irrtum verfallen[167]. Er ist für seinen Zustand nicht verantwortlich, denn nicht eigene Schuld, sondern ein kosmischer Sündenfall hat ihn ins Elend gestürzt. Darum muß auch die erlösende Erkenntnis in der Seinsordnung verankert sein und darf nicht auf einer gnadenhaften Zuwendung Gottes oder dem sittlichen Bemühen des Menschen beruhen. Die spätantike Gnosis band die Erlösung mit ontologischer Notwendigkeit an die Offenbarung des fremden, verborgenen Gottes, wodurch die in die dunkle Materie verirrten pneumatisch-göttlichen Funken wieder gesammelt werden, und der Mensch zu seiner wahren Bestimmung heimfindet. In der modernen Gnosis sind es ebenfalls eherne Gesetze, die die Entfremdung des Menschen aufheben sollen: der absolute Geist, der in dialektischer Bewußtseinserweiterung zu sich selbst kommt (Hegel), ökonomisch-materialistische Prozesse, welche die Fremdbestimmungen durch religiöse oder gesellschaftliche Überbauten überwinden (Marx), oder die Natur, die sich evolutiv über sich selbst hinaus zum vollendeten Menschen hin entwickelt. Das Grunderlebnis des Gnostikers (des alten wie des modernen) ist also das der Fremdheit und des Unbehaustseins in dieser Welt. Der Mensch fühlt sich unfrei und geknechtet und spürt zugleich, daß dieser Zustand nicht sein soll. Darum sehnt er sich nach Erlösung, die aber nicht von außen gnadenhaft geschenkt, sondern intuitiv durch rechte Gnosis innerlich erkannt wird. In jedem Fall sind es notwendige, nicht frei gestaltete Vorgänge, die die Heilung des Menschen vorantreiben. Im Rahmen dieser ontologischen Vorbedingungen entfaltet der Gnostiker das Werk der Erlösung, deren einzelne Phasen in den einzelnen gnostischen Denominationen verschieden ausgestaltet sind und von magischen Praktiken bis zu mystischer Ekstase reichen; sie können sich mit ethischem Libertinismus, Indifferentismus oder schärfster Askese verbinden, insofern alle diese Verhaltensweisen Ausdruck von Weltverachtung zu sein vermögen und ethisches Handeln für die rettende Erlösung sowieso irrelevant ist. Der einzige Weg, sie zu erreichen, ist die Gnosis selbst. Da die Verstrickung des Menschen in diese Welt durch *agnoia* (Unwissenheit) verursacht worden ist, erfolgt die Befreiung durch gnostische Einsicht in seine wahre Herkunft und Bestimmung.

– Mythologische Einkleidung

Ungefähr so könnte man abstrakt-theoretisch die Grundstimmung der Gnosis und ihr Erlosungskonzept umschreiben. Alles dreht sich um die Frage, wie der Mensch in den Zustand, in dem er sich vorfindet, gelangt ist und wie er sich aus ihm befreien kann; es ist eine so fundamentale und allgemein bewegende Frage, daß sich leicht vorstellen läßt, wie sie nachdenkliche und am Zustand der Welt leidende Menschen umgetrieben hat[168]. Irgendwann einmal muß nun dieses gnostische Konzept in ätiologische Erzählungen gekleidet worden sein, die den Beginn des Unheils und seine Überwindung beschrieben und auf diese Weise die gnostische Grunderfahrung in einer mythologischen Ursprungsgeschichte objektivierten. Der für den Anfang postulierte Mythos könnte, aus der heutigen Kenntnis gnostischer Systeme rekonstruiert, etwa so gelautet haben:

„In der Achtheit, d.h. im achten Himmel, in der Fixsternsphäre, wohnt der unbekannte Gott zusammen mit seiner Sophia, die als seine göttliche Gemahlin vorgestellt wird. Gott und Sophia erzeugen gemeinsam viele himmlische Kinder als Bewohner der Achtheit. Die Sophia versucht, auch einmal ohne ihren göttlichen Gatten ein Kind hervorzubringen; das wird eine Fehlgeburt von Sohn, der im siebenten Himmel, der obersten Planetensphäre, wohnt. Er ist der Demiurg und bringt zunächst die übrigen sechs Planetenherscher hervor, so daß die Zahl der sieben Archonten voll wird. Die sieben Archonten, angeführt von ihrem ersten, dem Demiurgen, schaffen nun aus der Materie die irdische Welt und in ihr den Menschen. Aber der Mensch kriecht wie ein Wurm am Boden und kann sich nicht aufrichten. Da sendet der unbekannte Gott aus seiner Lichtwelt die Seele in den menschlichen Leib hinab. Der Mensch richtet sich auf, erkennt die Welt als Werk der Archonten und weiß, daß er selbst, d.h. sein Ich, seine Seele, dem Lichtreich oberhalb der Archonten zugehört"[169].

In diesem Kunstmythos liegt als Extrakt aus den verschiedenen gnostischen Systemen die gesamte Theologie, Kosmogonie, Anthropogonie, Soteriologie und Eschatologie der Gnosis im Urzustand vor. Die mythologischen Erzählungen wucherten im Lauf der Zeit weiter; sie wurden immer mehr verfeinert, logisch durchdacht, in ein philosophisches System rückübersetzt, aber auch ausgewalzt und verunklärt. Die Grundelemente lassen sich jedoch noch in den verschlungensten Darstellungen der einzelnen gnostischen Richtungen wiedererkennen. Die gnostischen Anliegen – sowohl ihr abstrakt gedanklicher Inhalt als auch ihre mythologische Einkleidung oder ihre philosophische Systematisierung – konnten ohne Schwierigkeiten anderen Systemen, Weltanschauungen, Philosophien und Religionen angepaßt werden. Alle Literaturgattungen bis hin zur religiösen Märchendichtung waren geeignet, der gnostischen Sehnsucht Ausdruck zu verleihen.

Eines der schönsten Beispiele für den Abstieg der Seele in die Verbannung der Welt und ihre Heimkehr ins Lichtreich durch die Wiedererinnerung ihrer Herkunft ist das dem iranischen Typus der Gnosis entstammende Lied von der Perle, das in den Thomasakten überliefert ist[170]. Die kosmologischen und kosmogonischen Zutaten sowie der ganze Rahmen des Systems fehlen hier; alles konzentriert sich auf die Verirrung und Heimkehr der Seele. Das Motiv kehrt in zahlreichen Brechungen wieder, von der Höllenfahrt Christi in den Oden Salomos angefangen bis hin zur Parzivaldichtung des Wolfram von Eschenbach. Das Perlenlied handelt von einem parthischen Königssohn, der im Auftrag seiner Eltern nach Ägypten hinabstieg, um eine überaus kostbare Perle zu gewinnen, die von einem schnaubenden Drachen bewacht wurde. In Ägypten angekommen, verschwieg der Königssohn seine Herkunft aus Furcht vor den Bewohnern des Landes. Aber die Leute durchschauten ihn, gaben ihm einen „Trunk des Vergessens" und „verderbliche Speise", so daß er in Schlaf fiel und seinen Auftrag vergaß. Er fronte dem Pharao. Doch seine Eltern, die mit Schmerz von seinem Mißgeschick gehört hatten, schrieben ihm einen Brief:

„Erinnere dich: du bist ein Königssohn! Erkenne, wem du dienst als Knecht! Erinnere dich der unvergleichlichen Perle, erinnere dich des Auftrags, den du bekamst! …
Wie ein Adler flog der Brief, der König aller Vögel lieh ihm seine Gestalt. Er flog zu mir und ließ sich bei mir nieder. Zu einer Stimme wurde der Brief, bei seinem Rufen und seinem Rauschen erwachte ich aus meinem Todesschlaf, erstand ich aus meinen Todesträumen. Und ich nahm den Brief und küßte ihn, ich löste sein Siegel und las ihn. Da erinnerte ich mich der Worte in meinem Herzen, die Worte des Briefes und die mir eingeschriebenen Worte, sie stimmten überein …

Nun gedachte ich der Perle, ihretwegen war ich nach Ägypten gesandt worden und ich besann mich auf meine Aufgabe. So näherte ich mich der schrecklichen Meerschlange und begann, den schnaubenden Drachen zu verzaubern. ... Da kam Müdigkeit über die Schlange, da wurde sie vom Schlaf überfallen, ihre Augen schlossen sich, sie merkte nicht mehr auf.
Nun konnte ich die unvergleichliche Perle erhaschen – und kehrte um, mich wieder dem Vaterhause zuzuwenden. Das schmutzige und unreine Kleid der Ägypter streifte ich ab, das Gewand der Knechtschaft ließ ich im fremden Land. Und ich suchte meinen Weg, der mich zum Licht der Heimat, in den Osten, brächte"[171].

Als der Königssohn an die Grenze seines Vaterlandes kam, wurde ihm das kostbare Gewand, das er beim Verlassen der Heimat hatte ausziehen müssen, entgegengebracht. Als er es erblickte, konnte er sich darin spiegeln: „Ich sah es ganz in mir und in ihm sah ich mich. Wir waren zwei in Geschiedenheit und wieder eins in Ewigkeit"[172]. Die Entfremdung des Ich war überwunden.

– Soziologische Daten

Nachrichten über Entstehung, Struktur und soziale Schichtung gnostischer Gemeinden gibt es so gut wie nicht[173]. Trotzdem muß irgendwann, wahrscheinlich im syrisch-palästinischen Raum, nicht lange vor Christi Geburt durch einen oder mehrere intuitiv Begabte die Artikulation der gnostischen Erlösungssehnsucht und des Weges ihrer Verwirklichung erfolgt sein. Es wird eine zahlenmäßig zunächst nicht sehr große Bewegung entstanden sein, vielleicht mit eigenen Zirkeln und Zusammenkünften, in denen ein enger Zusammenhalt geübt wurde. Die Pflege der Frömmigkeit in kultischer Form scheint Taufriten, heilige Mähler, Ölsalbung, Zeichnung der Ohren und das *consolamentum,* eine Art Sterbesakrament, gekannt zu haben. Die Spannweite religiöser Formen im Gottesdienst dürfte groß gewesen sein und von Kultlosigkeit bis zu magischen Zauberpraktiken gereicht haben. Die dualistische Grundüberzeugung von der schlechten Welt (Materie) erzeugte ein asketisches, seltener auch ein libertinistisches Ethos. An die Fixierung und den Ausbau von Systemen dachte zunächst wohl niemand. Erst später, zur Zeit der werdenden Kirche, wird es eine ganze Anzahl gnostischer Gemeinden gegeben haben, die ihrerseits die neue Bewegung, die da mit Jesus von Nazareth aufgebrochen war, zur Kenntnis nahmen. Den gnostischen Lehrern werden zahlreiche Übereinstimmungen aufgefallen sein: Das Bewußtsein der Fremdlingsschaft in der Welt bzw. der Entfremdung des Menschen durch die Sünde, die Sehnsucht nach Erlösung, die Möglichkeit, in Jesus den vom Himmel herabgestiegenen und zu Gott zurückgekehrten Offenbarer zu sehen. Ein personaler Austausch hinüber und herüber ist denkbar: Gnostiker, die Anschluß an eine christliche Gemeinde suchten, weil sie die Möglichkeiten bemerkten, die das Evangelium für die Beschreibung gnostischer Überzeugungen bot, während die christlichen Lehrer erkannten, welche innere Geschlossenheit die kirchliche Verkündigung in ihrer Schöpfungs- und Erlösungslehre gewann, wenn sie in einen entsprechenden philosophischen oder mythologischen Zusammenhang gestellt wurde.

Eine intensive Auseinandersetzung zwischen Kirche und Gnosis war angesichts ihrer geistigen Nähe auf die Dauer unvermeidlich. Sie erfolgte zunächst in einer Phase gegenseitigen Nehmens und Gebens, sodann in einer zweiten Phase erbitterter Konfrontation, bei der die gnostische Bewegung versuchte, innerhalb der kirchlichen Organisation Fuß zu fassen, und die kirchlichen Führer darauf bedacht waren, gnostisierende Gläubige aus den Gemeinden auszuschließen. Beide Phasen haben sich bereits in den Schriften des Neuen Testaments niedergeschlagen, denn mehr als Götterkult, Popularphilosophie oder Kaiserverehrung haben gnostische Vorstellungen vor allem am Beginn auf die christliche Verkündigung eingewirkt.

– Konfrontation mit der kirchlichen Verkündigung

a) In der für Lukas typischen Weise, getreu zu berichten und gleichzeitig das Berichtete zu entschärfen, heißt es Apg 8,9f anläßlich der Wirksamkeit des Philippus in Samaria:

„Ein Mann namens Simon wohnte schon länger in der Stadt; er trieb Zauberei und verwirrte das Volk von Samarien, da er sich als etwas Großes ausgab. Alle hörten auf ihn, jung und alt, und sie sagten: Das ist die Kraft Gottes, die man die Große nennt."

Der Terminus *dynamis hē megalē* spielt im simonianischen System der Gnosis eine wichtige Rolle[174]. Dazu paßt die Beobachtung, daß die samaritanische Mission den sich bereits bei Lukas andeutenden gnostischen Einflüssen erlegen zu sein scheint (vgl. S. 35).

b) Gnostisches Denken ist – wenn nicht als ausgebildetes System, so doch als atmosphärischer Hintergrund – auch in der korinthischen Gemeinde zu vermuten. Darauf weisen die Schwierigkeiten der Korinther beim Auferstehungsglauben hin. Für gnostisches Empfinden war die Vorstellung einer Auferstehung des Fleisches unerträglich; gerade die sarkische Dunkelheit des Leibes sollten die Lichtfunken des *pneuma* bei der Auferstehung doch verlassen. Des weiteren kann auf den Enthusiasmus bei der Eucharistiefeier hingewiesen werden, auf Gruppenbildung in der Gemeinde um bevorzugte Lehrer (1 Kor 1,1/3) – eine typisch gnostische Eigenart, auf das Verlangen der Korinther nach einer besonderen *sophia*, das Bewußtsein *pneumatikōs*, nicht *psychikōs* zu sein, schließlich auf die Mahnungen des Apostels, daß Gnosis aufbläht und nur die Liebe erbaut (1 Kor 8,1). Deutlich gnostisches Kolorit verraten die Sätze 1 Kor 2,6/9:

„Weisheit verkündigen wir unter den Vollkommenen, aber nicht Weisheit dieser Welt oder der Machthaber dieser Welt, die einst entmachtet werden. Vielmehr verkündigen wir das Geheimnis der verborgenen Weisheit Gottes, die Gott vor allen Zeiten vorausbestimmt hat zu unserer Verherrlichung. Keiner der Machthaber dieser Welt hat sie erkannt; denn hätten sie die Weisheit Gottes erkannt, so hätten sie den Herrn der Herrlichkeit nicht gekreuzigt."

Es braucht hier gar nicht entschieden zu werden, ob Paulus an dieser Stelle das Christusmysterium in Anlehnung an gnostische Terminologie deuten oder nur antignostisch argumentieren will. Aber man versteht, wenn im 2. Jh. valentinianische Gnostiker behaupten, Paulus habe in seinen Briefen für jeden, der lesen kann, deutlich genug die Grundbegriffe ihres Systems zur Anwendung gebracht[175].

c) Je mehr die Zeit voranschritt, desto faßbarer wurden die gnostischen Ideen, die die neutestamentlichen Theologen nicht nur beschäftigten, sondern in zunehmendem Maß auch ihren Widerspruch herauszufordern begannen, wie z.B. die *Pleroma*-Christologie des Kolosserbriefes zeigt (vgl. Kol 2,8/10). Immerhin geschieht die Widerlegung in diesem Brief – und das gilt auch noch für das johanneische Schrifttum – auf die Weise, daß gnostische Begriffe und Vorstellungen in das eigene Denken aufgenommen werden, daß sie unschädlich gemacht werden, indem man sie im eigenen Rahmen theologisch interpretiert und ihren christlichen Sinn aufdeckt. Es ist eine Auseinandersetzung auf gleicher Ebene, nicht nur ein Abweisen und Verurteilen ohne Argumente, wie es später geschieht. Der Verfasser des Kolosserbriefes muß gewußt haben, daß kosmologisch-gnostische Vorstellungen helfen konnten, die einzelnen Daten des Christusereignisses in einen theologischen Zusammenhang zu bringen, wenn es gelang, den mythologischen Panzer dieser Vorstellungen aufzusprengen und sie in das Kerygma der Heilsgeschichte zu überführen; oder anders gesagt, eine Entmythologisierung zu betreiben, die Jesus Christus nicht in eine existentielle Bedeutsamkeit entleerte, sondern mit heilsgeschichtlichen Fakten verband. Auch in der Auseinandersetzung mit der Gnosis ging es ja um die die ganze nachapostolische Epoche bedrängende Frage, wie das historische Christusereignis in der Geschichte wirksam blieb, die unweigerlich anhob, nachdem die Parusie ausgeblieben war. Untauglich war der Versuch, die Parusieverzögerung montanistisch zu verdrängen oder durch eine verschärfte Ethik herbeizuzwingen. Noch gefährlicher war die gnostische Lösung, welche die Heilsvermittlung durch Christus enthistorisierte und in einen innermenschlichen Prozeß umdeutete, wobei es letztlich keine Rolle spielt, ob man diese Umdeutung mythologisch verbrämte oder in existentialphilosophischen Kategorien ausdrückte.

d) In der Folgezeit wurden die Auseinandersetzungen härter und die Scheidungslinien im Glaubensverständnis deutlich markiert. Der 1. Johannesbrief scheint sich gegen einen gnostischen Doketismus zu richten, der Jesus als erlösendes Prinzip und nicht als geschichtliche Person betrachtete:

„Daran erkennt ihr den Geist Gottes: Jeder Geist, der bekennt, Jesus Christus sei im Fleisch gekommen, ist aus Gott. Und jeder Geist, der Jesus [als den Fleischgewordenen] nicht bekennt, ist nicht aus Gott" (4,2f).

Die Apokalypse erwähnt in Thyatira eine Prophetin Isebel, die die Knechte Gottes verführt hat, indem sie sie lehrte, Unzucht zu treiben und Götzenopferfleisch zu essen (Offb 2,20). Vielleicht begegnet hier der libertinistische Zweig der Gnosis, der sich über sittliche Gebote hinwegsetzte mit der Begründung, daß Fleischliches den Pneumatiker nicht berühre. Gnostisch betrachtet war Ethik kein anthropologisches, sondern ein kosmologisches Problem. Wenn andere Gnostiker jedes geschlechtliche Tun und auch die Ehe ablehnen, weil sie mit Fleischlichem nichts zu schaffen haben wollen, dann bilden sie nur scheinbar das gerade Gegenteil von den Unzüchtigen und Fleischessern in Thyatira. Im Grunde gehen beide Haltungen auf eine Mißachtung der leiblichen Wirklichkeit zurück, die zugleich die ethische Verantwortung des Menschen leugnet.

e) Die Pastoralbriefe am Beginn des 2. Jhs. riskieren nicht mehr eine theologische Auseinandersetzung mit der Gnosis. Sie begnügen sich damit, zu warnen und das Gespräch als gefährlich und nutzlos abzubrechen. Timotheus soll gewissen Leuten verbieten, falsche Lehren zu verbreiten und sich nicht an Fabeln und endlose Genealogien zu klammern, die mehr Streitigkeiten schaffen, als der Förderung des Heilsplanes Gottes dienen (1 Tim 1,3f). Und der Brief schließt mit der Warnung: „Timotheus, bewahre, was dir anvertraut ist. Halte dich fern von dem gottlosen Geschwätz und den falschen Lehren der sogenannten ‚Erkenntnis' *(pseudonymou gnōseōs)"* (1 Tim 6,20).

Das Abwehrverfahren der Pastoralbriefe und ein ähnliches Vorgehen bei den Apostolischen Vätern sowie in anderen frühchristlichen Schriften des 2. Jhs. offenbart eine gewisse Verlegenheit der kirchlichen Schriftsteller. Die Zeit eines Paulus und Johannes, in der gnostische Spekulationen aufgenommen werden konnten, um für die theologische Interpretation des apostolischen Kerygmas fruchtbar gemacht zu werden, scheint vorbei. Man kann sich nur wehren, indem man gnostische Spekulationen verwirft, nach Möglichkeit ausscheidet und die Gemeinden vor ihnen zu bewahren versucht. Es sieht so aus, als seien in der 1. Hälfte des 2. Jhs. bis hin zu Irenäus (Bischof um 177/8) die eigentlichen Theologen gnostisch denkende Lehrer gewesen, mit denen die kirchlichen Gemeindeleiter nicht konkurrieren konnten. Der Ausscheidungsprozeß war außerordentlich schwierig, weil die gnostisierenden Theologen zu den begabten Mitgliedern in den Gemeinden gehört haben dürften, die nicht nur mythologische Fabeln verbreiteten, wie das die späteren antihäretischen Kirchenlehrer glauben machen möchten, sondern auf der Linie des späten Paulus, des Kolosserbriefes oder des Johannes-Evangeliums weitergedacht haben. Erst allmählich gerieten die intellektuellen gnostischen Kreise an den Rand der Gemeinden und wurden schließlich ganz ausgeschieden. Und wahrscheinlich entstanden erst jetzt außerhalb der kirchlichen Gemeinden die im eigentlichen Sinne gnostischen Lehrsysteme, mit denen dann auch kirchlicherseits die theologische Auseinandersetzung aufgenommen werden konnte. Der Ausscheidungsprozeß selbst wurde zunächst nicht mit theologischen Argumenten geführt, sondern mit dem Hinweis auf moralische Forderungen und den einfachen, bekenntnismäßig gefaßten Gemeindeglauben. Mit theologischen Argumenten deshalb nicht, weil die theologische Entwicklung in diesen nachapostolischen Dezennien sich weithin im Raum gnostischen Denkens vollzogen zu haben scheint.

– Beurteilung

Die hier vorgetragene und positive Elemente nicht ausschließende Beurteilung der Frühphase christlicher Gnosis läßt sich quellenmäßig nur schwer belegen, weil die Weiterentwicklung der frühchristlichen Theologie im Schoß der Kirche selbst stattgefunden hat und nachträglich nur noch schwer auszumachen ist, wieviel gnostisches Gut in der Theologie eines Irenäus, Klemens von Alexandrien oder Origenes weitergelebt hat, nachdem die Gnosis selbst als häretisch ausgeschieden worden war. Man hat zu Recht behauptet, daß die frühchristliche Gnosis die große Gefahr für die Kirche des 2. und 3. Jhs. gewesen sei und sie die Kirche mehr Opfer gekostet habe als alle Verfolgungen zusammengenommen. Das ist aber nur möglich, wenn sie wichtige Kernpunkte der christlichen Verkündigung ins theologische Bewußtsein gehoben hat und nicht eine so absonderliche, den Evangelien, Paulus und Johannes fremde Lehre gewesen ist, als die sie die späteren Ketzerbekämpfer hinstellen. Nur eine Theologie, die sich den innersten Anliegen der christlichen Botschaft weithin nähert, bei der die Differenz zum Kirchenglauben mengenmäßig minimal ist, die zugleich aber den eigentlichen Kern total verfälscht, konnte der Kirche so gefährlich werden wie die Gnosis.
Ein positiver Aspekt der Wirkungsgeschichte der Gnosis wird noch deutlicher im Blick auf die paulinische Theologie, für die sich im kirchlichen Schrifttum des 2. Jhs. – sieht man einmal von Ignatius am Anfang und Irenäus gegen Ende dieses Zeitabschnitts ab – nur wenige Zeugnisse finden[176]. Betrachtet man nämlich „die ‚Gnosis' nicht als das zu einem bestimmten Zeitpunkt in einem riesigen Bereich einheitlich hervorbrechende negative Seinsverständnis, das sich in einer unbestimmten ‚Entweltlichungstendenz' manifestiert, sondern als die mächtige Erscheinung einer ersten christlich-paulinischen Theologie, die, getragen von großen Denkern, die gewaltigen Bilder der urchristlichen Eschatologie in ein philosophisch-mythisches Weltbild umsetzte und eben dadurch im Augenblick der Krise der ‚naiven' eschatologischen Erwartung das eigentliche Anliegen dieser Eschatologie wachhielt und damit das Christentum davor bewahrte, zu einer bloß moralisch-sozialen Institution herabzusinken, gerade dann und nur dann könnten die bedeutenden Impulse, die von dieser Gnosis auf die Höhen und Tiefen des geistigen Lebens des 2. Jhs. ausgehen mußten, sichtbar und verständlich werden"[177].

Diese Überlegungen führen zum Parusieproblem zurück. Auch den Gnostikern ging es letztlich um eine Entschärfung der Spannungen, die mit der Verzögerung der Wiederkunft Christi entstanden waren. Wie bleibt die Botschaft Jesu, von dessen historischem Beginn die Generationen sich unweigerlich entfernen, wirksam? Man hat den Gnostikern – nicht zu Unrecht – vorgeworfen, sie leugneten die Auferstehung des Leibes und redeten lieber von einer pneumatischen Auferstehung, die sich für den einzelnen Gläubigen im Glauben existentiell schon ereignet habe. Das klingt gefährlich; unterstellt man jedoch einmal, die gnostische Betonung läge nicht auf der Leugnung der leiblichen Auferstehung (demnächst, irgendwann bei der Wiederkunft), sondern auf der theologischen Begründung der Überzeugung, daß für den Christen eine geistliche Auferstehung durch die Erlösung vom innerweltlichen Todesverhängnis und den dämonischen Mächten dieses Äons schon geschehen ist, dann läßt sich eine solche Interpretation von paulinischer (und johanneischer) Theologie kaum noch unterscheiden.

Natürlich, sobald man die leibliche Auferstehung kategorisch ablehnte, wurde es gründlich falsch. Wenn man den zeitlichen Abstand zu Jesus unschädlich zu machen suchte, indem man die Heilsgeschichte eliminierte und Jesus zu einer mythologischen Chiffre für Erlösung durch Erkenntnis machte, wenn man – wie heutige Gnostiker sagen könnten – Jesus nur ins Kerygma auferstehen ließ und die Auferstehung nicht verstand als wirkliches Faktum der Heilsgeschichte, die immer ein Teil der Geschichte überhaupt ist, dann war der Boden der christlichen Offenbarung verlassen. Aber im Sinne des Paulus zu sagen, daß die Auferstehung sich schon ereignet, wenn die Wirkkräfte der Auferstehung vom Menschen im Glauben existentiell ergriffen werden, hatte einen guten Sinn. Wenn die Eschata zusammenschrumpfen zu einem in wesenloser Ferne liegenden Endgericht, das als Droh- oder Lockmittel gebraucht wird, um zu einem tugendhaften Leben zu mahnen – eine Gefahr, der die Gemeindefrömmigkeit unterliegen konnte – sind Paulus und Johannes ebenfalls mißverstanden.

Im Lauf der Zeit verlor sich die christliche Gnosis in haltlosen Spekulationen und verfolgte einen unkirchlichen Libertinismus oder Rigorismus. Sie auszuscheiden war für die Kirche eine Lebensnotwendigkeit. Aber vielleicht darf man doch sagen, zuvor oder diesen Prozeß begleitend hat die Herausforderung der Gnosis nicht nur lähmend, sondern auch anregend auf die kirchliche Entwicklung eingewirkt. Wenn die Kirche im 2. Jh. die Auseinandersetzung auf gleichem theologischem Niveau auch noch nicht aufnehmen konnte, so wurde sie doch auf den zukunftsträchtigen Weg der Theologie gewiesen. Gewiß banden die Leiter der Gemeinden ihre Gläubigen an knapp formulierte Glaubensbekenntnisse und handfeste moralische Forderungen, aber die Kirche erstarrte doch nicht in Glaubensformeln und im Nomismus. Sie verwarf die Gnosis als alleiniges Erlösungsprinzip, aber sie verzichtete nicht auf Erkenntnis schlechthin und beharrte auf der Behauptung der Vernünftigkeit ihres Glaubens. Sie band ihr Bekenntnis an den geschichtlichen Jesus, der nicht doketisch nur dem Schein nach Mensch geworden war und die Erlösung gewirkt hatte, sie verschloß sich aber auch nicht der Aufgabe, die existentiellen und kosmischen Aspekte dieses Vorgangs theologisch zu reflektieren. Sie stellte ihren Glauben in den Zusammenhang mit anderen religiösen und philosophischen Erkenntnissen durch eine innerkirchliche theologische Entfaltung des tradierten Offenbarungsgutes und übertraf damit die Bemühungen der frühchristlichen Apologeten, den christlichen Glauben einsichtig zu machen.

Der Abwehrkampf gegen die Gnosis verstärkte und beschleunigte eine Reihe von Entwicklungen, die als kirchliche Antwort auf das Ausbleiben der Parusie verstanden werden können:

a) Die Entfaltung und Stärkung des kirchlichen Amtes;
b) die Herausbildung des Traditionsprinzips im Rahmen der apostolischen Nachfolge;
c) die Sammlung der neutestamentlichen Schriften und die Abgrenzung des Kanons;
d) die Präzisierung des Glaubensinhaltes in Glaubensbekenntnissen und Symbola;
e) die Festlegung ethischer Normen und in innerlichem Zusammenhang damit die Klärung der Möglichkeiten von Buße und Sündenvergebung.

Daß mit der Bewältigung dieser innerkirchlich-theologischen Aufgaben eine Verfestigung der kirchlichen Strukturen verbunden war, läßt sich nicht bezweifeln. Sie sollte jedoch nicht gering geschätzt oder sogar negativ beurteilt werden, denn ohne die durch sie erfolgte Institutionalisierung hätte die Kirche ihre Identität mit dem Anfang nicht bewahren können. Nur als Institution konnte sie ihre Kontinuität bewahren und damit einen Rahmen schaffen, innerhalb dessen zahlreiche spirituelle Bewegungen sich entfalten und auch wieder verlöschen konnten, ohne den Bestand des geoffenbarten Glaubens zu gefährden. Daneben sollte bewußt bleiben, daß die Gnosis die Kirche nicht nur zur Lösung bestimmter theologischer Fragen, sondern zur Theologie überhaupt herausgefordert hat. Darin dürfte der wichtigste Gewinn für die Kirche gelegen haben, der alle anderen theologischen Fortschritte implizierte.

2.3 Kirchliche Abwehr

Es war Irenäus, der gegen Ende des 2. Jhs. das Schweigen der kirchlichen Schriftsteller gebrochen, die Fäden der paulinischen und johanneischen Theologie wieder aufgenommen und die Diskussion mit den inzwischen aus den Gemeinden ausgeschiedenen Gnostikern fortgesetzt hat. Alles, was sonst noch von ihm über kirchliches Amt, Sukzession und Schriftkanon zu sagen sein wird (vgl. S. 193f), gehört in diesen Zusammenhang und entstammt seinem umfangreichen Werk Adversus haereses, oder wie der ausführlichere Titel lautet: „Entlarvung und Widerlegung der falschen Gnosis".

– Irenäus' Ausgangspunkt

Nach den schweren, tumultartigen Verfolgungen, die 177 die gallischen Gemeinden von Lyon und Vienne heimgesucht hatten und in deren Verlauf auch der greise Bischof Potheinos umgekommen war, wurde der junge Irenäus als sein Nachfolger Bischof von Lyon (vgl. S. 104). Er war gebürtiger Grieche; in Smyrna hatte er, wie er sich dankbar erinnert, die Predigten des großen Bischofs Polykarp gehört, der seinerseits als Apostelschüler galt. D.h. mit wenigen Personen konnte die Zeit bis zu den kirchlichen Anfängen noch überbrückt werden. Irenäus war davon überzeugt, in der Tradition der alten, unverfälschten Verkündigung zu stehen. Darum galt seine ganze Kraft der Bewahrung und Sicherung der überlieferten Wahrheit. So wurde er zum ersten, bewußten Schrifttheologen der Kirche. Er begründete und verteidigte den Kanon der vier Evangelien, die zusammen mit den anderen Apostelbriefen als Heilige Schrift neben das Alte Testament treten und wie dieses „zitiert" werden können. Über das in diesem „Neuen Testament" Geoffenbarte wollte er nicht hinausgehen. Die mündliche Tradition kann dem Zeugnis der Schrift bestätigend zur Seite treten, mehr nicht (vgl. S. 193f). Wenn sich die Gnostiker auf allerlei Geheimlehren und Geheimoffenbarungen berufen, sind sie Neuerer, die auf die Schrift zu verweisen sind und auf die Lehre der Bischöfe, die den Zusammenhang mit den Aposteln in gerader Folge bewahrt haben. Darum hat sich Irenäus um die römische Bischofsliste bemüht und – auf ältere Vorlagen zurückgreifend – versucht, die Reihenfolge der stadtrömischen Bischöfe, so wie sie in Erinnerung geblieben war, aufzuschreiben; er wollte gleichsam an einem Musterfall zeigen, auf welche Weise die Wahrheit auf ihn und seine Generation gekommen ist (vgl. S. 176).

– Antignostische Polemik

In diesem Rahmen vollzog sich Irenäus' Kampf gegen die Gnostiker, die für ihn die schlimmsten Gegner der in Schrift und apostolischer Tradition festgelegten Wahrheit waren. Versucht man, die in allen gnostischen Systemen mehr oder weniger wiederkehrenden Grundlehren in Irenäus' Adversus haereses wiederzuentdecken, wird das auf Anhieb kaum gelingen. Eine klare Disposition und das Herausarbeiten von Hauptlinien gehören nicht zu den Stärken des Lyoner Bischofs. Sind auch hauptsächlich die Valentinianer seine Gegner, so will er doch jedem einzelnen Falschlehrer und seinen Irrtümern bis zu ihren Ursprüngen nachgehen; das führt zu ständigen Wiederholungen. Es gelingt erst nach einiger Mühe, die verstreuten Bemerkungen zu einem zusammenhängenden Bild zu vereinigen. Als Kernpunkt der Kontroverse stellt sich dabei die Geschichtlichkeit der Erlösung heraus, die durch Christi Tod und Auferstehung in der Zeit geschehen ist und in der Kirche geschichtlich weiterwirkt. Das aber bestreiten die Gnostiker.

"Sie unterscheiden den Christus, der geboren wurde und gelitten hat, von dem Christus ihres Demiurgen, der gemäß dem Heilsplan kam; oder den aus Joseph, den sie als den leidensfähigen festlegen, von dem, der aus den unsichtbaren und unaussprechbaren Regionen herkam und den sie als den unsichtbaren und unbegreiflichen und leidensunfähigen hinstellen. Aber darin irren sie von der Wahrheit ab, weil ihre Lehre den allein wahren Gott nicht kennt und weil sie nicht wissen, daß ... Jesus Christus unser Herr ist, der für uns gelitten hat und unseretwegen auferstanden ist und wiederkommen wird in der Herrlichkeit des Vaters, um alles Fleisch aufzuerwecken und Rettung zu bringen und das Gesetz des gerechten Gerichtes allen zu zeigen, die ihm unterworfen sind" (adv. haer. 3,16,6)[178].

Ebenso irren die Gnostiker bei der subjektiven Aneignung der Erlösung, wenn sie an die Stelle von Gottes gnadenhaftem Heilswillen und der freien Entscheidung des Menschen kosmische und anthropologische Gesetzmäßigkeiten setzen. Sie behaupten ja:

„Es gibt dreierlei Menschen: geistige [Pneumatiker], materielle [Hyliker] und seelische [Psychiker], wie Kain, Abel und Seth; aus diesen weisen sie die drei Naturen nicht nur für den einzelnen nach, sondern für die ganze Gattung. Die materielle Gattung geht einfach zugrunde; die seelische wird, wenn sie den besseren Teil erwählt, an dem Ort der Mitte ausruhen ... Das Geistige aber, das die ‚Weisheit' (Achamoth) von ehemals bis jetzt in die Seelen der Gerechten einpflanzte, das wird hienieden erzogen und ernährt, weil es ja unmündig entlassen wurde, später aber der Vollendung gewürdigt, indem es als Braut den Engeln des Heilandes übergeben wird, während die Seelen notwendigerweise in dem Ort der Mitte bei dem Demiurgen auf ewig ausruhen werden. Aber auch die seelischen (Menschen) zerfallen wieder in zwei Abteilungen: die einen sind von Natur aus gut, die anderen böse. Nur die guten sind fähig, den Samen aufzunehmen, die von Natur aus bösen werden ihn niemals empfangen" (adv. haer. 1,7,5)[179].

Hier wird ganz deutlich: Den Menschen ist ihre ewige Bestimmung von Natur aus mitgegeben; Erlösung ist eine ontologische, nicht eine heilsgeschichtlich-ethische Kategorie. Die Pneumatiker sind physisch zur Aufnahme in das Pleroma bestimmt, die Hyliker (die der Materie verhafteten) zum Untergang; nur die Psychiker scheinen sich für oder gegen das geistige Prinzip entscheiden zu können; aber im Schlußsatz heißt es auch von ihnen, daß sie von „Natur aus" gut oder böse, d.h. von vornherein dazu bestimmt sind, den Samen der erlösenden Gnosis aufzunehmen oder nicht. Der kosmische Dualismus, der Widerspruch zwischen dem göttlichen Pleroma und der böse-materiellen Schöpfung, zwischen Gott und dem Demiurgen wiederholt sich im Mikrokosmos Mensch.

Die Gnostiker sahen die drei Menschengattungen vorgebildet in Kain, Abel und Seth, d.h. in biblischen Personen. Das ist kein Zufall; die christlichen Gnostiker argumentierten mit Vorliebe in enger Anlehnung an die Heilige Schrift. Das gelang ihnen ohne Schwierigkeit, weil sie die biblischen Personen und Ereignisse als Personifikationen philosophischer Ideen betrachteten oder als historische Einkleidung eines im Grunde ahistorischen, kosmischen Dramas. Die kirchliche Verkündigung hatte ihnen dabei in die Hände gespielt, indem sie ebenfalls das Alte Testament allegorisch erklärt hatte, um Stellen, die wörtlich verstanden keinen geistig-theologischen Sinn ergaben oder Ereignisse berichteten, die man dem Buchstaben nach nicht auf die Urheberschaft Gottes zurückführen mochte, nicht aufgeben zu müssen. Die Gnostiker waren nur konsequent, wenn sie jetzt mit denselben Methoden an das Neue Testament herangingen. So muß Irenäus z.B. die gnostische Exegese der Heilung der Blutflüssigen widerlegen:

„Auch bei jener Frau, die an Blutfluß leidend den Rocksaum [des Herrn] berührte und geheilt wurde, sind sie offensichtlich im Irrtum. Diese Frau soll ja den zwölften Äon bedeuten, der in Irrtum geriet und sich ins Unendliche ausdehnte. Zuerst einmal ist jener Äon gar nicht der zwölfte, wie wir gezeigt haben. Aber selbst dies ihnen zum Überfluß zugegeben, so sollen von den zwölf Äonen elf zwar ohne Leiden geblieben sein, der zwölfte aber nicht. Die Frau hingegen war elf Jahre krank und wurde erst im zwölften Jahr geheilt. Wenn nun umgekehrt die elf Äonen unheilbar krank gewesen und der zwölfte geheilt worden wäre, dann könnte man noch mit einiger Wahrscheinlichkeit die Frau ihr Abbild nennen. Weil sie aber elf Jahre krank war und nicht geheilt wurde und erst im zwölften Jahr geheilt wurde, darum ist es unmöglich, darum kann sie nicht das Abbild des zwölften Äons sein, der allein in Leiden geriet, während die übrigen elf überhaupt nicht gelitten haben" (adv. haer. 2,23,1)[180].

Die konkrete Auslegung ist hier nicht das Entscheidende; sie soll nur zeigen, wie die Gnostiker ihre Spekulationen in biblische Texte einbringen konnten und wie das christliche Ohren nicht notwendig zu schrecken brauchte, weil sie ähnliches von der Behandlung des Alten Testaments gewöhnt waren.

Natürlich mußten auch die Gnostiker bei aller Allegorisierung eine auf Schöpfung, Welt und Menschen bezogene Geschichte anerkennen. Aber die fand für sie außerhalb des göttlichen Pleromas statt, gehörte zum demiurgischen Schöpfergott, war durch und durch Unheilsgeschichte und hatte mit der von Jesus gebrachten Gnosis nichts zu tun. Erlösung bedeutete ja gerade die Befreiung von dieser auf Untergang und Weltenbrand zusteuernden Schöpfung und Heimkehr in das göttliche Pleroma, in das die Pneumatiker kraft ihrer geistigen Natur von jeher gehörten. Irenäus hatte es nicht schwer, den Widersinn aufzudecken, der in dem Gedanken lag, es gebe eine demiurgische Welt, die außerhalb der Grenzen des grenzenlosen Pleromas liege und von der der allwissende Gott keine Kenntnis besitze (adv. haer. 2,4,2).

– Heilsgeschichte und *anakephalaiōsis*

Schwieriger war es für ihn, den Unterschied und zugleich die Einheit und Übereinstimmung der beiden Testamente zu begründen; er kam ja nicht darum herum, die Vorläufigkeit des Alten Testaments zugeben und ebenso, es geistig auslegen zu müssen, ohne jedoch die Taten des Herrn im Neuen Testament, insbesondere seinen Tod und seine Auferstehung, in ähnlicher Weise allegorisch auflösen zu dürfen.

„Wenn Christus nicht selber gelitten hätte, sondern von Jesus fortgeflogen wäre, wie hätte er seine Jünger ermahnen können, das Kreuz auf sich zu nehmen und ihm nachzufolgen, wenn er, wie sie sagen, das Kreuz nicht selber auf sich nahm und sich dem für ihn bestimmten Leiden entzog? Daß er dies aber nicht, wie einige zu erklären wagen, von der Erkenntnis des oberen Kreuzes sagte, sondern von dem Leiden, das er auf sich nehmen mußte und seine Jünger erdulden sollten, zeigen seine Worte: ‚Wer immer nämlich seine

Seele retten will, wird sie verlieren, und wer sie verlieren wird, wird sie finden'" (adv. haer. 3,18,5)[181].

Die Lösung des Problems, beide Testamente deutlich zu unterscheiden, trotzdem nicht beziehungslos auseinanderfallen zu lassen, lag für Irenäus in der heilsgeschichtlichen Verknüpfung des Alten mit dem Neuen Bund. Beide sind Teil der Heilsökonomie Gottes, der in Christus erfüllte, was er von Anfang an geplant hatte. Gewiß gibt es das Böse, die Sünde, den Tod, die Unvollkommenheit der Schöpfung und die Verderbtheit dieses Äons. Um das zu erklären, braucht es aber keinen demiurgischen Schöpfergott in Konkurrenz zu dem Gott und Vater Jesu Christi und keinen Dualismus zwischen einem bösen und einem guten Prinzip. Gott konnte Freiheit gewähren – auch die Freiheit zur Sünde –, weil sein Heilsplan durch die Sündenverderbtheit der gefallenen Schöpfung nicht vereitelt wurde. In Christus geschieht die Wiederherstellung *(recapitulatio, anakephalaiōsis)* des Ursprungs schon jetzt und endgültig am Ende der Tage. In Christus konvergieren alle Linien der Geschichte. Er ist der neue Adam. In einer im göttlichen Heilsplan angelegten Pädagogie strebten die Vorfahren des Alten Bundes auf Christus zu und mit ihm und in seiner Nachfolge streben die Gläubigen der Vollendung entgegen. Die Erlösung besitzt auch bei Irenäus kosmische Ausmaße, bleibt aber eingefügt in die Geschichte und gebunden an die wirkliche, in der Zeit geschehene Menschwerdung des göttlichen Logos. Die Geschichte des Unheils wurde wiederhergestellt in einer Geschichte des Heils. Die schon von Paulus kraftvoll verkündete Heilsgeschichte wird von Irenäus wiederentdeckt und in ihrem Verständnis als *recapitulatio – anakephalaiōsis* zu einem Schlüsselbegriff der Theologie gemacht. Mit ihm hat die kirchliche Theologie wieder Anschluß an Paulus gefunden, den die Gnostiker nicht länger als ihren Kronzeugen beanspruchen können. Solange die Theologie am heilsgeschichtlichen Verständnis der Erlösung festhält, das Freiheit und persönliche Verantwortung mit einbezieht, ist sie davor gefeit, zu einem gnostischen System philosophischer, tiefenpsychologischer oder sonstiger esoterischer Prägung herabzusinken.

Leicht ließe sich zeigen, wie unvollkommen die Theologie des Irenäus in vielem noch ist. Gott hatte einen guten Heilsplan, die Menschen haben ihn gestört, Christus hat ihn rekapituliert: So einfach ist die irenäische Gnadenlehre konzipiert. Welche gedanklichen Schwierigkeiten das Zusammentreffen des göttlichen Heilsratschlusses mit dem freien Willen des Menschen einschließt, ist noch nicht in sein Blickfeld getreten. Bezeichnenderweise hat Irenäus, der zahllose Male ins Lateinische übersetzt worden ist, in der nachfolgenden griechischen Theologie kaum Widerhall gefunden. Den subtiler denkenden griechischen Theologen war Irenäus doch wohl zu hausbacken, mehr Prediger als Philosoph. Trotzdem hat ihm die Kirche zu danken, daß er in kritischer Stunde gegen die Gnostiker die Wahrheit von der Einheit Gottes, der unverkürzten Gottheit und Menschheit in Christus und vom heilsgeschichtlichen Handeln der göttlichen Ökonomie verteidigt hat. Er hat die Gnostiker nicht zu überzeugen vermocht; er hat auch ihre tiefsten Anliegen nicht fruchtbar zu machen gewußt; darum bemühen sich erst Klemens von Alexandrien und Origenes. Aber er hat ihre Gefährlichkeit entlarvt. Und darin sah er seine Aufgabe als Bischof.

„Möge uns keine Schuld treffen, wenn einige wie Schafe von den Wölfen sich rauben lassen, indem sie dieselben wegen ihres Schaffelles, mit dem sie von außen sich umkleidet haben, nicht erkennen, da sie ja so ähnlich reden, aber der Geist ein ganz anderer ist" (adv. haer. 1, praef.).

Instinktiv, gefühlsmäßig hatten die Gemeindeleiter die Gefahr, die von den glänzend durchdachten und formulierten gnostischen Lehren ausging, schon längst geahnt und ihre Gläubigen vor ihnen zu bewahren versucht. Seit Irenäus und mit ihm konnten sie nunmehr diese Gefahr beim Namen nennen.

VII. Theologische Klärungen

Literatur

A. ADAM, Lehrbuch der Dogmengeschichte 1: Die Zeit der Alten Kirche (Gütersloh ⁵1985).
W. BEINERT, Die Kirche als Lokalkirche: US 32 (1977) 114/29.
H. VON CAMPENHAUSEN, Kirchliches Amt und geistliche Vollmacht in den ersten drei Jahrhunderten = BHTh 14 (Tübingen ²1963).
H. VON CAMPENHAUSEN, Die Entstehung der christlichen Bibel = BHTh 39 (Tübingen 1968).
E. DASSMANN, Sündenvergebung durch Taufe, Buße und Martyrerfürbitte in den Zeugnissen frühchristlicher Frömmigkeit und Kunst = MBTh 36 (Münster 1973).
Die Frau im Urchristentum. Hrsg. v. G. DAUTZENBERG/H. MERKLEIN/K. MÜLLER = QD 95 (Freiburg 1983).
H. EMONDS/B. POSCHMANN, Buße, Bußkleid, Bußstufen: RAC 2 (1954) 802/16.
I. GOLDHAHN-MÜLLER, Die Grenze der Gemeinde. Studien zum Problem der zweiten Buße im Neuen Testament unter Berücksichtigung der Entwicklung im 2. Jh. bis Tertullian = GTA 39 (Göttingen 1989).
A. VON HARNACK, Marcion. Das Evangelium vom fremden Gott (Leipzig ²1924, Nachdruck Darmstadt 1960).
L. HERTLING, Communio und Primat: US 17 (1962) 91/125.
R.M. HÜBNER, Die Anfänge von Diakonat, Presbyterat und Episkopat in der frühen Kirche: Das Priestertum in der Einen Kirche. Hrsg. v. A. RAUCH/P. IMHOF = Koin. 4 (Aschaffenburg 1987) 45/89.
R.M. HÜBNER, Der paradoxe Eine. Antignostischer Monarchianismus im zweiten Jahrhundert = SVigChr 50 (Leiden 1999).
M. KARRER, Das urchristliche Ältestenamt: NT 32 (1990) 152/88.
J.N.D. KELLY, Altchristliche Glaubensbekenntnisse (Göttingen ³1972).
L. KOEP, Bischofsliste: RAC 2 (1954) 407/15.
G. KRETSCHMAR, Die „Selbstdefinition" der Kirche im 2. Jh. als Sammlung um das apostolische Evangelium: Communio Sanctorum. FS Bischof Scheele. Hrsg. v. J. SCHREINER/K. WITTSTATT (Würzburg 1988) 105/31.
H. DE LUBAC, Geist aus der Geschichte. Das Schriftverständnis des Origenes (Einsiedeln 1968).
B.M. METZGER, The Canon of the New Testament (Oxford 1987).
N. NEYMEYR, Die christlichen Lehrer im zweiten Jahrhundert = SVigChr 4 (Leiden 1989).
B. POSCHMANN, Paenitentia secunda. Die kirchliche Buße im ältesten Christentum bis Cyprian und Origenes = Theoph. 1 (Bonn 1940).
G.L. PRESTIGE, God in Patristic Thought (London ²1952).
J. ROHDE, Urchristliche und frühkatholische Ämter = ThA 33 (Berlin 1976).
K. SCHNEIDER, Studien zur Entfaltung der altkirchlichen Theologie der Auferstehung = Hereditas 14 (Bonn 1999).
B. VON STRITZKY, Der Dienst der Frau in der alten Kirche: LJ 28 (1978) 136/54.
B. STUDER, Gott und unsere Erlösung im Glauben der Alten Kirche (Düsseldorf 1985).
M. VINZENT, Die Entstehung des Römischen Glaubensbekenntnisses: W. KINZIG/CH. MARKSCHIES/M. VINZENT, Tauffragen und Bekenntnis = AKG 74 (Berlin 1999) 184/410.
H.-J. VOGT, Coetus Sanctorum. Der Kirchenbegriff des Novatian und die Geschichte seiner Sonderkirche = Theoph. 20 (Bonn 1968).
H. VORGRIMLER, Buße und Krankensalbung = HDG 4,3 (Freiburg 1978).

1. Gott und Christus

1.1 Fragestellung

So sehr Gott und Christus das Zentrum aller christlichen Verkündigung bilden, im Mittelpunkt notwendiger theologischer Klärungen standen sie in den ersten drei Jahrhunderten nicht. Von dem einen und wahren Gott sprach die ganze Heilige Schrift des Alten Bundes, zur Auseinandersetzung mit den vielen Göttern stand die umfangreiche philosophische Götterkritik zur Verfügung. Nirgends sonst sind die frühchristlichen Apologeten so beredt, wie wenn sie die heidnische Götter- und Götzenbilderverehrung kritisieren können[182].

Auch die Christusverkündigung besaß ein breites Fundament mündlicher und schriftlicher Traditionen, wenn erst einmal kirchenamtlich gesichert war, was dazu gehörte und was nicht.

Spannungsreich war allein das Verhältnis zwischen dem einen Gott und Christus, denn dazu gab es Aussagen, die sehr verschieden interpretiert werden konnten. Wenn das urapostolische Kerygma von Christus bekannte: „Gott hat ihn zum Herrn und Messias gemacht" (Apg 2,36), hieß das, er war es nicht von Anfang an? Warum bezeugte Paulus eine unüberbietbare Nähe und Verwandtschaft zwischen Christus und dem Vater, ohne aber in direkter Weise die wesenhafte Gottheit des Sohnes auszusprechen? Was meinte die Unterwerfung des Sohnes unter den Vater am Ende der Zeit, „damit Gott herrscht über alles und in allem" (1 Kor 15,28)? Auf der anderen Seite haben die Gemeinden schon früh begonnen, entsprechend der Weisung Jesu in Mt 28,19 trinitarisch zu taufen. Bereits die Didache bestimmt:

„Bezüglich der Taufe haltet es so: Wenn ihr all das Vorhergehende gesagt habt, taufet auf den Namen des Vaters und des Sohnes und des Heiligen Geistes in fließendem Wasser" (7,1)[183].

Was diese, in einer rituellen Formel unbefangen ausgesprochene Gleichordnung von Vater, Sohn und Heiligem Geist aber bedeutete, wenn man sie gleichsam „ontologisch" abhorchte, war ungeklärt.

Eines stand fest: Was die christologischen Hoheitsaussagen auch immer beinhalteten – die Schriftworte über den Heiligen Geist spielten zunächst noch keine Rolle –, eine Beeinträchtigung des Monotheismus durfte mit ihnen auf keinen Fall verbunden sein. *Heis theos,* ein Gott, lautete das von den Juden übernommene Bekenntnis, in dem sich die Überlegenheit der frühchristlichen Verkündigung über den zerbröckelnden spätantiken Götterhimmel überzeugend ausdrückte. Dieses einfache Bekenntnis trinitarisch zu komplizieren, hätte die Mission nur unnötig erschwert. Die seit der Frühzeit der vergleichenden Religionswissenschaft oft wiederholte Behauptung, die Kirche habe eine Trinität gebraucht, weil in der heidnischen Umwelt zahlreiche Götterdreiheiten verehrt worden seien, von Isis, Osiris und

Horus angefangen über die kapitolinische Dreiheit Jupiter, Juno und Minerva bis hin zu Hermes Trismegistos, dem dreimal großen Hermes, verkennt das Interesse der frühchristlichen Missionspredigt. Trinitarische Spekulationen hätten sie den heidnischen Angeboten nicht ebenbürtig gemacht, sondern gerade den Vorsprung aufgegeben, den sie mit ihrem Bekenntnis zum Monotheismus in den Augen vieler Menschen besaß.

Trotzdem konnten die tatsächlich vorhandenen Spannungen zwischen monotheistischem Glauben und trinitarisch geformten Doxologien von philosophisch geschulten christlichen Theologen auf die Dauer nicht einfach übergangen werden. Leider standen viele von ihnen am Rande, wenn nicht gar außerhalb der missionierenden Gemeinden, denn man wird sie unter den christlichen Gnostikern zu suchen haben (vgl. S. 143f), die in fremdartig anmutenden Begriffen und Metaphern über das Verhältnis Christi zum Vater zu spekulieren begannen und sich dabei bibelfremder Gedankengänge über göttliche Emanationen (Hervorbringungen) bedienten, was die Akzeptanz ihrer Versuche von vornherein belastete.

1.2 Lösungsversuche

– Subordinatianismus

Wie ließen sich die biblischen und in der Gemeindefrömmigkeit verwurzelten Aussagen über die Gottessohnschaft Jesu mit dem Bekenntnis zu dem einen Gott verbinden? Zwei Lösungsmöglichkeiten boten sich an.

Die erste – für sie stehen Theologen wie Hippolyt, Tertullian, Origenes, Novatian und andere – ordnete die göttlichen Personen subordinatianisch vertikal und hatte den Vorzug, daß sie den Unterschied von Vater und Sohn deutlich festhalten konnte. Ihre Schwierigkeit bestand darin, daß sie den Sohn dem Vater unterordnen, irgendeine Form des Abhängig-, des Geworden-, Geschaffen- oder Gezeugtseins annehmen mußte, wenn sie nicht in eine ditheistische Lehre von zwei gleichrangig nebeneinanderstehenden Göttern zurückfallen wollte.

Bei Origenes, dem bedeutenden Alexandriner Theologen, dem ersten überhaupt, der in seinem Werk De principiis so etwas wie einen Gesamtentwurf der Theologie gewagt hat, hört sich die subordinatianische Lösung, wenn man sie der biblischen Sprache entkleidet und auf ihren spekulativ-philosophischen Kern zurückführt, so an: Vor jedem Ursprung, noch jenseits von Vernunft und Sein, befindet sich die Gottheit als ungegliederte Einheit. In überströmender Vollkommenheit und mit überfließender Güte entläßt sie aus sich den Logos. Wie das Licht den Glanz aussendet, so bringt Gott aus sich den Sohn hervor, gleichen Wesens, doch niederer Ordnung. Er ist gezeugt und geschaffen: gezeugt, insofern er hervorgeht aus dem göttlichen Wesen – was die Philosophen Emanation nennen –, geschaffen, weil die göttliche Allmacht den Vorgang ins Werk gesetzt hat, so wie das Licht der Ursprung des Glanzes ist und nicht umgekehrt.

Der Logos gehört nicht zur Welt, vielmehr hat Gott durch ihn die Welt erschaffen. Der Logos ist der Mittler zwischen dem ureinen Gott und der Vielheit der Schöpfung. Diese Funktion weitet sich bei der Inkarnation des Sohnes aus von der kosmologischen zur soteriologischen Vermittlung. Schöpfung und Erlösung gründen im Logos-Sohn. Was immer schon glaubensmäßig bekannt worden war, konnte auf diese Weise auch philosophisch begründet werden[184]. Der Einfluß des Johannes-Evangeliums bei Origenes ist unverkennbar, wie überhaupt der johanneische Gebrauch des Logosbegriffs die Versuche der gesamten subordinatianisch gestimmten Logoschristologie legitimiert hat.

Unter dem Sohn steht für Origenes der Heilige Geist, durch jenen ins Wesen gerufen (vgl. Tract. in Joh. 2,10). Origenes lehrt damit eine Dreifaltigkeit, die aber keine volle Dreieinigkeit ist. Auch wenn Vater, Sohn und Heiliger Geist zu einer „angebeteten Dreiheit" verbunden werden, so bleiben sie doch der Ehre und Machtfülle nach vertikal einander untergeordnet (vgl. princ. 1,3,5).

Die Logosspekulationen boten verschiedene Modelle, den Unterschied göttlicher Qualität zwischen Vater, Sohn und Geist auf ein Minimum zu reduzieren. Eine Differenz blieb gleichwohl bestehen. Insofern war die subordinatianische Theologie schwierig und bedurfte der Anstrengung des Gedankens, um bei noch nicht vorhandener eindeutiger Terminologie den Unterschied zwischen den göttlichen „Personen" nicht aus der Sphäre des Göttlichen in die des Kreatürlichen abgleiten zu lassen.

– Monarchianismus

Die zweite, traditionellere und in der jüdischen Tradition verankerte Lösung hatte den Vorteil, daß sie die göttliche Einheit ohne Abstriche wahren konnte, nicht aber die Eigenständigkeit der göttlichen Personen.
Einen flachen Rationalismus verrät eine Spielart, die man den dynamistischen Monarchianismus oder auch Adoptianismus genannt hat. Um 190 bezeichnete ein aus Byzanz stammender Theodot der Gerber in Rom Christus als bloßen Menschen. Theodot soll, weil er in der Verfolgung versagt hatte, zu seiner Rechtfertigung geltend gemacht haben, er habe nicht Gott, sondern nur einen Menschen verleugnet. Zu ihm gesellten sich ein Geldwechsler gleichen Namens und einige andere. Als sie nach ihrem Ausschluß aus der römischen Gemeinde durch Bischof Viktor versuchten, eine eigene Kirche aufzubauen, konnten sie für kurze Zeit einen frommen, aber etwas einfältigen Konfessor namens Natalius als Bischof gewinnen. Durch nächtliche Gesichte erschreckt, kehrte er jedoch bald reumütig in die römische Gemeinde zurück (vgl. Eusebius, Kirchengeschichte 5, 28,8/12). Als Hauptvertreter des Adoptianismus gilt Bischof Paul von Samosata (am Oberlauf des Euphrat). Seinetwegen trat 268 eine Synode zusammen, um ihn abzusetzen, wobei nicht ganz klar wird, ob nur wegen seiner christologischen Irr-

tümer oder auch weil die Bischofskollegen über seine Lebensweise verärgert waren (vgl. Eusebius, Kirchengeschichte 7,27/30).

Im Mittelpunkt seiner Christologie steht Jesus, den man mit Recht Gottes Sohn nennen kann, denn er wurde nach Lk 1,35 vom Heiligen Geist aus der Jungfrau gezeugt. In ihm wohnt der Logos des Vaters wie in einem Tempel, eine *dynamis* Gottes, von diesem nicht verschieden im Sinne eigenständiger, personaler Verschiedenheit[185].

Verbreiteter als der adoptianistische war der modalistische Monarchianismus, für den Vater, Sohn (und Heiliger Geist) nur Erscheinungsweisen (Modalitäten) des einen und einzigen Gottes sind. Hippolyt wirft dem Monarchianer Kleomenes vor:

„So nämlich glaubt er, die Monarchie sicherzustellen, indem er behauptet, ein und dasselbe sei der Vater und der so genannte Sohn, nicht etwa einer aus einem anderen, sondern er selbst aus sich selbst; dem Namen nach werde er Vater und Sohn genannt, je nach dem Wechsel der Zeiten; es sei aber ein einziger, der da erschienen ist und sich der Geburt aus der Jungfrau unterzogen hat und als Mensch unter Menschen gewandelt ist; der sich denen, die ihn sehen, als Sohn bekannt hat um der erfolgten Geburt willen, der aber der Vater sei und es denen, die es fassen konnten, nicht verborgen hat. Dieser sei es, der das Leiden auf sich genommen und ans Kreuz geheftet wurde und sich selbst den Geist übergeben hat; der gestorben ist und nicht gestorben ist und sich selbst am dritten Tag auferweckt hat; der im Grabe bestattet und mit der Lanze durchbohrt und mit Nägeln befestigt ward – dieser sei der Gott und Vater aller Dinge ..." (ref. 9,10,11f)[186].

Daß in Christus Gott, der Vater, selbst gelitten habe, lag in der Konsequenz des Modalismus, weswegen man ihn auch Patripassianismus genannt hat: indem Gott für uns leidet, erscheint er als Sohn. Sabellius, mit dessen Namen die modalistische Irrlehre vornehmlich verbunden wird, sprach mit Vorliebe von *hyiopater* (Sohnvater), um dieses Gottwesen zu charakterisieren.

Die heute vielleicht ein wenig fremd anmutende monarchianische Theologie war damals weit verbreitet. Noët von Smyrna hing ihr an, Sabellius hatte sie in Libyen und Rom verbreitet, Praxeas in Nordafrika. Auch die beiden römischen Bischöfe Zephyrin (199/217) und Kallist (217/22) standen ihr nahe und hatten Mühe, mit einigen gewundenen Formulierungen dem von Hippolyt geschürten Verdacht irriger Trinitätsauffassung zu entgehen. Und hinter ihnen stand die Menge der Gläubigen, die von der religiösen Tiefe des monarchianischen Gottesbildes mehr angezogen wurde als von den ausgeklügelten subordinatianischen Spekulationen. Wie sollte Christus der Erlöser sein, wenn er nicht war wie der eine und einzige Gott[187]? Noch heute fasziniert der Gedanke, daß in Christus am Kreuz Gott selbst leidet und das Leid der Menschen mitträgt, mehr als die Vorstellung von einer unbewegten göttlichen Majestät des Vaters, der das Leiden seines Sohnes als *satisfactio* für seine Beleidigung durch die Sünde fordert – womit über die dogmatische Richtigkeit beider Standpunkte nichts gesagt sein soll.

– Christologie

Mit dem trinitarischen Problem eng verbunden war die Frage nach Christus. Bereits am Ende der apostolischen Zeit hatte sie einen Stand erreicht, bei dem unmißverständlich bekannt wurde, daß der Mensch Jesus zugleich Gottes Sohn ist. Das Ärgerniserregende dieser Behauptung wurde deutlich gesehen. „Du bist nur ein Mensch und machst dich selbst zu Gott", warfen die Juden Jesus vor (Joh 10,33). Scharf betont das Johannes-Evangelium darum die Wirklichkeit, aber auch den unerhörten Gegensatz zwischen der präexistenten Seinsweise des göttlichen Logos und der menschlichen Natur des Jesus von Nazareth. Nicht ohne Absicht gebraucht der Evangelist die harte Formulierung: „Und das Wort *(logos)* ist Fleisch *(sarx)* geworden und hat unter uns gewohnt" (Joh 1,14). Fleisch steht dabei biblisch gesehen nicht im Gegensatz zu Geist, sondern bezeichnet die Vergänglichkeit der gesamten menschlichen Natur gegenüber der Unsterblichkeit des göttlichen Logos. Eine gewaltige Spannung lastet zwischen *logos* und *sarx;* trotzdem gehören beide zu Christus.

Aufgabe der nachapostolischen Verkündigung und Theologie war es, diese Spannung auszuhalten und sie nicht in eine allen christologischen Irrlehren zugrunde liegende Alternative aufzulösen, indem man entweder doketisch/gnostisch die Menschheit oder subordinatianisch/adoptianisch die Gottheit Christi preisgab oder zu stark verkürzte. Hielt man an der vollen Gottheit und Menschheit in Christus fest, bestand eine weitere Gefahr darin, die Verbindung zwischen beiden so weit auseinanderzureißen oder so eng zu fassen, daß die Einheit von Jesus und Logos in Christus entweder (nestorianisch) zerfiel oder (monophysitisch) ununterscheidbar verschmolz. Die nachapostolische Verkündigung versuchte allen Fehldeutungen zu entgehen, indem sie an der unverkürzten Gottheit und Menschheit sowie an der Verbindung beider in Christus in Predigt und Liturgie festhielt, ohne diesen Glauben in allen seinen Bedingungen und Folgen spekulativ einsichtig machen zu können. Auf diese Weise wurde das *depositum fidei* bewahrt, bis es in den Synoden und Konzilien des 4. und 5. Jhs. theologisch aufgearbeitet werden konnte.

Dieses Bemühen, die apostolische Grundlage festzuhalten, wird anschaulich bei Ignatius von Antiochien, bei dem paulinische und johanneische Traditionen weiterwirken. Im Brief an die Epheser[188] klagt er über gewisse Leute, die mit arger List den Christennamen tragen und wie tollwütige und tückisch beißende Hunde sind. Die Gläubigen müssen sich vor ihnen hüten, weil sie schwer heilbare Wunden zufügen. Dieser von Ignatius gern herangezogene Vergleich aus der Heilkunde führt zu dem christologischen Bekenntnis:

„Einer ist Arzt,
aus Fleisch zugleich und aus Geist,
gezeugt und ungezeugt,
im Fleische erschienener Gott, im Tode wahrhaftiges Leben,

aus Maria sowohl wie aus Gott,
zuerst leidensfähig und dann leidensunfähig,
Jesus Christus, unser Herr" (7,2).

Schematisiert man den Satz, ergeben sich zwei Reihen, von denen die eine Göttliches, die andere Menschliches aussagt, wobei sie durch das Bekenntnis: „Einer ist Arzt ... Jesus Christus, unser Herr" zu einer Einheit verbunden werden. Noch an vielen anderen Stellen wird diese Einheit von Ignatius betont, indem er in einer sogenannten Idiomenkommunikation Göttliches vom Menschen Jesus und Menschliches vom Logos aussagt bei klarer Unterscheidung beider Seinsweisen.

Eine schlichte Formeltreue bestimmte weithin die Gemeindepredigt der ersten Jahrhunderte. Sie mußte gegenüber den theologisch komplizierteren Christologien der Häretiker, vor allem der Gnostiker, genügen. Ihnen wirft Irenäus vor:

„Johannes kennt nur ein und dasselbe göttliche Wort, und dieses Wort ist der eingeborene Sohn, und er ist Fleisch geworden um unseres Heiles willen ... Darum stehen sie alle außerhalb der Heilsordnung, diejenigen, die unter dem Deckmantel der Gnosis auf die eine Seite Jesus und auf die andere Christus stellen und, von diesem verschieden, das Wort ... Sie zerteilen und zerstückeln den Gottessohn" (adv. haer. 3,16,2.8).

Die Betonung der Einheit von Gottheit und Menschheit in Christus steht im Mittelpunkt der kirchlichen Verkündigung von apostolischer Zeit an. Noch das Konzil von Nizäa (325) begnügte sich letztlich damit, an diesem Bekenntnis festzuhalten. Unbeantwortet blieb bei dieser „Einheitschristologie" die Frage: Was geschah bei der Inkarnation? Wie wird aus zweien eins, und zwar wirklich eins, ohne daß aus der Vereinigung ein neues drittes hervorgeht, sondern nur ein vermittelndes drittes, das die Verbindung ermöglicht? Trotz dieser Schwäche kann man den Wert der in der Verkündigung durchgehaltenen Tradition von der gottmenschlichen Einheit in Christus nicht leicht überschätzen. Daß die andrängenden Schwierigkeiten nicht sofort aufgearbeitet werden konnten, ändert nichts an dem wichtigen Ergebnis, daß die wesentlichen Elemente einer vollständigen Christologie bewahrt worden sind und für die im 4. Jh. begonnene und im 5. Jh. abgeschlossene theologische Arbeit bereitlagen.

2. Kirche und kirchliches Amt

2.1 Theologisches Verständnis der Kirche

Über die Größe frühchristlicher Gemeinden gibt es nur wenige Zahlenangaben (vgl. S. 261); trotzdem wird man bis in die nachapostolische Zeit hinein mit winzigen Gemeinschaften rechnen müssen, die im städtischen Leben und im Vergleich mit anderen religiösen oder sozialen Vereinen keine bemerkenswerte Rolle spielten. Um so erstaunlicher ist das Selbstbewußtsein, das in den Selbstaussagen über die Kirche bereits am Beginn des 2. Jhs. sichtbar wird. Mit der griechischen Vorstellung von *ekklesia* als einer zur Ausübung von Rechtsakten zusammengekommenen Versammlung der stimmberechtigten Mitglieder einer Polis hat die Kirche nur das Wort gemeinsam; auch über den jüdischen *qahal* als der von Gott in der Endzeit aus der Zerstreuung gesammelten Gemeinde wächst sie bald hinaus. Die Kirche verstand sich zwar auch als Gottesvolk und das neue Israel der Endzeit, doch wurde die volksmäßige Einengung sofort überwunden und die Kirche als Gemeinschaft der an Christus Glaubenden aus allen Völkern, Stämmen und Nationen verstanden. Kirche bezeichnete von Anfang an nicht nur die kleine Gemeinde am jeweiligen Ort, sondern ebenfalls die Gemeinschaft aller Gläubigen, die die universale Kirche bilden.

– Präexistenz

Dabei partizipierte die Theologie von der Kirche am schnellen Wachsen der urchristlichen Christologie. Was die theologische Reflexion bereits in neutestamentlicher Zeit erkannte: daß der am Kreuz gestorbene Jesus von Nazareth in chronologischer und kosmischer Ausweitung präexistenter Sohn Gottes, wiederkommender Kyrios und Haupt der Schöpfung ist, wird im Anschluß an Paulus und die deuteropaulinischen Briefe an die Kolosser und Epheser auf die Kirche als den fortlebenden *Christus prolongatus* übertragen. Eine transzendentale Ekklesiologie verleiht der konkreten Gemeinde auf diese Weise einen Glanz, den sich kein zeitgenössischer Kultverein in seinem Selbstverständnis angemaßt hätte. Ähnlich wie Ignatius von Antiochien, Smyrn. 8,2, der die Einzelgemeinde typologisch zur Universalkirche überhöht, entwickelt der 2. Klemensbrief 14,2 mit Hilfe der Präexistenzchristologie die Vorstellung von einer himmlischen Geistkirche, die schon am Beginn der Schöpfung geschaffen wurde, so wie Gott den Menschen als Mann und Frau geschaffen hat, wobei der Mann Christus, die Frau die Kirche vorstellt. Von der vor Sonne und Mond entstandenen Kirche, um derentwillen alles geschaffen wurde, spricht ebenfalls der Hirt des Hermas, visio 2,42. Die immer wieder an kleine, konkrete Gemeinden gerichteten praktischen Mahnungen nach Einheit, sittlicher Lebensführung und Bußbereitschaft erscheinen auf diese Weise eingebettet in zeit- und raumübergreifende Spekulationen über eine präexistente Kirche, mit der die einzelnen Gemeinden insgesamt, aber auch die einzelnen Gläubigen untereinander als Glieder am Leib Christi verbunden sind. Das paulinische Bild vom Leib (vgl. 1 Kor 12,12/27) taucht zwar schon im hellenistischen Raum zur Beschreibung von Zusammenschlüssen unterschiedlicher Art auf[189]; die theologischen Konsequenzen, die daraus für die *ecclesia ab Abel* und *in paradiso* gezogen werden, die sowohl in der versammelten Gemeinde als auch in der Seele des einzelnen Gläubigen gegenwärtig ist, sind dagegen einmalig.

– Eschatologie

Wie die Präexistenz hat die frühchristliche Ekklesiologie ebenfalls die Erwartung der Wiederkunft Christi in den Gedanken einer heilsgeschichtlich-eschatologischen Vollendung der irdischen Kirche aufgenommen. Diese eschatologische Sicht drückt sich bereits in dem Gedanken von der Heimatlosigkeit aus, in der die in Ortsgemeinden gegliederte Kirche lebt. Von der „Kirche Gottes, die zu Rom in der Fremde wohnt", richtet sich die Botschaft des 1. Klemensbriefes 1,1 „an die Kirche Gottes, die zu Korinth in der Fremde wohnt". Aus dieser Welt herausgelöst und in die Lebensgemeinschaft mit Christus eingebunden, geht sie ihrem „in Wahrheit vorgelegten Ziel", der Vollendung des Gottesreiches, entgegen (ebd. 63,1). Auch der Erwählungsgedanke, der die *eklektoi* einer Gemeinde sich als *ekklesia* verstehen läßt, ist eschatologisch ausgerichtet. Die gemeinsame Erwählung ist Ausdruck des göttlichen Heilswillens, der dem Zusammenleben einer Gemeinde damit den Charakter der Heilsnotwendigkeit verleiht.

Der Gedanke von der eschatologischen Bestimmung der Kirche, die dahinfährt durch diese Welt wie durch ein Meer, die sie zugleich schon hinter sich gelassen hat, weil sie bereits im Himmel verankert ist, Schiff zugleich und Hafen, auf der Pilgerschaft und schon daheim, ist in der Folgezeit von den Vätern in eindringlichen Bildern auf immer neue Weise den Gläubigen bewußt gemacht worden[190].

– Kosmologischer Aspekt

Schließlich ist auch die kosmologische Ausweitung der Christologie schon in den spätneutestamentlichen Schriften ekklesiologisch fruchtbar gemacht worden. Wie die Erlösung der Schöpfung von Christus als ihrem kosmischen Haupt abhängt, so ist die Auferstehung der physischen Elemente an die Vollendung der Kirche geknüpft; am Ende der Zeiten wird aus dem Weltenschiff das Kirchenschiff, das allein aus dem Untergang rettet. Wie die Welt um der Kirche willen geschaffen wurde, so wird sie vergehen, wenn die Kirche an ihrem Ziel angekommen ist[191]. Entsprechend fügt Hippolyt die Bilder zusammen, wenn er schreibt:

„Was aber das Schiff betrifft, daß es in den vier Weltrichtungen herumfuhr und dann wieder nach Osten zurückkehrte, so ist es nach unserer Ansicht ein Hinweis auf das Kreuz – und die Arche, d.h. das Schiff, ist der erwartete Christus. Denn diese Arche war die Errettung Noas und seiner Söhne und der Haustiere und der wilden Tiere und Vögel; und Christus starb für uns dahin am Kreuz und errettete uns vom Satan und von der Sünde und erkaufte uns mit seinem reinen Blut" (Fragment 4 in Gen. 8,1).

In der Arche der Kirche, bestückt mit dem Mastbaum des Kreuzes, werden nicht nur Noa und die Seinen, sondern wird die ganze Schöpfung zum Berg im Osten, d.h. zur ewigen Vollendung getragen.

In allen Bildern bleibt dabei die Dialektik erhalten zwischen der Kirche, die mehr ist als die Summe ihrer Glieder und zugleich nur in ihnen besteht. Weder der einzelne ist die Kirche noch die Summe der einzelnen; dennoch ist die Kirche kein Abstraktum, kein gedankliches Gegenüber zu den Gläubigen, denn nur in der Einzelseele ereignet sich die Verbindung des Logos Christus mit seiner Braut, der Kirche[192].

Eine ähnlich theologisch entfaltete Vorstellung gibt es von keiner anderen religiösen Gemeinschaft zur Zeit der werdenden Kirche – sieht man einmal vom jüdischen Bewußtsein der Auserwählung ab. In der alltäglichen Wirklichkeit nur eine kleine Gruppe, die mit bescheidenen Gottesdiensten und einigen von den Zeitgenossen argwöhnisch betrachteten Lebensregeln ein in der Gesellschaft unscheinbares Dasein fristete, gab sich die Kirche in der theologischen Interpretation eine Stellung, die alle zeitlichen und räumlichen Ausdehnungen umschloß und sie zum alleinigen Ort der Gottesbegegnung und Heilsvermittlung machte.

– *Sponsa et mater*

Das Bild von der Kirche als Braut *(sponsa)* ist vor allem in der östlichen Theologie zuhause und wird bevorzugt von Origenes herangezogen, um sowohl das Verhältnis der Kirche zu Christus als auch das der Gläubigen zur Kirche zu beschreiben. Bedrückt von den Sünden vieler Gläubigen, fürchtet Origenes, die Kirche könnte von der Reinheit ihres Ursprungs abfallen. Wenn sie aber nicht mehr die Braut ohne Makel und Runzeln ist, als die Christus sie sich erwählt hat (Eph 5,27), hört sie auf, überhaupt Kirche zu sein. Darum sucht Origenes nach Menschen, die bräutlich leben, deren Sorge allein der Herr ist; sie sind die *animae ecclesiasticae,* in denen sich das Wesen der Kirche offenbart als die Braut, die dem Herrn in unverbrüchlicher Treue entgegenharrt[193].

Origenes hat diesen Aspekt seiner Ekklesiologie nicht abstrakt-theoretisch als Deduktion aus dogmatischen Sätzen über das Wesen der Kirche entwickelt, sondern im Rahmen seiner geistlichen Schriftauslegung, insbesondere der des Hohenliedes. Dabei erfährt die typologische Identifizierung der Braut des Hohenliedes eine bezeichnende Doppelung. Während der Bräutigam natürlich Christus vorbildet, stellt die Braut die *ecclesia vel anima* (Kirche oder Seele) dar, aber nicht im Sinn einer Doppelauslegung einmal auf die Kirche als Gemeinschaft oder Institution, sodann auf den einzelnen Christen hin, sondern in der Weise, daß in der *anima* die Kirche lebt und mit der *ecclesia* der Christ gemeint ist (Comment. in Cant. 1). Die Verknüpfung kann so eng sein, daß bei der Auslegung eines Hohenliedverses nicht klar wird, ob sich das vorherrschende Augenmerk auf die Kirche oder die Einzelseele richtet, immer ausgehend von dem Grundgedanken, daß es ein distanzierendes Gegenüber von Christ und Kirche gar nicht gibt.

Genau darauf aber kommt es Origenes an; er scheidet nicht persönliche von kirchlicher Heiligkeit. Die *anima perfecta* ist als *anima ecclesiastica* der innerste Kern des *corpus ecclesiae* als Braut. In den um Vollkommenheit bemühten Menschen ist die Kirche schon hier auf Erden – nicht erst in eschatologischer Zukunft – als heilige Kirche gegenwärtig. Sie wird nicht spiritualistisch verflüchtigt, sondern gerade im entscheidenden Punkt der Heiligkeit, die man auch als die von Christus geschenkte Sündenbefreiung verstehen kann, sichtbar und erfahrbar. Die Heiligkeit des Christen ist die Makellosigkeit der Kirche als Braut. Der Gedanke einer den Gläubigen als Mutter gegenüberstehenden Kirche ist Origenes fremd[194].

Das Bild von der Kirche als Mutter prägt dagegen stark die westliche Ekklesiologie. Bereits Tertullian spricht von der *domina mater ecclesia* (mart. 1,1), die die Neugetauften leitet, wenn sie ihre Hände zum Gebet erheben (bapt. 20,5) und sich in anhaltender Sorge um ihre *disciplina* kümmert.

Hier kündigt sich ein Wandel im Kirchenverständnis an, der bei Cyprian noch deutlicher wird. Die Kirche ist als Mutter mit glücklicher Fruchtbarkeit gesegnet (unit. eccl. 5); sie allein vermittelt Gottes Heil, so daß nicht leben und atmen kann, wer sich von ihr trennt (ebd. 23). Mehrmals hat Cyprian es ausgesprochen: Niemand kann Gott zum Vater haben, der die Kirche nicht zur Mutter hat (ebd. 6; ep. 74,7). In seinem Anliegen, die Kirche gegen alle häretischen Spaltungen zu schützen, kam Cyprian das Mutter-Bild gerade recht.

Das von der nordafrikanischen Theologie entfaltete Bild von der Mutter Kirche hat in der westlichen Kirche weitergewirkt; es entsprach der römischen Betonung von Recht und Ordnung, und die paternale Struktur des Amtes legte eine maternale Ergänzung in der Ekklesiologie nahe. *Mater et magistra,* nicht *virgo et sponsa,* hat noch Johannes XXIII. seine Kirchenenzyklika genannt. Es drückt das abendländische Verständnis von Kirche aus vor allem im Hinblick auf das normgebende Lehramt.

Gern hätte man gewußt, in welchem Maß die theologisch interpretierte Wirklichkeit der Kırche das Bewußtsein nicht nur der führenden Köpfe, sondern auch der einfachen Gemeindemitglieder bestimmt hat, so daß sie hinter der unscheinbaren Erscheinung ihrer bedrängten Gemeinschaft das wahre *mysterium ecclesiae* zu sehen vermochten. Eine Identifizierung mit der sichtbaren Gestalt und der geglaubten Bestimmung der Kirche wird den meisten, noch nicht irritiert von der Kirche als Großorganisation und Machtapparat, leicht gefallen sein[195].

2.2 Entstehung und theologische Begründung der kirchlichen Ämter

Entsprechend ihrem Selbstverständnis haben die frühchristlichen Gemeinden die kirchlichen Ämter geschaffen, die alle die Funktionen übernehmen und Aufgaben erfüllen konnten, die für den Fortbestand und das Wachsen der Kirche notwendig waren. Im wesentlichen handelte es sich um die Feier des Gottesdienstes, die Verkündigung und Bewahrung der wahren Lehre sowie die Leitung und karitative Versorgung der Gemeinde. Dabei wurden Bezeichnungen und strukturelle Elemente sowohl aus der synagogalen Gemeinde wie aus dem hellenistischen Vereinsleben übernommen. Die Schnelligkeit, mit der sich überall in der Kirche die Entwicklung gleichgestalteter und -begründeter Ämter vollzog, obwohl es ein kirchliches Zentrum oder kirchliche Instanzen, die sie hätten steuern können, nicht gab, läßt darauf schließen, daß letztlich nicht jüdische oder profane Vorbilder, sondern tatsächlich das theologische Selbstverständnis der Kirche Ämter, Verfassung und Gemeindeordnung geformt haben. Knapp zwei Generationen nach Jesus und den Aposteln, spätestens aber in der 2. Hälfte des 2. Jhs. ist die Ausbildung des dreigestuften Amtes im wesentlichen abgeschlossen. Um diese Zeit besaß die Gemeinde jeder Stadt – im römischen Sinn einer selbständigen Verwaltungseinheit – einen einzigen Bischof, daneben Presbyter und Diakone, und niemand zweifelte daran, daß diese Ordnung richtig war, dem Willen Gottes entsprach und mit der Apostolischen Tradition übereinstimmte.

– Neutestamentliche Norm und geschichtlicher Wandel

Der Vorgang ist um so erstaunlicher, als seitens Jesu und der Apostel kaum konkrete Vorgaben überliefert worden waren. Die Evangelien hatten keine der vielen Möglichkeiten benützt, die die griechische Sprache bot, Ämter zu benennen, sondern bewußt und nachdrücklich eine in der jüdischen und hellenistischen Umwelt ungewöhnliche Bezeichnung für jede Mitarbeit in Mission und Gemeinde gewählt: *diakonia*. Sie geht nach den Synoptikern auf Jesus selbst zurück, der die Vollmacht der Jünger weder durch Macht (Mt 10,44) noch durch Wissen (Mt 23,8/11) konstituiert sein ließ, sondern allein durch die Bereitschaft zum Dienst. Die Jünger sollten sich nicht Herr und Rabbi nennen lassen, denn Macht und Wissen vermögen die Gottesherrschaft nicht voranzubringen. Über die Bestimmung als *diakonia* hinaus ließen sich konkrete Details der kirchlichen Organisation jedoch weder in der horizontalen Ebene des Nebeneinanders bestimmter Dienste noch in der vertikalen Linie der Über- und Unterordnung verschiedener Autoritäten auf Jesus zurückführen. Die konkrete Gestaltung der Ämter war daher offen für eine geschichtliche Entwicklung.

So stammte die für die Urgemeinde in Jerusalem bezeugte Ältestenordnung (Apg 15,22), die auch von den palästinischen Gemeinden übernommen wurde, aus der jüdischen Synagogenverfassung. Zwar erscheinen auch die Apostel als Führer der Urgemeinde, doch Paulus trifft bei seinem Besuch in Jerusalem allein Kephas dort an (Gal 1,18f). Wie der Herrenbruder Jakobus in Jerusalem dürften weitere Verwandte Jesu in den Gemeinden Palästinas, besonders Galiläas, eine Führungsrolle gespielt haben. Der Amtscharakter dieser *presbyteroi* bleibt ein wenig in der Schwebe. Ihre amtliche Autorität darf nicht unabhängig von der persönlichen gesehen werden, die sie als die – auch an Lebensjahren – Älteren, Angesehenen und im Glauben Erprobten besaßen. Sie sollten leiten und beistehen, die Gemeinden vor Irrlehren schützen und Nachahmer des Erzhirten und Bischofs Christus sein (Apg 20,17.28; 1 Petr 5,1/4). Wie weit und wie lange der Einfluß der Presbyter palästinischer Art gereicht hat, ist nur schwer auszumachen. Die Apostelgeschichte und der 1. Petrusbrief als die beiden wichtigsten Quellen sind paulinisch gefärbt und vermischen bereits Presbyter- und Episkopenamt. Wenn später neben dem Monepiskopus wieder Älteste auftauchen, sind sie Amtsträger anderer Art als die palästinischen Presbyterkollegien und müssen hinsichtlich ihrer Stellung neu beschrieben werden (vgl. S. 170).

Andere Bezeichnungen und Funktionen begegnen in den Gemeinden des paulinischen Missionsgebietes. Am folgenreichsten wurden die Titel des *episkopos* – im hellenistischen Bereich ein Kommunal- oder Vereinsfunktionär mit aufsichtführender oder verwaltender Tätigkeit – und des *diakonos* – eine in einem Dienstverhältnis zu einem anderen stehende Person außerhalb des Sklavenstandes. Für Paulus selbst ist die Gemeinde die Verkörperung des Leibes Christi hier und jetzt in vielen Gliedern, unter denen der Geist eine Fülle von Gaben (Charismen) erweckt, darunter auch solche, die der Auferbauung der Gemeinde und der Aufrechterhaltung der Ordnung dienen:

„So hat Gott in der Kirche die einen als Apostel eingesetzt, die anderen als Propheten, die dritten als Lehrer; ferner verlieh er die Kraft, Wunder zu tun, sodann die Gaben, Krankheiten zu heilen, zu helfen, zu leiten, endlich die verschiedenen Arten von Zungenreden" (1 Kor 12,28).

Von Leitungs- und Vorsteherdiensten spricht Paulus noch an mehreren Stellen (vgl. 1 Thess 5,12f; 1 Kor 16,16). In Phil 1,1 grüßt er „Bischöfe und Diakone" wohl nicht nur im Sinn von Funktionsträgern, sondern als feste Titel. Sie dürften trotzdem noch nicht im eigentlichen Sinn kirchliche Ämter, sondern Dienste bezeichnen, die vom Geist spontan gewirkt, von dafür charismatisch besonders begabten Personen übernommen werden. Amt und Charisma unterscheiden sich nämlich nicht durch die Art der Tätigkeit, sondern durch die Art der Beauftragung. Dieselben Dienste können charismatisch gewirkt oder amtlich beauftragt ausgeübt werden; im ersteren Fall berechtigt (und verpflichtet) die erfahrbare pneumatische Begabung, im zweiten Fall die nachweisbare amtliche Bevollmächtigung zur Übernahme des Dienstes.

Ob in einer Zeit, da in judenchristlichen Gemeinden bereits die rechtlich umschriebene Institution der Ältesten bestand, hellenistisch-paulinische Gemeinden noch in einer charismatisch frei gewirkten Ordnung lebten, ist aufgrund der Quellenlage nicht mehr auszumachen. Auf die Dauer konnte man jedoch nirgendwo mehr damit rechnen, daß in jeder Gemeinde immer genügend Charismatiker vorhanden waren, über deren pneumatische Begabung kein Zweifel bestand. So führte kein Weg daran vorbei, wichtige und unverzichtbare Aufgaben in der Gemeinde geeigneten Kandidaten amtlich zu übertragen mit der Vollmacht, das Notwendige zu tun. In dieser Situation bestimmt die Didache:

„Wählt euch Bischöfe und Diakone, würdig des Herrn, Männer voll Milde und frei von Geldgier, voll Wahrheitsliebe, erprobte, denn sie sind es, die für euch versehen den heiligen Dienst der Propheten und Lehrer. Achtet sie deshalb nicht gering, denn sie sind eure Geehrten mit den Propheten und Lehrern" (15,1f).

Die Didache schätzt durchreisende oder ortsansässige Charismatiker, Lehrer und Propheten durchaus; sie scheint aber auch anzudeuten, daß sie bei zunehmender Zahl der Gemeinden zumindest außerhalb der Großstädte für die pastorale Versorgung nicht mehr ausreichen. Mit welcher theologischen Legitimation amtlich bestellte Männer die notwendigen Dienste übernehmen, dokumentieren um die Wende vom 1. zum 2. Jh. der 1. Klemensbrief, die Pastoralbriefe und die Briefe des Ignatius von Antiochien. Da es sich um Gelegenheitsschriften handelt, bieten sie keine umfassende Ämtertheologie; zusammengenommen erlauben sie aber auf dem Hintergrund der Ämterfrage einen guten Einblick in die seelsorgerliche Situation der Gemeinden ihrer Zeit.

– 1. Klemensbrief

Er entstand um 96, d.h. unmittelbar in nachapostolischer Zeit, und ist gerichtet von Rom (der bald führenden Gemeinde im Westen) an die Gemeinde in Korinth (eine alte paulinische Gemeinde). Der Grund des Schreibens ist folgender: In Korinth hatte es Ärger gegeben, weil eine Gruppe von Gemeindemitgliedern altverdiente Presbyter abgesetzt und aus der Gemeinde vertrieben hatte. Hier nun greift der Klemensbrief ein, nicht im Sinn einer päpstlichen Weisung von Rom nach Korinth, aber doch als ernstzunehmende Mahnung und zugleich Unterstützung von einer Gemeinde zur anderen. Klemens fordert, die Aufrührer in Korinth sollten nachgeben und die vertriebenen Presbyter wieder in ihre Stellung eingesetzt werden.

Was hier interessiert, ist vor allem die Begründung, die das römische Schreiben für seine Forderung gibt. Warum dürfen Presbyter, die sich nichts haben zuschulden kommen lassen, nicht abgesetzt werden? Weil das nicht anständig wäre? Nein, die Gründe liegen tiefer. Klemens argumentiert mit der Ordnung, die in jeder menschlichen Gemeinschaft, vor allem aber im Kult herrschen muß. Schon im Alten Testament gab es festgesetzte Zeiten und Stunden für das Opfer:

„Denn es sind dem Hohenpriester eigene Verrichtungen übertragen, den Priestern ist ihr eigener Platz verordnet, und auch den Leviten obliegen eigene Dienste; der Laie aber ist an die Anordnungen für Laien gebunden" (40,5)[196].

Eine ähnliche Ordnung muß es auch im kirchlichen Gottesdienst geben. Jeder gehört an den Platz, auf den er berufen ist zur Auferbauung des Leibes der Kirche. Das hört sich im ersten Augenblick paulinisch an, ist aber ganz unpaulinisch gemeint, denn nicht das freie Wirken des Geistes weist dem einzelnen in der Gemeinde seine Stellung zu, sondern eine gottgewollte Ordnung, die die Verteilung der Aufgaben regelt. Der Brief fährt nämlich fort:

„Die Apostel empfingen die frohe Botschaft für uns vom Herrn Jesus Christus; Jesus, der Christus, wurde von Gott gesandt. Christus kommt also von Gott, und die Apostel kommen von Christus her. Sie empfingen Aufträge, wurden durch die Auferstehung unseres Herrn Jesus Christus mit Gewißheit erfüllt und durch das Wort Gottes in der Treue gefestigt; zogen dann mit der Fülle des Heiligen Geistes aus und verkündeten die frohe Botschaft von der Nähe des Gottesreiches. So predigten sie in Stadt und Land und setzten ihre Erstlinge nach vorhergegangener Prüfung im Geiste zu Bischöfen und Diakonen für die künftigen Gläubigen ein" (42,1/4).

Klemens ist also der Meinung, bereits die Apostel hätten ihre Nachfolger bestimmt; er geht sogar noch einen Schritt weiter:

„Da unsere Apostel durch unseren Herrn Jesus Christus wußten, daß es Streit geben würde um das Bischofsamt, setzten sie die Obengenannten [Erstlinge] ein und gaben hernach Anweisung, es sollten, wenn sie stürben, andere erprobte Männer deren Dienst übernehmen" (44,1f).

Damit ist Klemens in der Gegenwart angelangt. Was Bischöfe und Gemeindeleiter jetzt tun, geht über die Erstlinge, die Apostel und Christus auf Gott selbst zurück. Steht doch schon in der Heiligen Schrift – Klemens zitiert hier Jes 60,17, allerdings in einer frei adaptierten Form der Septuagintaversion –: „Ich will einsetzen ihre Bischöfe in Gerechtigkeit und ihre Diakone in Treue" (42,5). Sofort zieht er die Schlußfolgerung für den konkreten Streitfall: Die Absetzung der korinthischen Presbyter ist unerlaubt, denn sie verstößt gegen Gottes Willen.

Die Überlegungen des 1. Klemensbriefes besitzen eine enorme Tragweite. Sie haben die kirchlichen Ämter zwar nicht geschaffen; Klemens beschreibt eine Ordnung, die in Rom bereits bestanden haben wird und die auch in Korinth vorausgesetzt werden darf, denn die Entwicklung zu festumrissenen Ämtern zeichnete sich schon vor ihm ab und war unausweichlich in einer schnell wachsenden Gemeinschaft, wie sie die Kirche damals darstellte. Insofern ist Klemens kein Neuerer oder Reformer. Er gibt jedoch der in Gang befindlichen und an einigen Orten schon abgeschlossenen Entwicklung zu einer amtlichen Verfassung der Kirche die entscheidende theologische Begründung, indem er die bereits vorhandenen Ämter mittels Sukzession auf göttliches Recht stellt analog der alttestamentlichen Priesterordnung. Gehen aber die kirchlichen Ämter auf göttliches Recht zurück, dann ist die Entwicklung irreversibel, können Ämter nicht einfach abgeschafft oder willkürlich verändert werden, bedeutet Presbyter zu vertreiben, sich gegen Gottes Ordnung selbst aufzulehnen.

Die Entwicklung zu rechtsgeschützten Ämtern war konsequent und notwendig. Der Tod der Apostel und derer, die die Apostel noch gekannt hatten, Parusieverzögerung, missionarische Expansion und drohende Häresien verlangten nach einer handlungsfähigen und zugleich kontrollierbaren Gemeindeleitung. War die Übertragung geistlicher Vollmacht durch amtliche Bestellung aber auch legitim, oder manifestiert der 1. Klemensbrief – wie häufig beklagt – die Geburt der Rechtskirche und den Abfall von der Liebeskirche[197]?

Eine Antwort kann allein historisch argumentierend nicht mehr gegeben werden. Historisch-kritisch läßt sich – mit unterschiedlicher Sicherheit – sagen, wann, warum und mit welcher Begründung einzelne Ämter geworden sind, nicht aber, ob sie es zu Recht geworden sind. Dieses Urteil unterliegt kirchlichem Vorverständnis und dogmatischer Beurteilung. Folgerichtig entzünden sich bis heute konfessionelle und andere Unterschiede an der Bewertung von 1 Klem 40/4. Nur wenn man die Kirche als eine von Gott geoffenbarte Wirklichkeit betrachtet, in der historische Prozesse nicht einfach beliebig ablaufen, läßt sich die Entwicklung, die zur Ausbildung rechtlich verfaßter Ämter geführt hat, als ein nicht nur von der geschichtlichen Notwendigkeit geforderter, sondern auch vom Heiligen Geist geleiteter Prozeß begreifen, der die apostolischen Ansätze entfaltet, die im Wesen der Kirche selbst beschlossen liegen.

– Pastoralbriefe

Das zweite Dokument, welches über die kirchlichen Ämter Auskunft gibt, sind die vielleicht einige Jahre nach dem 1. Klemensbrief entstandenen kanonischen Pastoralbriefe. Ihre Hauptsorge gilt der „gesunden Lehre", die in Gefahr steht, von Irrlehrern verfälscht zu werden.

„Es wird eine Zeit kommen [sagt Paulus, und jetzt ist sie da, meinen die Pastoralbriefe], da man die gesunde Lehre nicht mehr erträgt, sondern sich nach eigenen Gelüsten Lehrer beschafft, um sich das Ohr kitzeln zu lassen. Von der Wahrheit aber wird man das Ohr abwenden" (2 Tim 4,3f).

Dagegen müssen die Presbyter/Episkopen sich wenden, überführen und ermahnen in aller Geduld und Lehrweisheit, es sei gelegen oder ungelegen (ebd. 4,2). Fragt man nach der Befähigung für diesen Dienst, so geben die Pastoralbriefe zunächst einige nüchterne Bedingungen an, die ein Kandidat für das Leitungsamt zu erfüllen hat. Er muß besonnen sein, gastfreundlich, zum Lehren befähigt, kein Trinker und Raufbold, bescheiden, nicht streitsüchtig und geldgierig; seinem eigenen Haus soll er gut vorstehen und seine Kinder ordentlich erziehen (1 Tim 3,2/7). Doch das allein genügt nicht. Der Verfasser der Pastoralbriefe läßt Paulus den Timotheus daran erinnern, er möge die Gnadengabe neu beleben, die in ihm sei durch die Auflegung seiner Hände (2 Tim 1,6). Ähnlich heißt es 1 Tim 4,14: „Vernachlässi-

ge die Gnade nicht, die in dir ist und die dir verliehen wurde, als dir die Ältesten aufgrund prophetischer Worte gemeinsam die Hände auflegten". Weil so bedeutsam ist, was durch die Handauflegung geschah, ergeht noch die Mahnung, keinem vorschnell die Hände aufzulegen (1 Tim 5,22).
Die Pastoralbriefe beschreiben hier wirkliche Amtsübertragung in einem konkreten Akt. Die Handauflegung verleiht Gnadengabe Gottes, heiliges Pneuma, das den Dienst der Verkündigung ermöglicht und immer neu belebt werden kann, wenn die Amtsausübung es erfordert. Das Charisma des Geistes zum bevollmächtigten Dienst in der Gemeinde wird nicht ohne Prüfung des Kandidaten, nicht ohne natürliche Voraussetzungen (Begabungen), letztlich aber doch unabhängig von persönlichen Vorzügen durch Handauflegung übertragen. Die Mitteilung des Geistes durch ein äußeres Zeichen bedeutet sakramentale Weihe. Sie wirkt fort, wenn Timotheus, was er selbst empfangen hat, weitergibt „an zuverlässige Menschen, die fähig sind, wiederum andere zu lehren" (2 Tim 2,2).
Im Gegensatz zum 1. Klemensbrief fehlt in den Pastoralbriefen die Einbindung des Amtes in eine kultische Ordnung, die von Gott vorgegeben ist und darum keine Änderung verträgt. Aus dem Verschweigen läßt sich jedoch kein Gegensatz konstruieren; der Bischof als Vorsteher der Eucharistiefeier kann allseits geübte Praxis gewesen sein, ohne daß die Pastoralbriefe das eigens erwähnen müßten.

– Ignatius von Antiochien

Die Pastoralbriefe kennen Bischöfe, Presbyter und Diakone. Allerdings unterscheiden sie nicht zwischen den ersten beiden, die in gleicher Weise für die Leitung der Gemeinde zuständig sind. Die Ordnung, die sich bald darauf durchgesetzt hat, daß nämlich jede selbständige Gemeinde nur einen Bischof besitzt, dem Presbyter zur Seite stehen und Diakone helfen, bezeugt zum ersten Mal Ignatius von Antiochien um 110. Seine Briefe, die er in aller Eile auf dem Weg zum Martyrium nach Rom geschrieben hat, stellen die dritte Gruppe von Dokumenten dar, die in dieser entscheidenden Phase über die Entstehung und theologische Begründung der Ämter Auskunft geben. Hauptanliegen aller Briefe bildet die Einheit der Kirche, für die der eine Bischof steht.

„Folgt alle dem Bischof wie Christus dem Vater, und dem Presbyterium wie den Aposteln; die Diakone aber achtet wie Gottes Gebot! Keiner soll ohne Bischof etwas, was die Kirche betrifft, tun. Jene Eucharistiefeier gelte als zuverlässig, die unter dem Bischof oder einem von ihm Beauftragten stattfindet. Wo der Bischof erscheint, dort soll die Gemeinde sein, wie da, wo Jesus Christus ist, die katholische Kirche ist. Ohne den Bischof darf man weder taufen noch das Liebesmahl halten; was aber jener für gut findet, das ist auch Gott wohlgefällig, auf daß alles, was ihr tut, sicher und zuverlässig sei" (Smyrnäer 8,1f)[198].

Diese Stelle, die um zahlreiche ähnlich lautende vermehrt werden könnte, zeigt die überragende Stellung des Bischofs. Er allein ist befugt, den Gottesdienst zu leiten und die Sakramente zu spenden. Er ist der Lehrer seiner Gemeinde oder – wenn er schweigt – Abbild des abgründigen Schweigens Gottes, aus dem Christus als das Wort hervorgegangen ist (Ign. Eph. 6,1; Ign. Magn. 8,2). Trotz der Steigerung bischöflicher Kompetenzen im Vergleich mit dem 1. Klemensbrief unterbleibt bei Ignatius jede „verfassungsrechtliche" Absicherung. Vergleiche zwischen Bischof und Gott, Presbytern und Aposteln bleiben ebenso wie die häufig beschworene Verbindung zwischen der himmlischen und irdischen Welt Gedankenbilder ohne rechtliche Konsequenzen. Die Bischöfe werden weder chronologisch noch juristisch als Nachfolger der Apostel ausgewiesen. Die Gründe für das Verschweigen dürften auch hier absichtslos sein und mit dem Gelegenheitscharakter der Briefe zusammenhängen.

Unlösbar ist die Frage, wie es zu dem von Ignatius erstmals bezeugten Monepiskopus gekommen ist und warum sich dieser so schnell durchgesetzt hat. Meistens wird darauf hingewiesen, daß die Wahrung der Einheit und der Kampf gegen Irrlehrer die Konzentration der Gemeindeleitung in einer Hand begünstigt, wenn nicht gar unumgänglich gemacht habe. Ignatius selbst legt einen anderen Zusammenhang nahe. Er betrachtet den Bischof als Repräsentanten des einen Gottes. Wie nur ein Gott und Vater Jesu Christi im Himmel herrscht, so soll als Abbild Gottes *(typos theou)* auch nur ein Bischof an der Spitze der Gemeinde stehen. Ob diese Typologie die Entwicklung zum Monepiskopat initiiert, unterstützt oder nur nachträglich legitimiert hat, läßt sich mit Sicherheit jedoch nicht mehr entscheiden.

Einen nicht geringen Einfluß auf die Entwicklung zum Einzelbischof dürfte die 1 Tim 3,15 erstmals formulierte und auch bei Ignatius vorhandene Sicht der Gemeinde als Haus Gottes *(oikos theou)* gehabt haben. Entsprechend den Regeln wirtschaftlicher Haushaltsführung im profanen Bereich oblag dem Einzelbischof als Hausvater *(oikodespotēs)* oder Verwalter *(oikonomos)* die Sorge für die Gemeinde. Auch die Stellung der übrigen Gemeindemitglieder (Frauen, Kinder, Sklaven) gestaltete sich in Anlehnung an antike Ökonomik-Vorbilder.

– Bischof, Presbyter und Diakone

* Bischof

Insgesamt darf die Herausbildung, theologische Begründung und institutionelle Stärkung des Bischofsamtes als eines der wichtigsten Ergebnisse der nachapostolischen Entwicklung gesehen werden. Sie geschah – in den Quellen unterschiedlich gewichtet – 1. auf dem Weg der Sukzession (der Bischof als Nachfolger der Apostel, von Gott/Christus eingesetzt), 2. mit Hilfe der Abbildlichkeit (der Bischof als *typos* Gottes, irdischer *summus sacerdos* für den himmlischen Hohenpriester, Hausverwalter der Gemeinde in Stellvertretung Gottes) sowie 3. durch Funktionsübertragungen (der

Bischof als Priester, Hirt und Lehrer, als Richter im Bußverfahren und verantwortlicher Leiter der Armenpflege) und erreichte im 3. Jh. mit Cyprian im Westen und der Didaskalia im Osten bereits ihren Höhepunkt.

Ein eindrucksvolles Zeugnis für das frühchristliche Verständnis des Bischofsamtes stellt die um 215 in Rom verfaßte Traditio Apostolica Hippolyts dar. Im Ordinationsgebet heißt es:

„Gewähre Vater, der du die Herzen kennst, deinem Diener, den du zum Bischofsamt erwählt hast, daß er deine heilige Herde weide, daß er vor deinem Angesicht das Hohepriesteramt ausübe, indem er dir Tag und Nacht ohne Tadel dient, daß er unaufhörlich dein Angesicht gnädig stimme und dir die Gaben deiner heiligen Kirche darbringe, daß er Macht habe, die Sünden nachzulassen kraft des Heiligen Geistes, des allerhöchsten Priesters, gemäß deinem Gebot, daß er die Anteile deinem Auftrag entsprechend verteile, daß er kraft der Macht, die du den Aposteln verliehen hast, jedes Band löse, daß er dir genehm sei durch seine Milde und sein reines Herz und dir lieblichen Wohlgeruch darbringe durch deinen Knecht Jesus Christus, unseren Herrn" (3,4f).

Der Bischof, der weidet, opfert, Gottes Angesicht gnädig stimmt und Sünden nachläßt, ist weit über das hinausgewachsen, was die religiöse Umwelt an authentischen Vermittlern zwischen der diesseitigen und der himmlischen Welt anzubieten hatte[199]. Er verrichtet einen Dienst, der für das ewige Heil des Gläubigen unerläßlich ist. Daher gebühren ihm Ehrfurcht und Gehorsam, die nicht wie gegenüber Kaiser und staatlichen Beamten erzwungen, sondern freiwillig erwiesen werden und den Rang einer Tugend besitzen. Dabei ist fraglich, ob sich die Bischöfe diesen Rang als Spender göttlicher Gnaden selbst erstritten haben oder ob er ihnen von den Gläubigen aufgedrängt wurde, die nach einer Instanz suchten, bei der sie der Heilsvermittlung und Sündenvergebung gewiß sein konnten. Die vom kirchlichen Amt entwickelte Bußdisziplin bot dafür auf längere Sicht die bessere Gewähr gegenüber den unkontrollierbaren Versprechungen von Charismatikern und Konfessoren (vgl. S. 209/12).

* Presbyter

Im Vergleich mit dem Bischof ist das Amt des Presbyters in den ersten drei Jahrhunderten farblos geblieben. Das kann damit zusammenhängen, daß viele frühchristliche Gemeinden lange Zeit sehr klein waren. Nach Gregor von Nyssa, Vita Gregorii 7, gab es in Neocaesarea nur siebzehn Christen, als Gregor der Wundertäter um 240 dort Bischof wurde. Nachdem der Monepiskopat die Regel geworden war, wird häufig ein einziger Mann genügt haben, um alle in der Gemeinde anfallenden Arbeiten zu erledigen. Wahrscheinlich war er damit nicht einmal ausgelastet und die *episkopē* eine nebenamtliche Tätigkeit. Ob es in vielen kleinen Gemeinden neben dem Bischof überhaupt noch ein Presbyterkollegium gegeben hat, erscheint fraglich. Wo es weiterbestand, verlor es nach der Herausbildung des Monepiskopats seine Bedeutung und fiel auf die Stufe eines Ehrenvorrangs herab.

Der bleibende und zukunftsträchtige Vorzug der Presbyter bestand darin, daß sie mit, unter oder auch an Stelle des Bischofs der Eucharistiefeier vorstehen konnten. Sobald sich in den großen Städten die Christen vermehrten und sich auch auf dem Land in bischofslosen Ortschaften ausbreiteten, wuchsen den Presbytern neue Aufgaben zu. Zur Unterweisung der Gläubigen und Eucharistiefeier in abgelegenen Orten, später auch für Taufe und Bußvergebung in Todesgefahr wurde eine Dezentralisierung der Seelsorge notwendig. Leider gibt es nur spärliche Nachrichten über das Verhältnis von hauskirchlichen und die gesamte Gemeinde umfassenden Eucharistiefeiern im 2. und 3. Jh. Man wird mit landschaftlichen Unterschieden zu rechnen haben. Für Alexandrien z.B. ist eine große Selbständigkeit der Presbyter gegenüber dem Bischof bezeugt. In ganz Ägypten soll es bis Demetrius (188/231) nur einen Bischof gegeben haben, ganz im Gegensatz zu Nordafrika, wo von Anfang an ein dichtes Netz von Bischofsgemeinden anzutreffen ist[200]. Rom besaß zur Zeit von Bischof Kornelius (251/3) etwa zwanzig Titelkirchen, die von Presbytern betreut wurden. Nach dem Liber Pontificalis 26 hat Bischof Dionysius (260/7) den Presbytern Kirchen übergeben, nach 31 Bischof Marcellus (um 308/9) die römische Gemeinde in 25 Seelsorgsbezirke aufgeteilt *propter baptismum et paenitentiam.* Unverkennbar bleibt bei allen Maßnahmen die Sorge der Bischöfe, Sondergottesdienste unter presbyterialer Leitung sich nicht unkontrolliert ausbreiten zu lassen. In Verfolgungszeiten, wenn die normale Zusammenkunft des Klerus nicht möglich oder zu gefährlich war, konnten Eucharistiefeiern im Kerker, am Krankenbett, zum Totengedächtnis oder zur Märtyrerverehrung leicht zu Gruppenbildungen mit Spaltungscharakter führen[201]. Der römische Bischof hat noch lange Zeit versucht, die Gottesdienste in den Titelkirchen mittels des *fermentum*-Ritus an die bischöfliche Eucharistiefeier zu binden, indem Partikel der vom Bischof konsekrierten Materie der Kommunion der Presbytermesse hinzugefügt wurden.

Das Presbyteramt hat Stufen durchlaufen. 1. In jüdisch-palästinischer Tradition sind Presbyter zunächst die Gemeindeältesten, die zusammen mit Lehrern und Propheten, jedoch ortsgebunden, in einer Gemeinde wirken. Im hellenistischen Raum kann dasselbe Gremium auch als Episkopen bezeichnet werden. 2. In einem zweiten – von Ignatius bezeugten – Schritt werden die Presbyter zu einem (ehrenamtlichen) Kollegium, das neben (oder unter) dem Bischof der Eucharistiefeier vorsteht und auch besondere pastorale Aufgaben vor allem in der Katechumenen-Unterweisung als *presbyter-doctores* (Cyprian) übernehmen kann. Erst in einer 3. Phase werden sie die Gehilfen des Bischofs zur Sakramentenspendung in umgrenzten Gebieten, die vom Bischof allein nicht betreut werden können. Schon nicht mehr in vorkonstantinische Zeit fällt die Ausbildung eines Pfarrsystems mit genau umschriebenen Kompetenzen für die jetzt relativ selbständig wirkenden Kleriker. Insgesamt bleibt das Presbyteramt das unschärfste in frühkirchlicher Zeit.

* Diakon

Das Wort *diakonos* konnte überall dort verwendet werden, wo außerhalb des Sklavenstandes eine Person in ein Dienstverhältnis zu einer anderen trat. In wenigen Fällen erscheint es im hellenistischen Bereich als Bezeichnung für einen Vereinsfunktionär mit dienenden Aufgaben, z.B. als Tischdiener bei sakralen Mahlzeiten von Kultvereinen[202]. Es war wenig festgelegt und konnte christlicherseits mit konkretem Inhalt gefüllt werden.
Über die Entstehung des Diakonenamtes sind keine genauen Angaben bekannt, seitdem feststeht, daß Apg 6 nicht die Bestellung von Diakonen, sondern von Beauftragten für die Griechisch sprechende Gruppe der Urgemeinde berichtet (vgl. S. 26f). Wohl weist die Aufgabe des „Tischdienstes", die die Apostel den „Siebenmännern" gegeben haben, auf den karitativen Tätigkeitsbereich hin, der neben einigen liturgischen Funktionen den Diakonen von Anfang an zugekommen ist. Erst seit Irenäus ist bezeugt, daß Apg 6 als Gründungsurkunde des Diakonats angesehen wurde; Kanon 15 der Synode von Neocaesarea (314) bestimmte, auch wenn eine Stadt sehr groß sei, sollten nur sieben Diakone berufen werden, weil die Apostel nur sieben bestellt hätten. Diese Beschränkung hat nicht wenig zu ihrem Einfluß gegenüber der unbeschränkten und später zuweilen recht großen Zahl der Presbyter beigetragen. Brauchte man bei wachsender Karitasarbeit mehr Mitarbeiter, mußte man sich mit der Hinzunahme von Subdiakonen behelfen. Allerdings werden sich nicht alle Gemeinden an die Beschränkung auf sieben Diakone gehalten, kleinere die Zahl unterschritten haben.
Das Amt des Diakons muß schon sehr früh entstanden sein. Die Grüße in Phil 1,1 an alle Heiligen mit ihren Bischöfen und Diakonen wurden bereits erwähnt mit dem Hinweis, daß es sich bei ihnen wenn schon nicht um festumrissene Ämter, so doch um geprägte Titel handelt, die bereits einen bestimmten Aufgabenbereich beschreiben (vgl. S. 163). Andere Hinweise in Röm 16,1 und 1 Kor 12,28 deuten an, daß es in vielen paulinischen Gemeinden Diakone (vielleicht auch weibliche) gegeben hat. Die früheste Bezeugung des Diakons im griechisch-hellenistischen Raum braucht aber nicht zu bedeuten, daß er auch dort entstanden ist. Die amtliche Verankerung der Gemeindekaritas kann durchaus im judenchristlichen Raum erfolgt sein, in dem auch die Entstehung des Leitungsamtes vermutet werden darf.
In 1 Tim 3,8 wird vom Diakon verlangt, er solle nicht doppelzüngig, nicht dem Weingenuß ergeben und nicht gewinnsüchtig sein. Lehrbegabung wird nicht verlangt. Tatsächlich scheint sich seine Arbeit anfangs auf die Karitas beschränkt zu haben, die allerdings eine anspruchsvolle und zeitintensive Tätigkeit erforderte. Im Laufe der Zeit blieb es nicht beim „Tischdienst", wenngleich die Verwaltung der „Armenkasse" unter Aufsicht des Bischofs und unabhängig von den Presbytern immer zu den vornehmsten Aufgaben der Diakone gehört hat und ihren nicht unerheblichen Einfluß in den Gemeinden begründete. Ignatius mahnt:

„Es ist nötig, daß die Diakone, welche die Geheimnisse Jesu Christi verwalten, auf jede Weise allen angenehm sind, denn sie sind nicht Diener für Speise und Trank [allein], sondern Gehilfen der Kirche Gottes" (Trallianer 2,3).

Die enge Zusammenarbeit mit dem Bischof übertrug den Diakonen administrative Aufgaben. Aus der Karitasarbeit, insbesondere dem Umgang mit den Gaben für die Armenspenden, erwuchs ihre liturgische Beteiligung bei der Gabenbereitung, der Austeilung der Eucharistie an Abwesende und Kranke, später ebenfalls die Spendung des Kelches. Auch bei der Taufe leisteten sie Hilfestellung.

Neben den schon erwähnten Subdiakonen ging die Differenzierung des Klerus weiter. Ein eindrucksvolles Zeugnis über die Zahl und Vielfalt des Klerus um die Mitte des 3. Jhs. findet sich im Brief des römischen Bischofs Kornelius an seinen Amtskollegen Fabius in Antiochien, wobei allerdings zu beachten ist, daß es sich um eine Momentaufnahme handelt, die für andere Gemeinden keine Gültigkeit besitzen muß. Um Fabius über den Presbyter Novatian aufzuklären, der sich in Rom zum Gegenbischof hatte aufstellen lassen, schreibt Kornelius:

„Jener ‚Verteidiger des Evangeliums' begriff nicht, daß in einer katholischen Gemeinde [Rom] nur 1 Bischof sein dürfe, in der es, wie er wohl wußte ... 46 Presbyter, 7 Diakone, 7 Subdiakone, 42 Akoluthen, 52 Exorzisten, Lektoren, Ostiarier und über 1500 Witwen und Hilfsbedürftige gibt, welche alle die Gnade und Güte des Herrn ernährt" (Eusebius, Kirchengeschichte 6,43,11f).

2.3 Frauen im kirchlichen Dienst

– Neutestamentliche Zeugnisse

In Diskussionen über die Stellung der Frau in der Kirche wird gern auf die ermutigenden Anfänge hingewiesen. Tatsächlich berichten die Evangelien an mehreren Stellen von Frauen, die Jesus dienten, ihm bis zum Ort der Kreuzigung folgten und die ersten Zeugen seiner Auferstehung waren (Mt 28,1/10; Mk 16,1/11; Lk 24,1/11; Joh 20,1f.11/8). Lukas erwähnt ausdrücklich, daß Jesus bei seinen Wanderungen durch Galiläa neben den Zwölfen von Frauen begleitet wurde, die ihn und seine Jünger „unterstützen mit dem, was sie besaßen" (8,3). Allerdings gehörten sie nicht zum Apostelkreis; sie folgten aus eigenem Antrieb, ohne von Jesus ausdrücklich berufen worden zu sein.

Auch in der Urgemeinde von Jerusalem und am Beginn der Mission werden namentlich Frauen genannt. In Joppe kümmerte sich die Jüngerin Tabita um hilfsbedürftige Witwen (Apg 9,36.39); in Jerusalem stellte Maria, die Mutter des Markus, ihr Haus der Gemeinde zur Verfügung (Apg 12,12); in Philippi beherbergte die Purpurhändlerin Lydia Paulus und seine Begleiter (Apg 16,13/5). Bemerkenswert häufig tauchen Frauen in den Grußlisten des Paulus auf: Phöbe, *diakonos* der Gemeinde von Kenchräa,

Priska, Maria und andere genannte und ungenannte. Besonders hervorgehoben wird neben Andronikus eine Frau namens Junias, die Paulus als „angesehenen Apostel" bezeichnet (Röm 16,1/16)[203].

Frauen besitzen prophetisches Charisma. Die weissagenden Töchter des Philippus standen in hohem Ansehen (Apg 21,9; vgl. S. 27; 183). In Korinth redeten und beteten Frauen wie Männer in prophetischer Verzückung (1 Kor 11,4f). Gegen das Prophezeien und Zungenreden von Frauen spricht nicht 1 Kor 14,34: „Die Frauen sollen in der Versammlung schweigen". Entweder handelt es sich bei dem Schweigegebot „wie es das Gesetz fordert" um eine spätere judenchristliche Interpolation oder es verbietet ungestümes Dazwischenfragen, um die an und für sich schon schwierig aufrechtzuerhaltende Ordnung bei einem charismatisch bewegten Gottesdienst nicht noch mehr zu erschweren[204].

Was Paulus zu Unrecht angelastet wird, findet sich tatsächlich ungefähr zwei Generationen später in 1 Tim 2,11/4 ausgesprochen. Wahrscheinlich hat das Verbot mit der antignostischen Stellung der Pastoralbriefe zu tun (vgl. S. 142), die zwar gegen das Lehren, aber nicht insgesamt gegen die Mitwirkung von Frauen in der Gemeinde sind. Der Tugendspiegel für Amtsträger von 1 Tim 3,11 verlangt: „Ebenso sollen die Frauen ehrbar sein, nicht verleumderisch, sondern nüchtern und in allem zuverlässig". Wegen des Zusammenhangs, der Amtsträgerqualifikationen beschreibt, könnten hier die Voraussetzungen für ein Dienstamt von Frauen genannt sein, das neben Bischöfen und Diakonen allerdings keinen Namen hat und dessen Funktionen aus dem Tugendspiegel allein nicht abgeleitet werden können[205].

Größere Nachwirkungen hat 1 Tim 5,3/16 mit den Anweisungen über die Witwen gehabt. Vordergründig geht es um die Fürsorgepflicht der Gemeinde für diese besonders hilfsbedürftige Personengruppe (vgl. S. 244). In der Beschreibung der Witwen, „die wirklich Witwen sind", finden sich aber auch Wendungen, die über die Feststellung der Versorgungsnotlage hinausgehen. Nur einmal verheiratet gewesen zu sein entspricht den Amtsvoraussetzungen für Bischöfe und Diakone (vgl. 1 Tim 3,2.12), hat dagegen ebenso wie die moralischen Qualitäten, die verlangt werden, mit materieller Bedürftigkeit wenig zu tun. Die wahre Witwe soll beharrlich und inständig zu Gott beten bei Tag und Nacht. Alter, Erfahrung und guter Leumund machen sie geeignet, jungen Frauen beizustehen und sie im Glauben zu unterweisen. Der 1. Timotheusbrief enthält in seinem Witwenpassus zwar keine Beschreibung eines fest umrissenen Amtes, aber doch Ansatzpunkte, die weiter entfaltet werden konnten – und zwar in doppelter Hinsicht.

– Witwen als Stand

Zum einen führte die Versorgung gemeinde-anerkannter Witwen dazu, daß sie zusammen mit den Jungfrauen Gebet und karitative Sorge um Waisen,

Kranke und Gefangene nicht aus rein persönlichem Engagement ausübten, sondern als Stand, von dem eine beispielhaft christliche Lebensweise erwartet wurde. Ignatius von Antiochien bestätigt dieses Zusammenwachsen, wenn er am Schluß seines Briefes an die Smyrnäer die Familien der Brüder mit ihren Frauen und Kindern grüßt, „und auch die Jungfrauen, die man Witwen nennt" (13,1). Die jungfräulichen Asketinnen, die nicht lange darauf beginnen, in klosterähnlichen Gemeinschaften zu wohnen, tragen also den Standesnamen „Witwe".

Im 3. Jh. mehren sich die Zeugnisse für den Witwenstand, der bestimmte Privilegien und Verpflichtungen besaß, aber von kirchlichen Amtsfunktionen – wie alle übrigen Frauen auch – ausdrücklich ausgeschlossen wurde. Einen Grund dafür nennt Tertullian, wenn er sarkastisch über Frauen in häretischen Gemeinden bemerkt:

„Wie frech und anmaßend sind sie! Sie unterstehen sich zu lehren, zu disputieren, Exorzismen vorzunehmen, Heilungen zu versprechen, vielleicht sogar zu taufen!" (praescr. haer. 41,5).

Zu taufen ist Vorrecht des Bischofs, mit seiner Erlaubnis auch des Presbyters und Diakons. Notfalls darf jeder Christ taufen, ausgenommen die Frauen. Sonst kommt es am Ende noch so weit – wie es die von Tertullian geschmähten Paulusakten berichten –, daß eine Frau, Thekla, sich selber tauft (bapt. 17; vgl. S. 186). Hier wird der religionsgeschichtliche Hintergrund frühkirchlicher Lehr- und Taufverbote für Frauen erkennbar; man fürchtete Zustände, wie sie in ekstatischen Gruppen, z.B. bei den Montanisten vorkamen (vgl. S. 128).

Tertullian kennt Jungfrauen und Witwen, die einen besonderen kirchlichen Stand bilden. Sie werden versorgt, geehrt und dienen der Gemeinde mit ihren Gaben: Enthaltsamkeit, Gebet und Hilfe für bestimmte Gemeindemitglieder. Sie sind ein *ordo,* gehören aber nicht zum Klerus, ebensowenig wie in der Traditio Apostolica 10, in der bestimmt wird, die Witwe werde etabliert, aber nicht ordiniert *(instituitur non ordinatur),* ihr werden nicht die Hände aufgelegt, weil sie keinen liturgischen Dienst versieht. Der Witwenstand entwickelte sich auch im weiteren Verlauf des 3. Jhs. nicht zu einem kirchlichen Amt, sondern wurde mehr und mehr von der aktiven Gemeindearbeit isoliert (vgl. Didaskalia 3,5/11). An seine Stelle traten – unterschiedlich organisiert und mit bestimmten Kompetenzen ausgestattet – an einigen Orten weibliche Diakone.

– Diakonissen als Amt

Den wichtigsten Hinweis liefert die Didaskalia 3,16, in der der Bischof aufgefordert wird, sich Helfer für die Seelsorgsarbeit auszuwählen und sie zu männlichen und weiblichen Diakonen zu bestellen, letztere zum Dienst an den Frauen, vor allem in heidnischen Häusern, in die der Bischof keinen

Mann schicken kann (vgl. S. 245). Auch bei der Taufsalbung der Frauen sind wegen der Schicklichkeit weibliche Diakone vonnöten, desgleichen für den Unterricht der weiblichen Neophyten. Weiterhin sollen sie kranke Frauen in der Gemeinde besuchen, waschen und pflegen. Wenn dann noch gefordert wird (3,19), Diakon und Diakonisse – wie sie später genannt wird – sollten einig im Rat und eines Sinnes im gemeinsamen Dienst sein, selbst wenn derselbe Geist der Diakonie in zwei Körpern wohne, könnte der Eindruck von Gleichberechtigung entstehen. Die galt aber nur für die karitativen Aufgaben; im liturgischen Dienst beschränkte sich die Wirksamkeit der Diakonissen auf die Assistenz bei der Taufe von Frauen; bei der Eucharistiefeier blieben sie im Wirkungsbereich der Didaskalia von jeglicher Mitwirkung am Altar ausgeschlossen.

Doch auch diese bescheidene Mitwirkung ging in der Folgezeit wieder verloren. Zwar bezeugen die Apostolischen Konstitutionen 8,20, die gegen Ende des 4. Jhs. die Didaskalia gleichsam fortschreiben, eine Diakonissenweihe und teilen auch das zu verwendende Weihegebet mit, aber bereits Kanon 19 des Konzils von Nizäa (325) hatte festgestellt, daß Diakonissen den Laien zugerechnet werden müßten, da sie keine Weihe empfangen hätten. Bei örtlichen Verschiedenheiten im einzelnen wurde der in der Didaskalia erreichte Stand einer amtlichen Beauftragung von Frauen für bestimmte liturgische und karitative Dienste nicht weiter verfolgt, sondern im Lauf der Zeit wieder abgebaut. Wo sich liturgische Elemente einer Ordination von Frauen erhalten haben, wurden sie zu einer Spielart zwischen Witwengelübden und Äbtissinnenweihe[206].

2.4 Gemeindeübergreifende *communio*

Die schnelle Ausbildung des kirchlichen Amtes entsprach der fortschreitenden Institutionalisierung der Kirche. Sie begann daher schon in den judenchristlichen Gemeinden Palästinas und hatte für den Bereich der Ortsgemeinde bereits in der 2. Hälfte des 2. Jhs. ihre endgültige Ausgestaltung gefunden. Da alle Gemeinden die eine Kirche und jede Gemeinde die ganze Kirche darstellten *(omnes ecclesiae = omnis ecclesia)*, waren vielfältige Verknüpfungen mit der gesamtkirchlichen Entwicklung und untereinander notwendig.

– Tradition und Sukzession

Sicherheit und Selbstbewußtsein verlieh einer Gemeinde die Gewißheit, in der apostolischen Überlieferung zu stehen. Schon früh hatte der Gnostiker Ptolemäus in seinem Brief an Flora von einer solchen Überlieferung *(paradosis; traditio)* gesprochen, die auf dem Weg der Nachfolge *(diadochē, successio)* in Lehre und Unterweisung auf ihn gekommen sei. Auch andere

Gnostiker wie Basilides, Valentin oder die Karpokratianer beriefen sich für ihre Sonderlehren auf geheime Überlieferungen, die Jesus einzelnen Aposteln mitgeteilt habe und die durch Mittelsmänner, die möglichst lückenlos genannt werden, auf sie gekommen seien. So beruft sich Basilides auf einen gewissen Glaukias, der als Dolmetscher des Petrus bezeichnet wird und daher als ein sicherer Gewährsmann gelten konnte.
Durch die gnostischen Behauptungen herausgefordert, begann bald auch die Kirche, den apostolischen Ursprung ihrer Lehrüberlieferung zu sichern. Neben der Begrenzung der Offenbarungsschriften im Kanon (vgl. S. 192) geschah es durch den Nachweis der Bischofsabfolge in einzelnen, vornehmlich von Aposteln gegründeten Gemeinden. Auf diese Weise kommt es zur Aufstellung regelrechter Bischofslisten. Um 180 berichtet Hegesipp:

„Die Kirche in Korinth blieb bei der rechten Lehre bis auf Primus, Bischof von Korinth. Auf meiner Fahrt nach Rom kam ich mit den Korinthern zusammen und verkehrte viele Tage mit ihnen, während wir uns gemeinsam des wahren Glaubens freuten. In Rom angekommen, stellte ich eine *diadochē* (Bischofsfolge) auf bis hin zu Anicet, dessen Diakon Eleutherus war. Auf Anicet folgte Soter und auf diesen Eleutherus. In jeder Stadt, in der ein Bischof auf den anderen folgte, entsprach das kirchliche Leben der Lehre des Gesetzes, der Propheten und des Herrn" (Eusebius, Kirchengeschichte 4,22,2f).

Hegesipp hat seine Bischofsliste nicht zu Kalenderzwecken gemacht. Es geht ihm um die Namen der Bischöfe, die die ungestörte Weitergabe der Lehre garantieren. Wenn – wie in Rom – Eleutherus, der Diakon des Anicet, nach Soter selbst Bischof wird, sieht man, wie nahtlos die *traditio* der Lehrüberlieferung durch eine lückenlose *successio* der Bischöfe ineinandergreift.
Noch vollständiger ist die Bischofsfolge, die Irenäus wenig später bei seinem Besuch in Rom kennenlernte und in adv. haer. 3,3,3 übernam:

„Nachdem die seligen Apostel die Kirche gegründet und eingerichtet hatten, übertrugen sie dem Linus den Episkopat zur Verwaltung der Kirche ... Auf ihn folgte Anacletus. Nach ihm erhielt an dritter Stelle den Episkopat Klemens, der die Apostel noch sah und mit ihnen verkehrte ... Auf Klemens folgte Evaristus, auf Evaristus Alexander, als sechster von den Aposteln wurde Sixtus aufgestellt, nach diesem kam Telesphorus, der glorreiche Märtyrer, dann Pius, dann Anicetus. Nachdem dann auf Anicetus Soter gefolgt war, hat jetzt als zwölfter von den Aposteln Eleutherus den Episkopat inne. In dieser Ordnung und Reihenfolge ist die kirchliche apostolische Überlieferung auf uns gekommen, und vollkommen schlüssig ist der Beweis, daß es derselbe lebenspendende Glaube ist, den die Kirche von den Aposteln empfangen, bis jetzt bewahrt und in Wahrheit uns überliefert hat".

Was den historischen Wert dieser Liste angeht, so ist sie nicht zuverlässiger als das unkontrollierbare Gedächtnis der römischen Gemeinde. Es handelt sich um Namen wichtiger Männer in der Gemeindeleitung, die in der Erinnerung lebendig geblieben waren. Als Hilfe für die Chronologie und als Heiligenkalender besitzt die Liste nur einen bedingten Wert; um so mehr dokumentiert sie die Bedeutung des Bischofsamtes und das Gewicht, das auf die apostolische Herkunft der Glaubenslehre gelegt wird.

Man könnte ähnliche Listen für andere apostolische Gemeinden aufstellen und käme zu vergleichbaren Ergebnissen. Irenäus genügt es jedoch, wenn die römische *successio* (Abfolge) bekannt ist und zur Koordinierung benutzt werden kann, insofern alle Gemeinden, die mit Rom Gemeinschaft haben, sicher sein können, daß sie in der Tradition des wahren Glaubens stehen.

Der Gedanke der apostolischen Sukzession löst sich im weiteren Verlauf der Entwicklung von konkreten Namenslisten und Gemeinden und wird zum Qualitätsmerkmal der Kirche bei der Abgrenzung gegenüber häretischen Gruppen schlechthin. Die eine, heilige und katholische Kirche ist allein die apostolische Kirche. Sie sammelt die apostolischen Urkunden des Glaubens im Kanon der Heiligen Schrift (vgl. S. 192f) und formt daraus die *regula fidei*, wobei dieser Prozeß von solchen Bischöfen gesteuert wird, die durch ihre Vor- und Vorvorgänger von den Aposteln dazu legitimiert worden sind.

– Kontakte zwischen den Gemeinden

Die Gemeinden wurden aber nicht nur durch den theologischen Gedanken gemeinsamer Apostolizität zusammengehalten, sondern durch zahlreiche Kontakte untereinander. Sie lassen sich bereits in den detaillierten Grußlisten der paulinischen Briefe erkennen. Der gut funktionierende Verkehr zwischen den Großstädten des Imperiums erleichterte die Verbindungen. Neugründungen von Gemeinden wurden schnell bekannt. Paulus schreibt den Thessalonichern:

„So wurdet ihr ein Vorbild für alle Gläubigen in Mazedonien und in Achaia. Von euch ist das Wort des Herrn aber nicht nur nach Mazedonien und Achaia gedrungen, sondern überall ist euer Glaube an Gott bekannt geworden, so daß wir darüber nichts mehr zu sagen brauchen" (1 Thess 1,7f).

Bei besonderen Anlässen schickte man eine Abordnung, in der Regel drei Männer, was altem Brauch entsprach und praktische Gründe für sich hatte. In Ephesus freut sich Paulus über die Ankunft von Stephanas, Fortunatus und Achaikus (1 Kor 16,17). Eine Abordnung überbrachte den Brief der römischen Gemeinde (1 Klem) nach Korinth. Man scheute nicht die Kosten einer langen Reise, wenn es galt, der in Schwierigkeiten geratenen Schwestergemeinde beizustehen.

Ein starkes Bindeglied stellte von Anfang an die frühchristliche Literatur dar. Die Paulusbriefe wurden abgeschrieben, ausgetauscht und verschickt. Auch die Visionen des römischen Hermas (vgl. S. 205) fanden sofort weite Verbreitung. Die Philipper erbaten sich von Polykarp die Briefe des Ignatius und erhielten sie (Polykarp, 1 Phil 2). Die sogenannten Katholischen Briefe des neutestamentlichen Kanons verraten schon durch diesen Namen, der gegen Ende des 2. Jhs. aufkommt, daß sie nicht nur für eine Gemeinde, sondern wenigstens intentionaliter für die ganze Kirche bestimmt waren[207].

Im 2. und 3. Jh. schwillt der innergemeindliche Briefverkehr erheblich an. Es gab feststehende Anlässe für den Briefaustausch. So wurde die Wahl eines neuen Bischofs den Nachbargemeinden sowie dem Metropoliten angezeigt. Der neue Bischof einer Metropolie versäumte es nicht, sich auch den anderen Metropoliten brieflich vorzustellen. Diese *grammata koinonika (litterae communicatoriae)* (vgl. Eusebius, Kirchengeschichte 7,30,17) waren ein wirksamer Schutz gegen die Häretiker und umschrieben den Kreis der rechtgläubigen Bischöfe, die miteinander in Kommuniongemeinschaft standen.

Reisende, Kleriker und Laien, nahmen solche Briefe als Empfehlungsschreiben mit, aufgrund derer sie bei fremden Gemeinden zur Kommunion zugelassen und gastlich aufgenommen wurden. Bei regem Reiseverkehr war es unerläßlich, daß die Bischöfe über die Situation in den anderen Gemeinden unterrichtet waren und wußten, an wen sie ihre Briefe als „Beglaubigungspässe" ausstellen konnten. Bischöfe an wichtigen Sitzen führten regelrechte Listen über die Hauptgemeinden des Erdkreises, mit denen sie in Gemeinschaft standen. Solche Listen dienten als Adressenverzeichnis, wenn Pässe auszustellen waren, und auf der anderen Seite zur Kontrolle der Ankommenden.

Die Listen mußten fortlaufend revidiert und ergänzt, vor allem Todesfälle und Neuwahlen mußten angezeigt werden. Es blieb nicht aus, daß dabei auch Pannen passierten[208]. In Krisenzeiten und wenn Spaltungen drohten, schickte man sich ausführliche Listen zu, auch wenn keine Wechsel im Bischofsamt stattgefunden hatten. So schrieb Cyprian von Karthago an seinen Kollegen Kornelius in Rom:

„Ich habe dir erst neulich das Namensverzeichnis der hiesigen [afrikanischen] Bischöfe übersandt, die rechtmäßig und untadelig in den katholischen Gemeinden den Brüdern vorstehen; ... um dich selbst und unsere Kollegen [in Italien] wissen zu lassen, wem ihr schreiben müßt und von wem ihr Briefe annehmen dürft" (ep. 59,9).

Die Gemeinschaft aller Gemeinden in der einen Kirche war eben nicht nur eine theologische Spekulation, sondern lebendige Wirklichkeit. Theorie und Praxis kombinierend, definiert Tertullian:

„Es gibt der Kirchen viele und zahlreiche, und doch sind sie nur eine, jene apostolische, ursprüngliche, aus der sie alle stammen. Sie sind alle in dieser Weise ursprünglich und apostolisch, indem sie alle zusammen eine sind. Als Beweise für diese Einheit dienen: das gegenseitige Gewähren des Friedens, die Benennung als Bruderschaft und die Pflege der Gastfreundschaft" (praescr. haer. 20).

Der *communio*, die in der Eucharistiegemeinschaft gipfelt, entsprach als negatives Gegenstück die Exkommunikation. Jeder Bischof, der das Recht hatte, Kommunionbriefe auszustellen, konnte sie auch verweigern und die Kirchengemeinschaft aufheben. Nur leichtfertig durfte es nicht geschehen, sonst wurde ihm die Gefolgschaft verweigert, und er geriet selbst ins Abseits. Als Polykarp von Smyrna um die Mitte des 2. Jhs. nach Rom gereist war, um mit Anicet über den Ostertermin zu verhandeln, konnten sich beide nicht einigen. Doch lobend erwähnt Irenäus: „Sie kommunizierten miteinander" (vgl. Eusebius, Kirchengeschichte 5,24,17). Der römische überließ dem kleinasiatischen Bischof den Vorsitz bei der Eucharistiefeier, und beide schieden in Frieden voneinander. Härter reagierte später der römische Bischof Viktor, der die Kleinasiaten exkommunizieren wollte, weil sie nicht bereit waren, seine Vorstellungen vom Ostertermin zu übernehmen. Durchreisende kleinasiatische Christen sollten in Rom keine Gastfreundschaft mehr finden, vom Gottesdienst ausgeschlossen sein und der Briefverkehr eingestellt werden. Der Protest gegen Viktors Anmaßung auf vielen Synoden war so stark, daß er nachgeben mußte (vgl. S. 221). Trotz des Fehlschlags enthüllt Viktors Versuch den römischen Anspruch auf Weisungsvorrang. Theoretisch waren zwar alle Bischöfe gleich, so daß sie die Vollmacht zur authentischen Interpretation des Glaubens und damit zur Feststellung häretischer Abweichungen eines anderen Bischofs besaßen, aber es konnte nicht ausbleiben, daß sich einzelne Bischofssitze als besonders wichtig und kompetent in Glaubensfragen herauskristallisierten. Daß die Hauptstadt des Reiches, Rom, auf die Dauer in diesem Prozeß kirchlicher Vorortbildung eine besondere Rolle spielen würde, war nur natürlich.

– Synoden

Die vielfältigen Kontakte, die die Gemeinden verbanden und das Bewußtsein verstärkten, einer universalen Kirche anzugehören, sind durch das Zusammenkommen der kirchlichen Leiter zu gemeinsamen Synoden wirkungsvoll verstärkt worden. Über den ersten Anstoß, die Abwehr des Montanismus (vgl. S. 129; 264), hinaus war die Zeit reif für übergemeindliche Zusammenschlüsse, denn die Anlässe mehrten sich, die gemeinsame Beratungen nützlich erscheinen ließen.
In der Regel kamen die Bischöfe einer Provinz zusammen. Damit wurde auch über die munizipale Bischofsgemeinde hinaus die staatliche Ordnung Grundlage für die kirchliche Organisation in größeren Verbänden. Der Teilnehmerkreis wurde jedoch nicht starr festgelegt; wie es der Anlaß erforderte, wurde der Bereich der staatlichen Provinz auch über- oder unterschritten. Man konnte sich zu mehreren Provinzen zusammentun oder doch führende Bischöfe anderer Provinzen einladen. Die Entwicklung ging im Osten schneller vor sich als im Westen. Bis zur Mitte des 3. Jhs. waren alle Synoden „außerordentliche"; erst dann wurden regelmäßig wiederkehrende Provinzsynoden eingerichtet. In Karthago tagte die Synode im Frühjahr; bei wichtigen Anlässen wie z.B. anläßlich des Ketzertaufstreits im Jahr 256 konnte eine zweite Synode im Herbst einberufen werden. Stimmberechtigt waren in der Regel die Bischöfe; teilnehmen durften auch Presbyter und Diakone. Die Beschlüsse konnten in Synodalschreiben an andere Synoden

und Interessenten verschickt werden. Später wurden sie häufig in Form von knapp gefaßten Vorschriften abgefaßt, die als kirchenrechtliches Material von anderen Bischofsversammlungen übernommen werden konnten. Die verhandelten Fragen waren so vielfältig wie das Leben selbst. In den ältesten, vollständig überlieferten Kanones der spanischen Provinzialsynode von Elvira (um 303)[209] wurde u.a. bestimmt, daß jemand, der in der Stadt wohnt und an drei Sonntagen nicht zum Gottesdienst erscheint, gemaßregelt werden soll (Kan. 21). Kanon 34 verbietet tagsüber das Anzünden von Lichtern auf dem Friedhof, damit die Seelen der Verstorbenen nicht beunruhigt werden. Weitreichendere Folgen hatte Kanon 33, der von Bischöfen, Priestern und Diakonen eheliche Enthaltsamkeit verlangte. Geschichte gemacht hat ebenfalls Kanon 36, der bestimmt: „In der Kirche soll es keine Bilder geben, damit nicht verehrt oder angebetet wird, was auf den Wänden gemalt ist"[210].

Die große Zahl und schnelle Verbreitung der Synoden beweist ihre Notwendigkeit. Sie entsprangen einem spontanen Bedürfnis und setzten sich durch mit einem Minimum an theologischer und juristischer Begründung. Cyprian meint zwar, ihre Beschlüsse entsprängen der Eingebung des Heiligen Geistes (vgl. ep. 57,5), aber im Unterschied zum Bischofsamt hat es so etwas wie eine Theologie der Synode in frühchristlicher Zeit nicht gegeben. Ihr Erfolg beruhte darauf, daß sie funktionierten. Sie bildeten ein quasi demokratisches Korrektiv gegenüber der wachsenden monarchischen Stellung des Bischofs. Allein daß er sich regelmäßig unter seinesgleichen bewegte, dem Lob und der Kritik seiner Amtskollegen ausgesetzt war, beeinflußte den „Regierungsstil" und die Entscheidungen in der eigenen Gemeinde. Die Synode war die geeignete Instanz, einen Bischof zur Rechenschaft zu ziehen und ihn – wenn nötig – sogar abzusetzen. Presbyter, Diakone und auch Laien konnten an die Synode appellieren, wenn sie sich von ihrem Bischof ungerecht behandelt fühlten. Umgekehrt bot die Synode dem Bischof einen Rückhalt, wenn er unverschuldet in seiner Gemeinde in Schwierigkeiten geriet.

Das frühkirchliche Institut der Synoden funktionierte hervorragend, so lange es eine Versammlung gleichberechtigter Mitglieder war. Zwar gaben immer einige Bischöfe den Ton an, doch die Freiheit der Synoden blieb unbedroht, wenn die besseren Argumente die Abstimmungen prägten. Gefahr konnte heraufziehen, sobald die Stellung des Metropoliten sich so verstärkte, daß die übrigen Bischöfe der Provinz in Abhängigkeit von ihm gerieten und von Kollegen zu Parteigängern wurden. Damit konnte die Synode zum Machtinstrument des Metropoliten werden, mit dem er politisch gegen die Ansprüche anderer Metropoliten oder staatlicher Autoritäten agierte. Trotz möglichen Mißbrauchs, der erst in nachkonstantinischer Zeit zum Problem wurde, war das Zusammenwachsen der Gemeinden zu größeren organisatorischen Verbänden, das über die Provinzsynoden zu immer weiträumigeren Gebilden, zu Patriarchaten, ökumenischen Konzilien und im Westen zum römischen Papsttum führte, folgerichtiger Ausdruck der geistig-theologischen Überzeugung von der Kirche als universaler Gemeinschaft aller Gläubigen.

3. Schrift und Tradition

3.1 Mündliche und schriftliche Überlieferung

Von Beginn der missionarischen Verkündigung an gab es in der Kirche verschiedene Offenbarungsquellen. Bereits abgeschlossen lag die Heilige Schrift des Alten Testaments vor. Sie wurde – in ihrer bleibenden Gültigkeit insgesamt oder teilweise von einzelnen kirchlichen Theologen nicht unwidersprochen – aufs Ganze gesehen von Anfang an als inspirierte *graphē* (Schrift) herangezogen. Zu ihr gehörten, wie bereits Meliton von Sardes (Eusebius, Kirchengeschichte 4,26,14) und Origenes (ebd. 6,25,1f) bezeugen, die 22 Bücher des hebräischen Kanons, zu denen durch kirchlichen Gebrauch in Gottesdienst und Katechumenenunterricht die alttestamentlichen Apokryphen hinzukamen. In christologischer Auslegung wurde das Alte Testament als Vorausverkündigung der christlichen Botschaft verstanden[211].

Hinzu kamen die Worte und Taten Jesu, die in unmittelbarer Weise den Inhalt der frühchristlichen Verkündigung ausmachten. Daß die Jünger und ersten Glaubensboten die Worte ihres Meisters sammelten und aufschrieben, damit sie als kostbares Vermächtnis an die nachfolgenden Generationen und neu entstehenden Gemeinden weitergegeben werden konnten, verstand sich von selbst. In Jesu Umwelt war es gang und gäbe, Worte gefeierter Lehrer zu zitieren und mit ihnen religiöse Streitfragen zu entscheiden.

Als weitere Offenbarungsquelle galt für kurze Zeit auch der Geist, der aus den frühchristlichen Propheten sprach (vgl. S. 128). Allerdings wurde diese Quelle schon bald mit Mißtrauen betrachtet und versiegte im Lauf des 2. Jhs. Einer Schrift wie dem Hirten des Hermas (um 140), die sich prophetisch gab, weil sie für ihre Stellungnahme zur Bußfrage auf keine Worte Jesu oder der Apostel zurückgreifen konnte, gelang es schon nicht mehr, sich ihr anfängliches kanonisches Ansehen zu erhalten. Die Gründe gibt der sogenannte Canon Muratori an:

„Den Hirten hat ganz vor kurzem zu unseren Zeiten in der Stadt Rom Hermas verfaßt, als auf dem Thron der Kirche der Stadt Rom der Bischof Pius, sein Bruder, saß. Und deshalb soll er zwar gelesen werden, aber öffentlich in der Kirche dem Volke verlesen werden kann er weder unter den Propheten, deren Zahl abgeschlossen ist, noch unter den Aposteln am Ende der Zeiten"[212].

Anders als die vielhundertjährige Offenbarungsgeschichte der alttestamentlichen Schriften erfolgte die christliche Verkündigung, die Offenbarungsrang erhielt, in wenigen Generationen. Länger dauerte es, das Offenbarungsgut zu sichern und es von anderen umlaufenden und neu produzierten Überlieferungen abzugrenzen, wobei nicht alle mündlich überlieferten Jesuslogien in die kanonischen Schriften des Neuen Testaments eingegangen sind. Schon die vier Evangelien benutzten Quellen, die ihnen vorausliegen (Logienquelle); auf der anderen Seite bekennen sie freimütig, daß sie weder die einzigen (vgl. Lk 1,1) noch daß sie vollständige Berichterstatter sind (vgl. Joh 21,25). Es gab also noch andere Nachrichten über Jesus und Jesusworte außerhalb der Evangelien. Apg 20,35 erinnert an ein Wort des Herrn, „der selbst gesagt hat: Geben ist seliger als nehmen". In den kanonischen Evangelien ist dieses Herrenwort nicht zu identifizieren. Ob allerdings alle in der frühchristlichen Literatur aufgespürten sogenannten *agrapha*[213] authentische Jesuslogien sind, läßt sich nicht beweisen; in einigen Fällen ist es eher zweifelhaft. In 1 Klem 13,2 heißt es:

„So hat Jesus gesagt: Erbarmt euch, damit ihr Barmherzigkeit findet; verzeiht, damit euch verziehen werde! Wie ihr tut, so wird an euch getan werden; wie ihr gebt, so wird euch gegeben werden; wie ihr richtet, so werdet ihr gerichtet werden; wie ihr euch gütig erweist, so wird euch Güte erwiesen werden; mit demselben Maß, mit dem ihr meßt, wird euch gemessen werden".

Man erkennt in dieser Aufzählung unschwer eine ganze Anzahl wenn nicht Zitate, so doch Anklänge an die matthäische Bergpredigt bzw. an ihre lukanischen Parallelen. Nur das Wort vom Gütigsein läßt sich dort nicht nachweisen. Handelt es sich hier um eine alte Quelle mit einem Jesuswort aus einer sonst nicht mehr bekannten oder von den Evangelisten nicht voll ausgeschöpften Spruchsammlung? Wahrscheinlicher ist, daß es von Klemens frei hinzugefügt wurde, um auf eine Siebenzahl in dieser Spruchkombination zu kommen; zudem ist die Wendung vom Gütigsein typisch für Klemens, im Griechischen sonst wenig bekannt[214].
Ein solch ungenierter Umgang mit der Überlieferung macht klar, daß es am Beginn des 2. Jhs. zwar Worte und Überlieferungen des Herrn gibt, die auch schriftlich niedergelegt sind, aber noch keine Heilige Schrift des Neuen Testaments, die man genau zitieren müßte. Man gebrauchte die Worte des Herrn so, wie man sie gelernt hatte oder wie sie in der Gemeinde verkündet wurden. Auf diese Weise mischen sich zwischen echte Logien Herrenworte, die aus rhetorisch-didaktischen Gründen hinzugefügt wurden, ohne daß eine Fälschungsabsicht oder eine bestimmte theologische Tendenz vorläge, wie es bald darauf in apokryphen oder häretischen Schriften der Fall sein wird.
Der freie Gebrauch von Schriftworten blieb bis weit ins 2. Jh. die Regel. In der Didache, in den Ignatiusbriefen oder bei Polykarp gelingt es nur selten, aus einer Fülle von Anklängen hieb- und stichfeste neutestamentliche Zitate herauszuziehen. Ein Mann wie Papias, Bischof von Hierapolis, der um 130 fünf Bücher über Worte und Taten des Herrn und seiner Jünger schrieb, von denen allerdings nur wenige Bruchstücke erhalten sind, hat dazu nicht die kanonischen Evangelien zugrunde gelegt, sondern mündliche

Berichte, die er eifrig sammelte, von Leuten, die den Aposteln noch nahegestanden hatten (wahrscheinlich Wandermissionare, die durch Hierapolis kamen), ebenso von den Töchtern des Philippus, die in der Stadt wohnten (vgl. Eusebius, Kirchengeschichte 3,31,3f). Er war nämlich der Meinung, daß aus Büchern geschöpfte Berichte nicht denselben Wert hätten wie das lebendige und beständige mündliche Zeugnis (ebd. 3,39,4). Noch Irenäus, der Entscheidendes für die kanonische Schriftwerdung der Evangelien getan hat, brauchte sie nicht zu zitieren, wenn er einen Abriß der wichtigsten Glaubenslehren geben wollte (vgl. S. 193). Den Kern der apostolischen Verkündigung kannte er aus der lebendigen Lehrtradition der Kirche auch ohne Zuhilfenahme von Kodizes. Sie bildeten noch gegen Ende des 2. Jhs. nicht die ausschließliche Norm für die Verkündigung.

Wenn sich Papias auf die Suche nach apostolischen Überlieferungen machte, erfuhr er manches, was nicht in die Schriften des Neuen Testaments eingegangen ist, Erbauliches, aber auch Kurioses. Von Joseph, genannt Barsabbas, der bei der Apostelnachwahl dem anderen Kandidaten Matthias unterlegen war (Apg 1,23/6), berichtet Papias, daß er Gift getrunken habe, ohne daß es ihm schadete. Peinliche Einzelheiten weiß er über das Ende des Judas[215]. Eusebius mag das alles nicht in seine Kirchengeschichte aufnehmen, denn als er schrieb, war die Unbefangenheit gegenüber unkontrollierbaren Überlieferungen vorbei. Manche Traditionen, die nicht im Neuen Testament verankert waren, wurden geradezu als anstößig empfunden (Eusebius, Kirchengeschichte 3,39,11). Was nicht ausschließt, daß sie zur Evangelisierung der einfachen kleinasiatischen Bevölkerung ebensoviel beigetragen haben wie die hohe Theologie der paulinischen oder johanneischen Schriften[216].

3.2 Apokryphe Schriften

Papias war nicht der einzige, der seltsame Geschichten gesammelt hatte; neben den kanonischen Schriften wucherte das Feld der apokryphen Literatur mit einer Fülle von zusätzlichen Evangelien, Apostelakten, Apokalypsen und Briefen. Einige berufen sich auf besondere Überlieferungen und enthalten bestimmte Tendenzen, die aber nicht mit häretischen Abweichungen identisch sein müssen. Häufig wollen sie jedoch nur erbaulich sein und die fromme Wißbegier der Leute befriedigen.

– Kindheitsgeschichten

Das zeigt sich deutlich bei den sogenannten Kindheitsevangelien. Schon Matthäus und Lukas hatten das Schweigen des Markus über den Lebensanfang Jesu gebrochen; aber die theologische Verantwortung siegte bei ihnen über die historische Neugier. Anders die apokryphen Evangelien, die unge-

niert alle die Antworten geben, die fromme Leute interessierten und damit
– auch wenn sie später als apokryphe, unverbindliche Texte galten –
Volksfrömmigkeit und Kunst, zuweilen sogar dogmengeschichtliche Entwicklungen erheblich beeinflußt haben.

So wird z.B. im Protoevangelium des Jakobus 9 berichtet, wie Maria einem Mann verlobt werden soll. Um den richtigen Bräutigam zu finden, überreicht der Hohepriester angesehenen Witwern des Volkes Stäbe. Wessen Stab ein wunderbares Zeichen hervorbringt, dem soll Maria angehören.

„Den letzten Stab bekam Joseph, und siehe, eine Taube kam aus dem Stab hervor und flog auf das Haupt Josephs. Da sprach der Priester zu Joseph: ‚Joseph, du hast durchs Los die Jungfrau des Herrn zugeteilt bekommen; nimm sie in deine Obhut!' Joseph (aber) entgegnete ihm: ‚Ich habe (schon) Söhne und bin alt, sie aber ist ein junges Mädchen. Ich fürchte, ich werde zum Gelächter für die Söhne Israels!'".

Nach einigem Hin und Her nimmt Joseph Maria dann doch auf mit den Worten: „‚Maria, ich habe dich aus dem Tempel des Herrn empfangen und lasse dich nun in meinem Hause und gehe fort, um meine Bauten zu errichten; (danach) werde ich (wieder) zu dir kommen; der Herr wird dich bewahren!'"[217].

Das Bild vom alten Joseph, der als Greis bei der Krippe hockt, hat hier seinen literarischen Ursprung. Der Text behob zudem zwei Schwierigkeiten, die den Frommen anstößig erscheinen konnten: die Jungfräulichkeit Mariens, die sich beim betagten Joseph, der auf seinen Baustellen werkelt, in guter Obhut befindet, und die Söhne des Joseph aus früherer Ehe, die die Brüder Jesu im Evangelium erklären konnten. Aufs Ganze gesehen ist das Protoevangelium des Jakobus noch eine erbauliche Geschichte, die – vielleicht mit Ausnahme der für heutiges Empfinden etwas peinlichen Episode der Prüfung der Jungfräulichkeit Mariens durch die Hebamme (ebd. 20) – die Ereignisse um die Geburt Jesu dezent erzählt, wobei sie sich nicht all zu weit vom Text der kanonischen Evangelien entfernt und etliche Motive aus dem Alten Testament, insbesondere aus der Samuelgeschichte, aufnimmt. Doch die fromme Phantasie verlangte mehr, so daß die Auswucherungen zunahmen. Ein Beispiel bietet die sogenannte Kindheitserzählung des Thomas, die Irenäus gekannt hat (vgl. adv. haer. 1,13,1) und daher spätestens in der 2. Hälfte des 2. Jhs. existiert haben muß. Sie endet mit der auch von Lk 2,41/52 berichteten Episode des Zwölfjährigen im Tempel. Berichten möchte sie aber vor allem aus den Jahren davor, vom Jesuskind, wie es nach der Rückkehr aus Ägypten in Nazareth aufwuchs und bereits seine spätere Wundermacht zeigte.

„Als der Knabe Jesus fünf Jahre alt geworden war, spielte er an der Furt eines Baches ... Er bereitete sich weichen Lehm und bildete daraus zwölf Sperlinge. Es war Sabbat, als er dies tat ... Als nun ein Jude sah, was Jesus am Sabbat beim Spielen tat, ging er sogleich weg und meldete dessen Vater Joseph: ‚Siehe, dein Knabe ist am Bach, er hat Lehm genommen, zwölf Vögel gebildet und hat den Sabbat entweiht'. Als nun Joseph an den Ort gekommen war und (es) gesehen hatte, da herrschte er ihn an: ‚Weshalb tust du am Sabbat, was man nicht tun darf'? Jesus aber klatschte in die Hände und schrie den Sperlingen zu: ‚Fort mit euch'! Die Sperlinge öffneten ihre Flügel und flogen mit Geschrei davon. Als aber die Juden das sahen, staunten sie, gingen weg und erzählten ihren Ältesten, was sie Jesus hatten tun sehen"(2)[218].

Das Motiv des Wunderwirkens am Sabbat samt folgender Konfrontation mit der jüdischen Obrigkeit ist auch aus den kanonischen Evangelien bekannt. Doch die Unterschiede sind bezeichnend: Dort heilt Jesus Kranke, steht der Buchstabe des Gesetzes gegen die verkündete Heilszeit, für die die Krankenheilungen Zeichen sind, hier geschieht ein Schauwunder durch ein erbostes Kind. Das Motiv des zornigen Jesusknaben kommt noch häufiger vor. Kinder, die ihn beim Spielen ärgern, fallen tot um, Lehrer, die ihn züchtigen, sinken ohnmächtig zu Boden, so daß Joseph schließlich traurig seiner Mutter Maria sagen muß: „Daß du mir ihn nicht hinaus vor die Türe lässest! Denn alle, die ihn erzürnen, sterben!" (14,3). Selbst wenn in diese Erzählungen, die Parallelen in Berichten der Krishna- und Buddhalegenden von übermütigen Götterkindern haben[219], synoptische Motive aufgenommen werden, handelt es sich nicht mehr nur um ein frommes Ausspinnen spärlicher Nachrichten, sondern um grobe Verzeichnungen, die sich auch die weiteren Ereignisse im Leben Jesu und die Passionsgeschichte – neben ergreifenden Geschichten (vgl. das Schweißtuch der Veronika) – gefallen lassen müssen.

– Apostelakten

Noch dürftiger als die Berichte der Evangelien über das Leben Jesu wurden von vielen die Nachrichten über das Schicksal der Apostel empfunden – bei dem theologischen Aufschwung, den das Prädikat „apostolisch" als normativer Maßstab im Verlauf des 2. Jhs. gewonnen hatte (vgl. S. 177), ein unmöglicher Zustand. Die Apostelgeschichte des Lukas reichte bei weitem nicht aus, bot aber einen guten Anknüpfungspunkt für weiterwuchernde Erzählungen. So berichtet in den Petrusakten ein frommer Schriftsteller über die Abenteuer des Petrus in Rom mit der freien Phantasie eines Orientalen, der die Stadt nie gesehen hat. Breit ausgesponnen ist der Konflikt des Petrus mit Simon Magus, der als Widerpart des Petrus aus Samaria bereits Apg 8,9/24 erwähnt wird. Ein Traumgesicht veranlaßt Petrus, aus Jerusalem aufzubrechen, um den alten Feind in einem Wunderwettstreit zu bekämpfen. Dabei geschehen recht merkwürdige Dinge. Ein sprechender Hund beschimpft den Simon (5,12), ein Säugling an der Mutterbrust weist ihn aus der Stadt (5,15); Petrus heilt nicht nur Blinde und erweckt Tote, er repariert auch mit einigen Wasserspritzern eine demolierte Kaiserstatue (4,11) und läßt einen am Fenster hängenden geräucherten Thunfisch wieder im Wasser schwimmen (5,13). Die Wunder des Simon degenerieren dagegen zu Zaubertricks, und als er, um seinen Ruf wiederherzustellen, vor allem Volk auf dem Forum Romanum gen Himmel fährt, läßt ihn Petrus herabstürzen und sich an drei Stellen das Bein brechen (9,32[3]).

In den Petrusakten 9,35(6)/37(8) spielt auch die *Quo-vadis*-Szene. Als Petrus Rom verläßt, begegnet ihm Jesus vor dem Stadttor. Petrus fragt: „Herr, wohin gehst du?" Jesus antwortet: „Ich gehe nach Rom hinein, um gekreuzigt zu werden." Daraufhin kehrt Petrus zurück und läßt sich kreuzigen „mit dem Kopf nach unten und nicht anders!"

Was Petrus recht ist, ist Paulus billig. Entsprechend gibt es Paulusakten, in denen das Lob des Apostels gesungen wird. Was vielleicht noch notwendiger war als die Verherrlichung des Petrus, denn Paulus stand im 2. Jh. in den Gemeinden nicht im besten Ansehen. Dafür waren seine Briefe zu schwierig, war seine Theologie zu radikal; seine Lehre von der Freiheit vom Gesetz erschien manchen gefährlich und die Vorliebe der Häretiker für Paulus verdächtig. Dieses Mißtrauen versuchen die Paulusakten abzubauen, indem sie ein volkstümliches Paulusbild zeichnen. Sie berichten, wie in Ikonium Thekla von der Predigt des Apostels so sehr ergriffen wird, daß sie ihrem Verlobten die Ehe verweigert, um dem Apostel zu folgen. Von ihrem Bräutigam beim Prokonsul verklagt, wird sie zum Feuertod verurteilt. Aber ein Regen löscht das Feuer; Thekla wird befreit und kann dem Apostel nach Antiochien in Pisidien folgen. Hier wiederholen sich die Ereignisse. Weil sie die Ehe verweigert, wird Thekla zum Tierkampf verurteilt. Aber eine Löwin, die sie zerreißen soll, schützt sie unter Aufopferung ihres eigenen Lebens. Befremdlich wirkte die Geschichte, wie sich Thekla selbst tauft durch den Sprung in einen Robbenteich. Sie besteht noch weitere Gefahren und zieht, als sie endlich freikommt, durch Männerkleider geschützt, Paulus nach, bis sie in Seleukia „eines sanften Todes entschlief" (3,7/43).

In den Paulusakten spielen Löwen eine beträchtliche Rolle. Auch Paulus muß mit einem Löwen in der Arena kämpfen. Doch wiederum will die Bestie nicht, wie die Henker wollen. Paulus weiß warum; der Löwe ist ein alter Bekannter. Vor einiger Zeit hatte Paulus dem Löwen auf dessen Bitten hin das Evangelium verkündet und ihn getauft. Als der Löwe nach der Taufe eine Löwin trifft, schüttelt er nur sein mähniges Haupt. Er will von nun an enthaltsam in der Wüste leben (Koptisches Fragment)[220].

Zufällig gibt es einen Hinweis auf die Entstehung der Paulusakten. Tertullian, bapt. 17, berichtet, ein kleinasiatischer Presbyter habe eingestanden, aus Liebe zu Paulus die Schrift verfaßt zu haben. Er wurde deswegen seines Amtes enthoben, nicht jedoch exkommuniziert. Häretisch waren die manchmal zwar seltsam anmutenden und bekannten antiken Romanmotiven nachempfundenen Geschichten ja auch nicht. Daß jedoch in die Akten ein frei erfundener dritter Brief des Paulus an die Korinther eingearbeitet war, der noch jahrhundertelang als Anhang in Kirchenbibeln mitgeschleppt wurde[221], konnte man nicht gut durchgehen lassen – gerade in einer Zeit, in der nachgemachte Apostelbriefe und -offenbarungen genug Verwirrung stifteten.

– Beurteilung

Das umfangreiche apokryphe Schrifttum, von dem hier nur ein paar Kostproben geboten werden konnten, zeigt durch die Leichtfertigkeit, mit der Worte und Taten Jesu und der Apostel überliefert bzw. produziert werden, wie sehr im 2. Jh. das Gewicht der Verkündigung noch immer auf der mündlichen Überlieferung ruhte. Das Neue Testament ist erst dabei, kanonisch zu werden und als Norm des Glaubens Geltung zu beanspruchen. Das Maß an Treue gegenüber der apostolischen Überlieferung dürfte im apokryphen Schrifttum sehr unterschiedlich zu bewerten sein. An einigen Stellen ist nicht auszuschließen, daß echte Worte und Taten Jesu und der Apostel, die in der Überlieferung frei umliefen, bewahrt worden sind. In anderen Fällen sind Lücken in der Jesusüberlieferung behutsam ergänzt worden. Dem Umfang nach der größte Teil der Produktion wollte jedoch nichts anderes als die fromme Neugier der Leute stillen, indem gängige Klischees antiker Romanerzählungen mit christlichen Helden angefüllt wurden.

Etliche Schriften enthalten bestimmte Tendenzen, judenchristliche (wie z.B. die sog. Pseudoklementinen) oder besonders häufig enkratitisch-asketische, leib- und ehefeindliche. Damit brauchen nicht in jedem Fall häretische oder kirchentrennende Absichten verbunden gewesen zu sein. Andererseits war die frei wuchernde Überlieferung hervorragend geeignet, gnostisches Gedankengut aufzunehmen. Tatsächlich sind zahlreiche Apokryphen mit gnostisch infizierten Gedanken durchsetzt; dort etwa, wo das Christusbild nicht nur ins Wunderbare und Übermenschliche, sondern ins Zauberhaft-Magische und Gespenstische verzeichnet wird[222]. Dabei darf ruhig angenommen werden, daß manche gnostisierenden Schriften nicht aus der antikirchlichen Gnosis stammen, sondern innerhalb der Gemeinden entstanden sind. Um religiöse Bedürfnisse stillen und Kunde von verborgenen Ereignissen, Worten und Taten geben zu können, bot sich die Gnosis als unerschöpfliche Quelle an und bescherte in tausend bunten Bildern, wonach das Herz verlangte. Warum sollte man mißtrauisch sein? In diesen frommen Geschichten wurden ja keine kirchenfeindlichen Systeme indoktriniert oder Glaubenslehren bekämpft, sondern in romanhafter Fabulistik christliche Verhaltensweisen hochgelobt, die auch die Gemeinden schätzten. Nur wenige theologisch gebildete Bischöfe werden die Gefahr, die mit diesen Verzeichnungen verbunden war, erkannt haben.

3.3 Markion

Für die Gemeinden stellte sich immer dringlicher die Aufgabe, das Bett festzulegen und zu reinigen, durch das der Fluß der Überlieferung fließen sollte. Die Zeit drängte um so mehr, als Mitte des 2. Jhs. durch Markion das bisherige unreflektierte Vertrauen in die Zuverlässigkeit der mündlichen Überlieferung schwer erschüttert wurde.

– Leben

Markion wurde um das Jahr 85 in Sinope, einer Hafenstadt am Südufer des Schwarzen Meeres, als Sohn eines begüterten Reeders geboren, der auch der Leiter (Bischof) der dortigen Gemeinde war. Schon früh scheint er zu Hause Streit bekommen zu haben; auch Bischof Polykarp von Smyrna wies ihn schroff ab. Markion ging nach Rom, wo er der Gemeinde eine großzügige Spende von 200.000 Sesterzen machte und sich eine Zeitlang halten konnte, ehe es um 144 zum Bruch kam. Sofort begann er mit der Einrichtung einer eigenen Kirche, die straff organisiert und geführt viel Erfolg hatte und bis ins 6. Jh. bestand. Neben persönlicher Ausstrahlung müssen Markions Theologie und seine rigorose Ethik viele ernsthafte Christen angezogen haben. Was waren seine Grundanliegen[223]?

– Theologie

Im Zentrum stand das Erlebnis des unbekannten Gottes, das es fertig brachte, Gott in seiner Fremdheit und Andersartigkeit zu belassen und ihn nicht in die Sphäre menschlicher Vorstellungen hinabzuziehen. Markion berührte sich hier mit den christlichen Gnostikern, die ebenfalls Gott durch seine Erhabenheit und Güte so sehr entrückt sahen, daß schließlich das Band zerriß und Gott nicht mehr der Schöpfer der Welt sein konnte, die damit ins Dunkel versank, Gefängnis, Hölle oder bloßer Schein wurde.
Markion hat diese Weltverneinung bis zum Exzeß gesteigert. Die Welt ist so durch und durch unsinnig und grausam in ihren Erscheinungen und Abläufen, daß Gott von ihr entlastet werden muß. Es besteht keine naturhafte Verbindung zwischen Gott und der Welt – auch nicht zum Menschen und seinem Geist. An diesem Punkt übertraf Markion noch die Gnostiker, die wenigstens im Geist des Menschen einen Funken vom Sein und Leben Gottes erkannt hatten. Wenn sich Gott dem durch den Geist verwandten Menschen offenbarte, war das für sie ein geradezu notwendiger Akt, der die in die dunkle Materie zerstreuten Lichtfunken des Geistes sammelte und wieder heimholte. Die gnostische Erlösung vollzog sich ja nicht im Raum gnadenhafter Freiheit, sondern als ein deterministisch gesteuerter Prozeß kosmologischer Ontologie (vgl. S. 136f). Eine solche naturnotwendige Soteriologie hat Markion vehement bestritten. Hier ist er paulinischer als die Gnostiker.
Ein zweiter Schwerpunkt der markionischen Theologie bestand in der Absage an jeden Synkretismus. Dagegen enthielt die kirchliche Verkündigung einen breiten Traditionsstrom, der neben dem Alten Testament in zuneh-

mendem Maß pagan-religiöse Vorstellungen mit einschloß. Diesen ganzen Ballast an Überlieferungen, die noch kaum durchdacht und in ein theologisches System gebracht worden waren, wollte Markion abwerfen und alles ausmerzen, was für die Verkündigung unnötig erschien. Wie Jesus auf überkommene Lehren wenig Wert gelegt hatte, wenn nur der Wille des himmlischen Vaters auf Erden erfüllt wurde, war Markion bereit, weite Felder des Überlieferten aufzugeben zugunsten der Botschaft von der Erlösung.

Denn – und damit ist das dritte Glied in Markions theologischem System angesprochen – Religion ist Erlösung und sonst nichts. Natürlich bildete die Erlösung auch in der kirchlichen Verkündigung ein wichtiges Thema. Aber im Gottesbild der Evangelien und des Paulus blieb doch ein Überhang. Gott war nicht nur der Erlöser als Vater Jesu Christi, sondern auch der Schöpfer, der die Welt so geschaffen hat, wie sie nun einmal geschaffen ist. Bereits Markions Schüler Apelles stellte eindringlich die Frage nach dem Bösen in der Welt, das ja dadurch theologisch zum Problem wird, daß die Welt das vollkommene Werk eines guten Gottes sein soll. Konnte oder wollte Gott nicht eine vollkommene Welt schaffen? Im ersten Fall ist er nicht allmächtig, im zweiten ist er nicht gut. In der Welt offenbart sich ein tragischer Zug der Reue ihres Schöpfers, der besten Willens und schwach zugleich war[224].

Um diesem Dilemma zu entgehen, betrachtete Markion die Erlösung als etwas so Großes und Erhabenes, daß derjenige, der sie schenkt, nichts anderes sein kann als barmherzige Liebe. Der Erlöser-Gott kann nicht die Welt geschaffen haben. Die Schöpfung geht auf einen Demiurgen zurück, ein Wesen, das damaligem Denken durchaus geläufig war. Das Problem der Sünde und des Bösen in der realen Welt war damit gegenstandslos geworden, denn Gott hat nichts mit ihr zu tun; er ist auch nicht ihr Gesetzgeber und Richter, was ihn von der Notwendigkeit des Zürnens und Strafens entlastet. Die Werbewirksamkeit einer Lehre, die das religiöse Sehnen der Zeit auf einen Nenner brachte und alles Widerstreitende einfach eliminierte, liegt auf der Hand. Die Kehrseite war allerdings das dualistische Auseinanderfallen des Gottesbildes in den guten Erlösergott und den bösen, demiurgischen Schöpfergott.

– Markions „Kanon"

Wie vermochte Markion seine aufgrund persönlicher Erfahrungen getroffene Entscheidung zu rechtfertigen? Standen nicht alle Quellen der Offenbarung, das Alte Testament, die Überlieferungen über Jesus und die Verkündigung der Apostel, dagegen? Wenn Markion recht hatte, dann mußten nicht nur die mündlichen Traditionen, sondern ebenfalls die schriftlichen Offenbarungsdokumente an der von ihm vorgegebenen Norm überprüft werden. Markion hat nicht gezögert, diesen Schritt zu tun. Was geschah?

Als erstes fiel das ganze Alte Testament. Es hatte schon der kirchlichen Erklärung nicht wenige Schwierigkeiten bereitet, die man mit Spiritualisierung und Allegorisierung des harten Buchstabensinns zu mildern versucht hatte. Markion handelte genau umgekehrt; er las das Alte Testament wortwörtlich, versinnlichte, ja karikierte es, bis es am Ende als Dokument des despotischen, grausam strafenden Schöpfergottes entlarvt war; mit dem Vater des Herrn Jesus Christus hatte der wolkenreitende und angstmachende Stammesgott der Juden nichts mehr zu tun.

Was die Aufgabe des Alten Testaments für die Kirche des 2. Jhs. bedeutete, ermißt man, wenn man sich daran erinnert, welchen Rang das Alte Testament in Gottesdienst und Mission längst gewonnen hatte und wie sehr es der Kirche darauf ankam, nicht als Neuerung zu gelten, sondern ihre Botschaft auf uralte Weisheit zu gründen. Das sollte nicht mehr gelten?

Die Eliminierung des Alten Testaments war jedoch noch nicht alles. Gemessen an seinem Maßstab von der Erlösung als dem alleinigen Inhalt der Offenbarung, mißtraute Markion auch der Christusverkündigung in ihrer mündlichen Überlieferung. Sie erschien ihm durchsetzt von Judaismen und philosophisch-hellenistischen Zusätzen. Auch die frühesten Zeugnisse schriftlicher Art, die Evangelien, schienen die Worte Jesu bereits mißverstanden und rejudaisiert zu haben. Wenn aber Altes Testament und die Überlieferung über Jesus korrumpiert waren, woran sollte man sich dann halten?

Es gab zwei Lösungen: die prophetische und die reformerische[225]. Erstere war von den Gnostikern bevorzugt worden. Sie hatten sich Sonderüberlieferungen, die von Jesus einzelnen Aposteln mitgeteilt und so zu ihren Schulhäuptern gekommen sein sollten, als Offenbarungsgrundlage ihrer Lehren geschaffen. Diesen Weg konnte Markion nicht gehen. Wollte er kein Schwindler oder Schwärmer sein, mußte er hinter die verderbten mündlichen Überlieferungen zurückfragen nach den ältesten, schriftlich fixierten Urkunden, welche die ursprüngliche Wahrheit über Jesus bewahrt hatten. Die mußten aufgespürt, von möglichen Verfälschungen befreit und als verbindlich erwiesen werden; es mußte ein Kanon von Schriften geschaffen werden, der von nun an als alleinige Richtschnur für die Zuverlässigkeit und den Umfang der Offenbarung dienen konnte.

Wie sah der von Markion geschaffene Kanon aus? Er war zweiteilig und umfaßte das Apostolikon, d.h. eine Sammlung von zehn Paulusbriefen (Gal, 1 und 2 Kor, Röm, 1 und 2 Thess, Laodiceerbrief [= Eph], Kol, Phil, Phlm) und ein einziges Evangelium, das des Lukas. Die Wahl des Paulus erscheint einleuchtend. Markion war überzeugt, sein Verständnis von Gnade und Erlösung bei Paulus am unverfälschtesten wiederzufinden. Paulus war im Recht gewesen, als er sich gegen die Altapostel gestellt hatte. Er war vom Mutterleib an erwählt worden (Gal 1,15) und hatte sein Evangelium nicht von Menschen, sondern unmittelbar durch Christus empfangen

(Gal 1,1). Sein Kampf gegen die Judaisten zeigte zur Genüge die Gefahr, der die folgende kirchliche Verkündigung wieder erlegen war.

Neben die Paulusbriefe trat das Lukas-Evangelium. Daß Markion ein Evangelium mit den Worten und Taten Jesu brauchte, ist ebenfalls verständlich, warum er das des Lukas auswählte, läßt sich nicht so leicht beantworten. Hat er es – unhistorisch denkend – als Evangelium des Paulus betrachtet oder war es ihm aus seiner Heimat vertraut? Bezeichnenderweise hat er nicht versucht, aus verschiedenen Evangelien eine Evangelienharmonie zu schaffen ähnlich dem Diatessaron des Tatian (2. Hälfte 2. Jh.). Der Verzicht entsprach seiner Absicht, nicht Jesusüberlieferungen neu zusammenzustellen, sondern echte Urkunden zu erheben, die überarbeitet werden mußten, um die Interpolationen, welche die Judaisten nachträglich eingeschwärzt hatten, aufgrund einer dogmatischen, nicht historisch-philologischen Revision auszumerzen. Ein solches Eingreifen in den Evangelientext war für die damalige Zeit nicht so unerhört, wie es heute erscheinen könnte. Die neutestamentlichen Schriften besaßen noch nicht die Unantastbarkeit, die ihnen später als kanonischen Texten zukam (vgl. S. 182f). Hatten Matthäus und Lukas bezüglich des Markus und Johannes bezüglich der Synoptiker vor noch nicht allzu langer Zeit nicht ähnliches getan? Insgesamt gesehen ist Markion sogar behutsam vorgegangen; er hat nur gestrichen, nie etwas hinzugefügt – eigentlich kein Zeichen methodischer Willkür und philologischer Leichtfertigkeit.

– Beurteilung

Was ist von Markions Versuch zu halten, einen Kanon des Neuen Testaments zu schaffen? Man wird unterscheiden müssen zwischen dem Versuch als solchem und der Richtigkeit des Ergebnisses. Was letzteres anbetrifft, urteilen die meisten Fachleute negativ. Sie meinen, es sei Markion nicht gelungen, das ursprüngliche Evangelium und den echten Paulus wiederherzustellen. Über das Maß der Verwilderung der alten Überlieferungen könne man streiten, aber ob Markion mit seinen Korrekturen auch nur an einer einzigen Stelle das Richtige getroffen habe, erscheine fraglich. Insgesamt gesehen habe er sich geirrt, denn das von ihm postulierte Urevangelium sei eine „fixe Idee" und ein Paulus, der das Alte Testament verwerfe und Gott dualistisch spalte, ein „Phantom"[226].

Falsche Vorentscheidungen haben Markion mit falschen Methoden zu einem falschen Ergebnis geführt. Aber das ist nur die eine Seite der Betrachtung und berührt weder die Notwendigkeit des Versuches an sich noch seine geschichtliche Wirksamkeit. Markion hatte nach den echten Zeugnissen für das ursprüngliche Evangelium als Maßstab aller weiteren Verkündigung gefragt. Seine Antwort hat die Kirche nicht akzeptiert, die Frage selbst konnte sie nicht länger umgehen.

Daß die Sammlung und Sichtung von Evangelien und Apostelbriefen, die in vielen Gemeinden längst begonnen hatte, beschleunigt fortgesetzt wurde und neben der Heiligen Schrift des Alten eine normative Schrift des Neuen Testaments entstehen mußte, war nach Markions Vorpreschen unvermeidbar. Auch wenn die von der Gnosis ausgehende Gefahr sowie die ungezügelten montanistischen Offenbarungen die Kirche zur Kanonisierung ihrer Offenbarungsgrundlage geführt hätten, bleibt Markion wichtig genug. Nicht umsonst weisen die ersten kirchlichen Kanonverzeichnisse nach Rom – in die Gemeinde, die Markions Herausforderung aus nächster Nähe erlebt hatte.

3.4 Schrifttheologie

– Das „Wunder" des neutestamentlichen Kanons

Zwar dauerte es noch längere Zeit, bis die endgültige Fassung des Kanons feststand und in gleicher Weise in Ost und West anerkannt wurde, aber in seinen entscheidenden Umrissen lag er bereits um die Wende vom 2. zum 3. Jh. vor. Daß er im wesentlichen aus zwei Teilen bestand, den vier Evangelien und den Apostelbriefen mit dem Kern des *Corpus Paulinum*, bezeugen Irenäus von Lyon, Tertullian von Karthago, Klemens von Alexandrien sowie der wahrscheinlich nach Rom weisende Canon Muratori. Diese Stimmen, die die Übereinstimmung in den verschiedenen Kirchenprovinzen dokumentieren, verdeutlichen zugleich, daß der Kanon trotz seiner Festlegung im 39. Osterfestbrief des Athanasius von 367 und anderen kirchenamtlichen Entscheidungen letztlich durch den Gebrauch bestimmter Schriften in den Gemeinden entstanden ist. Der Kanon ist gewachsen; er ist nicht gemacht worden. Gewiß waren Bischöfe und Theologen an der Kanonbildung beteiligt, aber doch mehr in der nachträglichen Reflexion über die Berechtigung der Zugehörigkeit oder Ablehnung einzelner Schriften als durch direkte Entscheidungen.

Bei dem ganzen Vorgang blieben die Kriterien der Kanonizität in einer eigenartigen Schwebe; die Übereinstimmung einer Schrift mit der Glaubensregel, ihr apostolischer Ursprung, aber auch ihre Verbreitung wurden in einer dialektischen Kombination von historischen und theologischen Argumenten miteinander verbunden und spielten bei der Anerkennung eine Rolle. Das Ergebnis des Sammlungsprozesses mag als „zufällige Abgrenzung" erscheinen[227]; viele scheuen sich nicht, sie ein Wunder der *providentia Dei* zu nennen[228]. Es besteht darin, daß die mit dem Kanon auf anonyme Weise zustandegekommene Sammlung von normativen Offenbarungsdokumenten auch aus heutiger Sicht vollständig ist. Es gibt bei kritischer Sichtung keine urchristliche Schrift, die in den Kanon gehörte, weil ohne sie der Offenbarungsinhalt unvollständig wäre. Das hat der Bücherfund von Nag Hammadi 1945/46 (vgl. S. 135) noch einmal eindrucksvoll bestätigt. Keines der dort entdeckten Evangelien erreicht das Niveau der kanonischen. Vielleicht könnte die eine oder andere Schrift im Kanon fehlen, ohne daß ein wesentliches Stück der Offenbarung ausfallen würde; auf jeden Fall ist er vollständig. Bemerkenswert ist ebenfalls, daß mit Ausnahme der echten Paulusbriefe alle Schriften des Kanons anonym entstanden sind[229]. Die Selbstevidenz ihres Inhalts, nicht das Ansehen eines Autors hat die Evangelien empfohlen; erst ihre Qualität nötigte dazu, für sie einen prominenten Verfasser zu finden.

– Irenäus als Schrifttheologe

Man kann Irenäus den ersten Theologen der Heiligen Schrift nennen. Er hat dafür gesorgt, daß von nun an die theologische Entfaltung des Glaubens an schriftliche Urkunden gebunden wurde. In dem Bemühen, sie festzulegen, traf er sich mit Markion, von dem er sich zugleich in den Beweggründen fundamental unterschied. Irenäus wurde nicht vom tiefen Mißtrauen gegen eine judaistisch verfälschte Tradition geplagt, die ihn wie Markion zu einer radikalen Reduzierung der Offenbarungsquellen geführt hätte. In der „Darstellung der Apostolischen Verkündigung" (Epideixis), die nach den seine Schrifttheologie enthaltenden Büchern von Adversus haereses entstanden ist, bietet er eine kurzgefaßte, katechetisch orientierte Zusammenfassung der kirchlichen Lehre, die zwar das Alte Testament zitiert, die Jesusgeschichte jedoch ohne den Rekurs auf schriftliche Überlieferungen erzählen kann[230]. Schrift und mündliche Tradition widersprechen sich nicht, denn beide müssen bereits im Licht der *regula fidei,* d.h. des allgemeinen Glaubenssinns der Kirche, ausgelegt werden. Es gibt das Heil auch ohne Heilige Schrift. Viele Barbarenvölker glauben ohne Papier und Tinte an Christus und haben den Heiligen Geist nur in ihren Herzen eingeschrieben (adv. haer. 3,4,2). Nützlich ist die Heilige Schrift vor allem als Hilfe gegen die gnostischen Häretiker mit ihrer Berufung auf immer neue Offenbarungen und Geheimlehren.
Irenäus' Kanon umfaßt die vier Evangelien, Apostelgeschichte, Paulusbriefe und die meisten der übrigen neutestamentlichen Schriften. Doch nicht darin unterscheidet er sich von seiner Umgebung, sondern daß er sich mit Hilfe historischer und dogmatisch-systematischer Überlegungen bemüht hat zu begründen, warum er nur sie der inspirierten Heiligen Schrift zurechnet.
Von besonderem Gewicht ist der Sukzessionsgedanke, der die Offenbarung von den Aposteln ausgehen läßt und sie mit der unverfälschten Weitergabe durch die Bischöfe verknüpft (vgl. S. 177):

„Der Herr von allem gab seinen Aposteln die Vollmacht, das Evangelium zu verkünden. Durch sie haben wir die Wahrheit, d.h. die Lehre des Sohnes Gottes, kennengelernt. Ihnen hat der Herr auch gesagt: ‚Wer euch hört, hört mich, und wer euch verachtet, verachtet mich und den, der mich gesandt hat' (vgl. Lk 10,16). Nicht durch andere haben wir die Ordnung unseres Heils kennengelernt als durch diejenigen, durch die das Evangelium zu uns gekommen ist. Was sie jedoch damals (mündlich) verkündigt haben, das haben sie später nach Gottes Willen in Schriften uns überliefert als zukünftiges Fundament und Säule unseres Glaubens" (adv. haer. 3, praef. und 1,1).

Besondere Sorgfalt hat Irenäus darauf verwandt, die Zahl der Evangelien zu begründen. Warum die Jesusgeschichte in vierfacher Brechung weitergegeben worden ist, lag ja nicht offen zutage. Nicht von ungefähr hatte Markion sich auf ein einziges Evangelium beschränkt und Tatian versucht, die vier Evangelien zu einem einzigen zu harmonisieren (vgl. S. 191). Die Vierzahl verleitete immer wieder dazu, auf Widersprüche in den Evangelien hinzuweisen und auf diese Weise ihre Glaubwürdigkeit zu erschüttern. Irenäus mußte weit ausholen, um sie auf typologischem und heilsgeschichtlichem Weg plausibel zu machen:

„Denn es versteht sich, daß es weder mehr noch weniger als diese Evangelien geben kann. Da es nämlich in der Welt, in der wir uns befinden, vier Zonen und vier Hauptwindrichtungen gibt und die Kirche über die ganze Welt ausgesät ist, das Evangelium aber die Säule und Grundfeste der Kirche und ihr Lebenshauch ist, so muß sie naturgemäß auch vier Säulen haben, die von allen Seiten Unsterblichkeit aushauchen und die Menschen wieder beleben. Daraus ergibt sich, daß das Wort, als Baumeister des Weltalls, der über den Cherubim thront und alles zusammenhält, als es den Menschen sich offenbarte, uns ein viergestaltiges Evangelium gab, das aber von einem Geist zusammengehalten wird" (adv. haer. 3, 11,8).

Von Irenäus an werden die Cherubim am Gottesthron aus Ez 1,5/12 bzw. die lebenden Wesen aus Offb 4,6f mit ihrem Menschen-, Löwen-, Stier- und Adlerantlitz zu den Evangelien- bzw. Evangelistensymbolen[231].

– Origenes als Schriftausleger

Die Festlegung der Offenbarungsgrundlagen im Kanon der Heiligen Schrift bot den Lehrern und Leitern der Gemeinden eine Grundlage zur Verteidigung des Glaubens gegen apokryphen Wildwuchs und häretische Verfälschungen. Sollte die Schrift ihren Zweck erfüllen, mußte jedoch die rechte Auslegung hinzukommen, denn auch die Häretiker beriefen sich auf sie. Vor allem das Alte Testament bedurfte der geistigen Erschließung, wenn es nicht toter Buchstabe bleiben sollte. Was bereits bei Paulus beginnt, das alttestamentliche Gesetz geistig zu verstehen, ist nach bescheidenen Vorversuchen von Origenes in vollendeter Weise in der Kirche heimisch gemacht worden. Die paulinischen Ansätze wurden von ihm aufgegriffen und die sich daraus ergebenden Folgerungen systematisch erfaßt:

„In allem schlechthin muß man nach der apostolischen Verheißung die ‚Weisheit im Geheimnis' suchen, ‚die verborgene, die Gott vor den Weltzeiten zur Herrlichkeit der Gerechten vorherbestimmt hat, die keiner der Herrscher dieser Weltzeit erkannt hat' (1 Kor 2,7f). Irgendwo [d.i. 1 Kor 10,11] sagt derselbe Apostel: ‚Diese Ereignisse geschehen jenen als Vorausbild; aufgeschrieben aber werden sie um unseretwillen, auf die das Ende der Weltzeit zugekommen ist'. Er gibt auch Anhaltspunkte [für eine Entscheidung], wovon denn jene Ereignisse Vorausbilder waren, indem er sagt: ‚Sie tranken nämlich von einem geistlichen Fels, der mitzog; und dieser Fels war Christus' (1 Kor 10,4) ... Aber auch in dem Brief an die Galater macht er denen Vorhaltungen, die das Gesetz zu lesen pflegen, ohne es zu verstehen; und zwar urteilt er, daß alle diejenigen es nicht verstehen, die in dem Geschriebenen keine Allegorien annehmen" (princ. 4,2,6).

Origenes lernt von Paulus nicht nur das Grundprinzip der Schriftauslegung, die das Alte Testament im Licht der Jesusereignisse lesen läßt, sondern auch eine ganze Reihe konkreter Anwendungen. Beginnt man erst einmal, darauf zu achten, merkt man, wie zahlreich die Hinweise auf ein übertragenes Verständnis in den paulinischen Briefen sind. Darum wird Origenes nicht müde, der von Paulus gewiesenen Spur zu folgen und bis in die feinsten Verästelungen hinein der tieferen Bedeutung der Schriftworte nachzusinnen[232].

Die geistige Auslegung des Alten Testamentes besteht darin, in ihm Vorausbilder (Typen) des Zukünftigen zu sehen. Was im Alten Testament Schatten war, ist in Christus Licht geworden. Man kann dieses Schema von Verheißung und Erfüllung auch ein heilsgeschichtliches nennen, die typologische Auslegung entsprechend eine heilsgeschichtliche Interpretation der Heiligen Schrift. Ob die Typologie dabei allegorisch, tropologisch oder anagogisch akzentuiert ist, d.h. ob sie mehr dogmatisch-mystische, moralische oder eschatologische Zusammenhänge zwischen den Testamenten herstellt, ist von untergeordneter Bedeutung.

Die Typologie schafft zunächst eine zweigeteilte Auslegung, wenn durch eine geistige Interpretation des Buchstabensinns bzw. der historischen Bedeutung die beiden Testamente heilsgeschichtlich verknüpft werden. Eine weitere Unterteilung deutet sich an, insofern die geistige Auslegung einer Stelle mehr auf Christus und die Kirche insgesamt oder auf den einzelnen Christen im Sinne einer allgemeinen oder individuellen Heilsgeschichte erfolgen kann. Ersteres entspräche mehr dem allegorischen, letzteres mehr dem moralischen Sinn der Schrift.

Ein dreifacher Schriftsinn entsteht erst dann, wenn man das vom Menschen abgelesene dichotomische Schema von Leib und Seele trichotomisch erweitert zu Leib – Seele – Geist. Entsprechend unterscheidet Origenes:

„Dreifach muß man sich die ‚Sinne' der heiligen Schriften in die Seele schreiben: Der Einfältige soll von dem ‚Fleisch' [Leib] der Schrift erbaut werden – so nennen wir die auf der Hand liegende Auffassung –, der ein Stück weit Fortgeschrittene von ihrer ‚Seele' ... und der Vollkommene ... erbaut sich aus ‚dem geistlichen Gesetz', ‚das den Schatten der zukünftigen Güter enthält' (vgl. Röm 7,14; Hebr 10,1). Wie nämlich der Mensch aus Leib, Seele und Geist besteht, ebenso auch die Schrift, die Gott nach seinem Plan zur Rettung der Menschen gegeben hat" (princ. 4,2,4).

Die Annahme eines mehrfachen Schriftsinns bedeutet nicht, daß jede Schriftstelle alle Schriftsinne enthalten müßte. Allerdings hat Origenes nicht damit gerechnet, daß der übertragene Sinn fehlen könnte, wohl daß eine Schriftstelle dem buchstäblichen Wortlaut nach keinen Sinn ergibt.

Viele historische Berichte oder die Anthropomorphismen Gottes im Alten Testament waren ihm – buchstäblich genommen – unverständlich.

„Da es gewisse Schrifttexte gibt, die ... das ‚Leibliche' überhaupt nicht enthalten, muß man an manchen Stellen gleichsam allein die ‚Seele' und den ‚Geist' der Schrift suchen. Das ist vielleicht auch der Grund, weshalb die, wie es heißt, ‚zur Reinigung der Juden aufgestellten Krüge' wie wir im Johannesevangelium lesen, ‚je zwei oder drei Maß fassen'. Dieses Wort würde dann von denen, die der Apostel ‚verborgene Juden' nennt (vgl. Röm 2,29), verhüllend sagen, daß sie durch das Wort der Schriften gereinigt werden (Joh 15,3), die teils zwei Maß enthalten, d.h. sozusagen den seelischen und den geistlichen Sinn, teils aber drei Maß, da manche Schriftstellen außer den genannten (beiden Bedeutungen) auch einen leiblichen Sinn haben, der zu erbauen vermag" (princ. 4,2,5).

Die häufig der Willkür verdächtigte allegorische Methode, die damals schon seit langem in der Homerinterpretation üblich und von Philo benutzt worden war, um das mosaische Gesetz für hellenistisches Verständnis akzeptabel zu machen, war für die theologische Einordnung des Alten Testaments unumgänglich. In praxi hatte die urchristliche Verkündigung aus dem Alten Testament übernommen, was brauchbar und verwendbar erschien: Propheten, Psalmen, Gebote sittlicher Lebensführung. Anderes, das Ritual- und Zeremonialgesetz, galten als überholt. Aus einem solchen selektiven Gebrauch konnte jedoch auf die Dauer kein allgemeingültiges Verständnis des Alten Testaments erwachsen. Entweder mußte man Regeln entwickeln, nach denen die Aufteilung in bleibend-verpflichtende und überholte Stellen getroffen werden konnte, oder man mußte mit Hilfe der allegorischen Methode die geistliche Bedeutung des alttestamentlich Vorläufigen erklären. Hinzu kam die Krise, in die das Alte Testament um die Mitte des 2. Jhs. durch Markion, einige Gnostiker und später durch die Manichäer gekommen war. Wollte man es als Glaubensurkunde retten und die Einheit Gottes wahren, mußte durch ein geistiges Verständnis seine Übereinstimmung mit der Botschaft Jesu aufgezeigt werden. Die allegorische Methode war mehr als eine Frage der Schrifthermeneutik; sie ermöglichte den christlichen Missionaren die Verkündigung des einen Gottes.
Die allegorische Auslegung nicht nur des Alten, sondern auch des Neuen Testaments war schließlich unausweichlich wegen der Überzeugung von der Verbalinspiration der Heiligen Schrift, welche bedeutete, daß Gott selbst, der Heilige Geist oder der Logos den biblischen Autoren eingegeben hatten, was sie schreiben sollten. Wenn aber Gott letztlich ihr Urheber ist, muß die Heilige Schrift irrtumslos sein; Widersprüche, Vorläufigkeiten kann es in ihr nicht geben. Man kann höchstens mit menschlichen Fehlern rechnen, die durch Textverderbnis entstanden sind. Darum haben sich viele Väter – allen voran Origenes mit seinem geradezu übermenschlichen Werk der Hexapla – darum bemüht, den authentischen Bibeltext zurückzugewinnen.
Doch wie ließ sich die Behauptung der Irrtumslosigkeit der Schrift aufrechterhalten? Hatten nicht von Kelsos und Lukian (vgl. S. 114/6) und später Porphyrios (233/304) an die Gegner der Kirche immer wieder genüß-

lich auf die Widersprüche in der Heiligen Schrift, nicht zuletzt in den vier Evangelien, hingewiesen? Hinzu kamen die Anstößigkeiten im Alten Testament, die Vielehen der Patriarchen, die Lebensweise israelitischer Könige, die als Vorbilder galten. Wie konnte Gott den Betrug des Jakob, mit dem er seinen Bruder Esau um das Erstgeburtsrecht brachte, gutheißen und Jakob zum Stammvater machen (Gen 25/7)? Das war nur möglich, wenn hinter den Buchstaben und dem berichteten Faktum ein tieferer Sinn verborgen lag. Die Behauptung der Verbalinspiration ließ sich vernünftigerweise nur halten im Zusammenhang mit der allegorischen Auslegung. Wer sie ablehnte, lieferte den Gegnern nur Argumente, die Heilige Schrift lächerlich zu machen.

Die allegorische Auslegung ermöglichte christliche Freiheit gegenüber dem alttestamentlichen Gesetz, sie bedeutete aber keine Willkür. Norm und Regel, an die jede Schrifterkenntnis gebunden blieb, ganz gleich auf welchem Wege sie gewonnen wurde, bildete schon für Origenes der Glaubenssinn der Kirche. Man darf niemals etwas anderes glauben, als was durch die Tradition der Kirche überliefert worden ist (Matth. ser. 46). Immer wieder warnt Origenes davor, daß sich nicht beim Lesen der Propheten und Evangelien der eigene Sinn unter den Sinn Christi schiebt. Darum hat er beständig um Erleuchtung gebetet, denn Schriftverständnis ist Gottes Geschenk. An seinen Schüler Gregor Thaumaturgos schreibt er:

„Befleißigt euch vor allem, die Heilige Schrift mit den Grundsätzen des Glaubens und in der Absicht zu lesen, Gott zu gefallen; wer sie verstehen will, bedarf am meisten des Gebets" (ep. 3 [92A]).

Origenes' Verhältnis zur Heiligen Schrift entspringt nicht intellektueller Neugier; ihn leitet nicht das Verlangen, geheimes Wissen zu erwerben und den traditionellen Bahnen des kirchlichen Glaubens zu entkommen. Die Heilige Schrift ist ihm Ort der Gottesbegegnung, die Allegorese nichts weiter als die Methode, sie zu ermöglichen und immer inniger zu gestalten.

4. Buße und Sündenvergebung

Jesu Wort: „Deine Sünden sind dir vergeben" (Mt 9,2; Mk 2,5; Lk 5,20; 7,48) gehört zu den Kernaussagen des Neuen Testaments. Jesus ist „nicht gekommen, Gerechte zu berufen, sondern Sünder" (Mt 9,13), und er versichert, daß „im Himmel mehr Freude sein wird über einen bußfertigen Sünder als über neunundneunzig Gerechte, die der Buße nicht bedürfen" (Lk 15,7). Wo echte Umkehr stattfindet, ist Gottes Verzeihung unbegrenzt; der verlorene Sohn wird wieder in das Sohnesverhältnis eingesetzt (Lk 15,24).

4.1 Bekehrung und Bewährung

– Tauferlebnis

Die Vergebung aller Sünden erfolgte durch Bekehrung, Annahme des Glaubens und den Empfang der Taufe. Besonders letztere wurde als die große Lebenswende erfahren. Welche Zäsur sie im Bewußtsein der Christen darstellte, die in der ersten Zeit überwiegend als Erwachsene zum Glauben kamen, läßt sich heute nur noch schwer nachempfinden. Cyprian schildert sie so:

„Als ich noch in Finsternis und dunkler Nacht darniederlag, in der Brandung einer zertrümmerten Welt, schwankend und unschlüssig hin und her irrend dahintrieb, ungewiß meines Lebens und fernab von der Wahrheit und vom Licht, da hielt ich es bei meinem damaligen Wandel für höchst schwierig und zweifelhaft, was mir von der göttlichen Nachsicht zum Heil versprochen wurde, daß einer wiedergeboren und durch das Bad des heilbringenden Wassers wiederbeseelt werden könne zu einem neuen Leben; daß man abzulegen vermöchte, was früher einmal war und bei Fortdauer der körperlichen Gestalt dem Menschen noch Herz und Sinn umgewandelt werden könne. Ist, so sprach ich, eine solche Bekehrung wirklich möglich, die plötzlich und schnell abwirft, was, angeboren durch die Beschaffenheit des natürlichen Stoffes, verhärtet oder durch langwährenden Gebrauch und das Alter dauernder Gewöhnung fest eingewurzelt ist? ... Nachdem aber mit Hilfe des lebenzeugenden Wassers der Schmutz des früheren Lebens abgewaschen worden war und sich in die entsühnte und reine Brust von oben her das Licht ergossen hatte, nachdem ich vom Himmel her den Geist geschöpft und die zweite Geburt mich zu einem neuen Menschen wiederhergestellt hatte, da festigte sich sofort auf wunderbare Weise das Schwankende, das Verschlossene lag offen, das Dunkel wurde licht; was mir früher schwierig vorkam, wurde möglich, und ausführbar, was mir undurchführbar erschienen war" (ad Donatum 3f).

Analysiert man diesen Text, wird man auf etliche Elemente antiker Rhetorik treffen, die bei dem gebildeten Bischof von Karthago nicht überraschen. Manche Wendungen klingen so, als würde mehr eine philosophische als eine christliche Bekehrung beschrieben. Die bildergesättigte Sprache wird aber aufgeboten, um das Neuheitserlebnis der Taufe verständlich zu machen. Die Taufe ist eine Neugeburt; mit ihr beginnt erst das eigentliche Leben (Tertullian, monogamia 11,99). Im Bad der Taufe legt das Fleisch seine frühere Unreinheit ab und wird ein anderes, wenn es heraussteigt, nicht aus dem Schlamm des Samens und der Flamme der Begierlichkeit, sondern aus dem reinen Wasser und dem Heiligen Geist (Tertullian, pud. 6,16).

Der Lobpreis der Taufe entzündete sich vor allem an der unfehlbaren Wirkung dieses Sakramentes und der Mühelosigkeit, mit der es empfangen werden konnte. Wie die Sonne von selber strahlt, der Tag erglänzt, die Quelle sprudelt und der Regen rinnt, ebenso ergießt sich der himmlische Geist bei der Taufe in den Menschen. Die Sündenvergebung gelingt ohne Schwierigkeit; es bedarf keinerlei menschlicher Anstrengung. Die Taufe wirkt einfach dadurch, daß man sie empfängt (Origenes, Fragm. in Luc. 84). Es spielt keine Rolle, wie zahlreich und wie schwer die Sünden des früheren Lebens waren, die Taufe schenkt vollkommene Entsündigung (Origenes, Hom. in Jesu Nave 15,5). Alle vor der Taufe geschehenen Sünden werden vergeben, „als ob sie nie geschehen wären" (Klemens von Alexandrien, strom. 4,153,3). Wer einmal getauft worden ist, ist ganz rein; er kann ohne weitere Reinigung jederzeit die Hände im Gebet zu Gott erheben (Tertullian, orat. 13,2). Wer versucht, die Wirkung der Taufe einzuschränken, oder zu behaupten wagt, nicht alle Sünden würden vergeben, sondern nur die, die unabsichtlich und unwissentlich geschehen seien, lehrt häretisch (Klemens von Alexandrien, strom. 4,153,3/6). Die hohe Meinung der frühchristlichen Theologen über die wunderbare Wirkung der Taufe spiegelt sich auch in der Volksfrömmigkeit wider, wie die Geschichten von der Selbsttaufe der Thekla und der Taufe des Löwen zeigen (vgl. S. 186).

– Bleibende Vergebungsbedürftigkeit

Die Wirksamkeit der Taufe ist nie bezweifelt worden. Die Schwierigkeiten begannen erst hinterher. Die Ernsthaftigkeit der Bekehrung und die Aufrichtigkeit des Glaubens hatten sich zu bewähren, indem die Abgewaschenen und Wiedergeborenen das Taufversprechen eines sündenlosen Lebens wahr machten gegenüber allen Versuchungen des Teufels und den Verlockungen und Bedrohungen der Welt. Dem Wort Jesu: „Deine Sünden sind dir vergeben" folgte das andere: „Sündige fortan nicht mehr" (Joh 5,14; 8,11).
Bei Paulus konnte es zunächst so scheinen, als ginge er davon aus, daß der Christ, durch die Taufe eine neue Schöpfung geworden und von dem alten Sauerteig der Sünde befreit, tatsächlich ein neues Leben führen werde. Ähnlich schien das Matthäus-Evangelium zu erwarten, ein guter Baum könne keine schlechten Früchte bringen (Mt 7,18), der Christ, dem durch die Taufe ein neues, gutes Reis eingepflanzt worden, der Rebe am Weinstock Christi geworden sei, bringe nur noch Früchte des Geistes hervor.
Doch bald mußte man zugeben, daß sie ausbleiben konnten und gute Bäume wieder schlechte Früchte hervorbrachten. Wenn auch bei Paulus und in den Evangelien die Freude über den neu geschenkten Anfang im Vordergrund stehen mag, bereits sie konnten nicht übersehen, daß die Sünde weiterhin Macht besaß. Als typisch für die paulinische Paränese gilt die häufige Verbindung von Indikativ und Imperativ, d.h. die Mahnung, zu werden, was man bereits ist (vgl. Gal 5,25; Röm 6,12f). Besteht die Versuchung weiter, muß realistischerweise aber auch mit Rückfall gerechnet werden. Wenn Paulus daher eine ganze Reihe von Sünden aufzählt, die vom ewigen Leben ausschließen (Gal 5,19/21; 1 Kor 6,9; vgl. Eph 5,3), dann dürfte er damit nicht nur eine allgemeine Warnung aussprechen, sondern auf sittliche Mißstände in den Gemeinden anspielen. Oft genug muß er tatsächliches Versagen, Streitigkeiten, Lieblosigkeit, Blutschande, Unzucht und Schwelgerei rügen (1 Kor 3,3; 5,1; 2 Kor 12,20f; 2 Thess 3,6). Paulus hat die sittliche Leistungskraft des Menschen nüchtern eingeschätzt.

Gleiches gilt für die Evangelien. Sie rechnen einerseits mit der vollständigen Umkehr, die Jesus vom Jünger fordert (Lk 9,62). Die Aufnahme des Wortes Gottes, das fruchtlos bleibt und in den Alltagsversuchungen erstickt, ist nichts wert, erläutert das Gleichnis vom Sämann (Mt 13,13). Der Zustand des Rückfälligen ist sogar schlimmer als der des niemals Bekehrten (Mt 12,43/5). Auf der anderen Seite wissen die Evangelien um die dauernde Vergebungsbedürftigkeit des Jüngers. Wie um das tägliche Brot müssen sie beten um die Vergebung ihrer Schuld, wie sie auch bereit sein sollen, anderen zu vergeben (Mt 6,12). Die Forderung, dem Bruder nicht siebenmal, sondern 7 mal 70 mal zu verzeihen, begründet Jesus mit dem Hinweis auf den ständigen Vergebungswillen Gottes (Mt 18,22). Petrus soll binden und lösen (Mt 16,18), die Jünger sollen Sünden vergeben oder behalten (Joh 20,23).

– Religiös-sittlicher Zustand der Gemeinden

Die Schwierigkeiten des Anfangs wuchsen in nachapostolischer Zeit nicht ohne Einfluß der sich verzögernden Wiederkunft Christi (vgl. S. 130). Das Urteil der kirchlichen Schriftsteller ist gleichwohl widersprüchlich. Auf der einen Seite gibt es Texte, die außerordentlich positiv klingen und die sittliche Überlegenheit der Gemeinden über ihre heidnischen Mitbürger behaupten. Ein typisches Beispiel ist der Lobgesang auf die christliche Lebensführung bei Aristides, Apologie 15. Wenn möglich noch eindrucksvoller klingt die Beschreibung des Diognetbriefes vom Ende des 2. Jhs.: Wie die Seele das Lebensprinzip des Leibes ist, so ist die untadelige Lebensführung der Christen das einzige, was das korrupte Imperium noch in Gang hält (6; vgl. S. 228). Auch die Verfolgungen können nach Minucius Felix, Octavius 35,6, die Christen nicht erschüttern. Wenn die Gefängnisse von Übeltätern überquellen, „Christ ist dort niemand, es sei denn, er ist ein wegen seiner Religion Angeklagter oder ein Abgefallener".
Doch die positiven Stimmen dürfen nicht täuschen. Sie entstammen der apologetischen Literatur und sprechen nach draußen; sie wollen nicht nur die staatlichen Obrigkeiten von der Loyalität der Christen überzeugen, sondern darüber hinaus ein Ideal schildern, das heidnische Mitbürger anzog und zur Bekehrung ermutigte. Allerdings tauchen schon in den apologetischen Schriften die ersten Hinweise auf christliches Versagen auf. Minucius Felix sprach von Abgefallenen in den Gefängnissen, und auch Aristides erwähnt die Tränen der Brüder, wenn einer der ihren in Gottlosigkeit und Sünden stirbt. Fehlt die apologetische Absicht und richtet sich der Schreiber direkt an seine christlichen Glaubensgenossen, wird die Schilderung um vieles realistischer und macht aus schweren Verfehlungen innerhalb der Gemeinden keinen Hehl. Innerkirchliche Kritik ist so alt wie die Kirche selbst!

Paulus' Klagen über die Zustände in Korinth wurden schon erwähnt (vgl. S. 199). Auch die Sendschreiben in Offb 2f sind voll von Vorwürfen götzendienerischer Verunreinigung, Lieblosigkeit und Lauheit in den kleinasiatischen Gemeinden. Um die Jahrhundertwende bei 1 Klem 34,7 und Ignatius, Eph. 5,3, gibt es Klagen über die Vernachlässigung des Gottesdienstes. Nutznießer christlicher Freigiebigkeit nisten sich in den Gemeinden ein (Did. 11,1/12). Gewisse Leute tragen mit arger List den Namen Christi und tun Gottes unwürdige Dinge (Ignatius, Eph. 7,1). Selbst das Presbyterium ist gegen Korruption, Habsucht und Zwietracht nicht gefeit (Polykarp, 2 Phil. 11,1).

Ähnlich differenziert wie die apologetischen und bischöflichen Schreiben der nachapostolischen Zeit urteilen die Märtyrerakten. Sind sie nach außen gerichtet und verteidigen sie die Christen vor ungerechter Verfolgung, werden die christlichen Tugenden in vollem Glanz geschildert (z.B. Acta Apollonii 26), geben sie sich jedoch Rechenschaft über die Standhaftigkeit der Gemeinden und bedenken sie die eigene Sündhaftigkeit als tiefste Ursache der Verfolgung und Ausdruck des göttlichen Strafgerichts, wird das Bild um vieles dunkler.

Einige Sätze aus den Pionius-Akten können zeigen, mit welcher schonungslosen Offenheit das Ausmaß des Versagens in der decischen Verfolgung aufgedeckt wird:

„Jetzt also, wo alle Jungfrauen eingeschlafen sind, haben sich die Worte des Herrn Jesus erfüllt: ‚Wo auf Erden wird der Menschensohn, wenn er kommt, Glauben finden können?' Denn ich höre, daß in euch jeder seinen Glaubensgenossen verrät, damit erfüllt werde das Wort: ‚Der Bruder wird den Bruder zum Tode überliefern'. Oder glaubt ihr, weil der Satan selbst uns verlangt und mit feuriger Hand seine Tenne reinigt, daß auch das Salz verdorben sei und von den Füßen der Menschen zertreten werde? Niemand von euch, meine Kinder, glaube, daß Gott schwach gworden ist [und die Verfolgung nicht verhindern konnte], vielmehr wir sind schwach geworden … Unsere Sünden trennen uns von Gott; daß er uns nicht erhört, macht nicht Christi Unbarmherzigkeit, sondern unsere Treulosigkeit. Denn was haben wir nicht Übles getan? Wir haben Gott vernachlässigt, einige haben ihn verachtet, andere in Begierde und Leichtsinn gesündigt und sind an den Wunden, die sie sich gegenseitig durch Anklage und Verrat schlugen, zugrunde gegangen. Wir müßten aber etwas mehr Gerechtigkeit haben als die Schriftgelehrten und Pharisäer" (12,8/16).

In der apokryphen Literatur gewinnen die Klagen sehr konkrete Züge. In der Epistula Apostolorum 39(50) läßt Christus dem im Gericht verworfenen Menschen sagen: „Du hast gesucht und gefunden, hast gebeten und empfangen. Was tadelst du uns? Weshalb hast du dich von mir und meinem Reiche entfernt? Du hast mich bekannt und [dann doch] verleugnet." Die Klagen über die Sündhaftigkeit der Christen und damit der Kirche nehmen im 3. Jh. verständlicherweise zu. Wenn man allein aus dem umfangreichen Werk des Origenes alle kirchenkritischen Äußerungen über das Versagen von Bischöfen und Priestern, über die Lauheit und Weltverfallenheit der Gläubigen herausziehen würde, ergäbe das ein ganzes Buch.

4.2 Postbaptismale Sündenvergebung

– Fragestellung

Wenn zuvor gesagt wurde, um Vergebung zu bitten und Verzeihung zu gewähren sei selbstverständliche Realität in den Evangelien und apostolischen Briefen, muß doch noch genauer gefragt werden, ob das für alle neutestamentlichen und nachapostolischen Schriften gleichermaßen zutrifft. Gilt es ohne Unterschied der Sünde, ist es gleich, ob es sich um tägliche Verfehlungen, menschliche Schwächen, gleichsam unfreiwillige Sünden handelt oder um schwere Sünden wie Ehebruch, Mord und Glaubensabfall, die als Kapital- oder Todsünden galten (vgl. S. 45)? Besonders die Sünde des Abfalls belastete in Verfolgungszeiten die Gemeinden und ließ die bange Frage nicht zur Ruhe kommen, wie denn eine Gemeinschaft mit soviel Schwachen, Leugnern und Verrätern noch die heilige Kirche sein könne, von der der Epheserbrief gesprochen hatte (5,27). Gab es nicht eine Grenze, jenseits derer sich die Kirche von einem Glied trennen mußte, wollte sie nicht den Anspruch, eine Kirche der Heiligen zu sein, aufgeben? Wann mußte eine Exkommunikation ausgesprochen werden? Unter welchen Bedingungen und Auflagen waren Rekonziliation und Wiederaufnahme möglich, ohne daß die Kirche auf ihre Heiligkeitsforderung verzichtete? Schließlich mußte geklärt werden, in welchem Verhältnis die kirchlichen Maßnahmen zum ewigen Heil eines Menschen standen. Wie war das Wort vom Binden und Lösen der Kirche zu verstehen, das auch im Himmel Gültigkeit besitzen sollte (Mt 18,18; Joh 20,23)? Entschied das kirchliche Urteil auch über ewige Rettung oder Verdammnis?

– Neutestamentliche Dialektik

Nicht alle diese Fragen waren zur gleichen Zeit an allen Orten aufgetaucht; entsprechend unterschiedlich gestalteten sich die theoretischen Antworten und praktischen Lösungen. Paulus und den Evangelien läßt sich entnehmen, daß es keine postbaptismale Sünde gibt, die so schwer wäre, daß sie bei aufrichtiger Reue nicht vergeben werden könnte. Die Exkommunikation schwerer Sünder aus der Gemeinde dient als Strafe und zur Abschreckung; sie besitzt aber vor allem medizinalen Charakter und geschieht „zum Verderben des Fleisches, damit der Geist am Tag des Herrn gerettet wird" (1 Kor 5,5)[233].
Hat diese ruhige Zuversicht, daß dem reumütigen Sünder immer wieder alle Sünden vergeben werden, Bestand gehabt, oder tauchen bereits im Neuen Testament Sorgen darüber auf, daß bei ständiger Vergebungsbereitschaft die Heiligkeit der Kirche Schaden leidet? Es gibt im Hebräer- und im 1. Johannesbrief einige Stellen, die diese Vermutung nahelegen könnten, die jedenfalls im 2. und 3. Jh. von den Novatianern und anderen Rigo-

risten im Sinn der Bußverschärfung ausgelegt worden sind. Hebr 6,4/6 heißt es:

„Denn es ist unmöglich, Menschen, die einmal erleuchtet worden sind, die von der himmlischen Gabe genossen und Anteil am Heiligen Geist empfangen haben, die das gute Wort Gottes und die Kräfte der zukünftigen Welt kennengelernt haben, dann aber abgefallen sind, erneut zur Umkehr zu bringen; denn sie schlagen jetzt den Sohn Gottes noch einmal ans Kreuz und machen ihn zum Gespött".

Diese scharfen Sätze (vgl. auch Hebr 10,26/31 und 12,15/7), die jede Möglichkeit postbaptismaler Sündenvergebung auszuschließen scheinen, sind sehr kontrovers ausgelegt worden. Die Vertreter der sogenannten „Tauftheorie" rechnen mit einer endgültigen Ausstoßung aller Christen, die nach der Taufe in schwere Sünden zurückgefallen sind; der Hirt des Hermas (vgl. S. 205f) soll dann den ersten zögernden Versuch gemacht haben, in Milderung des urchristlichen Rigorismus eine einmalige Buße zu gestatten. Andere verstehen dagegen die an sich so autoritativ und endgültig klingenden Sätze nicht als disziplinäre Maßnahmen, sondern als zugespitzte paränetische Mahnungen[234]. Das *adynaton* („es ist unmöglich") von Hebr 6,4 bedeutet entsprechend keine grundsätzliche, sondern nur eine faktische Unmöglichkeit, da die Erfahrung lehrt, daß sich ein Abgefallener nicht noch einmal bekehrt. Esau, der unter Tränen einen Weg für seine Umkehr suchte und ihn nicht fand (Hebr 12,17), ist nur die letzte Steigerung paränetischer Eindringlichkeit.

Daß es sich bei der Ablehnung der Vergebungsmöglichkeit tatsächlich nicht um eine doktrinäre Entscheidung handeln muß, sondern um eine paränetische Zuspitzung handeln kann, läßt eine Stelle in Justins Dialog erkennen:

„Ich bestreite ganz entschieden, daß diejenigen das Heil erlangen werden, welche zuerst bekannt und erkannt haben, daß Jesus der Christus ist, dann aber aus irgendwelchem Grunde zum Gesetzesleben übergehen, leugnen, daß Jesus der Christus ist; es müßte denn sein, daß sie sich vor dem Tode noch bekehren" (47,4).

Eben diese Bekehrung aber ist zweifelhaft. Um die Aussagen des Hebräerbriefes mit letzter Sicherheit interpretieren zu können, müßte man die ihnen zugrundeliegende kirchliche Praxis kennen. Spiegeln sie die in bestimmten Gemeinden geübte Praxis einer nicht aufhebbaren Exkommunikation wider, oder liegt ihnen eine nicht eigens erwähnte, aber *de facto* stattfindende Sündenvergebung zugrunde, die es den Hörern ermöglichte, den Sinn der Sätze in ihrem Charakter nicht als disziplinäre Entscheidungen, sondern als paränetische Mahnungen zu erkennen? Die Frage berührt ein grundsätzliches Problem: Inwieweit erlauben die Quellen einen Durchblick auf die unerwähnte und ihnen vorausliegende Praxis, die ihrerseits Voraussetzung ist für eine exakte Interpretation der Texte?

Der Gefahr des Mißverständnisses war auch die Stelle 1 Joh 5,16 ausgesetzt, in der es heißt:

„Wer sieht, daß sein Bruder eine Sünde begeht, die nicht zum Tod führt, soll (für ihn) bitten; und Gott wird ihm Leben geben, allen, deren Sünde nicht zum Tod führt. Denn es gibt Sünde, die zum Tod führt. Von ihr spreche ich nicht, wenn ich sage, daß er bitten soll."

Bei dieser Unterscheidung zwischen Sünden zum Tod oder nicht zum Tod kann es nicht um Todsünden und läßliche Sünden im späteren moraltheologischen Sinn gehen. Bei der Sünde zum Tod oder der Sünde wider den Heiligen Geist (vgl. Mt 12,31) muß es sich um Unbußfertigkeit handeln, die sich nicht bekehren, vielmehr im Bösen beharren will. Nur so wird verständlich, daß ein Außenstehender sie erkennen und der Bruder wissen kann, ob das Fürbittgebet für den Sünder sinnvoll ist oder nicht[235].

– Nachapostolische Zeit

Wie das Bußverfahren im einzelnen ausgesehen hat, bleibt in vielem unklar. Einige Hinweise lassen sich den Schriften um die Jahrhundertwende und in der 1. Hälfte des 2. Jhs. entnehmen.
Am Anfang muß eine Bußgesinnung stehen, die der Sünde entsagt und sich Gottes Geboten zuwendet. Belege dafür anzugeben erübrigt sich. Als besonderes Bußmittel wird häufig das Gebet genannt. Nach Did. 8,2f bitten die Christen dreimal am Tag im Vaterunser um die Vergebung ihrer Schuld. 1 Klem 48,1 und Justin, dial. 90,141 sprechen vom Weinen und Niederfallen beim Gebet. Dabei kann es sich durchaus um reale Akte handeln, wie sie aus der jüdischen Tradition bekannt und später für den liturgisch gestalteten Bußritus bezeugt sind. Sehr alt ist die Unterstützung der Buße durch Fasten und Almosengeben. In 2 Klem 16,14 findet sich eine aufschlußreiche Bewertung der einzelnen Bußmittel: „Gut ist das Almosen als Buße für die Sünde, besser ist Fasten als Gebet, und Almosen besser als beide. ‚Liebe aber deckt eine Menge Sünden zu' (1 Petr 4,8), und das Gebet aus gutem Gewissen reinigt vom Tod."
Häufig wird vom Bekenntnis der Sünden gesprochen. Damit kann zunächst einfach das Eingeständnis der Sünden vor Gott gemeint sein. „Bekennen" *(homologein)* wird später geradezu zum *terminus technicus* für „Buße tun". Laut vollzogen, wird es auch zum Bekenntnis vor den Menschen. In Did. 4,14 erscheint es bereits als formeller Akt: „In der Versammlung *(ekklesia)* bekenne deine Sünden und tritt zu deinem Gebet nicht mit schlechtem Gewissen heran." Für den Sonntag wird angeordnet: „Am Herrentag aber kommt zusammen, brecht Brot und dankt, nachdem ihr zuvor eure Sünden bekannt habt, damit euer Opfer rein sei" (14,1). Dieses allgemeine und gemeinsame Sündenbekenntnis wird man sich entsprechend dem heutigen Bußakt am Beginn der Meßfeier vorstellen dürfen.
Betont wird das fürbittende Gebet für den gefährdeten bzw. gefallenen Mitchristen, ebenso die gegenseitige Zurechtweisung, die verständlicherweise besonders von den kirchlichen Amtsträgern vorzunehmen ist und ohne Ansehen der Person zu erfolgen hat[236]. Desgleichen bezeugt das ge-

samte nachapostolische Schrifttum die Exkommunikation des Sünders in schweren Fällen, ebenso, daß der Ausschluß nicht endgültig ist, sondern nur bis zur erfolgten Buße und Wiederaufnahme reicht (Did. 4,3; 15,3; Ignatius, Smyrn. 4,1; 7,2; Eph. 7,1; Polykarp, 2 Phil. 6,1; Barn. 19,4; 2 Klem 17,3.5). Die Exkommunizierten sind zwar zu meiden, nicht aber als Feinde, sondern als leidende Glieder zu behandeln und nicht aus dem Fürbittgebet zu entlassen (Polykarp, 2 Phil. 11,4). In welcher Form die Exkommunikation vollzogen wurde, wie es mit dem geheimen oder öffentlichen Bekenntnis der Sünden bestellt war, wie lange die Bußzeit dauerte und wer ihr Ende bestimmte, das alles wird in den neutestamentlichen und nachapostolischen Quellen noch nicht deutlich ausgesprochen. Einen wichtigen Schritt weiter führt um die Mitte des 2. Jhs. die Bußlehre des römischen Hermas.

– Hirte des Hermas

An dieser Schrift hat sich unter den Dogmengeschichtlern und Patrologen eine heftige Kontroverse über die Bußentwicklung in der frühen Kirche entwickelt, deren Ursache nicht zuletzt in der Schrift selbst liegt, die sich mehr durch prophetisches Dunkel als durch Klarheit und innere Folgerichtigkeit auszeichnet. Ihren Namen trägt sie nach der Hirtengestalt des Engels, der im Mittelteil der Schrift als Offenbarungsträger auftritt. In der frühen Kirche genoß sie hohes Ansehen. Irenäus, der vormontanistische Tertullian, Klemens von Alexandrien sowie Origenes haben ihr kanonisches Ansehen zugebilligt. Der Canon Muratori dagegen, der den Verfasser der Schrift kannte, wollte sie nur für die private Lektüre zugelassen wissen (vgl. S. 182). Als Abfassungszeit des herkömmlicherweise in 5 Visiones, 12 Mandata und 10 Similitudines gegliederten Werkes gilt das Jahrzehnt vor 150[237].
Der Streit um die Bußlehre betrifft die Frage, ob Hermas zum ersten Mal die Möglichkeit postbaptismaler Buße und Sündenvergebung verkündet oder ob er sie auf ein einziges Mal beschränkt hat. Im ersteren Fall hätte er eine urchristliche Strenge, die um der Heiligkeit der Kirche willen eine Bußvergebung nach der Taufe ablehnte, gelockert, im anderen Fall eine allgemein geübte Bußpraxis verschärft, weil auf ein einziges Mal eingeschränkt. Aufgrund der bisher besprochenen Quellen dürfte die zweite Interpretation die wahrscheinlichere sein, denn eine rigoristische Forderung nach völliger Sündenlosigkeit als Bedingung für die Zugehörigkeit zur Gemeinde und im Gefolge davon die Verweigerung der Wiederaufnahme bußwilliger Sünder hat es in der Kirche nie gegeben. Wenn daher Hermas von einer einmaligen Gelegenheit zur Buße spricht, kann das nur die Verschärfung einer vorher großzügigeren Praxis sein. Wie es zur Kontroverse über die Bußlehre kommen konnte, zeigt Mandatum 4,3,1/6, wo Hermas den Hirten fragt:

„‚Herr, ich habe von einigen Lehrern gehört, daß es keine andere Buße gibt als die, da wir ins Wasser stiegen [Taufe] und Vergebung unserer früheren Sünden erhielten'. ‚Es ist richtig, was du gehört hast', erwiderte er; ‚es verhält sich so. Denn wer die Vergebung seiner Sünden erlangt hat, der sollte nicht mehr sündigen, sondern in Heiligkeit leben. Da du aber genau nach allem frägst, so will ich dir auch dieses kund tun, ohne jedoch denen ein Anrecht zu geben, welche den Glauben an den Herrn in Zukunft annehmen werden oder ihn eben angenommen haben. Denn für die, welche eben jetzt gläubig wurden oder erst [in Zukunft] gläubig werden, gibt es keine Buße für die Sünden, sie bekommen nur Nachlaß ihrer früheren Sünden. Aber für die vor unseren Tagen Berufenen hat der Herr eine [einzige] Buße eingesetzt. Ich sage dir aber: wenn nach jener großen und heiligen Berufung einer vom Teufel verführt wird und sündigt, so gibt es für ihn nur noch eine Buße; wenn er aber weitermacht im Sündigen und dann Buße tut, so hat das keinen Wert für einen solchen Menschen; nur schwerlich wird er das Leben erhalten'".

Der Widerspruch zwischen den Lehrern, die nur die Taufvergebung zu kennen scheinen, und Hermas, der eine zweite Buße gestattet, löst sich, wenn man davon ausgeht, daß verschiedene Hörerkreise angesprochen werden sollen. Den Katechumenen und Neugetauften wird die Einmaligkeit der baptismalen Sündenvergebung eingeschärft; ihnen soll durch die Belehrung über eine weitere Bußmöglichkeit kein Anreiz gegeben werden, ihr Taufgelöbnis zu brechen. Wer vor längerer Zeit die Taufe empfangen hat und später rückfällig geworden ist, dem soll noch einmal eine Chance gegeben werden.

Das Besondere der Bußverkündigung des Hermas liegt somit in der Beschränkung auf die *una paenitentia,* die des weiteren eschatologisch begründet wird. D.h. die Reduzierung hat auch hier nicht mit einem eingeschränkten Vergebungswillen Gottes zu tun, sondern mit der Kürze der Zeit und der Sorge, daß bei einer eventuell notwendigen zweiten und dritten Buße an der Ernsthaftigkeit der ersten Buße gezweifelt werden muß. Wie es nur eine Taufe gibt, so soll es auch nur eine Buße geben. Die allerdings ist wirksam und braucht zu ihrer sündentilgenden Kraft nicht mißtrauisch beurteilt zu werden, was in der Praxis trotzdem nicht selten geschehen sein mag. Hermas' Auffassung von der einmaligen Buße, die zunächst aus einem pastoralpädagogischen Motiv heraus formuliert und bald darauf ins Grundsätzliche übertragen wurde, hat für die weitere Entwicklung der Bußdisziplin bis ins 6. Jh. schwerwiegende Folgen gehabt.

– Tertullian

Im weiteren Verlauf des 2. Jhs. gab es bei aller Grundüberzeugung, daß jedem aufrichtig Bereuenden Buße und Vergebung nicht verweigert werden dürfen, doch erhebliche Unterschiede in der Bußpraxis. Wann ein Bischof die Übernahme der kirchlichen Buße für notwendig hielt, wie lange die Bußzeit zu dauern hatte, welche Bußwerke als Beweis wirklicher Bußgesinnung zu verlangen seien, das alles konnte milder oder strenger gehandhabt werden. Von Bischof Dionysius von Korinth (um 170) berichtet Eusebius, Kirchengeschichte 4,23,6, er habe in einem Brief gefordert, man müsse alle, die sich von irgendeinem Fall, einem Irrtum oder selbst einer Häresie bekehrten, wieder aufnehmen. Es gab aber auch andere Meinungen. So hat Tertullian einen Spruch des Propheten (Montanus) überliefert, der gelautet haben soll: „Die Kirche kann die Sünden *(delicta)* vergeben; aber ich will es nicht tun, damit nicht noch andere sündigen" (pud. 21,7).

Es wurde schon erwähnt (vgl. S. 129), welchen Auftrieb die montanistische Bewegung durch Tertullian bekommen hat, der sich spätestens um 207 von seiner karthagischen Heimatgemeinde trennte und, enttäuscht über die Laxheit der Mitglieder der Großkirche, Vorkämpfer für das montanistische Heiligkeitsideal wurde. Stärker als im Osten begann von nun an in der westlichen Kirche die Bußfrage zum Problem zu werden. Da Tertullian in De paenitentia vor und De pudicitia nach seinem Wechsel zum Montanismus zur Bußfrage Stellung genommen hat, erlaubt ein Vergleich der beiden Schriften, die Fragen, um die es ging, genau zu erfassen.

In De paenitentia lehrt Tertullian im herkömmlichen Sinn die Möglichkeit einer einmaligen postbaptismalen Buße; ein Hang zur Strenge ist allerdings schon hier unverkennbar. Nur mit „Widerwillen" erwähnt er die zweite Buße, um nicht den Schein zu erwecken, noch eine Frist zum Sündigen einräumen zu wollen. Trotzdem akzeptiert er den Vergebungswillen Gottes wegen der Nachstellungen des Teufels.

Darum hat er, „nachdem die Tür des gänzlichen Vergessens geschlossen und der Riegel der Taufe vorgeschoben worden ist, etwas wenigstens doch noch offen gelassen. Er hat in der Vorhalle die zweite Buße aufgestellt, um den Anklopfenden die Tür zu öffnen, aber nur noch einmal, weil es schon das zweite Mal ist; aber dann nicht mehr, weil das nächste Mal schon vergebens" (paen. 7,10).

Tertullian läßt auch erkennen, daß der Verlust der Taufgnade als ein so schweres Versagen empfunden wurde, daß einige resignierten und die zweite Buße nicht auf sich nehmen wollten. Ihnen gilt seine Mahnung:

„Man muß nicht sogleich den Mut durch Verzweiflung ertöten und betäuben, wenn einmal für jemand diese zweite Buße nötig geworden sein sollte. Es sollte uns wohl verdrießen, zum zweiten Mal zu sündigen; aber zum zweiten Mal Buße zu tun, das sollte uns nicht verdrießen" (7,12).

Wichtig für Tertullians spätere Haltung ist noch die Feststellung, daß er in seiner katholischen Zeit die Allgemeinheit der Buße vertritt und keine Sünde als unvergebbar betrachtet.

In der bissigen Streitschrift De pudicitia aus montanistischer Zeit hat er dann seine frühere Bußauffassung fallengelassen. Jetzt spricht er der Kirche das Recht auf Nachlassung schwerer Sünden ab und reserviert es – soweit überhaupt Vergebung gewährt wird – für die Geistträger (Charismatiker) der montanistischen Bewegung. Bereits in der Einleitung der Schrift ironisiert er das Edikt eines Bischofs, den er sarkastisch einen *pontifex maximus* bzw. *episcopus episcoporum* nennt, in dem dieser verkündet hatte:

„Ich vergebe auch die Sünden des Ehebruchs und der Hurerei denen, die Buße getan haben" (pud. 1,6).
In De pudicitia unterscheidet Tertullian dann zwischen vergebbaren und unvergebbaren Sünden (2,12), zu denen neben einigen anderen vor allem Götzendienst, Unzucht und Mord gehören. Für diese drei glaubt er besondere Begründungen aus dem Dekalog und dem (absichtlich) mißverstandenen Dekret aus Apg 15,28f geben zu können (pud. 5,12; vgl. S. 45)[238].
Er muß dazu allerdings die Schriftstellen und Gleichnisse, die er früher als Beweis für die Möglichkeit der Sündenvergebung angegeben hatte, mit einer geradezu akrobatischen Exegese umdeuten (vgl. pud. 10).

– Bußpraxis

Interessanter als solche Spitzfindigkeiten sind einige Nebenbemerkungen in den Bußschriften, die Rückschlüsse auf die Durchführung des kirchlichen Bußverfahrens zulassen.
Es begann mit einem äußeren Akt, der als Exhomologese (Bekenntnis) bezeichnet wird. Handelte es sich um notorische, d.h. öffentlich bekannte Vergehen, dürfte die Gemeindeleitung von sich aus auf die Übernahme der Buße gedrängt und die Exkommunikation ausgesprochen haben. Handelte es sich um geheime Verfehlungen, wird der Sünder sich insgeheim dem Bischof eröffnet haben, einmal um Klarheit darüber zu erhalten, ob sein Vergehen öffentliche Buße erforderte, zum anderen um Bußzeit und Bußwerke festzulegen, die von der Schwere der Sünde abhängig waren. Auf den Beginn der öffentlichen Buße konnte sich der Pönitent vorbereiten durch Bußwerke privater Art: Gebet, Fasten, Bußkleidung („in Sack und Asche") und Einschränkung der Körperpflege (Badeverzicht) (Tertullian, paen. 9f).
Die öffentliche Buße erfolgte in zwei Stufen. Zuerst befand sich der Büßer am Eingang der Kirche *(pro foribus ecclesiae* bzw. *in vestibulo).* Klerus und Gläubige, die an ihm vorüberschritten, bat er kniefällig um ihr Gebet. In einem zweiten Abschnitt erhielt er wieder Zutritt zum Kirchenraum, wobei er weiterhin um die Fürbitte der Gemeinde und Zulassung zur eucharistischen Gemeinschaft flehen mußte. Über die Länge der Bußzeit ist nichts Genaues bekannt; lebenslängliche Buße scheint zur Zeit Tertullians jedoch nicht verhängt worden zu sein. Dem Akt der Exkommunikation von der eucharistischen Gemeinschaft entsprach am Schluß die Rekonziliation, durch die der Bischof dem Büßer Vergebung und Wiederherstellung seines früheren Zustands gewährte. Nach Cyprian vollzog sich dieser Vorgang in der Kirche durch Gebet und Handauflegung (ep.15,1). Die Rekonziliation gab dem Sünder zunächst und sichtbar die *pax* mit der Kirche zurück; sie garantierte aber zugleich seine Versöhnung mit Gott, so wie die Taufe in gleicher Weise Gotteskindschaft und Kirchengemeinschaft verliehen hatte[239].

4.3 Sündenvergebung und Märtyrerfürbitte

Der Streit um die Buße blieb nicht auf Nordafrika beschränkt; er beunruhigte auch die römische Gemeinde durch die Forderungen Hippolyts nach einer Kirche der Reinen und seine Auseinandersetzungen mit Bischof Kallist (217/22). Nach dem Tode Tertullians und Hippolyts und dem Verschwinden ihrer Anhänger flammte er in der 2. Hälfte des 3. Jhs. als Folge der Verwüstungen, welche die decische Verfolgung in den Gemeinden angerichtet hatte (vgl. S. 108), unter Novatian wieder auf.

– Geschichtlicher Hintergrund

Bischof Cyprian, der vor dem Zugriff der Behörden geflohen war, erfuhr in seinem Versteck, von dem aus er die karthagische Gemeinde leitete, abgefallene Christen hätten um Wiederaufnahme in die Kirche gebeten, und einige Presbyter hätten, ohne irgendwelche Bußwerke zu verlangen, allein aufgrund von Empfehlungsbriefen *(libelli pacis)* der Konfessoren, dem Wunsch entsprochen. (Konfessoren nannte man die Glaubenszeugen, die zum Martyrium bereit gewesen, der Hinrichtung jedoch entronnen waren.) Die Verwirrung wuchs, als die Verfolgung abflaute, Konfessoren in großer Zahl aus den Gefängnissen freikamen und von den *lapsi* um Friedensbriefe angegangen wurden. Die ganze Bußdisziplin, die Cyprian bis dahin streng und maßvoll zugleich gehandhabt hatte, geriet ins Wanken. Konfessoren, die gewiß in einem mutigen Augenblick ihren Glauben tapfer bekannt hatten, die aber dem Glanz und der Aufmerksamkeit, mit denen man sie jetzt umgab, innerlich nicht gewachsen waren und in eine falsche Selbstüberschätzung gerieten, glaubten die Stelle der amtlichen Autorität besetzen zu müssen. Inhalt und Ton eines Briefes, den der Bekenner Lucianus und seine Mitgefangenen an Cyprian richteten, machen die Schwierigkeiten mehr als deutlich:

„Sämtliche Bekenner entbieten dem Vater Cyprian ihren Gruß. Wir teilen dir mit, daß wir allen denen, die dir über ihr Verhalten und ihre Vergehen Rechenschaft schuldig sind, den Frieden gewährt haben, und wir wollen, daß diese Bescheinigung durch dich auch den anderen Bischöfen bekanntgegeben wird. Wir wünschen, daß du mit den heiligen Märtyrern Frieden habest. In Gegenwart zweier Kleriker, eines Exorzisten und eines Lektors, hat Lucianus dies geschrieben" (Cyprian, ep. 23).

Anfangs aus dem Versteck heraus, später auf Synoden der nordafrikanischen Bischöfe, nicht zuletzt durch Kontaktaufnahme mit Rom hat Cyprian klug und mit Erfolg die Wirren, die durch die überzogenen Aktivitäten der Märtyrer/Konfessoren entstanden waren, beilegen können. Sein Grundsatz war, daß die *lapsi* eine Bußzeit auf sich zu nehmen hätten, die bei den *libellatici* nur kurz, bei den *thurificati* bzw. *sacrificati* bis zum Lebensende dauern sollte (vgl. S. 108). In Todesgefahr (Krankheit) jedoch sollte jeder,

der sich der Buße unterzogen hatte, die *pax* der Kirche wiedererhalten (Beschluß einer karthagischen Synode von 251). Als im Jahre 252 eine neue, noch schwerere Verfolgung unter Gallus drohte, beschloß eine 2. Synode allen Gefallenen die Wiederaufnahme zu gewähren, die von Anfang an die kirchliche Buße übernommen hatten. Man wollte niemand unversöhnt mit der Kirche und ohne eucharistische Stärkung in die neue Prüfung ziehen lassen. Die Verfolgung nahm nicht das befürchtete Ausmaß an; die Diskussion um die *lapsi* kam aber durch die vorsorglich getroffenen Maßnahmen bald zur Ruhe.

– Sündentilgende Kraft des Martyriums

Die Stellung, die den Märtyrer/Konfessoren im Gefolge der decischen Verfolgung zugewachsen war, mußte nicht nur pastoraldisziplinär geordnet, sondern auch theologisch geklärt werden. Welche Kompetenz besaßen sie bei der Sündenvergebung?
Schon früh hatte sich die Überzeugung gebildet, daß das Martyrium die Taufe ersetzen oder, wenn die Taufgnade verlorengegangen war, diese gleichsam in einer zweiten Taufe zurückgewinnen konnte. Im Martyrium der Montanus und Lucius wird berichtet, wie der Katechumene Donatian im Kerker getauft und alsbald zur Hinrichtung geführt wurde: „Vom Wasser der Taufe eilte er reinen Weges zum Kranz des Martyriums" (2,1). Marianus und Jakobus wurden in einem Flußtal hingerichtet, das den Strom ihres gesegneten Blutes aufnahm. „So fehlte", meint der Berichterstatter, „keines der beiden Sakramente, als sie in ihrem Blut getauft und im Flusse gewaschen wurden" (11,10).
Neben Zeugenschaft und Christusverähnlichung im Leiden war es die Möglichkeit vollständiger Sündentilgung, welche die Gläubigen am Martyrium faszinierte. Gott, der die Nachstellungen des Teufels und die Verlockungen durch die Welt vorhergesehen hatte, wußte, daß der Glaube nach der Taufe wieder in Gefahr geraten, das hochzeitliche Gewand befleckt und die brennenden Lampen aus Mangel an Öl wieder verlöschen würden; darum hat er einen zweiten Trost und eine letzte Hilfe bereitgestellt: den Kampf des Martyriums und die Abwaschung durch Blut. Allein den Märtyrern kann nichts mehr zustoßen, weil ihnen zugleich mit der Abwaschung ihrer Sünden im Tod das ewige Leben anvertraut wird, bekennt Tertullian (scorp. 6,9f).

– Sündenvergebung durch Fürbitte

Angesichts der Tatsache, daß die Zahl der Märtyrer unter den Gläubigen gering war, konnte das Martyrium allerdings nur dann zu einem bestimmenden Faktor in der Gemeindefrömmigkeit werden, wenn seine Vergebungsfunktion nicht auf die Märtyrer beschränkt blieb, sondern allen Gliedern der Gemeinde zugute kam. Diese Ausweitung begann schon früh, wie der Bericht über die Märtyrer von Lyon beweist (vgl. S. 104f), in dem in einer Schlußbemerkung die Bescheidenheit der Inhaftierten und ihre Sorge um die schwach Gewordenen gerühmt wird:

„Sie hatten sich unter die gewaltige Hand Gottes gedemütigt, von der sie jetzt so erhöht worden sind. Für alle wußten sie damals Entschuldigungen und niemand klagten sie an. Alle lösten sie, niemand banden sie ... Nicht waren sie gegenüber den Gefallenen von Stolz erfüllt. Vielmehr teilten sie von ihrem Überfluß den Bedürftigen in mütterlichem Erbarmen mit. Vor dem Vater vergossen sie ihretwegen reichliche Tränen und baten um Leben, und er gab es ihnen ..." (Eusebius, Kirchengeschichte 5,2,5f).

In der nach der Verfolgung auftretenden Verwirrung, als man in der Gemeinde nicht wußte, was mit den Gefallenen geschehen sollte, waren es die wenigen überlebenden Konfessoren, die die ängstlichen Gemüter beruhigten. Sie spalteten die Gemeinde nicht mit ihrem Hochmut, sondern sorgten dafür, daß auch die Versager wieder integriert wurden. Sie waren die Fürsprecher der Gefallenen in der Gemeinde und vor Gott. Das Martyrium hatte nicht nur ihre eigenen Sünden getilgt, es war auch anderen zugute gekommen.

Man kann sich leicht vorstellen, welchen Rang die Märtyrer in der Einschätzung der Gläubigen bekommen mußten, solange die Sündenvergebung durch eine zweite Buße vielen schwer zu erlangen und unsicher zu sein schien. Vom Märtyrer wußte man aufgrund von Offb 6,9/11, daß er sofort nach seinem Tod zu Gott gelangen würde und nicht wie die übrigen Verstorbenen im *refrigerium interim* auf die Auferstehung warten mußte. Doch auch wenn er dem Tod entronnen war und als bewährter Streiter für den nächsten Kampf bereit stand, war in ihm Christus gegenwärtig. Er galt als ein *Christophoros,* ein Nachfolger der urchristlichen Charismatiker und Propheten, einer, in dem erfahrbar der Heilige Geist wirkte, denn Christus hatte verheißen, der Geist des Vaters werde aus den Jüngern sprechen, wenn man sie vor Gericht stellte (Mt 10,18/20). Wenn niemand Sünden vergeben konnte als Gott allein, dann waren es am ehesten die Märtyrer, die in Verbindung mit Christus durch den aus ihnen sprechenden Heiligen Geist das Charisma besaßen, Vergebung zu gewähren und wieder in die Gemeinschaft der Kirche aufzunehmen. Ihre Vollmacht erschien manchem Christen offenkundiger als die der Bischöfe, über deren „Geistes"-Zustand keine Sicherheit zu gewinnen war. So kam es zu der immensen Bedeutung der Märtyrer und ihrer geradezu sprunghaft ansteigenden Verehrung. Die Märtyrer wurden für die Gemeinden die Fürbitter schlechthin.

Daß die Märtyrerfürbitte auch Probleme mit sich bringen konnte, wurde schon erwähnt (vgl. S. 209). Dabei war die theologische Frage, ob und wie die Erlösung und Fürsprache Christi einer Ergänzung durch die Märtyrer bedürfe oder überhaupt fähig sei, noch relativ leicht zu lösen. Man unterschied zwischen der universellen Mittlerschaft Christi und der partikulären, auf einzelne Personen oder Gemeinden eingeschränkten Fürbittätigkeit der Märtyrer. Die Konflikte mit der Gemeindeleitung hörten nach der Verfolgungszeit naturgemäß von selbst auf. Allerdings bestimmte noch Kanon 9 des Konzils von Arles (314), Konfessorenbriefe sollten eingezogen und bei Reisen und ähnlichen Anlässen durch normale Empfehlungsbriefe *(litterae communicatoriae)* des Bischofs ersetzt werden (vgl. S. 178). Nicht hörte in der Friedenszeit die Verehrung der Märtyrer auf. Im Gegenteil, ihr Kult entfaltete sich erst jetzt zur vollen Blüte; er zielte aber nur noch auf die im Himmel verklärten Märtyrer.

4.4 Ausblick

Mit Hermas, Tertullian, Cyprian und der Märtyrerfrömmigkeit sind wichtige Tatsachen und theologische Überlegungen genannt worden, die über das frühkirchliche Bußverfahren Auskunft geben. Natürlich haben noch mehr Personen und Fakten in der Bußfrage eine Rolle gespielt. Zur Zeit Tertullians und Cyprians haben z.B. in Rom Hippolyt und Novatian die Bußstreitigkeiten verschärft und für Unruhe und Spaltungen gesorgt. Beide standen auf der rigoristischen Seite: Schweren Sündern und vor allem den in der Verfolgung Abgefallenen muß die Wiederaufnahme verweigert werden, soll der Heiligkeitsanspruch der Kirche unkorrumpiert aufrechterhalten bleiben. Gedanklich-theologisch kommen mit Hippolyt und Novatian aber keine neuen Momente in die Diskussion.

Interessanter wäre da schon ein Blick in den Osten zu den beiden Alexandrinern Klemens und Origenes. Ihre Bußlehre ist weniger rechtlich interessiert als die westliche, vielmehr spiritueller, therapeutischer, wenn auch beileibe nicht laxer. Origenes wurde häufig vorgeworfen, er bestreite die Absolutionsvollmacht der kirchlichen Amtsträger und gestehe sie allein den Charismatikern (Laien wie Amtsträgern) zu. Sünden vergeben könnten nicht die Bischöfe qua Amt, sondern nur die vollkommenen, heiligmäßigen Christen. Auch wenn der Vorwurf so nicht stimmt, ist richtig, daß Origenes eindringlich darauf hingewiesen hat, daß die amtliche Vergebungsvollmacht nicht ausreicht, den Sünder mit der Kirche zu versöhnen. Dazu muß er zur Einsicht in sein Unrecht geführt werden, müssen sein Entschluß und der Wille zur Umkehr geweckt werden, was zu erreichen der charismatischen Begabung in der Tat eher gelingt als der amtlichen Vollmacht.

Die strenge Buße mit langer und nur ein einziges Mal gewährter Bußzeit war eigentlich die Praxis einer Elitekirche, die hohe Anforderungen stellen konnte (vgl. S. 230). Es gibt aber schon seit Tertullian Klagen, daß manche Christen die Beschämung der Bloßstellung durch ein öffentliches Bußverfahren scheuten und darum lieber in ihren Sünden blieben, als sich um die kirchliche Vergebung zu bemühen. Solche Klagen verschärften sich, als nach dem konstantinischen Frieden Menschen in großer Zahl in die Kirche strömten. Wie wollte man mit dem alten, strengen Bußinstitut den Bedürfnissen dieser Menge pastoral gerecht werden?

Bemerkenswert ist, daß die Kirche angesichts der neuen Situation nicht auf einen weicheren Kurs umstieg, sondern im Gegenteil die Vorschriften in mancher Hinsicht noch verschärfte. Der Grundsatz der einmaligen Buße blieb vor allem im Westen voll erhalten. Für viele Vergehen gab es jetzt die lebenslange Buße; erst auf dem Sterbebett erfolgte die offizielle Wiederaufnahme in die Kirche.

Eine besondere Erschwernis bestand darin, daß sich die Auffassung durchsetzte, die einmalige Buße präge eine Art Charakter aus, der ähnlich dem Taufcharakter dem Büßer zeitlebens anhafte. Wer einmal die Buße hatte übernehmen müssen, blieb für immer ein Christ minderen Rechts. Er konnte nicht mehr Kleriker werden, durfte keine öffentlichen Ämter bekleiden und mußte auf den ehelichen Verkehr verzichten. Alles zusammengenommen wurde vom Büßer nach der Rekonziliation eine quasi mönchische Lebensweise verlangt[240].

Angesichts solcher Belastungen geriet nun aber das ganze Bußinstitut in die Krise. Sündig gewordene Christen begannen, die Übernahme der Kirchenbuße bis ans Lebensende hinauszuschieben. Die Kirche mußte sich damit abfinden, den Aufschub sogar empfehlen. Damit schied die Buße aus dem aktiven Leben immer mehr aus und wurde ein Mittel zur Vorbereitung auf den Tod. Zwar mag es die Übernahme der Buße in jungen und gesunden Tagen hin und wieder gegen haben, aber es ist doch bezeichnend, daß im umfangreichen Schrifttum Gregors des Großen (590/604), in dem die Buße einen breiten Raum einnimmt, kein einziger Fall öffentlicher Buße, sondern nur noch die Krankenbuße sicher bezeugt ist[241]. Mitbetroffen von der Bußkrise wurde auch die Taufpraxis. War es nicht besser, ein Leben lang Katechumene als Büßer zu sein? Viele verlegten die Taufe auf das Sterbebett. „*In albis decessit,* im weißen Taufkleid verstorben", konnte dann selbstbewußt die Grabinschrift lauten.

Die Lösung aus dem Dilemma kam nicht aufgrund theologischer oder liturgischer Erwägungen, sondern entstand aus pastoralen Notwendigkeiten und zwar – örtlich gesehen – am Rand der Welt. In Irland und England begann man zuerst auf die öffentliche Exkommunikationsbuße zu verzichten. Der Sünder bekannte dem Bischof oder Priester seine Schuld und übernahm eine privat zu erfüllende Buße. Es gab für alle Sünden entsprechende Tarife, die im Lauf der Zeit immer mehr vereinfacht wurden. Zunächst ging der Büßer nach Erfüllung der Bußleistung zum Priester und erbat die Lossprechung. In einem letzten Schritt wurde dann, um ein zweimaliges Erscheinen zu ersparen, dem Bußwilligen auf sein Versprechen hin, die auferlegte Buße zu erfüllen, sofort mit dem Bekenntnis die Absolution erteilt, eine Lösung, die im Westen bald allgemeine Verbreitung erfuhr.

Buße und Sündenvergebung bedürfen zwar der theologischen Begründung, lassen sich aber nicht theoretisch bewältigen. Daß das Bußsakrament im Lauf seiner Geschichte bis auf den heutigen Tag von allen Sakramenten in

Anwendung und Vollzug den meisten Schwankungen unterworfen war, liegt in der Natur der Sache. Sünde und Vergebung sind wie kein anderer Glaubensartikel Teil des täglichen Lebens und stets neu zu bewältigender Konflikte.

VIII. Gottesdienst und Leben

Literatur

R. ARBESMANN, Fasten: RAC 7 (1969) 447/593.
R. ARBESMANN, Fasttage: RAC 7 (1969) 500/24.
E. DASSMANN/G. SCHÖLLGEN, Haus II (Hausgemeinschaft): RAC 13 (1986) 801/905.
G. DELLING, Ehebruch: RAC 4 (1959) 666/77.
G. DELLING, Eheleben: RAC 4 (1959) 691/707.
K.S. FRANK, Grundriß einer Geschichte des Mönchtums = Grundzüge 25 (Darmstadt ^{4}1983).
J. GAUDEMET, Familie I (Familienrecht): RAC 7 (1969) 286/358.
A. HAMMAN, Das Gebet in der Alten Kirche = TC 7 (Bern 1989).
M. HENGEL, Eigentum und Reichtum in der frühen Kirche. Aspekte einer frühchristlichen Sozialgeschichte (Stuttgart 1973).
D. JETTER, Grundzüge der Hospitalgeschichte = Grundzüge 22 (Darmstadt 1973).
H.C. KEE, Das frühe Christentum in soziologischer Sicht = UTB 1219 (Göttingen 1985).
TH. KLAUSER, Kleine abendländische Liturgiegeschichte (Bonn 1965).
G. KRETSCHMAR, Die Geschichte des Taufgottesdienstes in der alten Kirche: Leit. 5 (Kassel 1970) 1/348.
G. KRETSCHMAR, Ein Beitrag zur Frage nach dem Ursprung frühchristlicher Askese: ZThK 61 (1964) 27/67 (Wiederabdruck: Askese und Mönchtum in der alten Kirche. Hrsg. v. K.S. FRANK = WdF 409 [Darmstadt 1975] 129/80).
B. LOHSE, Askese und Mönchtum in der Antike und in der alten Kirche = RKAM 1 (München 1969).
A.J. MALHERBE, Social Aspects of Early Christianity (Philadelphia ^{2}1983).
O. MICHEL/TH. KLAUSER, Gebet II (Fürbitte): RAC 9 (1976) 1/36.
K. NIEDERWIMMER, Askese und Mysterium. Über Ehe, Ehescheidung und Eheverzicht in den Anfängen des Christlichen Glaubens = FRLANT 113 (Göttingen 1975).
A. OEPKE, Ehe I (Institution): RAC 4 (1959) 650/66.
M. PUZICHA, Christus peregrinus. Die Fremdenaufnahme (Mt 25,35) als Werk der privaten Wohltätigkeit im Urteil der Alten Kirche = MBTh 47 (Münster 1980).
B. QUINT, Die Ehe im frühen Christentum (Vorkonstantinische Zeit): Christentum und antike Gesellschaft. Hrsg. v. J. MARTIN/B. QUINT = WdF 649 (Darmstadt 1990) 169/208.
G. RATZINGER, Geschichte der kirchlichen Armenpflege (Freiburg ^{2}1884).
W. RORDORF, Der Sonntag. Geschichte des Ruhe- und Gottesdiensttages im ältesten Christentum = AThANT 43 (Zürich 1962).
W. RORDORF, Sabbat und Sonntag in der Alten Kirche = TC 2 (Zürich 1972).
W. RORDORF, Ursprung und Bedeutung der Sonntagspredigt im frühen Christentum: LJ 31 (1981) 145/58.
J. SCHÜMMER, Die altchristliche Fastenpraxis (Münster 1933).
E. VON SEVERUS, Gebet I: RAC 8 (1972) 1134/258.
P. STOCKMEIER, Scheidung und Wiederverheiratung in der alten Kirche: ThQ 151 (1971) 39/51.
G. UHLHORN, Die christliche Liebesthätigkeit, Bd. 1: Die christliche Liebesthätigkeit in der alten Kirche (Stuttgart 1882).
Zur Soziologie des Urchristentums. Hrsg. v. W.A. MEEKS = TB 62 (München 1979).

1. Liturgie und Ge*bet*

1.1 Eucharistie und Agape

– Früheste Nachrichten

Von Anfang an gehören Gebet und gemeinsamer Gottesdienst zum Leben der frühchristlichen Gemeinde. Bleibt bei der Angabe Apg 2,46: „Tag für Tag verharrten sie einmütig im Tempel, brachen in ihren Häusern das Brot und hielten miteinander Mahl in Freude und Einfalt des Herzens" noch ungewiß, worum es sich bei den häuslichen Mählern handelt, präzisiert bereits Paulus im 1. Korintherbrief in aller Klarheit das Gemeinschaftsmahl der Gemeinde als Erinnerung an das Abendmahl und die Gedächtnisfeier des Todes Jesu: „Denn sooft ihr von diesem Brot eßt und aus dem Kelch trinkt, verkündet ihr den Tod des Herrn, bis er kommt" (11,26). Was Paulus „Herrenmahl" *(kyriakon deipnon)* nennt, die Segnung und der Genuß von Brot und Wein, heißt in der Didache Eucharistie. Sie besteht aus einem Mahl, das seinen besonderen Charakter durch die dabei gesprochenen Dankgebete erhält.

„Niemand aber soll von eurer Eucharistie essen und trinken als die auf den Namen des Herrn Getauften. Denn auch hierüber hat der Herr gesagt: Gebt das Heilige nicht den Heiden" (9,5).

Der Einsetzungsbericht wird hier nicht erwähnt, ebenso fehlt ein Hinweis auf den Gedächtnischarakter der Mahlfeier, die an anderer Stelle dafür als Opfer bezeichnet wird (Did. 14,1f), womit aber nicht allein die eucharistischen Gaben, sondern vor allem die Gebete und das gesamte gottesdienstliche Tun der Gemeinde gemeint sind (ebd. 14,1/3).
Eine entscheidende Veränderung erfuhr die urchristliche Form der eucharistischen Mahlfeier, als das im engeren Sinn eucharistische Element des Segens über Brot und Wein sowie ihr Empfang von dem traditionell am Abend stattfindenden Sättigungsmahl abgetrennt, auf den Morgen verlegt und mit einem Wortgottesdienst verbunden wurde. Ob diese Trennung schon im Pliniusbrief bezeugt wird, in dem zwischen einer gottesdienstlichen Versammlung vor Tagesanbruch und einem später stattfindenden Mahl unterschieden wird (vgl. S. 101), läßt sich nicht sicher beantworten. Klar erkennbar ist sie dagegen um die Mitte des 2. Jhs. bei Justin, dessen Beschreibung eines Tauf- und eines Sonntagsgottesdienstes bei aller Kürze die wichtigsten Bestandteile der Eucharistiefeier benennt:

„An dem Tag, den man Sonntag nennt, findet eine Zusammenkunft aller, in Stadt und Land, statt, und es werden dabei die Denkwürdigkeiten der Apostel [gemeint sind die Evangelien; vgl. S. 193f] oder Prophetenschriften verlesen, solange es angeht. Hat der Vorleser geendet, so hält der Vorsteher *(proestōs)* eine Ansprache, worin er vermahnt und aufruft, diesem Guten nachzueifern. Darauf erheben wir uns alle gemeinsam und senden Gebete empor. Nach dem Gebet aber werden, wie oben [vgl. apol. 1,65,3/5] bereits beschrieben, Brot,

Wein und Wasser herbeigebracht, der Vorsteher spricht ... Gebete und Danksagungen nach seinem Vermögen, und das Volk stimmt mit ‚Amen' ein. Darauf wird ausgeteilt und kommuniziert, wobei jeder seinen Teil von dem Geweihten empfängt; den Abwesenden aber wird es durch die Diakonen gebracht" (apol. 1,67,3/5)[242].

Die Zusammenkunft besteht danach aus einem Wortgottesdienst, der neu- und alttestamentliche Lesungen, Predigt und Fürbittgebete umfaßt, und anschließendem eucharistischen Segensgebet über Brot und mit Wasser gemischtem Wein, von denen die Teilnehmer genießen und auch den abwesenden Christen mitgeteilt wird. Worum es sich bei den eucharistischen Gaben handelt, sagt Justin ebenfalls mit aller wünschenswerten Deutlichkeit:

„Diese Speise wird bei uns Eucharistie genannt. Daran darf nur teilnehmen, wer unsere Lehren für wahr hält und das Bad zur Vergebung der Sünden und zur Wiedergeburt empfangen hat und nach den Weisungen Christi lebt. Denn nicht wie gewöhnliches Brot und gewöhnlichen Trank nehmen wir diese Dinge, sondern wie ... Fleisch und Blut des fleischgewordenen Jesus" (apol. 66,1f)[243].

– Eucharistiefrömmigkeit

Bereits in dieser frühen Zeit erreicht die theologische und spirituelle Deutung der Eucharistie eine erstaunliche Dichte. Für Ignatius von Antiochien garantiert sie die Einheit der Kirche, wenn er mahnt:

„Seid bedacht, eine Eucharistie zu gebrauchen – denn eines ist das Fleisch unseres Herrn Jesus Christus und einer der Kelch zur Vereinigung mit seinem Blut, eine die Opferstätte, wie einer der Bischof mit dem Presbyterium und den Diakonen" (Phil. 4).

Die Eucharistie wird anamnetisch-erinnernd zurückbezogen auf Jesu Person und Werk (Smyrn. 7,1/3), sie wirkt in gleicher Weise das Heil in der Gegenwart und garantiert die eschatologische Vollendung, denn das Brot, das die Christen brechen, ist „Arznei der Unsterblichkeit und ein Gegengift, daß man nicht stirbt, sondern für immer in Jesus Christus lebt" (Ign. Eph. 20,2). Damit sind die drei Zeitdimensionen, die Vergangenheit im Gedächtnis des Todes und der Auferstehung Jesu, die Gegenwart als Präsenz des Leibes und Blutes Jesu in Speise und Trank des eucharistischen Mahles sowie die Zukunft im Hinweis auf die verwandelnde Kraft der eucharistischen Vereinigung im Glaubensbewußtsein der Kirche voll entfaltet. Auch der schöpfungstheologische Aspekt klingt gegen Ende des 2. Jhs. in einem Text von beachtlicher theologischer und sprachlicher Kraft bei Irenäus an:

„Gleichwie das Holz der Weinrebe, in die Erde gesenkt, zu seiner Zeit Früchte bringt, wie das Weizenkorn, ins Ackerfeld gestreut, sich auflöst und vervielfältigt und aufgeht durch den alles durchdringenden Geist Gottes, wie dann beide durch Gottesweisheit in den Gebrauch des Menschen gelangen, den Logos Gottes hinzuempfangen und so Eucharistie werden, die der Leib und das Blut Christi ist, ebenso werden auch unsere Leiber, wenn sie mit dieser genährt, in der Erde bestattet werden und sich in ihr auflösen, zu ihrer Zeit auferstehen, indem der Logos Gottes die Auferweckung ihnen gewährt zur Ehre des Vaters" (adv. haer. 5,2,3).

– Eucharistisches Hochgebet

In Didache 10,7 wird den Propheten „gestattet, Dank zu sagen, soviel sie wollen". Auch bei Justin (apol. 1,67,8) spricht der Vorsteher Gebete und Danksagungen „mit aller Kraft". Ein ausformuliertes Hochgebet enthält erst die Traditio Apostolica Hippolyts um 215, jedoch noch ohne die Anweisung, sich an den Wortlaut des Gebetes zu halten.

„Die Diakone bringen die Opfergaben herbei. Der Bischof legt die Hand auf sie und spricht mit der ganzen Priesterschaft dankend: ‚Der Herr sei mit euch!'. Das ganze Volk antwortet: ‚Und mit deinem Geiste!' ‚Empor die Herzen!' – ‚Wir haben sie beim Herrn!' ‚Lasset uns Dank sagen *(eucharistēsōmen)* dem Herrn!' – ‚Das ist würdig und recht'!
Er fahre fort: ‚Wir sagen Dir Dank, o Gott, durch deinen geliebten Knecht Jesus Christus, den Du uns in den letzten Zeiten gesandt hast als Heiland und Erlöser und Boten Deines Ratschlusses. Er ist Dein Logos, mit Dir untrennbar verbunden; durch ihn hast Du alles geschaffen, so hat es Dir wohlgefallen. Du hast ihn vom Himmel in den Schoß der Jungfrau gesandt, und in ihm wurde er Fleisch und war als Dein Sohn erwiesen, geboren aus dem Heiligen Geist und der Jungfrau. Deinen Willen zu erfüllen und Dir ein heiliges Volk zu erwerben, spannte er im Leiden die Hände aus, um die vom Leiden zu erlösen, die an Dich glauben. Und da er sich dem freiwilligen Leiden überlieferte, um den Tod zu entmachten, die Fesseln des Teufels zu sprengen, die Unterwelt niederzutreten, die Gerechten zu erleuchten, eine Grenze zu setzen und die Auferstehung kundzutun, nahm er das Brot, sagte Dank und sprach: ‚Nehmet hin und esset! Das ist mein Leib, der für euch gebrochen wird'. Ebenso den Kelch, indem er sagte: ‚Dies ist mein Blut, das für euch vergossen wird. Sooft ihr dies tut, tut es zu meinem Gedächtnis!'
Gedenkend also seines Todes und seiner Auferstehung bringen wir Dir das Brot und den Kelch dar *(memores igitur ... offerimus),* indem wir Dir Dank sagen, daß Du uns für würdig befunden hast, vor Dir zu stehen und Dir zu dienen. Und wir bitten Dich: sende Deinen Heiligen Geist auf diese Darbringung *(in oblationem)* der Kirche. Indem Du sie zur Einheit versammelst, gib allen Heiligen, die davon genießen, Erfüllung mit dem Heiligen Geist zur Stärkung des Glaubens in Wahrheit, auf daß wir Dich loben und preisen durch Deinen Knecht Jesus Christus, durch den Dir Ruhm und Ehre ist, Dir dem Vater und dem Sohn mit dem Heiligen Geist in Deiner heiligen Kirche jetzt und in alle Ewigkeit. Amen'" (4)[244].

Der Aufbau des Gebetes, das bis in den Wortlaut hinein im heutigen 2. Eucharistischen Hochgebet der Römischen Liturgie nachklingt, ist von genialer Einfachheit. Im ersten Teil wird kerygmatisch-erzählend Gottes Heilshandeln in Jesus Christus gepriesen, der als Logos die Schöpfung und als Mensch zugleich die Erlösung gewirkt hat. Geschickt leitet die Erinnerung in den Einsetzungsbericht des Abendmahles über mit der Wandlung von Brot und Wein. Der zweite Teil knüpft dann an den Wiederholungsauftrag Jesu an und reflektiert danksagend, was jetzt in der heiligen Handlung geschieht. Im *memores ... offerimus* konzentriert sich das theologische Verständnis der Eucharistie als Gedenken und Darbringen. Anamnese und Anaphora sind von nun an ebenso wie die Epiklese, die Herabrufung des Heiligen Geistes auf die eucharistischen Gaben, damit sie geheiligt und verwandelt ein Gottes würdiges Opfer werden, wesentlicher Teil eucharistischer Hochgebete. Wobei anzumerken bleibt, daß der Opfercharakter der Eucharistie noch nicht besonders herausgestellt wird und erst dabei ist, sich bei Ignatius von Antiochien und Irenäus in unterschiedlicher Terminologie zu entfalten[245].

Die Traditio Apostolica bezeugt bereits den Brauch, die Eucharistie nüchtern zu empfangen, der durch die Jahrhunderte hindurch fast überall gegolten und die Ehrfurchtshaltung vor dem Sakrament stark geprägt hat; des weiteren ordnet sie an, die Eucharistie sorgfältig aufzubewahren und vor Ungläubigen, Mäusen und fremden Geistern zu schützen (36/8).

– Agape

Neben der Eucharistiefeier stärkten gemeinschaftliche Mähler, die im gesamten hellenistisch-römischen Vereinswesen beliebt waren, das Zusammenleben der Gemeinde. Zwar besaß auch die Eucharistie Mahlcharakter, aber um Mißstände zu vermeiden und in regelmäßigen Abständen allen Gemeindemitgliedern die Teilnahme an dieser für die Kirche konstitutiven Feier zu ermöglichen, mußte das eucharistische Mahl liturgisch stilisiert und auf einen möglichst einfachen Ritus reduziert werden. Doch auch die abendlichen Agapen sollten sich im Gegensatz zu den lärmenden und ausschweifenden Veranstaltungen heidnischer Vereine durch Schlichtheit und bescheidenen Aufwand auszeichnen. Gegen heidnische Verdächtigungen (vgl. S. 98) betont Tertullian:

„Unser Mahl gibt durch seinen Namen schon sein Wesen und seine Bestimmung an; es trägt den Namen, womit man im Griechischen die Liebe (Agape) bezeichnet. ... Man geht nicht eher zu Tisch, als bis man das Gebet zu Gott verkostet hat, man ißt so viel, als Hungrigen genügt, man trinkt so viel, als züchtigen Leuten dienlich ist. So sättigen sich wie Leute, die nicht vergessen, daß sie auch in der Nacht Gott anbeten müssen; so unterhalten sie sich wie Leute, die wissen, daß Gott zuhört. Wenn die Hände gewaschen und die Lichter angezündet sind, wird jeder aufgefordert, vorzutreten und Gott Lob zu singen, wie er es aus der Heiligen Schrift oder nach eigener Begabung vermag; daran erkennt man, wieviel er getrunken hat. Ebenso bildet das Gebet den Schluß des Mahles" (apol. 39,17f).

Zunächst wohl aus dem spontanen Bedürfnis heraus entstanden, bei gemeinsamem Essen und Trinken, Gesang, Gebet und Unterweisung die Geborgenheit der christlichen Gruppe zu erleben, bekam die Agape einen wichtigen Nebeneffekt (vgl. S. 242). Nicht jedes Gemeindemitglied war in der Lage, ein Mahl auszurichten. Eingedenk der Mahnung Jesu, nicht nur diejenigen einzuladen, die sich revanchieren können, sondern vornehmlich solche, die eine Gegeneinladung schuldig bleiben müssen (Lk 14,13), luden wohlhabende Christen nicht nur ihresgleichen, sondern ebenfalls die Armen der Gemeinde ein. Die Agape wurde auf diese Weise zu einem Instrument diskreter und die Menschenwürde achtender Sorge für die Notleidenden, zumal wenn man den Teilnehmern Geschenke *(apophorēta)* überreichte, Speisen, die man mit nach Hause nehmen und dort verzehren konnte. In der Traditio Apostolica wird der karitative Charakter der Agape ebenso erkennbar wie das Bemühen, den Ortsklerus an ihrer Durchführung zu beteiligen. Nach Möglichkeit soll der Bischof teilnehmen, aber auch Presbyter und Diakone können den liturgischen Teil des Mahles übernehmen. Ist kein Kleriker anwesend, muß das offizielle Dankgebet unterbleiben, „denn ein Laie kann nicht die Eulogie sprechen" (28/30). Der Wert, den die Traditio Apostolica auf die Teilnahme des Bischofs oder seiner Stellvertreter an den Agapemählern legt, weist vielleicht auf die Sorge der Kirchenleitung hin, daß privat organisierte und in kleineren Gruppen durchgeführte Mähler die Gemeinde spalteten, eine Gefahr, die in großen Städten sogar von den Eucharistiefeiern ausgehen konnte, wenn sich Hausgemeinden absonderten und um bevorzugte Kleriker scharten[246]. Sie verringerte sich in dem Maße, in dem Eucharistiefeiern und Agapemähler in kircheneigenen, im Laufe des 3. Jhs. zunehmend auch räumlich-architektonisch dafür hergerichteten Häusern stattfanden[247].

1.2 Tage und Feste

– Sonntag

Die frühchristliche Liturgie ist bestimmt von Kargheit und Strenge; mit der *pompa diaboli* heidnischer Götterfeste und den nächtlichen Feiern, Umzügen und Prozessionen mancher Mysterienkultvereine konnten die liturgischen Zusammenkünfte der Christen nicht konkurrieren. In den ersten beiden Jahrhunderten versammelten sie sich in schmucklosen Privaträumen. Ein einfacher Tisch genügte als Ausstattung. Die liturgische Feier selbst bestand hauptsächlich aus Worten: alt- und neutestamentliche Lesungen, ortsverschieden ergänzt durch besonders geschätzte Gemeindeschriften wie den 1. Klemensbrief, den Hirten des Hermas oder Märtyrerakten, dazu Psalmrezitation und allegorisch-moralische Auslegung des Gehörten in der Predigt. Die Gemeinde sprach das Amen, gab und empfing den Friedenskuß und hatte unter den schlichten Gestalten von Brot und gemischtem Wein teil an den eucharistischen Gaben. Wieviel vom urchristlichen Enthusiasmus (vgl. Kol 3,16; Eph 5,18/20) in Liedern und Hymnen der späteren Zeit weitergelebt hat, ist schwer zu ermessen. Der Pliniusbrief spricht im selben Atemzug von Liedern, die die Versammelten im Wechselgesang *Christo quasi Deo* sangen, und von der Verpflichtung zu einem sündenfreien Leben (vgl. S. 101). Nüchternheit, nicht Rausch charakterisierte die liturgische Feier, die mehr über gläubige Einsicht als über emotionale Stimmungen die Herzen der Teilnehmer bewegte.

Bevorzugter Tag der Zusammenkünfte war von Anfang an der Sonntag, der als Tag der Auferstehung Jesu den jüdischen Sabbat ablöste und zur *dies dominica* wurde. Selbstverständlich besaß er anfangs keinen Festtagscharakter. Er war für die arbeitende Bevölkerung bis zur Privilegierung durch Konstantin im Jahre 321 ein Werktag wie jeder andere. Hervorgehoben wurde er allein durch die Feier der Eucharistie, die nach dem Ausweis vieler Quellen bezeichnenderweise vor Tagesanbruch stattfand, zu einer Zeit also, zu der auch Abhängige, Sklaven und Lohnarbeiter am Gottesdienst teilnehmen konnten.

– Fasttage

Neben dem Sonntag wurden schon früh der dritte und fünfte Tag der Woche (Mittwoch und Freitag) als besondere Fasttage in Anlehnung an jüdischen Brauch bei gleichzeitiger Änderung der Wochentage (vgl. S. 67), hervorgehoben (Didache 8,1). Fasten, das bis zur neunten Stunde (3 Uhr nachmittags) dauerte, galt im Westen als *statio,* d.h. als Ausdruck besonderer Wachsamkeit in der Erwartung des wiederkommenden Herrn (Tertullian, de orat. 19), und wurde vielfach mit dem Eucharistieempfang verbunden. Zeit, Dauer und Verpflichtung des Fastens waren örtlich sehr verschieden und darauf bedacht, sich von den rigorosen Fastengesetzen der Montanisten zu unterscheiden (vgl. S. 127). Relativ schwach blieb in der Frühzeit die asketische Motivierung. Neben dem Vigilfasten zur Erhöhung der Wachsamkeit gewann es besonders am Freitag und in Erinnerung an Mt 9,15 den Charakter der Trauer oder diente entsprechend jüdischer Auffassung als Tauffasten zur Unterstützung des Gebetes[248].

– Ostern

Ältestes und lange Zeit einziges Fest war Ostern, dessen Rang – mit zeitlichen und örtlichen Unterschieden – durch eine Vorbereitungszeit und eine Nachfeier unterstrichen wurde; ebenso galt es als bevorzugter Tauftermin. Inhalt des Festes war das an jedem Sonntag und in jeder Eucharistiefeier begangene Gedächtnis des Todes und der Auferstehung des Herrn. Bis Bischof Soter (166/75) scheint es in Rom keine eigene Osterfeier gegeben zu haben. Sie setzte eine Besinnung auf die historischen Grundlagen der sonntäglich gefeierten Mysterien voraus, die im Gefolge der Parusieverzögerung nur natürlich war.
Über den Termin des Osterfestes entbrannte ein heftiger Streit, der viele Federn in Bewegung setzte, Synoden zusammenrief und fast eine Spaltung zwischen der römischen Kirche unter Viktor (188/99) und den kleinasiatischen Kirchen im Gefolge gehabt hätte (vgl. S. 179). Die Kleinasiaten feierten Ostern in Anlehnung an das jüdische Passah am 14. Nisan, d.h. am Tag des Frühlingsvollmonds, die übrigen Kirchen am darauf folgenden Sonntag. Der Streit zwischen „Quartodecimanern" und „Dominikalern" ging jedoch nicht allein um die kleine Datumsdifferenz, sondern verrät Akzente im

Verständnis des Festinhalts. Die quartodezimale Feier gedachte mit besonderem Nachdruck des alttestamentlichen Passa mit Christus als dem wahren Osterlamm, wie es die Osterfestpredigt des Bischofs Meliton von Sardes (vgl. S. 69) deutlich macht, die dominikale dagegen vor allem der Auferstehung Jesu am ersten Tag der Woche, wiewohl an keinem der beiden Ostertermine der ergänzende Aspekt ausgelassen wurde.

Obwohl die meisten Kirchen damals der Auffassung des römischen Bischofs Viktor zustimmten, konnte ein Bruch mit der kleinasiatischen Kirche vermieden werden.

– Taufe

Ostern blieb lange Zeit das einzige Fest im Lauf des Jahres. Von einem Fest der Taufe Jesu, das zum Vorläufer von Epiphanie wurde, finden sich in vorkonstantinischer Zeit nur geringe Spuren in Ägypten[249].

Auch die Tauffeier, die in späteren Jahrhunderten zu einer eindrucksvollen Zeremonie ausgebaut wurde, dürfte in der Zeit, als noch keine angemessenen Räumlichkeiten zur Verfügung standen und sie draußen an einem entsprechenden Gewässer vorgenommen werden mußte, eher bescheiden gewesen sein. Die Bestimmungen der Didache 7,1/3 in lebendigem, d.h. fließendem Wasser zu taufen, falls solches nicht zur Verfügung steht in anderem, wenn kein kaltes Wasser vorhanden ist, in warmem, wenn nur wenig Wasser beschafft werden kann, sich mit dreimaligem Übergießen des Kopfes zu begnügen, zeigen die liturgische Anpassungsfähigkeit der Frühzeit. Hauptsache ist, das Sakrament wird gespendet, die rituelle Durchführung kann den Umständen entsprechen. Bereits die Hauskirche von Dura Europos, die nach 232 und vor 256 entstand, besitzt aber schon eine freskengeschmückte Nische mit einer trogähnlichen Mulde, die wahrscheinlich der Taufspendung gedient hat. Eine ausführliche Beschreibung der Auswahl und Vorbereitung der Katechumenen sowie des Taufritus bietet wiederum die Traditio Apostolica:

„Zur Zeit des Hahnenschreis soll zunächst über das Wasser gebetet werden. Es soll Quellwasser sein oder Wasser, das von oben herabfließt. ... Notfalls soll man sich des Wassers bedienen, das man findet. Die Täuflinge sollen ihre Kleider ablegen; zuerst soll man die Kinder taufen. Alle, die für sich sprechen können, sollen es tun. Für die, die nicht selbst sprechen können, sollen die Eltern sprechen oder irgendeiner aus ihrer Familie. Danach soll man die Männer taufen, schließlich die Frauen, nachdem sie ihr Haar aufgelöst und Gold- und Silberschmuck, den sie tragen, abgelegt haben. Niemand soll einen fremden Gegenstand mit sich ins Wasser hineinnehmen" (21).

Nackt, wie sie aus dem Schoß der Mutter bei der Geburt hervorgegangen sind, sollen die Täuflinge ihre Wiedergeburt aus dem Wasser und dem Heiligen Geist erleben; kein böser Geist soll sich in Schmuck und Haarknoten verstecken und die Abwaschung aller Schuld verhindern. Anschaulich werden dann in der Traditio Apostolica der Taufakt selbst, die postbaptismalen Salbungen und die anschließende Eucharistiefeier nach dem Einzug in die Kirche beschrieben.

Wenig ist über die liturgische Gestaltung der Eheschließung bekannt. Zwar bezeugt schon Ignatius von Antiochien die Mitwirkung des Bischofs, der seine Zustimmung geben soll, „damit die Ehe dem Herrn entspreche" (Polykarp 5,2), aber diese Nachricht geht ebenso wie die Hinweise bei Klemens von Alexandrien, paid. 3,11,63,1 oder in den Thomasakten 10 über Andeutungen nicht hinaus[250].

– Jahresgedächtnisse

Große Bedeutung besaßen die Totengedächtnisse. Im sepulkralen Bereich vollzog sich schon früh eine Verchristlichung heidnischer Bräuche. Totengedächtnisse am dritten, neunten und dreißigsten (bzw. vierzigsten) Tag sowie das wiederkehrende Jahresgedächtnis wurden von der Umwelt übernommen. In den Johannesakten wird berichtet:

„Tags darauf begab sich Johannes zusammen mit Andronikus und den Brüdern am frühen Morgen zum Grab, denn Drusiana war jetzt den dritten Tag tot, auf daß wir dort das Brot brächen" (72).

Was hier vom Apostel Johannes berichtet wird, dürfte die christliche Übung zur Zeit der Entstehung der Akten im 2./3. Jh. wiedergeben. Tertullian spricht verschiedentlich von Opfern am Jahresgedächtnis (corona 3; exhort. cast. 11; monogamia 10,4). Wie des Toten mit Gebet und Mahl gedacht wurde, ist nicht mehr genau auszumachen und wird örtlich verschieden gewesen sein. Für die Gemeinde wurde wichtig, daß entsprechend heidnischen Vorbildern auch bei wohlhabenden Christen die Gedächtnismähler zu Wohltätigkeitsveranstaltungen für die Armen ausgeweitet werden konnten.

Eine Steigerung erfuhren die Jahresgedächtnisse im Rahmen des Märtyrerkultes. Der Höhepunkt der Entwicklung, in der sich alle Gemeinden durch Auffindung und Übertragung *(inventiones* und *translationes)* von Märtyrergebeinen sowie durch Reliquienbesitz Anteil an der Segenskraft der Märtyrer zu verschaffen versuchten, wird zwar erst in der nachkonstantinischen Zeit erreicht, aber die Anfänge sind doch zunächst im Osten und mit gewisser Verzögerung auch im Westen schon früher faßbar. Im Zusammenhang mit der Hinrichtung ihres Bischofs Polykarp durch Verbrennung im Jahre 156 (oder um 167) schreibt die Gemeinde von Smyrna (vgl. S. 68f):

„Auf diese Weise haben wir hinterher seine Gebeine bekommen, die wertvoller sind als kostbare Steine und unschätzbarer als Gold, und haben sie an geeigneter Stelle beigesetzt. Dort werden wir uns mit der Gnade Gottes nach Möglichkeit in Jubel und Freude versammeln und den Geburtstag seines Martyriums feiern zum Andenken an die, welche bereits den Kampf bestanden haben, und zur Übung und Vorbereitung für die, welche ihm entgegen gehen" (Mart. Pol. 18).

Zusammen mit Polykarp will man der früheren Märtyrer gedenken. Bald kommen in Kleinasien Karpus und Gefährten hinzu, ebenso der um 110 hingerichtete Ignatius, in Nordafrika die Märtyrer von Scilli (vgl. S. 264), Perpetua und Felicitas (vgl. S. 106), in Rom – nun schon im 3. Jh. – die Bischöfe Pontian, Fabian, Sixtus und der Märtyrer Hippolyt. Eine Jahresgedächtnisfeier am 29. Juni für Petrus und Paulus, die seit dem Jahre 258 eine unbekannte Zeit lang an der Stelle der konstantinischen *Basilica Apostolorum* (heute S. Sebastiano) an der Via Appia stattfand, konnte archäologisch nachgewiesen werden. Auf die Wände einer kleinen Gedächtnisstätte *(triclia)* haben Besucher zahlreiche Anrufungen an die Apostelfürsten gekritzelt[251].

1.3 Persönliches Gebet

– Gebetszeiten

Neben dem liturgischen Gebet in der gottesdienstlichen Versammlung hat von Anfang an das private Gebet einzelner oder im Kreis der Familie gestanden. Einen ersten Hinweis liefert die Didache 8,3f (vgl. S. 67). Wie beim Fasten greift sie einen jüdischen Brauch auf, indem die Gewohnheit, dreimal am Tag das Achtzehnbittengebet zu sprechen, auf das Vaterunser übertragen wird. Später werden vor allem im Westen die Gebetszeiten genauer geregelt und auf die dritte, sechste und neunte Stunde festgelegt (Tertullian, orat. 25; Klemens v. Alexandrien, strom. 7,7,40,3; Cyprian, orat. 35). Noch differenziertere Anweisungen gibt die Traditio Apostolica, verbunden mit entsprechenden Begründungen:

> „Alle Gläubigen, Männer und Frauen, sollen, wenn sie am Morgen vom Schlafe aufstehen, noch bevor sie mit irgendeiner Arbeit anfangen, die Hände waschen und zu Gott beten... Wenn du bei dir (daheim) bist, bete um die dritte Stunde und lobe Gott. Wenn du zu dieser Zeit anderswo bist, bete zu Gott in deinem Herzen. Denn in dieser Stunde ist Christus an das Holz geheftet worden ... In ähnlicher Weise bete zur sechsten Stunde. Denn als Christus an das Holz des Kreuzes geschlagen wurde, wurde dieser Tag geteilt und eine große Dunkelheit brach herein ... Ein umfangreiches Gebet und einen großen Lobpreis verrichte man auch in der neunten Stunde ... Zu dieser Stunde vergoß Christus, in die Seite gestochen, Wasser und Blut und erleuchtete die restliche Zeit des Tages bis zum Abend ... Bete auch, bevor dein Leib sich zur Ruhe niederlegt. Gegen Mitternacht erhebe dich, wasche deine Hände und bete. Wenn deine Frau bei dir ist, betet beide zusammen. Wenn sie aber noch nicht gläubig ist, zieh dich in ein anderes Zimmer zurück, bete und gehe wieder in dein Bett. Sei nicht träge im Gebet, wenn du verheiratet bist, denn wer verheiratet ist, ist nicht unrein" (41).

Diese von kirchlichen Schriftstellern und Kirchenordnungen aufgestellten Regeln dürfen nicht gesetzlich mißverstanden werden. Die frühchristliche Gebetspraxis war vielgestaltig, individuell und lokal verschieden. Andererseits gab es Anweisungen, die häufig eingeschärft werden. Dazu gehört z.B. das für heutiges Empfinden überraschende mitternächtliche oder doch zumindest nächtliche Gebet. Tertullian warnt mit ihm vor der Mischehe, weil sie es der Frau unmöglich macht, des Nachts Bett und Stirn mit dem Kreuz zu bezeichnen und sich zum Gebet zu erheben (uxor. 2,5,2). Cyprian möchte die nächtliche Finsternis durch das Licht des Gebetes erhellen (orat. 35f). Daß es sich beim nächtlichen Gebet nicht um eine Übung der Frühzeit oder rigoristischer Gruppen handelt, beweisen spätere Kirchenväter, die wie Johannes Chrysostomus (gest. 407) die Nacht- oder frühen Morgenstunden als die geeignetste Zeit für das häusliche Gebet betrachten[252]. Vielleicht war es tatsächlich die einzige Zeit, in der alle Mitglieder des Hauses anwesend waren und die notwendige Ruhe herrschte. Vielfach bezeugt ist ebenfalls eine Gebetsübung, die am Abend – vielleicht in Verbindung mit einem Mahl – das Hereinbringen oder Anzünden der Lichter begleitete[253].

Den Grundton aller Mahnungen bildet die Ermunterung zu möglichst häufigem Gebet. Anlaß zum gemeinschaftlichen Gebet boten die Mahlzeiten; beten soll man vor dem Essen und vor dem Bad, gemeinsam mit dem Gast, der ins Haus gekommen oder mit dem Gastgeber, zu dem man eingeladen worden ist, empfiehlt Tertullian, orat. 25f. Zwar ist die Kirche bzw. die Versammlung der Gemeinde der bevorzugte Ort für das Gebet – weshalb auch die Traditio Apostolica 41 an ihre Anweisungen über das Morgengebet die Aufforderung anschließt, hinzugehen, wo eine Katechese stattfindet, „denn wer in der Gemeinde betet, wird dem Bösen des Tages aus dem Wege gehen können" –, doch grundsätzlich ist jeder Platz geeignet. Erwägungen des Origenes, „ob es mit Frömmigkeit und Reinheit vereinbar ist, sich an dem Ort, an dem ... der eheliche Umgang stattfindet, im Gebet an Gott zu wenden" (orat. 31,4), bilden die Ausnahme. Letztlich geht es um die Verwirklichung des Apostelwortes: „Betet ohne Unterlaß!" (1 Thess 5,17).

– Inhalt

Über den Inhalt des häuslichen Gebetes geben die frühen Quellen nur geringe Auskünfte. Eine herausragende Stellung nahm natürlich das Vaterunser ein (vgl. S. 67f). Für Cyprian ist das Gebet des Herrn Beispiel gemeinschaftlichen Betens (orat. 8), Aufforderung zu täglicher Heiligung (orat. 12), ein willkommenes und vertrautes Gebet, in dem man mit Christi eigenen Worten zu Gott flehen kann (orat. 3). Nicht von ungefähr entzünden sich die ersten Versuche einer zusammenhängenden Gebetslehre bei Tertullian, Origenes und Cyprian an der Auslegung des Vaterunser[254].
In Eph 5,19 und Kol 3,16 werden Psalmen, Hymnen und Lieder erwähnt, die im Herzen gesungen werden sollen, wie sie der Geist eingibt. Selbst wenn hier nicht die alttestamentlichen Psalmen gemeint sind, so werden sie

doch schon früh in das private Beten eingegangen sein. Voraussetzung dafür war ihre typologische Verchristlichung, die im Beter des Psalms Christus selbst oder die Kirche bzw. den Gläubigen erkannte. Sie geschah schon früh, wie Justin, dialog. 97,1 beweist, der Ps 3,5: „Ich schlief und schlummerte und erhob mich, da der Herr sich meiner annahm", auf die Auferstehung Christi bezieht. Neben dem Psalter werden Lesungen aus den Heiligen Schriften Bestandteil der privaten, häuslichen Gebetsfrömmigkeit gewesen sein. Vaterunser, Psalter und Schriftlesung bildeten die Klammer, die privates und liturgisches Gebet miteinander verband. Neben fest formulierten Gebeten darf aber auch mit spontanem Gebet und Stoßgebeten gerechnet werden[255]. Für Klemens von Alexandrien ist das innere Herzensgebet, das auf Worte verzichten kann und die Gläubigen beständig in der Gegenwart Gottes weilen läßt, die Hochform des Betens (strom. 7,49,6f); ganz ähnlich urteilt Origenes (orat. 9,2; 10,2). Beispiele frühchristlichen Betens finden sich in großer Zahl auf ägyptischen Papyri – darunter gegen Ende des 3. Jhs. das bekannte Gebet an die Gottesmutter „Unter deinen Schutz und Schirm" – sowie in den Schriften der Väter, deren Erörterungen häufig von gebethaft formulierten Passagen unterbrochen werden. Reich an Anrufungen und Gebeten, die sich vornehmlich an Christus wenden, sind auch Märtyrerakten und apokryphe Apostelgeschichten. Entgegen den theoretischen Erörterungen, die eine Ausrichtung des Gebetes auf den Vater bevorzugen, überwiegt im Bereich des privaten Betens eine von der Volksfrömmigkeit gespeiste Christozentrik[256].

– Äußere Formen

Das Gebet als Begegnung zwischen Gott und Mensch ist zwar im wesentlichen ein geistiger Vorgang, schließt aber eine Verleiblichung nicht aus. Entsprechend der Schlichtheit der Formen, die schon hinsichtlich der frühen Liturgie festgestellt wurde, vermeidet auch das private Gebet alles Gepränge entsprechend der Gebetsweisung Jesu in Mt 6,5/8. Immerhin kann es von einigen eindrucksvollen Gesten und Gebräuchen begleitet sein. Bezeugt ist seit dem Hirten des Hermas und den Petrusakten, d.h. ungefähr seit Mitte des 2. Jhs., die Gebetsrichtung nach Osten[257], die die Christusbezogenheit und eschatologische Ausrichtung des Gebetes unterstreicht, denn vom Osten her erwartete man die Wiederkunft des Herrn, im Osten suchte man das Paradies. Auf der Ostwand des Raumes konnte später ein Kreuz angebracht oder gemalt sein, vor dem das Gebet verrichtet wurde[258]. Besondere Vorbereitungen für das Gebet, wie z.B. Händewaschen, können empfohlen, häufiger jedoch abgelehnt werden, in letzterem Fall mit einem antijüdischen oder gegen abergläubische Bräuche polemisierenden Unterton versehen. Großer Wert wird auf eine würdige Haltung beim Beten gelegt. Stehen und Knien erfolgen nach einer bestimmten Ordnung. Der Charakter des Gebetes als Lobpreis, Bitte oder Flehen um Vergebung kann durch entsprechende Gesten unterstrichen werden. Keine Rolle spielt und eher abgelehnt wird die in fernöstlichen Kulten weit verbreitete Haltung des Sitzens als Zeichen andächtiger Versenkung. Das Verhüllen bzw. Entblößen des Hauptes bei Frau und Mann richtet sich nach der paulinischen Anweisung in 1 Kor 11,4/7. Das Aufblicken zum Himmel, Erheben und Ausstrecken der Hände ist religionsgeschichtlich gesehen Allgemeingut menschlicher Gebetskultur, wird aber von den frühchristlichen Schriftstellern mit typisch christlichem Sinn verbunden. Das Ausbreiten der Hände kann z.B. die Bereitschaft ausdrücken, das tägliche Kreuz oder das Martyrium auf sich zu nehmen. Unbekannt ist das später so weit verbreitete Falten oder Kreuzen der Hände[259]. Von Justin an ist der Friedenskuß am Schluß des Gebetes sowohl für den Gemeindegottesdienst wie auch für das Gebet zu Hause überliefert. Spezifisch christlich ist die Bezeichnung der Stirn, später auch der Augen und des Mundes mit dem Kreuzzeichen. Die Verbreitung dieses Gestus nicht nur vor dem Gebet, sondern bei jeglicher Tätigkeit bezeugt Tertullian:

„Bei jedem Schritt und Tritt, bei jedem Eingehen und Ausgehen, beim Waschen, Essen, Lichtanzünden, Schlafengehen, beim Niedersetzen und bei welcher Tätigkeit auch immer drücken wir auf unsere Stirn das kleine Zeichen" (corona 3).

2. Christliche Lebensgestaltung

2.1 Paradoxer Lebenswandel

Die frühchristliche Verkündigung konfrontierte die hellenistisch-römische Welt nicht mit einer wie auch immer gearteten Gesamtkultur, sondern nur mit einer eindeutigen Gotteslehre und einigen wenigen sich daraus ergebenden Geboten, an denen sich die Ausprägungen der spätantiken Kultur allerdings messen lassen mußten[260]. Denn ohne die gesamte Umwelt gestalten zu wollen, beschränkte sich die christliche Religion von Anfang an nicht auf den Kult, sondern wirkte sich auch im Alltag aus. Im 2. Klemensbrief mahnt der Prediger in der gottesdienstlichen Versammlung:

„Laßt uns nicht nur jetzt, während wir von den Presbytern ermahnt werden, den Anschein erwecken, zu glauben und aufzupassen, sondern auch wenn wir nach Hause gegangen sind, wollen wir uns an die Anordnungen des Herrn erinnern und uns nicht von den weltlichen Begierden in die entgegengesetzte Richtung ziehen lassen" (17,3).

In dieser Verbindung von Gottesdienst und Leben sind die christlichen Gemeinden weiter gegangen als alle bekannten Mysterienvereine, weil der christliche Glaube nicht nur eine Kultgemeinde, sondern eine Lebensgemeinschaft begründete, die auf einer vollständigen Koinzidenz von Gottes- und Nächstenliebe aufruhte.

Was die christliche Lebensweise angeht, soweit sie durch ethische Vorschriften bestimmt wird, wurde schon oft festgestellt, sie biete, angefangen von den Tugendtafeln der spätneutestamentlichen Briefe bis zu den Vätern des 4. Jhs., wenig Originelles, richte sich vielmehr weitgehend nach den philosophisch-stoischen Vorgaben ihrer Zeit; was ein ruhiges und unauffälliges Leben ausmachte, das den heidnischen Mitbürgern keinen Anstoß gab (vgl. 1 Tim 2,2), hätten die Christen weitgehend ihrer von der stoischen Ethik geprägten Umgebung entlehnt[261]; ein eigenes ethisches System im Sinn einer systematischen Reflexion über das Wesen des Guten oder Richtigen sei lange Zeit nicht errichtet worden. Diese Beobachtungen treffen größtenteils zu. Immerhin gibt es ethische Vorgaben, die der heidnischen Ethik fehlen, der christlichen Sittenpredigt jedoch – auch ohne weitere theoretische Entfaltung – unangefochten zugrundeliegen. Dazu gehört das Wissen um das radikal Böse als einer eigenständigen Macht, das Festhalten am Willensbegriff im Sinn einer selbständigen sittlichen Potenz und damit das Bewußtsein der Willensfreiheit und persönlichen Verantwortung, schließlich die Anerkennung des Gewissens als einer die rationale Selbstkontrolle übersteigenden sittlichen Kraft[262].

Neben dieser Verbreiterung des ethischen Fundaments propagierte die frühchristliche Verkündigung aber auch neue Inhalte. So imponierend nämlich das heidnisch-philosophische Ethikkonzept mit seinem Tugendsystem war, es besaß auch Defizite. Barmherzigkeit, Demut und Nächstenliebe um des Nächsten, und nicht der eigenen Vervollkommnung willen, fehlten. Um so eindringlicher wurden sie in der christlichen Predigt aufgegriffen, so daß neben einer neuen Motivation für das sittliche Handeln (vgl. S. 93) durchaus von inhaltlichen Innovationen im christlichen Ethos gesprochen werden kann, wenn damit die konkrete Lebensgestaltung einer besonderen Gruppe gemeint ist[263]. Sie führten dazu, daß der „erstaunliche und paradoxe" Lebenswandel der Christen (Diognetbrief 5,4) auch seitens der heidnischen Mitbürger bemerkt und die als *tertium genus* verachtete Gruppe der Christen zugleich fasziniert beobachtet wurde.

Zu den ethischen Innovationen gehörte weithin die auf klare Aussagen Jesu zurückgehende Forderung nach Feindesliebe und Verzicht auf Vergeltung (Mt 5,43/7). Jüdische Widerstandskämpfer und Essener forderten den Haß auf den Fremden, die Anhänger Jesu verzichteten auf jeden Widerstand. Niemand wurde ausgegrenzt; weder die mit den Römern zusammenarbeitenden Zöllner (Mk 2,15) noch die gegen Rom agitierenden Zeloten (Mt 10,3) oder andere gesellschaftlich minderwertige Personen[264]. Ob man sich mit einem so extremen Ethos wie der Forderung nach Gewaltverzicht würde durchsetzen können, scheint die frühchristlichen Missionare nicht bekümmert zu haben. Unbeirrt wurde die Feindesliebe gefordert. In der Didache steht sie nach dem Gebot der Gottes- und Nächstenliebe an der Spitze aller Forderungen, die den Weg des Lebens ausmachen.

„Segnet, die euch fluchen, und betet für eure Feinde, fastet für eure Verfolger; denn was ist das für eine Gunst, wenn ihr die liebt, die euch lieben? Tun nicht die Heiden dasselbe? Ihr aber sollt die lieben, die euch hassen, und ihr werdet keine Feinde haben" (1,3; vgl. 2,7)[265].

Ähnlich behauptet Aristides, daß die Christen ihre Unterdrücker trösten und sich zu Freunden machen; „ihren Feinden aber spenden sie eifrig Wohltaten" (15,5). Die übrigen Apologeten pflichten bei:

Welche Philosophen „besitzen eine solche Reinheit der Seele, daß sie ihre Feinde nicht hassen, sondern sogar lieben, und denen, die ihnen zuerst Schmach zugefügt haben, nicht Übles nachreden, sondern sie segnen, und für die, welche ihnen nach dem Leben streben, sogar beten?" (Athenagoras, Suppl. 11). Die Christen „lieben alle und werden von allen verfolgt ... Sie sind arm und machen doch viele reich ... Sie werden geschmäht und segnen; sie werden verhöhnt und erweisen Ehre" (Diognetbrief 5,11/5).

Die Behauptung, man liebe seine Feinde, ist nicht ungefährlich und kann durch die Praxis leicht widerlegt werden. Ein frühchristlicher Prediger wie der Verfasser des 2. Klemensbriefes, der nicht apologetisch nach außen, sondern selbstkritisch in die Gemeinde hineinspricht, ist sich dessen sehr wohl bewußt.

Wenn die Heiden „von uns hören, daß Gott sagt: Ihr habt keinen Dank zu erwarten, wenn ihr liebt, die euch lieben, sondern ihr habt Dank zu erwarten, wenn ihr eure Feinde liebt und die euch hassen ..., bewundern sie das Übermaß an Güte. Wenn sie aber sehen, daß wir nicht nur die nicht lieben, die uns hassen, sondern nicht einmal die, die uns lieben, verspotten sie uns; und folglich wird der Name [Christi] verlästert" (2 Klem 13,4)[266].

Bemerkenswerterweise haben die frühchristlichen Prediger die Glaubwürdigkeit ihrer Gemeinden nicht durch ein Nachgeben in den Forderungen zu retten versucht. Auch über den Enthusiasmus des Anfangs hinaus haben sie am Ethos der Bergpredigt festgehalten[267]. Vielfältiges Versagen, das Ängste innerhalb der Gläubigen und bittere bis schadenfrohe Kritik von außen hervorrief, war damit vorprogrammiert. Origenes mußte in der Auseinandersetzung mit Kelsos zugeben, daß mit dem Anwachsen der Zahl der Gläubigen ihre Qualität nicht nur tatsächlich abgenommen hatte, sondern eine „volkskirchliche" Entwicklung den spirituellen Rang der Verkündigung und die Höhe der sittlichen Forderungen zwangsläufig beeinträchtigen mußte. Trotzdem wollte er lieber einen solchen Qualitätsverlust in Kauf nehmen, als auf die Verkündigung an alle Menschen zu verzichten. Auch Jesus hatte sich zu der schwächeren Fassungskraft ungebildeter Menschen herabgelassen, „damit sie, soweit möglich, ein sittliches Leben nach den Lehrsätzen über Gott, die sie zu begreifen fähig waren, führen könnten" (Contra Celsum 7,41)[268]. Abgesehen von der hier durch Kelsos herausgeforderten Antwort, war die Durchsetzung des christlichen Ethos aber nicht eigentlich ein Bildungsproblem. Wenn Wissen die Voraussetzung richtigen Handelns war, wie es die philosophische Tradition lehrte, so war den Christen Erleuchtung durch die Taufe zuteil geworden, welche die aus Unwissenheit geschehenen Sünden getilgt hatte und den Weg der Gebote erkennen ließ[269].

Das frühchristliche Ethos war auf keine Gruppe der spätantiken Gesellschaft speziell zugeschnitten; es kam weder gebildeten noch einfachen, weder reichen noch armen Menschen entgegen, grenzte aber ebensowenig eine bestimmte Gruppe aus²⁷⁰. Wohl machte es eine umfassende Bußtheorie und -praxis erforderlich und zwang dazu, einzelne abzuweisen oder sogar auszuschließen, wenn sie den Mindesterwartungen der Gemeinde nicht zu entsprechen vermochten. Im Vergleich mit den Lebensgewohnheiten der heidnischen Umwelt erhob das frühchristliche Ethos Forderungen, die eigentlich nur für eine zahlenmäßig kleine Elite akzeptabel waren; es war das Ethos einer Märtyrerkirche. Folgerichtig hätte die Kirche klein bleiben oder ihre Ansprüche zurückschrauben müssen. Daß sie weder auf Exklusivität ihrer Mitglieder beharrte noch ihre Forderungen senkte, machte sie für vielfältige Kritik angreifbar, bewahrte sie aber auch vor selbstgerechter Verhärtung.

Der „paradoxe Lebenswandel" der Christen zwischen Anspruch und Verwirklichung läßt sich neben dem Verzicht auf Vergeltung und dem Gebot der Feindesliebe auf zwei weiteren Feldern ethischen Handelns aufweisen, auf denen die christliche Verkündigung in besonderer Weise innovatorisch gewirkt hat. Es handelt sich um den Bereich von Ehe und Familie sowie den der Karitas.

2.2 Ehe und Familie

– Heidnische Umwelt

Will man das Besondere der frühchristlichen Familie erkennen, das sie zum Kristallisationspunkt christlichen Lebens in der spätantiken Gesellschaft machte, der ausstrahlend wirkte, muß man nach Struktur und Lebensgewohnheiten der spätantiken Familie fragen. Verständlicherweise läßt sich eine solche Frage nicht leicht umfassend beantworten. Eine Familie in Griechenland war nicht gleich einer Familie in Ägypten oder Rom; auf dem Land lebte man anders als in der Stadt – einmal ganz abgesehen von den zeitbedingten Veränderungen. Darum muß gerade bei den folgenden Hinweisen beachtet werden, daß sie als Einzelaussagen nicht verallgemeinert werden dürfen und häufig nur für Familien der Oberschicht gelten, weil die Situation der Mittel- und Unterschicht sich in den literarischen Zeugnissen kaum niedergeschlagen hat. Die Suggestivkraft konkreter Schilderungen aus dem „Alltagsleben" darf nicht die Schwierigkeiten überdecken, die sich einer sozialgeschichtlichen Generalisierung und Quantifizierung von Einzelphänomenen stellen.

Zum Glück gibt es Ausnahmen, die bei sorgsamer Auswertung der vorhandenen Quellen einige durchgehende Merkmale erkennen lassen. Das gilt z.B. für die wichtige Frage nach der Größe einer spätantiken Familie. Wenn man von einem antiken *oikos* oder einer *familia* mit dem *pater familias* bzw. dem *oikodespotēs* an der Spitze spricht, denkt man meistens an einen großen Haushalt, in dem mehrere Generationen, dazu Anverwandte, Arbeiter und Sklaven in wirtschaftlicher, kultureller und religiöser Gemeinschaft zusammenlebten. Solche Häuser/Familien hat es gewiß gegeben – vor allem auf dem Land. Aber die in der älteren Forschung allgemein vertretene Auffassung, welche die patriarchalische Großfamilie, in der alle verheirateten Söhne mit ihren Familien bis zum Tod des Vaters unter dessen Herrschaft verbleiben, an den Anfang stellt, und die als dekadent betrachtete Kleinfamilie als Folge der industriellen Entfaltung an das Ende der Entwicklung, stimmt so nicht[271]. Bereits in spätantiker Zeit dürften die meisten Menschen in einer Kleinfamilie von Vater, Mutter und Kindern gelebt haben. Die Untersuchung mehrerer tausend Grabinschriften auf die darin auftauchenden persönlichen Bindungen hin hat ergeben, daß in den Mittel- und Unterschichten der Bevölkerung allein die Beziehungen der Ehegatten untereinander sowie der Eltern zu den Kindern und umgekehrt erwähnt werden. Andere Verwandte oder Bezugspersonen tauchen so gut wie nicht auf. Das ändert sich bei den Grabinschriften von Senatoren, Rittern oder bei den für längere Zeit in der Ferne lebenden Soldaten. Hier erscheinen Erben, Freunde, Freigelassene, Sklaven und Kameraden als Bezugspersonen. Die Ausweitungen erklären sich aus der Situation des Adels, der in der Regel Großfamilien angehört haben dürfte, oder der entfernt von ihren Familien lebenden Soldaten und beweisen durch ihre Ausnahme die Richtigkeit der zuvor getroffenen Feststellung: Die Gemeinschaft der Eheleute mit ihren Kindern, in die durchaus die eine oder andere alleinstehende (verwandte) Person einbezogen gewesen sein mag, bildete nach Ausweis der Grabinschriften die normale, auch emotional erfahrene Lebensform des spätantiken Menschen.

Weitere Auskunft über die Familiengröße vor allem in den Städten – und hier entwickelten sich zuerst und am dichtesten die christlichen Gemeinden – könnten die Wohnverhältnisse geben. Trotz lückenhafter Nachrichten läßt sich erkennen, daß viele Familien in sehr bedrängten Verhältnissen gelebt haben. Ammianus Marcellinus (gest. um 400) berichtet, in Rom seien viele Menschen so arm gewesen, daß sie keine eigene Wohnung besessen und in Kneipen oder öffentlichen Gebäuden übernachtet hätten (res gest. 14,6,25f). Die Enge der Miethäuser und ihre Überbelegung ließen kaum Raum für ein privates Leben der Familie oder ihre religiöse Betätigung. Der Wohnraum konnte so beengt sein, daß nicht einmal Platz vorhanden war, die Laren (Hausgötter) aufzustellen (Sallust, Catilina 20,11). Bei den in Rom im 2. Jh. vermuteten 46000 Wohnblöcken im Vergleich zu etwa 1800 vornehmen Häusern muß der Anteil der in überbevölkerten Miethäusern wohnenden Familien beträchtlich gewesen sein.

Weitaus die meisten Familien waren Kleinfamilien und bestanden nur aus Eltern und Kindern. Aus wieviel Kindern? Viele Zeugnisse lassen auf eine nüchtern ökonomisch berechnete, absichtliche Reduzierung der Kinderzahl und sogar auf Kinderfeindlichkeit schließen. Dabei traf die Kinderfeindlichkeit Jungen und Mädchen nicht in gleicher Weise. Ein ägyptischer Arbeiter aus Oxyrhynchos, der in Alexandrien sein Geld verdiente, schrieb an seine Frau: „Wenn du – viel, viel Glück! – gebierst, wenn es männlich war, laß es (leben); wenn es weiblich war, setze es aus!"²⁷². Vielleicht läßt der Brief die soziale Not erkennen, in der dieser Gastarbeiter sich befand. Während ein Sohn als Alterssicherung die Mühen der Aufzucht lohnte, stellte eine Tochter oft nur eine zusätzliche Belastung dar. Noch erschreckender klingt, was Apuleius, Metamorphosen 10,23,3, von einem Mann berichtet, der bei der Abreise seiner schwangeren Frau die Weisung hinterließ, falls es ein Mädchen werde, es zu töten.

Im Einzelfall ist natürlich schwer zu entscheiden, ob Egoismus, Bequemlichkeit, wirtschaftliche Überlegungen oder bittere Armut die Beschränkung der Kinderzahl verursacht haben. Neben den Klagen über die Kinderscheu reicher Damen oder sich in ihrer philosophischen Ruhe gestört fühlender Gelehrter dürfte in vielen Fällen tatsächliche Armut Kinderreichtum verhindert haben. Im 2. Jh. gab es in verschiedenen Teilen des Imperiums massenweise land- und mittellose Bauern, die ihre Existenz als Tagelöhner und Saisonarbeiter fristen mußten. Noch nach den Stabilisierungsmaßnahmen Diokletians Anfang des 4. Jhs. zeigt ein Vergleich zwischen dem Preisindex für lebensnotwendige Güter und dem Durchschnittslohn eines Landarbeiters oder Handwerkers, daß sie kaum eine Familie ernähren konnten²⁷³.

Die Mittel, die Kinderzahl zu begrenzen, waren drastisch. Die Leibesfrucht konnte abgetrieben, Kinder konnten ausgesetzt, in die Sklaverei verkauft oder zum Betteln und zur Prostitution abgerichtet werden. Für Plinius, ep. 10,65,1 (vgl. S. 101f), z.B. ist die Rechtsstellung der Findelkinder ein die ganze Provinz betreffendes Problem.

Eine besondere Bemerkung verdienen die Sklaven, die innerhalb des Hauses, dem sie angehörten, mit etlichen Einschränkungen eheähnliche Verbindungen eingehen konnten. Über ihre Kinderzahl ist wenig Genaues bekannt. Unter den 107 Inschriften im Kolumbarium der Volusier (1. Jh. n.Chr.) befindet sich keine, aus der mehr als zwei Kinder erschlossen werden können. Der Ökonomieschriftsteller Columella rät etwa um dieselbe Zeit Grundbesitzern, nur solche Sklavinnen freizulassen, die wenigstens drei (oder vier) Kinder geboren haben. Die Zahl hing davon ab, ob dem Herrn die Aufzucht zu teuer oder als Nachwuchs für seinen Sklavenbestand nützlich erschien. Aufschlußreich ist ebenfalls die große Zahl von Sklavenkindern, die in einem fremden Haushalt freigelassen wurden, in den sie in jungen Jahren verkauft worden waren. Sie zeigen die Belastungen, die Sklavenfamilien zu ertragen hatten, und daß sich die römische Propaganda der *pietas* im Verhältnis der Kinder zu ihren Eltern nicht auf den Sklavenstand erstreckte²⁷⁴. Erst die Sklavengesetze Kaiser Konstantins verboten, Sklavenfamilien bei Erbteilung auseinanderzureißen.

Noch schwieriger als über Größe, Wohnverhältnisse und Kinderzahl läßt sich etwas Zuverlässiges über die sittlich-ethischen Wertmaßstäbe sagen, nach denen das Familienleben gestaltet wurde. Es gibt zwar reichlich Nachrichten, aber die Verschiedenheit der Quellen beeinträchtigt ihren Aussagewert. Je nach Tendenz beschwören, persiflieren, preisen oder kritisieren sie das Familienleben. Wenn z.B. im Theater, in Sprichwörtern oder Satiren Familiensituationen und Konflikte karikiert werden, kann daraus nur bedingt auf die Wirklichkeit geschlossen werden. Beliebtes Thema ist schon in der Antike die böse Stiefmutter. Plutarch zitiert das Sprichwort: „Mir geht es wie dem Jungen, der einen Stein auf seinen Hund warf, aber seine Stiefmutter traf und dabei sagte: ‚Gar nicht so schlecht getroffen'" (Sept. sap. conv. 2,147C). Es gibt seriöse Stimmen, die Ehe und Familie sowohl ablehnen als auch ihren Zustand äußerst negativ beschreiben. Dichter und Philosophen haben den sittlichen Niedergang der Familie beklagt. Oft wird mit deutlich frauenfeindlichem Unterton die Unsittlichkeit verheirateter Frauen gegeißelt, Ehebruch und Ehescheidung werden als selbstverständliche Praxis hingestellt[275]. Beim Mann wurde von Ehebruch ohnehin nur gesprochen, wenn er die Ehe eines anderen störte; Treue seiner eigenen Frau gegenüber gehörte nicht zum Katalog sittlicher Verpflichtungen[276].

So schwierig Einzelaussagen auch zu bewerten sind und Entrüstung, Spott und sogar Zynismus bei der Schilderung ehelicher Freizügigkeiten in der antiken Literatur mitspielen mögen, es läßt sich nicht bezweifeln, daß sie, in dem Maße, in dem sie tatsächlich vorkamen, das Zusammengehörigkeitsgefühl der Familie belasten mußten. Wo Ehescheidung allgemein üblich war, wo eheliche Treue vom Mann weder vom Gesetz noch durch Sitte gefordert wurde, wo man Kindersegen nach Belieben verhinderte und Kinder nach der Geburt aussetzte oder in die Sklaverei verkaufte, konnte das Zusammengehörigkeitsgefühl der Familie davon nicht unberührt bleiben. Wenn die sich aus dem ehelichen Zusammenleben und der Aufzucht von Kindern ergebenden Belastungen nicht der sittlichen Verantwortung unterstellt, sondern weitgehend unter ökonomischen und juristischen Gesichtspunkten geregelt wurden, mußte das Verständnis der Familie insgesamt davon beeinflußt werden. Abgesehen von den Neupythagoreern, die schon früh die durch die Ehe konstituierte sittliche Gemeinschaft zwischen Mann und Frau betont hatten, erfolgte die Einbeziehung von Ehe und Familie unter die Gegenstände sittlicher Reflexion in den verschiedenen philosophischen Richtungen erst spät, im vollen Umfang erst in der jüngeren Stoa (1./2. Jh.)[277]. Wieviele Belastungen und persönliche Verletzungen vielen Menschen in diesem intimen Bereich ihres Zusammenlebens zugemutet wurden, kann man nur vermuten.

Gewiß hat es auch damals glückliche Familien, Gatten-, Eltern- und Kinderliebe gegeben. Aber das waren Glücksfälle, die weder durch Gesetz, Konvention oder durch das allgemeine sittliche Empfinden geschützt waren. Daß christliche Familien, welche die absolute eheliche Treue – auch von seiten des Mannes – und das uneingeschränkte Lebensrecht der Kinder – auch der noch ungeborenen – nicht nur proklamierten, sondern auch lebten, Aufmerksamkeit erregten, daß sie neben Spott und Ablehnung bei vielen (insgeheim) auf Zustimmung stießen, daß manche Frau in einer heidnischen Familie sich danach sehnte, den ehelichen Schutz, die Achtung und Würde zu genießen, die ihrer christlichen Nachbarin zukamen, läßt sich leicht nachvollziehen. Es bleibt abzuwarten, ob die Wertvorstellungen christlicher Familienethik, die zur Zeit vielen als überholt gelten, nicht ihre frühchristliche Faszination zurückgewinnen, wenn die Folgen heutiger Verhaltensweisen sich auszuwirken beginnen, die ja für Eltern und Kinder viele Unsicherheiten und Belastungen mit sich bringen und nicht wenige junge Menschen ohne die Zuversicht aufwachsen lassen, daß eine dauerhafte, auf Lebenszeit angelegte Partnerschaft überhaupt möglich ist.

– Familienbelastende Tendenzen

Auf dem sozialen und ethischen Hintergrund der spätantiken Familie werden die Impulse deutlich, die von der christlichen Verkündigung ausgegangen sind, obwohl sich in der Verkündigung Jesu selbst familienrelevante Aussagen kaum finden. In die Nachfolge Jesu wird der einzelne gerufen. Auch über Jesu eigene Familie bringen die Evangelien so gut wie nichts. Die Nachrichten über Geburt, Flucht nach Ägypten und Wiederfinden im Tempel sowie die wenigen Worte Jesu an seine Mutter bzw. die Worte Mariens besitzen heilsgeschichtliche Bedeutung und lassen sich nicht familienethisch oder -soziologisch auswerten. Lediglich in Lk 2,51 wird gesagt, Jesus sei seinen Eltern untertan gewesen. An Einzelheiten interessierte Beschreibungen, die auch die Person Josephs einbeziehen, finden sich erst in den apokryphen Evangelien (vgl. S. 184f). Zwar versuchen später einige Kirchenväter (vor allem Johannes Chrysostomus und Augustinus), die Familie von Nazareth als Tugendbeispiel für die christliche Familie darzustellen, aber eine Verehrung aus familienpastoralen Erwägungen beginnt erst im 17. Jh. und verbreitet sich dann durch das in neuerer Zeit (unter Papst Benedikt XV. 1921) entstandene Fest der Heiligen Familie.

Ehe und Familie standen am Beginn der christlichen Verkündigung unter dem eschatologischen Vorbehalt, daß „die Gestalt dieser Welt vergeht" (1 Kor 7,31); die Evangelien hatten darüber hinaus Jesusworte bewahrt, die alle familiären Bindungen relativierten. Wer Jesus nachfolgen will, muß Familie, Haus und Acker verlassen; wer Vater, Mutter, Frau und Kinder, Bruder und Schwester mehr liebt als ihn, ist seiner nicht wert. Jesu Botschaft eint nicht die Familien, sondern entzweit sie, und die Hausgenossen des Jüngers können zu seinen Feinden werden (Mt 10,35f). Die Jüngergemeinde ersetzt die natürlichen verwandtschaftlichen Bindungen. Wer Gottes Wort hört und es befolgt, der ist Bruder, Schwester und Mutter (Mk 3,31/5). Wenn auch in den Gleichnissen unbefangen und in positiver Weise auf Familiensituationen angespielt wird, im Vergleich mit dem jüdischen Familienenthusiasmus ist Jesu Beurteilung der Familie eher kühl abweisend. Den menschlich anrührenden Zug bei Mk 10,16, daß Jesus die Kinder in die Arme nahm, bevor er sie segnete, haben die nachfolgenden Evangelien schon wieder ausgelassen (Mt 19,15; Lk 18,15/7)[278]. Es gibt kein Wort Jesu, das den Besitz von Haus, Frau und Kindern preist oder zu biologischer Fruchtbarkeit ermuntert. Dafür gibt es den Lobpreis der Verschnittenen um des Himmelreiches willen (Mt 19,12), der unabhängig von seiner ursprünglichen Bedeutung eine breite Wirkungsgeschichte gehabt hat und zum ersten Mal die Familienlosigkeit des jungfräulich lebenden Menschen als Ideal zeichnet. Ehe und Kindersegen werden im Neuen Testament und den frühchristlichen Gemeinden zwar niemals abgelehnt – wenn und wo es in eschatologischer Erregung von rigoros-asketischen Gruppen geschieht, werden sie von der Kirche verurteilt und sogar ausgeschlossen –, eine Relativierung der Familie um des Himmelreiches willen hat in der Kirche jedoch immer Heimatrecht besessen[279].

Die Aufwertung der Ehelosigkeit, die im jüdischen Traditionsbereich eher als Makel galt, zum Ideal der Jungfräulichkeit hat vielen Menschen, vor allem Frauen, denen das Eingehen einer standesgemäßen Ehe aus körperlichen, sozialen oder wirtschaftlichen Gründen verwehrt war, die Möglichkeit eines religiös erfüllten Lebens geschaffen. Asketen, Jungfrauen und enthaltsam lebende Witwen[280] genossen in den Gemeinden hohes Ansehen, solange die Ehelosigkeit von ihnen freiwillig als evangelischer Rat übernommen und unzweideutig gelebt wurde[281].

Alternative Formen menschlichen Zusammenlebens neben Familie und jungfräulicher Enthaltsamkeit haben sich in den frühchristlichen Gemeinden vor dem Aufkommen des Mönchtums in der 2. Hälfte des 3. Jhs. nicht durchgesetzt. Abgelehnt wurden von der Kirchenleitung Experimente eheähnlichen Zusammenlebens in sogenannten geistlichen Ehen, bei denen eine oder mehrere Frauen als sogenannte Syneisakten oder *virgines subintroductae,* als *agapetai* (Liebende) mit Männern, darunter auch kirchlichen Amtsträgern, enthaltsam zusammenlebten[282]. Erotisch gefärbte mystische Gebetserfahrungen als Frucht solcher Verbindungen haben nicht zu ihrer Tolerierung geführt. Cyprian erklärt anläßlich eines konkreten Falles in Übereinstimmung mit einer gerade tagenden Karthagischen Synode: Alle, die einmal Ehelosigkeit gelobt haben, „sollen Gott in jeder Hinsicht wohlgefallen und sich hüten, Gottes Priester zu beleidigen oder den Brüdern in der Kirche Ärgernis zu geben. Und wenn sie sich auch für den Augenblick gekränkt fühlen, so wollen wir sie durch heilsamen Zuspruch ermahnen" (ep. 4,5). Jungfrauen und Kleriker, die das Zusammenleben nicht aufgaben, wurden exkommuniziert.

Noch in anderer Hinsicht besaß die christliche Verkündigung besonders am Anfang einen familienbelastenden Charakter: Bekehrung bedeutete in vielen Fällen die Herauslösung des einzelnen aus seinen bisherigen sozialen Zusammenhängen. Mit dem Übertritt ganzer Häuser konnte ja in den seltensten Fällen gerechnet werden (vgl. S. 87). Die übliche Praxis der *conversio,* die bei Eintritt in eine Religionsgemeinschaft oder einen Mysterienkultverein die alten religiösen Bindungen unangetastet ließ, galt für das Christentum nicht; es forderte Ausschließlichkeit.

Familienprobleme entstanden auch in umgekehrter Richtung. Bei intakten familiären Bindungen ging die Entfremdung eines Familienmitglieds durch

235

den Übertritt zum christlichen Glauben nicht schmerzfrei vor sich. Ein Mann, welcher anfragt, welchen Gott er besänftigen müsse, um seine Frau vom Christentum wieder abzubringen, bekommt durch Apollon die Antwort, eher könne jemand mit eingedrückten Buchstaben auf Wasser schreiben oder als Vogel durch die Luft fliegen, als den Sinn seiner „gottlosen" Gattin zu ändern[283]. Häufig warnen die christlichen Schriftsteller vor dem Eingehen einer Mischehe, die es vor allem der Frau in vielen Fällen unmöglich machte, ihren Glauben durch Gebet, Gottesdienst und Werke der Nächstenliebe zu betätigen[284]. In höhergestellten Familien wird es zwar, wenn nicht echte Toleranz, so doch Regeln des täglichen Umgangs zwischen heidnischen und christlichen Familienmitgliedern gegeben haben. Andererseits lobt noch Gregor von Nazianz, or. 18,10, im 4. Jh. seine Mutter Nonna, „daß sie niemals einer Heidin, auch wenn sie noch so vornehmen Standes und noch so nahe mit ihr verwandt war, die rechte Hand oder den Kuß bot, wodurch sie sich mit heidnischen Händen oder heidnischen Lippen befleckt hätte". Eine weitere die Familie belastende Situation ergab sich, wenn Familienmitglieder in den Sog der Verfolgung hineingezogen zu werden drohten. Wer nur für sich verantwortlich ist, kann leichter Widerstand leisten als einer, der für das Wohlergehen seiner Familie zu sorgen hat (vgl. Cyprian, ep. 55,13).

– Familienethik

Von kaum zu überschätzender Tragweite für die Ausgestaltung des Ehe- und Familienlebens war das ausnahmslose Verbot des Ehebruchs[285], das gleicherweise für Mann und Frau galt, sowie das ebenfalls ohne Einschränkungen anerkannte Lebensrecht des Kindes[286]. In beiden Bereichen stießen die christlichen Wertvorstellungen mit den rechtlichen und weithin auch ethischen Auffassungen ihrer Umwelt zusammen. Verboten waren ebenfalls alle in der paganen Antike weit verbreiteten homosexuellen und außerehelichen heterosexuellen Beziehungen, die als Unzucht galten. Vermeintliche Rechte, die ein Herr auf seine Sklavinnen zu haben glaubte, waren davon nicht ausgenommen. Grundsätzlich abgelehnt wurde auch die Ehescheidung; allerdings schwankte das Urteil darüber, wie sich der christliche Teil bei einem Ehebruch des Mannes oder der Frau zu verhalten habe und ob dem betrogenen oder verlassenen Partner eine Wiederverheiratung zu gestatten sei[287].
Schwere Verstöße gegen die christliche Form ehelicher Reinheit und gegen die Achtung vor dem Leben schon der Ungeborenen führten zum Ausschluß aus der Gemeinde. Lapidar heißt es in der Didache, die an dieser Stelle wahrscheinlich einen jüdischen Proselytenkatechismus aufgreift:

„Du sollst nicht töten, nicht ehebrechen, nicht Knaben schänden, nicht huren, nicht stehlen, nicht Zauberei treiben, nicht Gift mischen, nicht abtreiben noch ein Neugeborenes töten" (2,2)[288].

Wenn es darum geht, das Besondere christlicher Lebensweise herauszustellen, stehen die familienethischen Innovationen im Vordergrund. Bereits zur Zeit Kaiser Hadrians erklärt Aristides von Athen, zugleich die Motive für das christliche Handeln angebend:

Die Christen „kennen Gott und glauben an ihn als den Schöpfer und ‚Werkmeister des Alls', durch den alles und von dem alles ist, der keinen anderen Gott neben sich hat, von dem sie die Gebote empfingen, die sie in ihrem Sinn eingezeichnet haben und beobachten in der Hoffnung und Erwartung der künftigen Welt. Deshalb treiben sie nicht Ehebruch und Unzucht. ... Ihre Frauen sind rein wie Jungfrauen und ihre Töchter sittsam. Ihre Männer enthalten sich jedes ungesetzlichen Verkehrs und aller Unlauterkeit in der Hoffnung auf die in der anderen Welt winkende Vergeltung. ... Wenn einem von ihnen ein Kind geboren wird, so preisen sie Gott; sollte es schon in seiner Kindheit sterben, so preisen sie Gott überaus, ist es doch ohne Sünde aus der Welt geschieden" (15).

Gegen Ende des 2. Jhs. unterstreicht der Diognetbrief, daß die Christen kein absonderliches Leben führen; nur in diesen beiden Punkten unterscheiden sie sich von ihren Mitbürgern: „Sie heiraten wie alle und zeugen Kinder, jedoch setzen sie die Neugeborenen nicht aus. Sie halten gemeinsam Tisch, das Bett jedoch teilen sie nicht" (5,4/7). Diese Zeugnisse, die noch um viele vermehrt werden könnten, beschreiben ein Ideal, gegen das gewiß auch verstoßen worden ist. Schon Paulus verlangt den Ausschluß eines Blutschänders in Korinth (1 Kor 5,1/5), und Aristides beendet seine oben zitierte Beschreibung christlicher Lebensführung mit dem Hinweis, daß die Christen bitterlich weinen, wenn sie erleben müssen, wie einer der ihren in seinen Sünden stirbt (15,12). Aber es verdient doch Beachtung, daß ein Familienethos, welches eigentlich auf eine Elite zugeschnitten ist, weder aufgegeben noch gelockert wurde, als die Kirche wuchs und nach dem Zustrom der Menge im 4. Jh. die kirchliche Bußpraxis in eine pastorale Sackgasse geriet (vgl. S. 212; 230).

Über diese wenigen und unaufgebbaren Grundsätze christlicher Ehe- und Familienmoral hinaus wird von den Kirchenvätern über die Gestaltung des Familienlebens aus christlichem Geist in den ersten drei Jahrhunderten wenig Konkretes gesagt. Ein Grund dafür kann sein, daß nicht die Familie als solche, sondern ihre Mitglieder (Vater, Mutter, Kinder, Sklaven), ihre Funktionen (elterliche bzw. väterliche Gewalt, finanzielle Abhängigkeiten und Pflichten) oder besondere Ereignisse und damit verbundene Traditionen (Geburt, Hochzeit, Bestattung) im Blickpunkt des Interesses standen.

Als weiterer Grund kann hinzukommen, daß eine christliche Familienkultur sich nur in großen Haushalten entfalten konnte, viele Gemeindemitglieder jedoch in sozialen Verhältnissen lebten, die kaum den Rang einer eigenen *familia* erreichten. Zahlreiche Christen werden gerade in den ersten Jahrhunderten als Abhängige Teil eines fremden *oikos* gewesen sein. Aber auch ein Tagelöhner, der mit Frau und Kindern unter dem Dach einer Mietskaserne wohnte, ein kleiner Handwerker oder Händler, der eine winzige *taberna* besaß, in der er arbeitete und zugleich mit seinen Angehörigen wohnte, konnte sich nur beschränkt als *pater familias* eines eigenen

Hauses betrachten. Ausbildung der Kinder, Krankenbetreuung, Altersversorgung, d.h. zahlreiche soziale Funktionen, die aus christlichem Geist heraus hätten gestaltet werden müssen, konnten von vielen Eltern bzw. Vätern nur bedingt wahrgenommen werden.

Schließlich kann das relativ geringe Ausmaß an familienrelevanten Ausführungen im frühchristlichen Schrifttum darauf zurückgeführt werden, daß die antike Familienstruktur mit ihren Über- und Unterordnungen – wie die sogenannten Haustafeln im Neuen Testament beweisen (vgl. Eph. 5,21/6; Kol 3,18/4,1; 1 Petr 2,18/3,7) – nicht in Frage gestellt wurde und darum keiner ausführlichen Erörterungen bedurfte. Wohl werden die Männer gemahnt, ihre patriarchale Autorität nicht hervorzukehren und ihren Frauen und den übrigen Hausgenossen mit Liebe, Güte und Rücksichtnahme zu begegnen. Tugenden und Laster der Menschen betreffen zwar das Familienklima, resultieren aber nicht allein aus dem Verhalten als Familienmitglied, sondern als Individuum. Wenn die Kirchenväter daher versuchen, das Leben des einzelnen christlich zu formen, prägen sie damit auch das Leben der Familie. Daß ein christliches Haus ein anderes Klima ausstrahlen mußte als ein Haus, in dem Ehebruch, Ehescheidung, Abtreibung und Kinderaussetzung als Mittel zur Lösung von Familienkonflikten angewandt wurden, liegt auf der Hand.

Im 3. Jh. ist es vor allem Klemens von Alexandrien, der beginnt, so etwas wie eine Familienkultur zu beschreiben, die aus christlichem Geist gestaltet ist. Er sucht nach Regeln für ein Zusammenleben, das den üblichen Ausschweifungen in Nahrung, Kleidung, Bädern und Schauspielen in der Großstadt entsagt, trotzdem den Christen eine maßvoll-vernünftige Beteiligung an ihrer Umwelt ermöglicht. Als Beispiel können seine Ausführungen über den Schmuck bei Frauen dienen. Frauen dürfen einen goldenen Ring tragen, damit sie Dinge versiegeln können, die einer sorgfältigen Aufbewahrung bedürfen (paed. 3,57,1). Anderen muß es erlaubt sein, sich zu schmücken, weil sie sonst ihrem Mann nicht gefallen. Nicht jede Frau hat das Glück, einen verständigen Ehemann zu haben, der auf äußeren Putz keinen Wert legt (ebd. 2,4). Auf der anderen Seite warnt Klemens vor Putzsucht, Tanz und Bädern, wenn sie die eheliche Treue gefährden und die Familie zerstören (ebd. 3,58)[289].

Klemens weiß, daß familiäre Bindungen eine Gefahr bedeuten, wenn sie von Gott ablenken wegen der Sorgen, die von Frau, Kindern und Dienern auf den Hausherrn zukommen. Trotzdem muß ein Familienvater nicht dem Familienlosen, dem solche Probleme erspart bleiben, unterlegen sein, denn „die Fürsorge für das Leben einer ganzen Familie" macht ihn geradezu zu einem Abbild der göttlichen Vorsehung (strom. 7,70,7f). Klemens entwickelt seine Familienethik aus der Sicht eines großen Hauswesens und auf dem Hintergrund einer Gemeinde, die die Qualitäten einer Elite bewahren will und doch in eine großstädtische Kultur einwurzeln muß. Im weiteren Verlauf der Zeit mehren sich die Aussagen kirchlicher Lehrer und Schriftsteller zu Familienfragen, vor allem zur Kindererziehung, wobei aber fast immer reiche Familien bzw. Häuser angesprochen zu sein scheinen, denn Mahnungen, wie Vorsicht und Sorgfalt walten zu lassen bei der Auswahl der Dienstboten, Sklaven und Lehrer, betreffen nur christliche Familien der Oberschicht. Aber das ist die Schwierigkeit aller sozialgeschichtlichen Darstellungen, daß die große Zahl der Menschen in den unteren Schichten eine schweigende Mehrheit bleibt.

– Religiöse Erziehung

Über die Familie als Ort des Gebetes wurde schon gesprochen (vgl. S. 225). Nach Klemens von Alexandrien sind die zwei oder drei, unter denen Christus weilt, wenn sie in seinem Namen versammelt sind (Mt 18,20), Mann und Frau und Kind in der Familie (strom. 3,68,1). Von besonderer Bedeutung war naturgemäß die religiöse Erziehung der Kinder, denn die Familie war, vor allem wenn beide Elternteile als Christen lebten, hervorragender Ort für die Weitergabe des Glaubens. Eph 6,4 ermahnt die Väter, „in der Zucht und Weisung des Herrn" zu erziehen. Die Erziehung ist christozentrisch ausgerichtet im Gegensatz zur anthropozentrischen *paideia* der Griechen oder zur gesetzesförmigen Heranbildung bei den Juden. Ihre Ziele sind so selbstverständlich, daß sich die Schriftsteller der ersten beiden Jahrhunderte mit allgemeinen Hinweisen begnügen (vgl. Did. 4,9; Barnabasbrief 19,5; Polykarp, 2 Phil. 4,2)[290]. Konkreter wird erst die Didaskalia, die strenge Regeln aufstellt und die Verantwortung der Eltern für eventuelle Verfehlungen ihrer Kinder betont (4,22). Aufschlußreich ist der Hinweis, daß Kindererziehung zum Empfang von Almosen berechtigt, falls Eltern auf Unterstützung angewiesen sind. Die Gemeinde zieht damit die Konsequenzen aus dem anspruchsvollen Ethos, welches das Lebensrecht der Kinder schützte.

Eine umfassende christliche Erziehungslehre, die auch den vertretbaren Anteil antiker Bildung reflektiert, wird erst im 4. Jh. von den Vätern entfaltet. Zu nennen sind vor allem Basilius' „Mahnworte an die Jugend über den nützlichen Gebrauch der heidnischen Literatur" und Johannes Chrysostomus' Abhandlung „Über Hoffart und Kindererziehung".

2.3 Nächstenliebe und Karitas

Soziale und zugleich missionarisch werbende Impulse gingen in den frühchristlichen Gemeinden neben der Familienethik vor allem von dem Gebiet der tätigen Nächstenliebe aus. Daß sie zum Erkennungsmerkmal der christlichen Gemeinschaft werden sollte, hatte bereits der johanneische Jesus gefordert:

„Ein neues Gebot gebe ich euch: liebt einander! Wie ich euch geliebt habe, so sollt auch ihr einander lieben. Daran werden alle erkennen, daß ihr meine Jünger seid: wenn ihr einander liebt" (Joh 13,34).

Welche Liebe Jesus meint, machte er deutlich, als er seinen Jüngern die Füße wusch (Joh 13,1/15), ihnen verbot, sich als Herr oder Rabbi über andere zu gebärden (Mk 10,43f; Mt 23,8), und erklärte, eine größere Liebe habe niemand als derjenige, der bereit sei, sein Leben hinzugeben für seine Freunde (Joh 15,13). Eine unerhörte Dringlichkeit bekam das Gebot der Nächstenliebe durch seine Gleichstellung mit der Gottesliebe (Mt 22,37/9). Als endzeitlicher Richter identifiziert sich Jesus mit „dem geringsten der Brüder" (Mt 25,40). Gottesliebe vollzieht sich in der Menschenliebe, denn wie will einer Gott lieben, den er nicht sieht, wenn er den Bruder nicht liebt, den er sieht (1 Joh 4,20). Liebe ist nicht Reden mit Engel- und Menschenzungen, Bergeversetzen und Besitz aller Erkenntnis, sondern eine Haltung, die langmütig, gütig und unverbittert dem Nächsten zugewandt ist (1 Kor 13). Wohin auch immer man in den Evangelien und Apostelbriefen schaut, überall stößt man auf den Zusammenhang von Gottesverehrung und Nächstenliebe sowie Nächstenliebe und tatkräftiger Hilfe.

– Heidnische Umgebung

Die Forderungen der Karitas wurden in eine Umgebung hineingesprochen, die vergleichbare Maximen nicht kannte. Sieht man einmal von dem alttestamentlich-jüdischen Wurzelgrund ab, mit dem die frühe Kirche auf vielfältige Weise verbunden blieb, ist die Sorge für den Mitmenschen außerhalb der eigenen Familie der spätantiken Gesellschaft weithin unbekannt. Vielleicht übertreibt Gerhard Uhlhorn, wenn er in seiner vor mehr als einhundert Jahren erschienenen wegweisenden Arbeit über die frühchristliche Karitas die Zeit vor Christus generell „eine Welt ohne Liebe" genannt hat[291]. Er beruft sich dafür zwar auf ein Wort des Laktanz (Anfang 4. Jh.), der nach Beendigung der Christenverfolgungen Barmherzigkeit und Humanität als Tugenden bezeichnet, die der Philosophie unbekannt seien (inst. 6,10). Doch selbst wenn man mit einer polemischen Spitze rechnet bei einem Autor, der die Neuheit des gerade siegreichen Christentums von den überholten Vorstellungen einer überwundenen Weltanschauung abhebt, ein Stück Wahrheit liegt doch in den Behauptungen sowohl Uhlhorns als auch des Laktanz.

Natürlich gab es Hilfeleistungen in der nicht-christlichen Antike. Bettler haben zu jeder Zeit eine milde Gabe erhalten. Bei Naturkatastrophen und gegenüber Schiffbrüchigen erwies man sich mildtätig. Gastfreundschaft war ein heiliges Gebot besonders in unwirtlichen Gebieten, wo sie für den Fremden die einzige Möglichkeit des Überlebens darstellte. Aber solche Hilfeleistungen, die über den Kreis der Familie, Freunde oder nahestehender Menschen hinausgingen, geschahen mehr aus spontanem Mitleid als aus sittlicher Verpflichtung. Barmherzigkeit ist – vielleicht mit Ausnahme

Ägyptens – keine antike Tugend[292]. Wohltun und Großzügigkeit reicher Mitbürger, die Geschenke austeilten, Theater, Bäder und Bibliotheken bauten, Spiele ausrichteten und Gedächtnismähler finanzierten, kamen zwar den Armen zugute, aber die antike *liberalitas* war von der *caritas* so verschieden wie das Heidentum vom Christentum. Man schenkte oder verschwendete zum Ruhm des Schenkenden und zum Ergötzen der Beschenkten, nicht um Not zu lindern.

Einen besonderen Zweck verfolgten die Unterstützungen, mit denen die römische Annona die Ernährung der Stadtbevölkerung sicherstellte. Mit Nächstenliebe hatte diese großzügige Versorgung jedoch wenig, mit Politik dagegen viel zu tun. Das Volk sollte durch Brot und Spiele gewonnen, Hunger und Langeweile – der Nährboden für Umsturz und Unruhen – sollten auf diese Weise vermieden werden. Daß die Annona *de facto* besonders den Armen zugute kam, läßt sich nicht leugnen, aber sie hatte andere Wurzeln als die frühchristliche Karitas und neben ihren humanitären auch korrumpierende Wirkungen.

Daß Hilfeleistungen nicht dem Motiv der Nächstenliebe entsprangen, beweist die Krankenbetreuung. Krankenhäuser gab es in der Spätantike nicht; Einrichtungen, die bisher dafür gehalten wurden, entsprachen nicht den Aufgaben eines Krankenhauses oder Spitals. Pilgerherbergen neben ägyptischen Tempeln oder in Verbindung mit hellenistischen Asklepios-Heiligtümern, in denen Kranke oft monatelang aufgenommen wurden, waren keine sozialen Einrichtungen, sondern Heilstätten, die vermögende Leute aufsuchten, wenn sie sich von ihrem Heilgott oder der Kunst der Priesterärzte Hilfe versprachen. Daneben gab es – und das ist bezeichnend und entlarvend zugleich – Valetudinarien als Lazarette für Sklaven auf italienischen Latifundien und Soldaten in römischen Legionslagern. Sie dienten der Erhaltung der Arbeitskraft der Sklaven oder der Kampfkraft der Legionen. Valetudinarien in großen Städten zur Versorgung der Bevölkerung sind bisher nicht entdeckt worden. Krankenhäuser mit wirklicher Krankenbetreuung sind nachweisbar erst von Bischof Basilius von Caesarea (Kayseri in Ostanatolien) eingerichtet worden[293].

Kurze Erwähnung verdienen die *collegia,* die auf den ersten Blick Ähnlichkeiten mit den sozialen Tätigkeiten frühchristlicher Gemeinden aufweisen. Die Spätantike kannte ein blühendes Vereinswesen, gesetzlich geregelt und staatlich gefördert oder beargwöhnt, je nachdem wie die Loyalität dieser Zusammenschlüsse eingeschätzt wurde. Die Vereinszwecke waren vielfältiger Art. Eine nicht geringe Bedeutung besaßen die Begräbnisvereine, in die man zeit seines Lebens einzahlte, um eine würdige Bestattung und eine angemessene Grabinschrift zu erhalten. Die manchmal geäußerte Ansicht, die christlichen Gemeinden hätten als *collegia funeraticia* begonnen, ist insofern nicht abwegig, als die Kirche im Status einer *religio non licita* in der Verfolgungszeit keine rechtsfähige Größe darstellte, als Begräbnisverein dagegen durchaus Vertragsfähigkeit besaß. Daß die römische Gemeinde um 200 als Begräbnisverein auf dem Gebiet der heutigen Kallistus-Katakombe Friedhofsgelände besaß, ist auf dieser Grundlage durchaus vorstellbar.

Großen Einfluß besaßen die *collegia tenuiorum,* d.h. die Vereine der kleinen Leute; sie finanzierten sich durch monatliche Beiträge *(stips)* in eine gemeinsame Kasse *(arca).* Wenn möglich, gewann man einen reichen Gönner als Patron, der die Einkünfte aufbesserte. Arme Kollegien kamen im Wirtshaus zusammen, reichere besaßen einen Vereinssaal (Haus) mit einem Altar, denn alle waren religiös geprägt. Die geselligen Bedürfnisse der einfachen Leute wurden weithin im Verein befriedigt, zu dem je nach Satzung Frauen, Kinder und auch Sklaven gehören konnten[294].

Ohne Zweifel gab es auch Hilfeleistungen und gegenseitige Unterstützung. Trotzdem unterschied sich die Vereinshilfe wesentlich von der kirchlichen Karitas. Die Vereine boten Hilfe auf Gegenseitigkeit und genossenschaftlich-gemeinnützlicher Basis, nicht um aus Mitleid oder im Bewußtsein sittlicher Verpflichtung Not zu lindern. Nur mittelbar waren die Armen Nutznießer der Vereine als Teilnehmer an Gedächtnismählern und bei der Verteilung von *sportulae,* die vermögende Mitglieder zur Pflege ihres Nachruhms gestiftet hatten.

Wenn sich die Hilfstätigkeit spätantiker Vereine daher auch nicht mit der frühchristlichen Gemeindekaritas vergleichen läßt, so sind sie doch bedeutsam wegen mancher Organisationsformen, an die die kirchliche Armenpflege anknüpfen konnte, wie ja überhaupt die Vereins- bzw. Gemeindebildung Voraussetzung für eine geordnete mitmenschliche Hilfe war, die über die Familie hinausging. Der Verein/die Gemeinde war die Sozialisationsform, die den einfachen Leuten ersetzen konnte, was in den höheren Kreisen die Gentilverbindung der Großfamilie ausmachte.

Das Besondere der christlichen Gemeinde bestand darin, daß sie nicht nur ein Verein mit kultischer Verbrämung war, sondern ganz und gar gottesdienstliche Versammlung. Die Anbetung Gottes in der Feier der Eucharistie machte den innersten Sinn ihrer Zusammenkünfte aus. Ihr Selbstverständnis ging über das eines Hilfs- oder Bestattungsvereins hinaus; umgekehrt wurde die Sorge für den Mitmenschen nicht von der Gottesverehrung getrennt, sondern blieb mit der Eucharistiefeier innerlichst verbunden. Entsprechend der Einheit von Gottes- und Nächstenliebe vollzog sich die Armenpflege als Kern aller frühchristlichen Karitas im Rahmen der kultischen Anbetung Gottes. Zusammen mit den eucharistischen Gaben brachte die Gemeinde die Gaben, die für die Armen bestimmt waren, mit in den Gottesdienst und legte sie dort auf den Altar.

– Gemeindekaritas

* Beschaffung der Mittel

Schon früh tauchen Nachrichten auf, die Hinweise auf die Organisation der Gemeindekaritas enthalten. Bereits Justin erwähnt die Verbindung von Nächstenliebe und Gottesdienst; der Bischof wird eingeschaltet, damit die vorhandenen Mittel gerecht verteilt werden können.

„Die Wohlhabenden und Willigen geben, ein jeder nach eigenem Ermessen, soviel er will; das Gesammelte wird bei dem Vorsteher niedergelegt; damit unterstützt er die Witwen und Waisen und die Bedürftigen, seien es die Kranken, seien es die sonst Mangel Leidenden, die Gefangenen und die zugereisten Fremden" (apol. 1,67).

Etwa fünfzig Jahre später präzisiert Tertullian:

„Wenn bei uns auch eine Art von Kasse vorhanden ist, so wird sie nicht etwa durch ein Aufnahmehonorar, was eine Art von Verkauf der Religion wäre, gebildet, sondern jeder einzelne steuert eine mäßige Gabe bei an einem bestimmten Tag des Monats oder wann er will, sofern er will und kann; denn niemand wird dazu genötigt, sondern jeder gibt freiwillig seinen Beitrag. Das sind gleichsam die Sparpfennige der Gottseligkeit. Denn es wird nichts davon für Schmauereien und Trinkgelage oder nutzlose Freßwirtschaft ausgegeben [wie es Tertullian den heidnischen Vereinen vorwirft], sondern zum Unterhalt und Begräbnis von Armen, von elternlosen Kindern ohne Vermögen, auch für alte Leute, die nicht mehr aus dem Hause können, ebenso für Schiffbrüchige und wenn sich etwa Leute in den Bergwerken, auf den Inseln oder in Gefangenschaft befinden, wofern nur die Zugehörigkeit zur Genossenschaft Gottes die Ursache davon ist" (apol. 39,5f).

Es fällt auf, wie sehr Tertullian die Freiwilligkeit des Gebens betont. Die Kirche erhebt keine Aufnahmegebühr, so wie man sich in einen Verein einkaufen mußte; es gibt keine absolut oder proportional festgelegten Beiträge. Einmal im Monat entrichtet jeder, wie er will und kann, seine Spende. Diese Zurückhaltung dürfte damit zusammenhängen, daß Karthago zur Zeit Tertullians seine größte wirtschaftliche Blüte erlebte und es offensichtlich keine Schwierigkeiten bereitete, die notwendigen Mittel für die Gemeindekaritas zusammenzubringen. Jedenfalls hat es Tertullian nicht nötig, die Spendenfreudigkeit anzuspornen, wie das wenig später in einer Zeit wirtschaftlichen Niedergangs erforderlich ist, als Cyprian eigens die Schrift De opere et eleemosynis verfaßte. Der Umschwung zeigt zugleich, wie zeit- und situationsbedingt sozialgeschichtliche Aussagen sind, die nie unbedacht verallgemeinert werden dürfen[295].

Was die Personen angeht, um die die Gemeindekaritas sich kümmerte, so handelt es sich – abgesehen von den Klerikern, die in dem Maße, in dem sie hauptberuflich tätig wurden, von der Gemeinde (mit)unterhalten werden mußten[296] – um Menschen, die sich in der damaligen Gesellschaft außerhalb einer Familie nicht selber helfen konnten.

* Witwen und Waisen

An erster Stelle stehen – entsprechend alttestamentlich-prophetischer Tradition – die Witwen und Waisen. Die Witwen besaßen einen besonderen Ehrenrang in der Gemeinde. Polykarp, 2 Phil. 4,3, nennt sie einen „Altar Gottes" (vgl. S. 173). Schon Jak 1,27 betrachtet es als reinen und makellosen Dienst vor Gott, „für Waisen und Witwen zu sorgen, wenn sie in Not sind". Der Hirte des Hermas beginnt seinen Tugendkatalog in mand. 8,1,10 mit der Forderung, den Witwen beizustehen und Waisen und Bedürftige zu betreuen. Der Apologet Aristides, apol. 15, rühmt an den Christen, daß sie von den Witwen ihre Aufmerksamkeit nicht abwenden und die Waisen befreien von dem, der sie vergewaltigt.

Rechtsschutz war ein wichtiger Dienst für alle, die den Rückhalt einer eigenen Familie entbehren mußten, und kam neben den Witwen vor allem den Waisen zugute. Viele Zeugnisse berichten, daß elternlose Kinder von christlichen Familien aufgenommen wurden; ein prominentes Beispiel war Origenes, der „bei einer sehr reichen und vornehmen Frau Unterhalt fand" (Eusebius, Kirchengeschichte 6,2,12f). Detailliert bestimmt die Didaskalia um die Mitte des 3. Jhs.:

„Wenn aber jemand von den Christen eine Waise wird, sei es ein Knabe oder ein Mädchen, so ist es gut, wenn einer von den Brüdern, der keine Kinder hat, den Knaben an Kindes statt annimmt; das Mädchen aber möge einer annehmen, der einen Sohn hat, und wenn ihre Zeit gekommen ist, mag er sie ihm zur Frau geben, damit sein Werk vollendet werde im Dienst Gottes" (4,17).

Sollte es nicht genügend Plätze in christlichen Familien geben, muß der Bischof die Verantwortung für Aufnahme, Erziehung und berufliche Ausbildung übernehmen, wobei es darum geht, die Waisen selbständig zu machen und nicht in Abhängigkeit zu halten.

„Ihr also, ihr Bischöfe, nehmt ihre Last auf euch, wie sie geleitet werden sollen, daß ihnen nichts fehle. Und wenn die Zeit der Jungfrau gekommen ist, gebt sie einem Mann von den Brüdern; der Knabe aber soll, wenn er erwachsen ist, ein Handwerk erlernen, und wenn er ein Mann geworden ist, den Lohn erhalten, der seinem Handwerk gebührt, um sich Werkzeuge herzustellen, die zu seinem Handwerk nötig sind, und somit nicht der Liebe der Brüder, die zu ihm gehegt wurde ohne Hintergedanken und ohne Heuchelei, beschwerlich zu fallen. Und wahrhaft glücklich ist jeder, der sich selbst helfen kann und nicht die Stelle der Waisen, Witwen und Fremden drückt" (4,17)[297].

* Armenpflege

Ebenfalls auf Unterstützung angewiesen waren Kranke, Schwache und Arbeitsunfähige, ebenso kinderreiche Familien (vgl. Ps.-Klem., De virg. 1,12). Es gehörte zu den besonderen Pflichten der Diakone (im Osten auch der Diakonissen; vgl. S. 174f), sich um die Hilfsbedürftigen zu kümmern und dem Bischof bei der Armenpflege zu helfen, indem sie ihm die Notfälle in seiner Gemeinde meldeten. Wiederum bestimmt die Didaskalia, die offensichtlich eine gut durchorganisierte Gemeinde von nicht zu geringer Größe vor Augen hat:

„Darum, Bischof, stelle dir Arbeiter bei der Almosenpflege an; die welche dir aus dem Volke wohlgefallen, wähle aus und stelle sie als Diakone an, sowohl einen Mann zur Verrichtung der vielen Dinge, die nötig sind, als auch eine Frau zum Dienst an den Frauen. Es gibt nämlich Häuser, in die du einen Diakon um der Heiden willen nicht zu den Frauen schicken kannst, eine Diakonin aber wirst du schicken können ..." (3,16)[298].

Aus der Zeit der decischen Verfolgung wird erzählt, daß der Diakon Laurentius, als er gezwungen wurde, die Schätze der Kirche herauszugeben, den Behörden die Armen der Gemeinde präsentierte. Richtig an dieser Legende ist, daß die frühe Kirche ihren Besitz immer als Armengut verstanden hat, auf das die Armen wirklich einen Anspruch besaßen. Eine wichtige Qualifikation des Bischofs bestand darin, *philoptōchos* (Armenfreund) zu sein[299].

Der Bischof besaß die letzte Verantwortung für die Armenpflege; ihre praktische Durchführung lag in größeren Gemeinden in den Händen der Diakone. Über die Unterstützungsbedürftigen wurden Listen geführt (Matrikel), damit niemand übersehen wurde. Rom war um die Mitte des 3. Jhs. in sieben Regionen aufgeteilt worden, die jeweils einem Diakon unterstanden, der bei über 1500 registrierten Unterstützungsempfängern für etwa 200 Personen verantwortlich war (Eusebius, Kirchengeschichte 6,43,11).

Neben der Gemeindekaritas gab es privates Almosengeben, das nicht nur die Gläubigen, sondern auch nichtchristliche Arme unterstützte. Tertullian hält seinen heidnischen Mitbewohnern vor, die christliche Barmherzigkeit gebe auf den Gassen (wohl an Bettler) mehr Geld aus als ihre eigene Religion in den Tempeln (apol. 42). Vor allem bei Katastrophen und Seuchen haben die christlichen Gemeinden großzügig geholfen. Als um 259 in Alexandrien die Pest wütete, schrieb Bischof Dionysius in einem Osterfestbrief:

„Die meisten unserer Brüder schonten in großer Nächstenliebe ihre eigene Person nicht und hielten fest aneinander ... Bei den Heiden aber fand gerade das Gegenteil statt. Sie stießen diejenigen, die zu erkranken begannen, von sich, flohen von den Teuersten hinweg, warfen die Halbtoten auf die Straße und ließen die Toten unbeerdigt liegen" (Eusebius, Kirchengeschichte 7,22,7.10).

Ähnliches wird aus Karthago zur Zeit Cyprians berichtet oder von der Pest unter Kaiser Maximinus Daia Anfang des 4. Jhs., als die christlichen Gemeinden, die jetzt schon zu beachtlicher Größe herangewachsen waren, sich in bewundernswerter Weise um die Andersgläubigen kümmerten (Eusebius, Kirchengeschichte 9,8,13f).

Vollständigkeitshalber muß wenigstens darauf hingewiesen werden, daß eine so breit und allgemein praktizierte Unterstützung auch Gefahren in sich schloß. Hilfsbereitschaft konnte mißbraucht, christliche Gemeinden konnten von arbeitsscheuen Scharlatanen ausgenutzt werden (Didache 12; vgl. S. 115). Darum wird immer wieder gemahnt, kein Almosen anzunehmen, wenn man es nicht wirklich nötig hat; alle Höllenstrafen werden auf die Faulen und Arbeitsscheuen herabgerufen, die die Mildtätigkeit der Gemeinde ohne Not beanspruchen. Die Freigebigen werden angehalten, ihre Almosen nicht wahllos zu verteilen. „Das Almosen soll schwitzen in deiner Hand", mahnt drastisch die Didache 1,6. D.h. man soll überlegen, wem man ein Geldstück gibt, ohne andererseits zu knauserig zu sein; es dauert ja nicht lange, bis im heißen Orient ein Geldstück in der geballten Faust zu schwitzen anfängt.

* Gefangenenbetreuung und Sklavenloskauf

Besonderer Zuwendung bedurften die im Gefängnis schmachtenden, zu den Bergwerken *(ad metalla)* verurteilten[300] und auf Inseln verbannten Glaubensgenossen. Später, nach Beendigung der Verfolgungen, versuchte die Kirche ganz allgemein auf die kaiserliche Gesetzgebung Einfluß zu gewinnen und eine gewisse Humanisierung des Strafvollzugs zu erreichen[301]. Einige frühe Nachrichten berichten darüber, daß Brüder aus der Schuldhaft befreit wurden. Der 1. Klemensbrief 55,2 erwähnt römische Christen, „die sich den Ketten überliefert haben, um andere loszukaufen; viele begaben sich in Sklaverei, nahmen ihren Kaufpreis und halfen anderen". Als numidische Räuber Christen verschleppt hatten, sammelte die Gemeinde von Karthago eine größere Summe, um das geforderte Lösegeld aufzubringen (vgl. S. 248). Die römische Gemeinde sandte sogar Geld zur Befreiung kappadokischer Christen, die von den Goten verschleppt worden waren (Basilius, ep. 70). Allerdings hatte bereits Ignatius um 110 eingeschärft, daß Sklaven keinen Freikauf auf Kosten der Gemeindekasse beanspruchen könnten (Polykarp 4,3). Damit wäre diese weit überfordert gewesen. Sklavenfreikauf wird in der Regel durch die Privatinitiative einzelner geschehen sein. Noch häufiger kam es zur Freilassung durch christliche Herren, auch wenn eine solche nicht gefordert und die Berechtigung des Sklavenstandes in den ersten drei Jahrhunderten christlicherseits nicht in Frage gestellt worden ist. Wohl hat die christliche Verkündigung gesellschaftliche und mentalitätsmäßige Veränderungen initiiert, die auf die Dauer nicht ohne Folgen bleiben konnten. Bekehrte Sklaven und Sklavinnen wurden im kirchlichen Bereich vollwertig als Brüder und Schwestern anerkannt (Aristides, apol. 15). Es gab im Gottesdienst besondere Plätze für Klerus, Konfessoren, Jungfrauen und Witwen, niemals aber im negativ abgrenzenden Sinn für Unfreie. Eheliche Verbindungen zwischen Sklaven wurden entgegen dem römischen Recht als *matrimonium iustum* anerkannt. Sklaven konnten Presbyter, sogar Bischöfe werden. Der römische Bischof Pius (Mitte 2. Jh.), der Bruder des Hermas, dürfte Sklave, Kallistus (217/22) ein Freigelassener gewesen sein; gleiches gilt wahrscheinlich für Eusebius von Caesarea. Vor allem die Märtyrerliteratur bietet reiches Material für die Hochschätzung, die christliche Sklaven in den frühchristlichen Gemeinden genossen[302].

* Totenbegräbnis

Als wichtige Aufgabe christlicher Nächstenliebe wird in der frühchristlichen Literatur häufig die Bestattung der Toten erwähnt. Schon in der Apologie des Aristides heißt es bei der Aufzählung der Eigenschaften, die einen Christen kennzeichnen:

„Wenn einer von ihren Armen aus der Welt scheidet und ihn irgendeiner von ihnen sieht, so sorgt er nach Vermögen für sein Begräbnis ... Und wenn ein Gerechter von ihnen aus der Welt scheidet, so freuen sie sich und danken Gott und geben seiner Leiche das Geleit, gleich als zöge er nur von einem Ort zum anderen" (15).

Tertullian bestätigt, daß die Bestattung mittelloser Gemeindemitglieder aus der Gemeindekasse bezahlt wurde (apol. 39,9); die Traditio Apostolica 40 überträgt dem Bischof die Sorge für das Begräbniswesen. Im Zusammenhang mit den Vereinen wurde schon erwähnt (vgl. S. 241), welchen Wert auch einfache Leute, selbst Sklaven, auf eine würdige Bestattung legten. Die *pompa funebris* entsprach einem tiefverwurzelten Bedürfnis. Es gehörte zu den schlimmsten Strafen in der Verfolgung, wenn den Brüdern die Bestattung der Märtyrer verweigert wurde, die normalerweise auch einem Hingerichteten gewährt werden konnte (vgl. Joseph von Arimathäa, der den Leichnam Jesu freibittet)[303]. Tote zu begraben ist seit urchristlichen Zeiten ein Werk der leiblichen Barmherzigkeit geblieben. Die Sorge für die Verstorbenen galt noch über das Begräbnis hinaus. Fürbittgebete und Totenmahlzeiten *(refrigeria),* die sich gegen gewisse Widerstände der Kirchenleitung im 3. Jh. einbürgerten, haben auch den Hinterbliebenen Trost gespendet und als Ausdruck des Glaubens an die Auferstehung der Toten nicht wenig zur Anziehungskraft der Kirche beigetragen.

* Gastfreundschaft

Ein letztes Werk der Karitas, das regelmäßig in den Katalogen frühchristlicher Tugenden auftaucht, war die gastfreundliche Sorge für fremde und zugereiste Christen. *Ecclesia* bezeichnete ja von Anfang an die Gemeinschaft aller Gläubigen in der gesamten Ökumene. Alle Christen, woher sie auch stammten, waren daher wirklich Brüder und Schwestern, die auch als solche behandelt und aufgenommen wurden. Für manche Gemeinden an belebten Reiserouten konnte das eine Last bedeuten, was die häufigen Ermahnungen zur Gastfreundschaft verständlich macht, die schon in den neutestamentlichen Briefen auftauchen (vgl. Röm 12,13; 1 Petr 4,9; Hebr 13,2). Andererseits war es ein Ruhmesblatt der großen Gemeinden, wenn sie den durchreisenden Glaubensgenossen Obdach boten und auf diese Weise für den Zusammenhang der Ortskirchen sorgten (für Rom vgl. S. 266).
Uraltem christlichen Brauch entsprach ebenfalls die Hilfe, die sich Gemeinden gegenseitig bzw. begüterte Gemeinden den in Not geratenen zu-

kommen ließen. So sammelte bereits in apostolischer Zeit das reiche Antiochien für die unter einer Hungersnot leidenden Mitchristen in Judäa (Apg 11,27/30). In besonderer Weise hat sich Paulus bemüht, der Jerusalemer Urgemeinde zu helfen (Gal 2,10). Im 2. und 3. Jh. haben die Verfolgungen gegenseitige Hilfe oft dringlich gemacht; bei dem pogromartigen und willkürlichen Charakter der Verfolgungen konnte es ja geschehen, daß die eine Gemeinde fast ausgelöscht wurde (z.B. Lyon), während andere ungeschoren davonkamen. Wie schnell und spontan geholfen wurde, zeigt ein Brief Cyprians, der zusammen mit der schon erwähnten Kollekte an numidische Bischöfe geschickt wurde, deren Gemeinden von Räuberbanden heimgesucht worden waren (vgl. S. 246). Cyprian beendet ihn mit folgendem Passus:

„Schließlich wünschen wir, daß sich in Zukunft nichts dergleichen mehr ereignet und daß unsere Brüder, durch Gottes Macht geschützt, von solchen Gefahren nicht mehr betroffen werden mögen. Sollte sich aber doch zur Prüfung unseres Glaubens und unserer Liebe ähnliches wieder ereignen, so zögert nicht, es uns schriftlich anzuzeigen. Seid versichert und wißt, daß unsere Kirche und die ganze Gemeinde flehentlich betet, es möge nicht wieder geschehen; geschieht's aber doch, daß sie gern und reichlich Beiträge spenden wird. [Was jetzt folgt, verrät den klugen Seelsorger und erfahrenen Organisator:] Damit ihr aber unserer Brüder und Schwestern, welche zu diesem so notwendigen Liebeswerke bereitwillig und euren beigetragen haben, bei euren Gebeten eingedenk seid, auf daß sie immerfort zum Geben bereit seien, und damit ihr ihnen bei euren Opfern und Gebeten das gute Werk vergelten könnt, habe ich ihre Namen einzeln beigefügt. Ich habe auch die Namen unserer Kollegen (Bischöfe) und der Priester beigeschrieben, welche unserem Beispiel folgend bei ihrem Hiersein in ihrem und ihrer Gemeinde Namen nach ihrem Vermögen etliches beigesteuert haben; auch habe ich neben der von uns gesandten Hauptsumme ihr Sümmchen ebenfalls angegeben und mitgeschickt. Es ist nun eure Pflicht, dieser aller in euren Gebeten und Andachten zu gedenken, wie Glaube und Liebe es erheischen" (ep. 62,4).

– Bewertung von Armut und Reichtum

Die frühchristliche Karitas handelte freiwillig und uneigennützig, dennoch nicht ohne innere Beweggründe. Welche Motive leiteten sie und was wollte sie erreichen? Bei Armut und anderen gesellschaftlichen Bedrängnissen ging es ihr zunächst einfach darum zu helfen, Not zu lindern und Bedürftige zu unterstützen; sie wollte nicht verändern, umstürzen und neue Ordnungen schaffen – wenigstens nicht in erster Linie. In den Jahrhunderten der Verfolgungszeit hätten die Gemeinden dazu auch kaum die Macht gehabt. Ebenso hielten die Erwartung der Wiederkunft Christi und die Jenseitigkeit der christlichen Hoffnung sie zunächst davon ab, statt individuell oder kollektiv zu helfen, auf strukturelle Veränderungen zu drängen.
Wohl mußte sich die Kirche schon früh mit dem spannungsreichen Problem von Armut und Reichtum in ihren eigenen Reihen auseinandersetzen, denn die frühchristlichen Gemeinden dürften von Anfang an Mitglieder aus allen Gesellschafts- und Vermögensschichten besessen haben; eine *ecclesia sordida* aus den untersten Schichten, der Hefe des Volkes, Sklaven und Hun-

gerleider – und wie die romantischen Verklärungen einer marxistisch beeinflußten Geschichtsschreibung alle lauten mögen – hat es nie gegeben. Es bestanden gewiß beträchtliche Unterschiede in einzelnen Gemeinden, auf dem Land oder in der Stadt und in den verschiedenen Provinzen bei wechselnder wirtschaftlicher Prosperität, aber mehr oder weniger dürften die Gemeinden die soziale Schichtung der jeweiligen Gesellschaft widergespiegelt haben, in der sie lebten. Es gab also von Anfang an auch begüterte, wenn nicht gar reiche Leute in den Gemeinden.

Das war nicht problemlos, denn in der Tradition der Jesusworte gab es deutliche Hinweise, die für Besitzlosigkeit und Besitzverzicht plädierten. Jesus selbst und seine Jünger haben weder Haus und Hof noch Familie. Wer vollkommen sein will, soll alles verkaufen und es den Armen geben (Mt 19,21). Angst gemacht hat schon den Jüngern Jesu Wort vom Kamel und dem Nadelöhr. Ganz gleich wie das Bildwort aufgelöst wird, es bleibt die bange Frage der Jünger: „Welcher Reiche kann dann noch gerettet werden?" Jesus bestätigt ihre Sorge: „Für Menschen ist das unmöglich, für Gott aber ist alles möglich" (Mt 19,24/6). Die vor allem von Lukas betonte Armenfrömmigkeit, die den Armen *(ebion)* die größten Chancen zuwies, von Gott gerettet zu werden, eine Armenfrömmigkeit, die in der Umwelt Jesu tief verwurzelt war und im Magnifikat (Lk 1,46/55) ihren beredten Ausdruck gefunden hatte, war vom Evangelisten in der Apostelgeschichte weitergeführt und zum Maßstab einer christlichen Gemeinde gemacht worden. Ein Herz und eine Seele sein und alles gemeinsam haben, charakterisierte ihr Wesen (vgl. Apg 2,44; 4,32). Mit dem Besitz wurde man am besten fertig, wenn man ihn weggab.

Wie waren bei solcher Bewußtseinslage die Reichen in die Kirche zu integrieren? Wie konnte der Reichtum unschädlich gemacht und dennoch erhalten werden, den die Gemeinden zur Durchführung ihrer gottesdienstlichen, missionarischen und vor allem karitativen Aufgaben brauchten? Den Weg hatte Paulus gewiesen, dessen Ideal von Anfang an nicht die völlige Besitzlosigkeit gewesen war; er wollte arbeiten, um anderen nicht zur Last zu fallen und darüber hinaus etwas zu haben, um den Bedürftigen davon mitteilen zu können[304]. Vor allem das letzte Moment, etwas zu besitzen zum Nutzen für andere, eröffnete die Möglichkeit, Reichtum und Besitz christlich zu legitimieren. „Welcher Reiche wird gerettet werden?" fragt Klemens von Alexandrien Anfang des 3. Jhs. und gibt die entsprechende Antwort: Die Besitzlosigkeit fordernden Worte Jesu werden nicht unterdrückt, sondern spiritualisiert und als Mahnung fruchtbar gemacht, ein richtiges Verhältnis zum Reichtum zu gewinnen. Man kann reich und doch im Geiste arm sein (vgl. Mt 5,3); es kommt darauf an, sich nicht vom Reichtum unterjochen zu lassen, sein Herz zum Himmel zu richten, wo die wahren Schätze liegen (vgl. Mt 6,20f). Auch ein Armer kann ein verhärteter Reicher sein, wenn er nach Besitz giert und seine Armut nicht als Hinweis auf die Bedürftigkeit jedes Menschen vor Gott anzunehmen bereit ist[305].

Hinzu kam der fruchtbare Gedanke, daß Reichtümer anvertrautes Gut sind, von Gott gegeben, um sie in der rechten Gesinnung zu gebrauchen; d.h., sie – neben angemessener Lebensführung und Sorge für das Wohlergehen und die Zukunft der eigenen Familie – für die Bedürfnisse der Gemeinde und als Almosen zur Verfügung zu stellen. Man praktizierte einen „Kompromiß des effektiven Ausgleichs": der Reiche gab von seinem Besitz, der Arme dankte mit seinem Gebet[306].

Auf diese Weise gelang es, den Reichen ein Heimatrecht in der Kirche zu sichern, zumal unbestritten war, daß in der Schöpfungs- und Erlösungsordnung alle Menschen gleich sind und Gott nicht auf das Ansehen der Person sieht[307]. Als Kinder Gottes haben Arme, Sklaven und Frauen dieselben Chancen wie Reiche, Freie und Männer. Angesichts dieser allen gemeinsamen Hoffnung konnte man die gesellschaftlichen und sozialen Unterschiede in Kauf nehmen. Wichtiger als die Erde ist der Himmel, und der steht allen offen.

Diese Argumente mögen heute als unbefriedigend erscheinen, weil sie mehr auf Barmherzigkeit und Wohlwollen anstatt auf Gerechtigkeit und Rechtsanspruch abheben. Tatsächlich wurde im Lauf der Zeit in christlich geprägten Kulturen aus dem karitativen Almosengeben ein Netz von sozialen Sicherheiten. Ebenfalls könnte es bedenklich erscheinen, wenn das eigene Seelenheil als Motiv für das Almosengeben stark herausgestellt wird, obwohl richtig betrachtet das Verlangen nach dem Himmel als Lohn niemandem verwehrt werden darf.

Bei einem Urteil über die frühchristliche Lösung ist zu beachten, daß die Spiritualisierung des Armuts- und Reichtumsbegriffs ebenso wie der Gedanke vom rechten Gebrauch des Besitzes zum Wohl der Gemeinschaft es allen erlaubte, in der Kirche zu bleiben. Wortwörtlich genommen und an der radikalen Nachfolgeethik Jesu gemessen, hätte kaum einer als Jünger Jesu gelten können. Befreiend wirkte ebenfalls, daß der einzelne Bedürftige durch die Gemeindekaritas der Willkür individuellen Wohltuns entzogen wurde und seitens der Gemeinde ein Anrecht auf Hilfe erhielt, für die Bischöfe und Diakone zu sorgen hatten. Damit wurden die Anfänge einer sozialen Gesetzgebung geschaffen, die von den christlichen Kaisern fortgesetzt werden konnte.

IX. Mission und Ausbreitung

Literatur

G. BARDY, Menschen werden Christen. Das Drama der Bekehrung in den ersten Jahrhunderten (Freiburg 1988).
N. BROX, Zur christlichen Mission in der Spätantike: Mission im Neuen Testament. Hrsg. v. K. KERTELGE = QD 93 (Freiburg 1982) 190/237.
E. FINK-DENDORFER, Conversio. Motive und Motivierung zur Bekehrung in der Alten Kirche = RSTh 33 (Frankfurt u.a. 1986).
A. VON HARNACK, Die Mission und Ausbreitung des Christentums in den ersten drei Jahrhunderten (Leipzig ⁴1924).
L. HERTLING, Die Zahl der Christen zu Beginn des 4. Jhs.: ZKTh 62 (1934) 243/53.
Kirchengeschichte als Missionsgeschichte, Bd. 1: Die Alte Kirche. Hrsg. v. H. FROHNES/U. KNORR (München 1974).
B. KÖTTING, Christentum I (Ausbreitung): RAC 2 (1954) 1138/59.
K. PRÜMM, Christentum als Neuheitserlebnis (Freiburg 1939).

1. Mission

1.1. Erwartungen

Die Evangelien sind von einem außerordentlichen missionarischen Elan beseelt. Der Missionsbefehl Jesu: „Geht zu allen Völkern ..." steht ähnlich programmatisch am Ende des Matthäus-Evangeliums (28,19f) wie der Auftrag und die Verheißung des Auferstandenen: „Ihr sollt meine Zeugen sein ... bis an die Grenzen der Erde" (Apg 1,8; vgl. S. 29f) am Beginn der Missionsgeschichte des Lukas in der Apostelgeschichte. Die Dringlichkeit der Mission wird eschatologisch motiviert. „Vor dem Ende muß allen Völkern das Evangelium verkündet werden" (Mk 13,10; vgl. Mt 24,14). Besonders die Missionstätigkeit des Paulus ist von dieser Unruhe geprägt. Von Jerusalem aus in weitem Umkreis bis nach Illyrien will er das Evangelium bringen (Röm 15,19; vgl. S. 50).
Der Erfolg der christlichen Verkündigung wird dabei realistisch eingeschätzt. Jakobus, der Herrenbruder, betete und rang um die Bekehrung seines Volkes (vgl. S. 31). Paulus rechnete mit der Rettung Israels nur noch als ein Wunder der Gnade vor dem Weltende; dafür hoffte er auf die „Fülle der Heiden" (Röm 11,25f). Eine Generation später stand fest, daß auch sie vorerst ausbleiben würde. Die Einladung zum Gastmahl ergeht zwar an alle, doch „viele sind berufen, wenige aber auserwählt" (Mt 22,14). Die Jüngerschaft bleibt eine „kleine Herde" (Lk 12,32); aus der Welt, welche die Jünger haßt, hat Jesus die Seinen ausgesondert (Joh 14,2f; 17,9/16). Vor allem die johanneischen Schriften warnen vor jedem falschen Optimismus aus einem stark negativen Verhältnis zur Welt. Der lukanische Hirt geht jedem einzelnen verlorenen Schaf nach (Lk 15,4), der johanneische offenbart sich, und die Seinen nehmen ihn auf, während ihn die anderen ebenso ein-

deutig ablehnen (Joh 10,3). Neben den Juden, die Jesus ablehnen, gibt es die Welt, die ihn nicht erkennen will (Joh 1,10), weil ihre Werke böse sind und nur die zu ihm finden, die der Vater zieht (Joh 6,44). Das Johannes-Evangelium will die Missionspredigt gewiß nicht lähmen, aber die Gemeinde doch auf die Ablehnung durch die breite Öffentlichkeit vorbereiten. Sie und die drohenden Verfolgungen sollen die Gemeinden nicht irremachen. Ähnliche Absichten verfolgt die Apokalypse. Die Kirche umfaßt die Schar der Erwählten inmitten der feindlichen Völker, die dem Antichrist zufallen und die Gemeinde zu erdrücken drohen (Offb 13,7f). Doch die Erwählten werden gesammelt und von der widergöttlichen Welt geschieden.

„Und ein anderer Engel kam aus dem Tempel und rief dem, der auf der Wolke saß, mit lauter Stimme zu: Schick deine Sichel aus und ernte! Denn die Zeit zu ernten ist gekommen: Die Frucht der Erde ist reif geworden. Und der, der auf der Wolke saß, schleuderte seine Sichel über die Erde, und die Erde wurde abgeerntet" (Offb 14,15f).

Der universale Missionsanspruch wird eschatologisiert, um ihn nicht aufgeben zu müssen; erst in der Endzeit sieht die Apokalypse im Rückgriff auf die jesaianischen Prophezeiungen die Kirche als eine Gemeinschaft aus allen Völkern, Stämmen und Nationen (Offb 5,9; 7,9; 14,6; vgl. S. 159). Bis dahin bleibt sie in der polaren Spannung, Sauerteig für die Welt zu sein und zugleich von ihr abgelehnt zu werden (vgl. Diognetbrief 6; S. 121; 229). Das entspricht den Erfahrungen, die die frühchristliche Mission um die Jahrhundertwende bereits vielfältig gemacht hatte. Ihre Verkündigung vertrat einen Absolutheitsanspruch und einen Universalismus, wie ihn jüdische Missionare nur bedingt und Wanderphilosophen und Mysteriengläubige gar nicht gekannt haben, ohne durch das Ausbleiben eines universalen Erfolges gelähmt zu werden. Auch die Verzögerung der Wiederkunft hat keinen bemerkbaren Einfluß auf die Missionsbemühungen weder im positiven noch im negativen Sinn ausgeübt. Theologische Reflexionen über den Gang der Heilsgeschichte, die mit Christus in ihre entscheidende Phase getreten war und durch die Predigt der Apostel die Welt bereits in die Krise der Entscheidung geführt hatte[308], schenkten der nachapostolischen Kirche eine große Gelassenheit gegenüber Ausmaß und Schnelligkeit ihres missionarischen Erfolgs. Darüber hinaus machte die tägliche Erfahrung, einer wachsenden Gemeinschaft anzugehören, es unnötig, sich über den Fortbestand und die Wachstumsmöglichkeiten der Kirche groß den Kopf zu zerbrechen.

So erklärt sich vielleicht die Tatsache, daß die nachapostolische Kirche kaum über den Fortgang der Glaubensverbreitung nachgedacht, geschweige denn Missionskonzepte entwickelt hat. Es gibt weder ein eigenes kirchliches Amt noch eine Terminologie für missionarische Aktionen. „Apostel" und „Evangelisten" werden schon im Verlauf des 2. Jhs. zu Personen der Vergangenheit; die Bischöfe und die übrigen Amtsträger aber waren mit der Betreuung der bestehenden Gemeinden und nachweisbar kaum mit der Gewinnung neuer Mitglieder befaßt. Es gibt erstaunlich wenig frühchristliche Gebete, die um die Bekehrung der Heiden bitten[309]. Daß sich ein Bischof um die Missionierung des Hinterlandes seiner Bischofsstadt gekümmert hätte, ist in vorkonstantinischer Zeit nur von Gregor Thaumaturgos bekannt[310]. Die Barbarenvölker kommen als Objekt missionarischer Bemühungen sowieso erst viele Jahrhunderte später in den Blick, obwohl natürlich Irenäus, Tertullian und anderen durchaus bekannt war, daß das Evangelium auch Völker außerhalb des *Imperium Romanum* erreicht hatte[311]. Die Missionserfolge erscheinen wie unbeabsichtigt, was verstärkt danach fragen läßt, wie die Hinwendung zum Christentum zu erklären ist und wer die Glaubensverkündigung vorangebracht hat.

1.2 Träger der Mission

– Zeugnis der Gemeinde

Hauptträger der Mission waren ohne besondere Organisation die Gemeinden selbst. Jeder Christ war dazu berufen, Salz der Erde und Licht der Welt zu sein. Günstig wirkte sich aus, daß frühchristliche Glaubensboten nicht als isolierte Wanderprediger wirken mußten, sondern von bereits bestehenden Gemeinden ausgehen konnten. Wie denn auch nicht die Gewinnung von Individuen für die Wahrheit einer neuen Weltanschauung, sondern die Gründung einer Gemeinde, in der christliche Gemeinschaft gelebt und erfahren werden konnte, im Vordergrund aller missionarischen Bemühungen stand. Als sich die christliche Gruppe aus dem Synagogenverband lösen mußte, blieb das Prinzip erhalten, daß praktizierende Gemeinden mit ihrem Gottesdienst und tätiger Nächstenliebe zum Anziehungspunkt für Neubekehrte wurden. Häufig wird – wie bereits aus der paulinischen Mission bekannt – die Bekehrung eines Hauses zum Ausgangspunkt einer Gemeindebildung geworden sein. Das bedeutet, die Gemeinden setzten sich nicht nur aus Einzelbekehrten zusammen; ein „volkskirchliches" Element bestand von Anfang an. Kinder und Jugendliche gehörten dazu, so daß nur eine Generation verging, und schon konnten Christen, die bereits in einer christlichen Familie aufgewachsen waren, die kontinuierliche Entwicklung einer Gemeinde garantieren.
Die Gemeindemitglieder blieben weitgehend in ihren gewohnten Ordnungen und Ständen. Indem sie ihre weltlichen Aufgaben erfüllten, bezeugten sie ihren Glauben. Da das Bekenntnis ihr Leben prägte, wurde das Leben zum Zeugnis für ihren Glauben. Auch wer nicht wortgewandt predigen konnte, warb für das christliche Bekenntnis. Ein durch tätige Liebe wirksamer Glaube dürfte von den frühchristlichen Gemeinden ausgegangen sein und ihre Umgebung fasziniert haben, in der sie als Lichter leuchteten inmitten einer „verdorbenen und verwirrten Generation" (Phil 2,15).
Häufig wird betont, daß die Gemeinden sich hüten müssen, durch unverständliches Handeln abstoßend zu wirken. Der 1. Petrusbrief mahnt:

„Führt unter den Heiden ein rechtschaffenes Leben, damit sie, die euch jetzt als Übeltäter verleumden, durch eure guten Taten zur Einsicht kommen und Gott preisen am Tag der Heimsuchung... Denn es ist der Wille Gottes, daß ihr durch eure guten Taten die Unwissenheit unverständiger Menschen zum Schweigen bringt" (2,12/5).

Über die Christen waren schlimme Gerüchte im Umlauf (vgl. S. 98f); der 1. Petrusbrief gibt trotzdem die Hoffnung nicht auf, daß die Einsichtigen unter den Heiden durch das anziehende Bild der Gemeinden gewonnen werden können – eine Erwartung, die von den frühchristlichen Apologeten vehement geteilt wird, denn sie sind davon überzeugt, daß Welt und Kirche evolutionistisch zusammenwachsen können, wenn beide Seiten sich nur um ein Verständnis füreinander bemühen (vgl. S. 117f). Es ging ihnen – wie auch den spätneutestamentlichen Schriften und den Apostolischen Vätern – nicht darum, die Provokation des Evangeliums zu forcieren, sondern im Rahmen friedlichen Miteinanders auf ihre Mitbürger anziehend zu wirken. Ein unverdächtiges Zeugnis für die missionarische Glaubenskraft christlicher Gemeinden findet sich im Brief des Plinius, der die weite Verbreitung des Christentums sogar auf dem flachen Land auf „Ansteckung" zurückführt (vgl. S. 102). Der Vorgang ist aus dem Krankheitsbereich bekannt; Anstekkung erfolgt durch persönlichen Kontakt, allerdings nur, wenn der übertragene Bazillus virulent ist. Christen und Gemeinden müssen eine Glaubensgewißheit ausgestrahlt haben, die für viele Mitbürger unwiderstehlich war. Philosophische Argumentationen, wie sie von den Apologeten versucht und von christlichen Lehrern wie Justin, Klemens von Alexandrien und anderen gepflegt wurde, werden dabei nicht ausschlaggebend gewesen sein. Einfache Leute, Handwerker, Frauen und Sklaven trugen die Ansteckung weiter. In polemischer Verzerrung, die den zugrundeliegenden Vorgang trotzdem anschaulich erkennen läßt, ereifert sich Kelsos (vgl. S. 115f):

„Wir sahen, wie in den Privathäusern Weber, Schuster und Walker und die ungebildetsten und bäuerischsten Leute in Gegenwart der älteren und klügeren Herrschaften kein Wort zu sagen wagen; wenn es ihnen aber gelingt, mit den Kindern und den ungebildeten Frauen, die bei den Kindern sind, allein zu sein, dann reden sie über großartige Dinge und erklären, man brauche weder auf den Vater noch auf die Lehrer zu achten, sondern nur ihnen allein zu glauben. Jene würden nur dummes und hirnverbranntes Zeug reden; sie verstünden nichts vom wahren Edlen und vermöchten es auch nicht zu vermitteln, da sie in eitlem Geschwätz befangen seien. Sie dagegen [die Weber, Schuster und Dienstboten] wüßten, wie man leben müsse, und wenn die Kinder ihnen folgten, so würden sie glückselig werden und auch das ganze Haus als ein glückgesegnetes erweisen.
So reden sie. Wenn sie aber bemerken, daß ein Lehrer der Wissenschaft, ein kluger Mann oder gar der Vater selbst in die Nähe kommt, dann laufen die Vorsichtigeren unter ihnen schleunigst davon, die Frecheren aber hetzen die Kinder zum Ungehorsam auf, indem sie ihnen zuflüstern, in Anwesenheit des Vaters und der Lehrer wollten und könnten sie den Kindern nichts Wertvolles mitteilen; mit so unfähigen und verdrehten Menschen, die ganz verdorben, tief in die Schlechtigkeit hineingeraten seien und sie nur züchtigen würden, wollten sie nichts zu schaffen haben. Falls die Kinder bereit seien, sollten sie den Vater und die Lehrer fahren lassen und mit den Mädchen und ihren Spielkameraden in die Räume der Frauen, der Schuster und Walker herüberkommen, um dort das Vollkommene zu erfahren. Und mit solchen Redensarten gewinnen sie sie" (Origenes, Contra Celsum 3,55).

Selbst wenn Kelsos hier satirisch überzeichnet, um seine christlichen Gegner lächerlich zu machen[312], sieht man, wie Christen – weit davon entfernt, einem anerkannten Religionsverband anzugehören – versuchen, Zuhörer zu gewinnen. Die Missionare gehen ungeniert antiautoritär vor; sie scheuen sich nicht, den Generationenkonflikt und das Mißtrauen der Abhängigen gegen die Etablierten auszunutzen. In persönlicher Ansprache versuchen sie, die Untergebenen, Kinder, Frauen und Dienstboten zu gewinnen. Und die Werbung dürfte Erfolg gehabt haben, wie die gereizten Ausführungen des Kelsos beweisen.

Bei Kelsos ist der Hinweis, daß vollkommene Weisheit im Frauengemach vermittelt wird, sicher sarkastisch gemeint. Tatsächlich wird der Anteil der Frauen bei der Vermittlung des Glaubens nicht gering gewesen sein. Der 1. Petrusbrief empfiehlt:

„Ebenso sollt ihr Frauen euch euren Männern unterordnen, damit auch sie, falls sie dem Wort (des Evangeliums) nicht gehorchen, durch das Leben ihrer Frauen dem Worte gewonnen werden, wenn sie sehen, wie ehrfürchtig und rein ihr lebt" (3,1f).

Daß hier auf den Beitrag, den Frauen an der glaubwürdigen Repräsentanz des christlichen Glaubens leisten, eigens hingewiesen wird, entspricht dem Anteil der Frauen in Prophetie, Gemeindebetreuung und Diakonie gerade am Beginn der Mission. Daß sie die Männer – wobei wohl an den eigenen heidnischen Ehemann gedacht ist – nicht durch aktive Predigt, sondern durch ihren vorbildlichen Lebenswandel gewinnen, ist ebenfalls symptomatisch für ihre spätere Einordnung. Auf der einen Seite wird die Würde der Frau, ihre Gleichwertigkeit in Schöpfung und Erlösung betont, auf der anderen Seite gibt es ab nachapostolischer Zeit keine Versuche, ihre Stellung im sozial-gesellschaftlichen Gefüge zu verändern. Ihr aktiver Anteil an der Glaubensverbreitung bleibt ungenannt, um jede Ähnlichkeit der eigenen Frauen mit dem emanzipierten Benehmen gnostischer und vor allem montanistischer Frauen zu vermeiden. Negative Urteile über die Wertschätzung der Frau in frühchristlicher Zeit ergeben sich nicht, wenn man beurteilt, was die frühe Kirche für die Frauen getan hat, sondern was sie angeblich unterlassen hat[313].

– Evangelisten und Wandermissionare

Neben die Zeugnisbereitschaft der ganzen Gemeinde trat von Anfang an die Tätigkeit einzelner Missionare. Die Aussendungsreden und Missionsbefehle in den Evangelien lassen darauf schließen, daß Wanderprediger und Evangelisten weiter durchs Land zogen. Könnte man bei den Webern und Walkern in den Werkstätten und Frauengemächern noch im Zweifel sein, ob es sich um einfache Christen handelt, die in ihrem normalen Lebensumkreis ihren Glauben bezeugen, oder um Missionare, die gezielt das Glaubensgespräch suchen, zeigt eine andere Stelle in der Auseinandersetzung des Origenes mit Kelsos, daß es auch Christen gegeben hat, die sich in besonderer Weise oder sogar ausschließlich um die Gewinnung neuer Glaubensmitglieder gemüht haben. Kelsos erwähnt christliche Propagandisten, die auf dem Markt die unsinnigsten Dinge verkünden, Kollekten veranstalten und versuchen, sich bei Jugendlichen, Dienstboten und einfältigen Leuten in Szene zu setzen (Contra Celsum 3,50). Ebenso berichtet er über das Treiben christlicher Missionare in Phönizien und Palästina:

„Eine Menge irgendwelcher Leute treibt sich da in den Heiligtümern oder in deren Umgebung herum, andere suchen bettelnd die Städte oder Militärlager auf und tun, als ob sie gotterfüllte Propheten wären. Jeder einzelne pflegt ohne Umschweife zu erklären: ‚Ich bin Gott oder der Sohn Gottes oder der göttliche Geist. Ich komme zu euch, denn jetzt geht die Welt zugrunde, und ihr, o Menschen, werdet verderben wegen eurer Ungerechtigkeiten. Ich aber will euch retten, und ihr werdet mich bald wiedersehen, mit himmlischer Kraft heraufziehend. Selig der, der mich jetzt anbetet; den anderen aber, den Städten und Ländern, schleudere ich das ewige Feuer entgegen. Und die Menschen, die ihre Strafe nicht begreifen, werden vergeblich Reue empfinden und stöhnen. Die aber, die mir gehorchen, werde ich in Ewigkeit bewahren'. Dergleichen verkündigend fügen sie noch Unbegreifbareres und Verrückteres und völlig Unverständliches hinzu, Dinge, deren Sinn kein vernünftiger Mensch zu entdecken vermag. Denn es ist unklar und nichtig und gibt jedem Ungebildeten und Zauberer jede Handhabe, es für seine eigenen Absichten zu verwenden, wie er gerade will" (7,9).

Kelsos dürfte hier einiges verwechselt haben. Die Missionare werden sich – von einigen Übertreibungen einmal abgesehen (vgl. Simon Magus S. 140) – nicht selbst als Gott oder Sohn Gottes bezeichnet haben. Aber was Kelsos ihnen in den Mund legt, erinnert trotz Verzerrung doch deutlich an Worte Jesu im Evangelium. Und mit dem Bekenntnis zur Gottheit Jesu, seiner baldigen Wiederkunft und dem drohenden Gericht werden die Missionare ihre Verkündigung im wesentlichen bestritten haben, draußen auf der Straße, an Wallfahrtsorten, bei Militärlagern, überall dort, wo Leute zusammenströmten. Weit entfernt vom Treiben heutiger Sektenprediger mutet die Szene nicht an; aber eine missionierende Kirche macht wohl niemals einen abgeklärten Eindruck. Will sie Fernstehende gewinnen, muß sie etablierte Ordnungen verlassen und auf die Straße gehen.

Nicht mehr Kelsos referierend, sondern selbst positiv darlegend berichtet Origenes noch, wie viele Christen eifrig bemüht waren, ihre Lehre überall zu verbreiten.

„Daher machen es sich einige förmlich zu ihrer Lebensaufgabe, nicht nur von Stadt zu Stadt, sondern auch von Dorf zu Dorf und von Gehöft zu Gehöft zu wandern, um auch andere für den Glauben an Gott zu gewinnen" (Contra Celsum 3,9).

Man begnügte sich nicht mit zufälligen Bekehrungen, sondern trieb die Glaubensverbreitung aktiv weiter, nicht nur in der Stadt, sondern auch auf dem flachen Land. Es scheint dafür Berufsmissionare gegeben zu haben, die ohne amtlichen Auftrag, charismatisch erweckt, ähnlich den frei wirkenden Lehrern in den großen Städten ihre Tätigkeit ausgeübt haben. Ihr Wirken war nicht immer problemlos. So berichtet die Didache von Wanderaposteln, die im Vergleich mit anderen kirchlichen Funktionären, aber auch mit durchreisenden Glaubensbrüdern geradezu mißtrauisch betrachtet werden.

„Jeder Apostel, der zu euch kommt, soll aufgenommen werden wie der Herr; er soll aber nicht länger als einen Tag bleiben, wenn es nötig ist, noch den zweiten; wenn er aber drei Tage bleibt, ist er ein falscher Prophet. Wenn der Apostel weggeht, soll er nur Brot mitnehmen, bis er wieder einkehrt. Wenn er aber Geld verlangt, ist er ein falscher Prophet. Und jeden Propheten, der im Geiste redet, sollt ihr nicht prüfen noch richten; denn jede Sünde wird vergeben werden, diese Sünde aber wird nicht vergeben werden. Aber nicht jeder, der im Geiste redet, ist ein Prophet, sondern nur, wenn er die Lebensweise des Herrn hat. An der Lebensweise erkennt man den falschen und den richtigen Propheten" (11,4/8).

Da solche Ratschläge und Mahnungen – zumal in einer Schrift wie der Didache, die keine vollständige Kirchenordnung aufstellt, sondern auf konkrete Fragen antwortet – nie ohne Anlaß gegeben werden, beweist die Stelle, daß schon sehr früh mit Mißbräuchen gerechnet werden muß. Den Wanderaposteln wird weniger Aufenthaltszeit in der Gemeinde eingeräumt als einfachen Mitchristen, die immerhin zwei bis drei Tage bleiben dürfen (ebd. 12,1f). Erstaunlich nüchtern wird das Kriterium zur Beurteilung charismatischer Prediger angegeben. Auch wenn die Gemeinde den Inhalt prophetischer Rede nicht beurteilen kann und darf, die Lebensweise des Predigers muß mit seinem Wort übereinstimmen, oder er ist ein „Lügenprophet". Origenes hat mögliche Gefahren ebenfalls gekannt, wie aus seiner Abwehr ungerechtfertigter Verdächtigungen hervorgeht:

„Man wird nicht sagen können, daß die Missionare dies des Gewinnes wegen täten, da sie bisweilen nicht einmal so viel nehmen wollen, als sie zur Nahrung brauchen; und wenn der Mangel sie einmal zwingt, etwas anzunehmen, so begnügen sie sich mit der Befriedigung der dringendsten Bedürfnisse, wenn man sie auch mal genießen lassen und über ihre Bedürfnisse hinaus versorgen will. Jetzt freilich [Origenes schreibt bereits gegen Mitte des 3. Jhs.], wo bei der großen Zahl der Personen, die zum christlichen Glauben übertreten, einige reiche und hochgestellte Männer und zartfühlende, edle Frauen den Glaubensboten gastliche Aufnahme gewähren, wird vielleicht jemand zu behaupten wagen, daß einige aus Verlangen nach eitlem Ruhm die Unterweisung im Christentum besorgten. In den ersten Zeiten freilich, wo gerade den Predigern des Glaubens große Gefahr drohte, konnte man einen solchen Argwohn nicht mit Grund hegen. Ebenso ist heutzutage die Geringschätzung, mit welcher ihnen Andersdenkende begegnen, größer als die Ehre, die ihnen die Glaubensgenossen – und nicht einmal alle – erweisen" (Contra Celsum 3,9).

Die Anfänge der Mission brauchen nicht nostalgisch verklärt zu werden. Sie geschah weithin unorganisiert und spontan durch Glaubensboten, die sich zu diesem Werk gedrängt fühlten, noch mehr durch Christen, die ihre Heimat verlassen oder ihren Wohnort wechseln mußten. Reisende, Kaufleute, Soldaten, auch Gefangene[314] und Sklaven werden zu Recht als wichtige Träger der Glaubensverbreitung gesehen, auch wenn sie nicht als Missionare im engeren Sinn gewirkt haben. Die politische Stabilität der *pax romana,* die Leichtigkeit der sprachlichen Verständigung[315] sowie ein ausgedehntes Straßennetz und die damit gegebenen Reisemöglichkeiten haben zur Verbreitung des Evangeliums beigetragen und zugleich die Verbindung der Gemeinden untereinander ermöglicht.

– Bekehrungspredigt

Wodurch Menschen zum Glauben geführt wurden, ob durch die Kraft der Argumente, das Beispiel christlichen Lebens oder die Feier des Gottesdienstes, läßt sich allgemein nicht beantworten. Über die Bekehrung einfacher Menschen gibt es keine schriftlichen Nachrichten, und die Bekehrungsberichte von Justin (dial. 2,3/6), Klemens von Alexandrien (strom. 1,1,11) oder Cyprian (ad Donatum 3f) sind zu stark literarisch stilisiert, als daß sie genaue Auskunft über den Bekehrungsvorgang geben könnten. In vielen Fällen wird die persönliche Begegnung mit anderen Christen der eigenen Entscheidung vorausgegangen sein.

Neben der apologetischen Literatur und den Märtyrerakten, in denen eine Fülle von Argumenten angeführt wird, die für die Wahrheit des Glaubens werben, gibt es eine Anzahl schriftlicher Zeugnisse, die typische Merkmale der Bekehrungspredigt enthalten. Ein eindrucksvolles Beispiel bietet bereits die Areopagrede des Paulus (Apg 17), bei der man davon ausgehen kann, daß es sich um eine „ideale Szene" und nicht um das Stenogramm einer Paulispredigt handelt. Lukas beginnt mit der Unwissenheit der Heiden, die den wahren Gott nicht kennen, ihn aber im Standbild des unbekannten Gottes zu verehren suchen. Er kann nicht sofort wie Paulus in seinen echten Briefen auf die alttestamentlichen Beweise für Messianität und Auferstehung Jesu zu sprechen kommen, sondern muß von den philosophischen Voraussetzungen seiner Hörer ausgehen. Darum bringt er ein Zitat aus dem heidnischen Philosophen Aratus, Phaenomena 5, und konzentriert sich zunächst ganz auf die Übereinstimmung zwischen alttestamentlich-christlicher und philosophischer Gotteslehre, in der es etliche Berührungspunkte gab. Die Predigt konnte aber nicht beim ersten Glaubensartikel stehenbleiben; sie mußte von Christus und seiner Auferstehung sprechen (vgl. Apg 17,31). Da die Christologie nicht in den Übereinstimmungsversuch mit einbezogen werden konnte, war das Gespräch des Paulus mit den Athenern zu Ende. Paulinisch wiederum ist die lukanische Forderung, die Unwissenheit nicht durch Erkenntnis zu ersetzen, sondern durch Buße *(metanoia)* (vgl. Apg 17,30)[316].

Bereits die Areopagrede eröffnet das Problem, in welchem Maß die missionierende Kirche in den Vorstellungen ihrer heidnischen Zuhörer sprechen darf. Festzuhalten bleibt, daß Lukas die Botschaft von der Auferstehung als Stein des Anstoßes stehengelassen hat. Genau so konnte Paulus, der mit der gesetzesfreien Verkündigung des Evangeliums den Heiden ein Heide geworden war, Christus nicht anders predigen als den Gekreuzigten (1 Kor 2,1/5; Gal 3,1). Kern seiner Missionspredigt blieb das Wort vom Kreuz, das den Weg des Menschen zu Gott unter die Bedingungen von Schuld und Gnade stellt und nicht als Ergebnis des Willens oder der Einsicht im jüdischen oder philosophisch-gnostischen Sinn betrachtet. D.h. wie sehr die Verkündigung auch den Voraussetzungen der Hörer angepaßt ist, es kommt unweigerlich die Grenze, an der die Offenbarung Gottes zum

Skandalon wird, bei der nicht mehr argumentiert werden kann, sondern die Entscheidung, Zustimmung oder Ablehnung, herbeigeführt werden muß. Das ist spätestens der Fall, wenn der christliche Missionar von Tod und Auferstehung Jesu spricht.

Die Missionspredigt hat die Hauptinhalte der christlichen Botschaft zur Sprache zu bringen ohne Rücksicht auf ihre Vermittelbarkeit. Ihr Ziel ist weniger intellektuelle Einsicht als vielmehr willentliche Zustimmung. Darum läuft Klemens in Rom hinter dem Apostel Barnabas her, weil dessen

> „Worte nicht bloßer rhetorischer Aufputz waren, sondern er schlicht und ohne Umschweife darlegte, was er vom Gottessohn gehört oder gesehen hatte. Seine Behauptungen untermauerte er nämlich nicht mit plausiblen Beweisgründen, sondern führte für die Reden und Wunderdinge, die er verkündete, zahlreiche Zeugen auch aus dem Kreis der Umstehenden vor".

Barnabas selbst ist der Überzeugung:

> „Wir haben den Auftrag, euch die Worte und Wundertaten dessen zu verkünden, der uns gesandt hat, und die Zuverlässigkeit unserer Verkündigung nicht durch künstliche Beweisgründe, sondern durch Zeugen aus euren eigenen Reihen zu bekräftigen... Es liegt in eurer Entscheidung, unsere Predigt anzunehmen oder zu verwerfen" (Ps.-Clementinen, Recog. 1,6,7f)[317].

Die Missionspredigt setzte andere Akzente als die frühchristliche Apologetik. Sie war bekenntnishafter und weniger argumentierend; sie stützte sich weniger auf Gründe, denn auf Zeugen; sie sprach, Furcht und Hoffnung erweckend, mehr das Gemüt als den Verstand an; sie konnte den Kern ihrer Aussagen auf wenige Sätze reduzieren. Wie sich die Botschaft Jesu auf die Verkündigung der nahen Gottesherrschaft (Mt 10,7; Mk 1,15) und die judenchristliche Predigt auf Kreuzestod und Auferstehung Jesu als Messias und sein Wiederkommen zum Gericht (1 Kor 15,4) konzentrieren läßt, so läßt sich auch die Missionspredigt an die Heiden in dem Satz zusammenfassen: „Ihr habt euch bekehrt von den Götzen zu Gott, um dem lebendigen und wahren Gott zu dienen und seinen Sohn vom Himmel her zu erwarten, Jesus, den er von den Toten auferweckt hat und der uns dem kommenden Gericht Gottes entreißt" (1 Thess 1,9f)[318]. Die frühchristliche Verkündigung ist voll von solchen „Kurzformeln" des Glaubens, welche die ersten knapp gefaßten Glaubenssymbola noch beträchtlich unterschreiten. Als der heidnische Präfekt auf dem Richterstuhl Justin nach der christlichen Lehre fragt, antwortet dieser kurz und bündig:

> „Die christliche Gottesverehrung besteht darin, daß wir an einen Gott glauben, der die ganze sichtbare und unsichtbare Schöpfung gemacht und hervorgebracht hat, und an den Herrn Jesus Christus, von dem die Propheten vorherverkündet haben, daß er dem Menschengeschlecht erscheinen werde als Herold des Heils und Lehrer vortrefflicher Lehren" (Acta 2).

Fügte man der Predigt von Gott dem Vater, dem Schöpfer Himmels und der Erde, und Jesus, dem Messias, Richter und Erlöser, noch das Bekenntnis zu Geist, Kirche, Sündenvergebung und Auferstehung des Fleisches hinzu, waren die wesentlichen Punkte genannt, wie sie im berühmten Apostolischen Glaubensbekenntnis der römischen Kirche komprimiert zusammengefaßt sind[319].

Wobei zu erwähnen bleibt, daß dieses *Apostolicum* nicht zu Missionszwecken entstanden ist, sondern einen katechetisch-liturgischen Hintergrund hat. Die Missionspredigt läßt sich ja nicht allein durch Kürze und Einfachheit charakterisieren. Sie hatte von Anfang an das ganze alttestamentliche Erbe im Rücken, konnte sich mit jüdischer Apokalyptik und hellenistischer Philosophie zusammentun und aus einer reichen Überlieferung über Jesus schöpfen.

Als der Apostel Thaddäus König Abgar von Edessa mitteilt, worüber er am folgenden Tag sprechen will, entwickelt er den Plan einer ausführlichen Christuspredigt:

„Ich berichte von dem Erscheinen Jesu, von seiner Sendung, von dem Zweck, zu welchem ihn der Vater geschickt hat, von seiner Kraft, seinen Wundern und den Geheimnissen, die er der Welt mitteilte, in welcher Kraft er diese tat, von seiner neuen Lehre, von seiner Erniedrigung und Demütigung und von der Art, wie er sich demütigte, seine Gottheit ablegte und verkleinerte, von seiner Kreuzigung, seinem Abstieg in den Hades, vom Durchbrechen des Zaunes, der von Ewigkeit nicht durchbrochen wurde, von der Auferweckung der Toten und davon, daß er, während er allein herabgestiegen war, in Begleitung einer großen Schar zu seinem Vater auffuhr" (Eusebius, Kirchengeschichte 1,13,20)[320].

Aber die Quintessenz noch so wuchernder und die Phantasie der Zuhörer beflügelnder Erzählungen ließ sich auf ein paar einfache Grundwahrheiten und ethische Forderungen zurückführen. Und aufs Ganze gesehen war die Missionspredigt nicht einmal das wichtigste Moment im Bekehrungsvorgang. Schon gegen Ende des 2. Jhs. erhält die innergemeindliche Katechese das größere Gewicht. Bei vielen Predigten dieser Zeit läßt sich nicht mehr festlegen, ob sie auf die Bekehrung von Heiden oder auf die Bußerneuerung von Christen zielen. Bekehrung geschah durch die Ausstrahlungskraft der Gemeinden, in deren Leben und karitatives Tun Außenstehende einbezogen wurden, bevor sie neben dem Versprechen der Sündenvergebung auch in den sakramentalen Genuß dieser Verheißung kamen. Am häufigsten wird das persönliche Beispiel Menschen erweckt haben, die für eine alternative Lebensweise aufgeschlossen waren, welche nicht auf einem schwierigen philosophisch-theologischen System, sondern auf ein paar religiösen Grundüberzeugungen aufruhte.

2. Ausbreitung

2.1 Zahlen und Vergleiche

Die schnelle Ausbreitung der Kirche schlägt sich eindrucksvoll in den Orten nieder, in denen sich christliche Gemeinden nachweisen lassen; gegen Ende des 1. Jhs. können bereits an die sechzig Namen von Städten oder

Landschaften genannt werden. Palästina, Syrien, Kleinasien, Mazedonien und Kreta erscheinen in den neutestamentlichen Schriften, in Italien kommen Pozzuoli (Apg 28,13f) und Rom hinzu. Im westlichen Text der Apostelgeschichte wird Alexandrien erwähnt, aus dem Apollos stammte, der „in seiner Heimat" (Apg 18,24f) den Glauben empfangen haben soll. Schon früh erreicht die christliche Botschaft Gallien und Spanien. In Gallien hat das Gebiet der Rhônemündung (Marseille) seit jeher in engem Kontakt zu Kleinasien gestanden. Daß griechische Kaufleute noch im 1. Jh. den christlichen Glauben in dieses Gebiet gebracht haben, ist daher höchst wahrscheinlich, wenn auch die Nachricht vom Wirken des auferweckten Lazarus und seiner beiden Schwestern Martha und Maria Magdalena in diesem Gebiet Legende sein dürfte. Spanien wird bereits im Zusammenhang mit Paulus und von Paulus selbst erwähnt (Röm 15,24.28; 1 Klem 5,7; Muratorisches Fragment). Im 2. Jh. kommen Nachrichten über weitere Gemeinden in Griechenland, Kleinasien, Syrien und weiter östlich in Edessa und Mesopotamien, in Dalmatien, Illyrien, Italien (Syrakus auf Sizilien, Neapel), in Nordafrika (mit Karthago, Scilli und Madaura), Gallien (Lyon, Vienne), Germanien und Spanien hinzu. Auch in Ägypten sind Christen seit dem frühen 2. Jh. durch Papyrustexte sicher bezeugt.

Da die Gemeinden in den meisten Orten winzig klein gewesen sein werden, sollte man die Zahl der Christen jedoch nicht überschätzen. Sie blieben bis ins 4. Jh. hinein eine z.T. verschwindende Minderheit. Tertullian spricht zwar am Beginn des 3. Jhs. von vielen Tausenden, Männern und Frauen, die sich vor dem Tribunal des Prokonsuls versammeln könnten (ad Scapulam 5), und behauptet:

„Wir sind zwar erst von gestern und doch haben wir schon den Erdkreis und all das eurige erfüllt, die Städte, Inseln, Kastelle, Munizipalstädte, Ratsversammlungen, sogar die Heerlager, Zünfte, Dekurien, den Palast, den Senat und das Forum; wir haben euch nur die Tempel gelassen" (apol. 37,4f)[321].

Bei dieser Behauptung durfte es sich jedoch um eine apologetische Übertreibung handeln, die nur bekräftigen will, daß inzwischen in allen Städten und an allen Orten Christen anzutreffen sind[322]. Origenes wenig später ist in seinen Zahlenangaben viel bescheidener [323]. Als Gregor Thaumaturgos um 240 als Bischof nach Neocaesarea kam, sollen dort in Stadt und Umgebung nicht mehr als siebzehn Christen gelebt haben[324].

Statistische Angaben über die Zahl der Christen in verschiedenen Regionen zu verschiedenen Zeiten machen zu wollen, ist nicht nur schwierig, sondern schier unmöglich. Absolute Zahlen, die genannt werden (im Abendland am Ende des 1. Jhs. wenige Tausend, Ende des 2. Jhs. einige Zehntausend, Ende des 3. Jhs. etwa zwei Millionen, im dichter besiedelten Osten entsprechend mehr), sind unbeweisbar und bezeugen nur den Mut eines Historikers, sich festzulegen[325]. Aber auch relative Zahlen lassen sich auf das ganze Imperium bezogen nur schwer angeben und schwanken entsprechend für die diokletianische Zeit zwischen fünf und zwanzig Prozent der

Gesamteinwohnerzahl[326]. Etwas genauere Angaben können höchstens für kleine, umgrenzte Gebiete gemacht werden. Aber selbst wenn ein glücklicher Umstand eine präzise Zahl überliefert hat, bleiben erhebliche Unsicherheiten. Wenn z.B. für die römische Gemeinde unter Kornelius die Zahl der Bedürftigen mit ungefähr 1500 angegeben wird (vgl. S. 172), bleibt die Frage, wie diese Angabe auf die Zahl der Gemeindemitglieder hochgerechnet und dann noch einmal prozentual mit der gesamten stadtrömischen Bevölkerung verglichen werden kann.

Die entscheidende Expansion der christlichen Bevölkerung dürfte erst nach Kaiser Konstantin erfolgt sein. Bis dahin bildeten Christen eine Minderheit im Reich. Ungleich größer wird der Einfluß gewesen sein, der von ihnen ausgegangen ist. Anders sind die Anfeindungen des Staates und auch die im 2. Jh. einsetzende philosophische Kritik nicht zu verstehen. Nicht nur die Christen selbst, auch ihre Gegner scheinen die Kirche als aufstrebende und dynamisch wachsende religiöse Gemeinschaft betrachtet zu haben. In sie strebten gegen Ende des 3. Jhs. alle hinein, denen Gottesverehrung, Sittlichkeit und religiöse Erkenntnis etwas bedeuteten.

Mit ihrem schnellen Wachsen steuerte die Kirche allerdings auch auf eine Gefahr zu, die am bündigsten mit dem Schlagwort „Antike und Christentum" umschrieben werden kann. Die Kirche bewahrte in ihrer Verkündigung zwar die großen Paradoxe des Glaubens: Menschwerdung Gottes und seinen Tod am Kreuz, Weltuntergang, Gericht und die Auferstehung des Fleisches, im übrigen aber schmiegte sie sich den natürlichen Bedürfnissen der Menschen an und umfing alles, was religiösem Sehnen wertvoll und erstrebenswert erschien. Die Probleme, die dieser missiologisch gesehen sicherlich notwendige Prozeß der Assimilation heraufbeschwor, wurden schon bald virulent, als nicht nur echte Bekehrungsimpulse, sondern auch Opportunitätsgründe nach der „Konstantinischen Wende" bei der Hinwendung zum Glauben eine Rolle spielten.

2.2 Kirchliche Regionen und Zentren

Ausmaß und Tempo der Glaubensverbreitung sind in den verschiedenen Regionen des Imperiums unterschiedlich verlaufen.

– Palästina/Syrien

Über die judenchristliche Mission, die sich ein wenig zögernd nach Transjordanien hin entwickelte (Pella), wurde schon gesprochen (vgl. S. 59f). Im anschließenden Syrien verstärkten sich die apostolischen Gemeinden in Damaskus, Tyrus und Sidon. Auch das Ansehen von Antiochien wuchs weiter, besonders durch seinen berühmten Bischof Ignatius. Einzelne Mitglieder der heidnischen Oberschicht dürften im Verlauf des 2. Jhs. gewonnen worden sein, wie die an einen Autolykos gerichteten (apologetischen) Schriften des um 180 schreibenden Bischofs Theophilus beweisen. Den kirchlichen Rang Antiochiens belegt eine Synode im Jahr 251, an der nach Auskunft des Bischofs Dionysius von Alexandrien neben Demetrianus von Antiochien die Bischöfe von Caesarea, Aelia (Jerusalem), Tyrus und weitere Bischöfe Kleinasiens teilnahmen; dabei hat Dionysius nur die angesehensten genannt, um die Liste nicht zu lang werden zu lassen (Eusebius, Kirchengeschichte 6,46; 7,5,1f).

Ein wichtiges Missionszentrum entstand in Ostsyrien, in der Landschaft Osroëne, mit Edessa als Mittelpunkt. Die Legende, daß bereits König Abgar mit Jesus korrespondiert und der Apostel Thomas (oder Thaddäus) in der Stadt gewirkt habe (Eusebius, Kirchengeschichte 1,13), weist auf den frühen Beginn und den Erfolg des Christentums hin, das nach der Bekehrung des Königshauses um 200 gleichsam „Staatsreligion" geworden war. Da es einen stark judenchristlichen Einschlag und gnostisierende Tendenzen aufwies, ist von den Anfängen nicht viel erhalten geblieben.

– Ägypten

Besonders dunkel sind die Anfänge der Kirche Ägyptens, die dann vom 3. Jh. an eine so wichtige Rolle in der Kirchengeschichte des Altertums gespielt hat. Die Gründung der Gemeinde durch Markus, den Schüler des Petrus, ist eine späte Legende, die den Makel kompensieren sollte, daß die ägyptische Kirche ihren apostolischen Ursprung nicht sicher nachweisen konnte. Die Stellung, die sie trotzdem erreichte, beweist, daß letztlich die Hauptstadtfunktion den Rang einer Gemeinde bestimmte, nicht (allein) der apostolische Ursprung.

Die ältesten Nachrichten für ein Christentum am Nil enthalten Papyrusfragmente aus dem 1. und 2. Jh., darunter der berühmte Papyrus 52 mit Bruchstücken von Joh 18,31/3 um 130. Wahrscheinlich war das Christentum ähnlich wie in Edessa anfänglich häretisch gefärbt, vom Standpunkt der späteren Entwicklung aus betrachtet[327]. Das mag der Grund dafür sein, daß von den Anfängen so wenig bekannt geblieben ist. Die frühesten Zeugnisse sind untergegangen, weil sie von der sich später zur Orthodoxie gewandelten Gemeinde nicht aufbewahrt worden sind. Erst mit Bischof Demetrius (188/231) tritt das kirchliche Christentum historisch in Erscheinung; etwas früher beginnen die Nachrichten über die alexandrinische Schule mit Pantaenus als erstem bedeutenden Lehrer. Im 3. Jh. gingen aus ihr so berühmte Theologen wie Klemens und Origenes hervor.

– Griechenland/Kleinasien

Weiter aufgeblüht sind die Gemeinden in Griechenland und Kleinasien. Die im Plinius-Brief (vgl. S. 102) bezeugte Verbreitung des Christentums unter der Landbevölkerung in Bithynien darf auch für andere Provinzen angenommen werden. Der Briefverkehr des Bischofs Dionysius von Korinth um 170 macht mit einer ganzen Reihe neuer Gemeinden bekannt, deren Namen hier zum ersten Mal genannt werden, auf Kreta etwa in Gortyna und Knossos (Eusebius, Kirchengeschichte 4,23, 5/7). Die Gemeinden in Kleinasien waren so dicht gesät, daß in der zweiten Hälfte des 2. Jhs. bereits Bischofssynoden zusammentreten konnten, um Maßnahmen gegen den Montanismus zu beraten, was bei dieser im ländlichen Bereich verwurzelten Bewegung ebenfalls auf eine intensive Christianisierung schließen läßt (vgl. S. 129). Im 3. Jh. ist in Kappadokien bereits die Übung jährlicher Bischofsversammlungen bekannt (Firmilian bei Cyprian, ep. 75,4). Für die Zeit der diokletianischen Verfolgung rechnet Eusebius mit gänzlich christianisierten Ortschaften. Er berichtet:

„Soldaten umzingelten ein ganzes von Christen bewohntes Städtchen in Phrygien, warfen Feuer hinein und verbrannten die Insassen samt Frauen und Kindern, die da laut zu Gott, der über allem ist, um Hilfe riefen. Denn die gesamte Einwohnerschaft, der Schatzmeister selbst und die Beamten nebst dem Rat und dem ganzen Volk, bekannten sich zu Christus und gehorchten in keiner Weise dem Befehle, den Götzen zu opfern" (8,11,1)[328].

– Nordafrika

Für die nordafrikanische Kirche gilt wie für die ägyptische, daß ihre Anfänge im dunkeln liegen. Dabei verleiht gerade sie der frühchristlichen Entwicklung von Anfang an einen besonderen Akzent. In Nordafrika bildete sich ein lateinisches Christentum heraus, während die übrige Kirche in Ost und West, einschließlich Roms, noch griechisch dachte und betete. Aus Nordafrika stammen die ersten Versuche einer lateinischen Bibelübersetzung. Das früheste sichere Dokument aus Nordafrika sind die Akten der Märtyrer von Scilli, die im Juli 180 hingerichtet wurden; ihnen folgten bald weitere. Als der Prokonsul die Scillitaner fragte, was sie da in ihrem Behälter bei sich trügen, antwortete einer von ihnen, Speratus: „Bücher und Briefe des Paulus, eines gerechten Mannes" (Acta 10). Eine solche Nachricht aus einer vergleichsweise kleinen und unbedeutenden Gemeinde – von der heute nicht einmal mehr mit Sicherheit bekannt ist, wo sie gelegen hat[329] – läßt darauf schließen, daß die Mission in Nordafrika schon vor 180 begonnen und weit um sich gegriffen hatte. Dieselben Rückschlüsse lassen sich aus Tertullians Schriften ziehen, der um die Wende vom 2. zum 3. Jahrhundert die Gemeinde von Karthago beschreibt, ebenso aus der Nachricht, Bischof Agrippinus habe um 220 bereits 70 Bischöfe zu einer Synode zusammengerufen[330].

– Westliche Provinzen

In Gallien ist Irenäus von Lyon, griechischer Kleinasiate auf vorgeschobenem Missionsposten im keltischen Gebiet, die überragende Figur. Wichtig für die Anfänge der Kirche in Germanien ist eine Notiz in adv. haer. 1,10,2, in der es Irenäus um die Einheit der Verkündigung geht:

„Nun wohl, diese Botschaft und diesen Glauben bewahrt die Kirche, wie sie ihn empfangen hat, obwohl sie, wie gesagt, über die ganze Welt zerstreut ist, sorgfältig, als ob sie nur eine Seele und ein Herz hätte, und verkündet und überliefert ihre Lehre so einstimmig, als ob sie nur einen Mund besäße. Und wenngleich es auf der Welt verschiedene Sprachen gibt, so ist doch die Kraft der Überlieferung ein und dieselbe. Die in den Germanien gegründeten Kirchen glauben und überliefern nichts anderes als die in Spanien oder bei den Kelten, die im Orient oder in Ägypten, die in Libyen oder in der Mitte der Welt."

Oft besitzen solche topographischen Aufzählungen nur einen geringen historischen Wert, weil sie mehr Rhetorik als Geographie enthalten. Bei der Aufzählung des Irenäus fällt jedoch auf, daß er korrekt von „den Germanien" im Plural spricht, was mit der Aufteilung Germaniens in die Provinzen *Germania superior* und *inferior* seit Domitian übereinstimmt. *Ekklesiai*, die den Glauben offiziell tradieren, weisen zudem auf Bischofskirchen hin, die man also um 185, wahrscheinlich schon etwas früher, in einigen der großen Römerstädte am Rhein, vielleicht in Köln und Mainz, annehmen darf. Auch in Trier kann mit der Gründung einer Gemeinde in vorkonstantinischer Zeit gerechnet werden. Sichere Nachrichten mit genauen Namen gibt es für das gesamte Rhein-Mosel-Gebiet allerdings erst vom Beginn des 4. Jhs. an. Daß es auch im Bonner Legionslager und in der an das Lager angelehnten Siedlung ab dem 2./3. Jh. Christen gegeben hat, ist wahrscheinlich. Das früheste Zeugnis ist archäologischer Natur: die sogenannte *Cella memoriae*, d.h. eine Gedenkstätte, in der das Gedächtnismahl *(refrigerium)* für verehrte Tote (Märtyrer) begangen werden konnte, unter der Bonner Münsterkirche. Auch wenn sie nicht – wie zuerst angenommen – um 260, sondern erst am Anfang des 4. Jhs. entstanden ist[331], darf mit Christen schon vor ihrer Errichtung gerechnet werden.

Italien und Rom

Rasche Fortschritte hat die Christianisierung Italiens gemacht. Wie Bischof Kornelius (251/3) berichtet, versammelte sich zur Verurteilung des Novatian in Rom „eine mächtige Synode von sechzig Bischöfen und eine noch größere Zahl von Priestern und Diakonen". Da er auch die Namen und Kirchen der Bischöfe angibt, die an den Beratungen in Rom nicht teilgenommen, den Beschlüssen jedoch zugestimmt haben, kann man von einhundert Bischofskirchen oder mehr in Italien ausgehen (vgl. Eusebius, Kirchengeschichte 6,43,1.21f)[332].

Unbestrittenen Vorrang nicht nur in Italien, sondern in der gesamten Ökumene hat schon früh Rom gewonnen. Die römische Gemeinde, die als erste unter Nero so schwer gelitten hatte, muß sich, wie der 1. Klemensbrief beweist, schnell erholt haben und auch durch die möglichen Verfolgungen unter Domitian nicht gelähmt worden sein. Sie besaß seit Ende des 1. Jhs.

einen „faktischen Primat" in der Christenheit[333]. Sie galt als die von Petrus und Paulus gegründete Gemeinde, die bald zur Norm des kirchlichen Glaubens wurde. Wenn man im 2. Jh. begann, zwischen Orthodoxie und Häresie genauer zu unterscheiden, dann vornehmlich am Maßstab des Glaubens der Römer. Wahrscheinlich gehen das Apostolische Glaubensbekenntnis und der Rekurs auf die apostolische Nachfolge der Bischöfe, die *successio apostolica,* auf römischen Brauch zurück.

Die römische Gemeinde hat sich anscheinend wenig um die aktive Verbreitung des Glaubens gekümmert; Rom war keine Missionszentrale, trotzdem bald Mittelpunkt der Kirche. Man muß sich nur einmal die Liste bekannter Namen von einflußreichen Christen aus aller Welt vergegenwärtigen, die im 2. Jh. – aus welchen Gründen auch immer – nach Rom reisten: Ignatius von Antiochien, Polykarp von Smyrna, Irenäus, Hegesipp, Justin, Tatian, Aberkios, Markion, Valentin, Sabellius und Theodotos, um die Anziehungskraft seiner Gemeinde zu ermessen.

In vielerlei Nöten wandte man sich an Rom, das nicht nur mit Worten und guten Ratschlägen, sondern nach Kräften auch mit materieller Unterstützung half. Bischof Dionysius von Korinth bezeugt:

„Von Anfang an hattet ihr den Brauch, allen Brüdern auf mannigfache Weise zu helfen und vielen Gemeinden in allen Städten Unterstützungen zu schicken. Durch die Gaben, die ihr von jeher geschickt habt, da ihr als Römer einen überlieferten römischen Brauch festhaltet, erleichtert ihr die Armut der Dürftigen und unterstützt ihr die in den Bergwerken lebenden Brüder. Euer heiliger Bischof Soter hat diesen Brauch nicht nur festgehalten, er hat ihn auch noch erweitert, sofern er sowohl reichliche Gaben an die Heiligen verteilt als auch die [nach Rom] kommenden Brüder wie ein liebender Vater seine Kinder mit frommen Worten tröstet" (Eusebius, Kirchengeschichte 4,23,10)[334].

Tatsächlich sind Unterstützungen bekannt, die nach Korinth und an Gemeinden in Arabien, Kappadokien und Mesopotamien gegangen sind (vgl. S. 248). Auf diesem Hintergrund bekommt das viel diskutierte Wort des Ignatius im Prooemium seines Römerbriefes, Rom sei die „Vorsteherin des Liebesbundes", seinen realen Sinn. Ignatius behauptet damit keinen Jurisdiktionsprimat Roms am Beginn des 2. Jhs., wohl einen Vorrang in der Karitas, dessen sich die unterstützten Gemeinden noch Jahrhunderte später erinnert haben. Nach Rom kamen immer wieder Christen aus entlegenen Gebieten des Reiches und wurden gastfreundlich aufgenommen. Der Zusammenhang zwischen den Gemeinden, der rechtlich-disziplinär noch wenig fixiert war, mag größtenteils auf solche Besuche zurückgehen. Die Römer hörten von den Nöten und Sorgen neuer Gemeinden, von denen sie bisher noch nichts vernommen hatten, und die Besucher fühlten sich geehrt, daß sie so herzlich der *communio* der berühmten apostolischen Gemeinde Roms gewürdigt wurden. Wenn sie dann wieder abreisten, vielleicht noch mit einer Gabe für ihre Gemeinde bedacht, was lag näher, als daß sie zu Hause erzählten, wie die römische Gemeinde lebte, ihren Gottesdienst feierte und welches Glaubensbekenntnis sie bezeugte. Daß kleine Gemeinden am Rande nachzuahmen versuchten, was sie von der *auctoritas apostolica* der Römer vernommen hatten, ist nur zu verständlich. So ist die karitative Tätigkeit Roms, ob gewollt oder ungewollt, ein nicht zu unterschätzender Faktor in der zentripetalen Bewegung auf die Einheit der Kirche hin geworden.

Die Anerkennung römischer Weisungsbefugnis war damit noch nicht gegeben. Das beweist der Osterfeststreit, in dem der römische Bischof Viktor nachgeben mußte (vgl. S. 179; 221). Eine theologisch-rechtliche Absicherung der römischen Ansprüche begann im sogenannten Ketzertaufstreit zwischen Cyprian von Karthago und Stephan von Rom (254/7), bei dem erstmalig auch die Verheißung Christi an Petrus eine Rolle spielte: „Du bist Petrus, und auf diesen Felsen werde ich meine Kirche bauen, und die Mächte der Unterwelt werden sie nicht überwältigen" (Mt 16,18). An sie konnte die spätere Primatslehre dogmatisch anknüpfen, als der faktische Vorrang Roms längst anerkannt war.

Anmerkungen

* Die Abkürzungen folgen S. SCHWERTNER, Internationales Abkürzungsverzeichnis für Theologie und Grenzgebiete (Berlin ²1992).

1. A. WIKENHAUSER, Die Apostelgeschichte³ = RNT 5 (Regensburg 1956) 290f.
2. Übersetzung nach RITTER 6.
3. Die Stelle bei Tacitus (ca. 61/62–120 n.Chr.) bietet ein außerbiblisches Zeugnis für die Existenz Jesu, die in der historischen Forschung auch nicht mehr in Frage gestellt wird. Weitere Zeugnisse finden sich bei Josephus, Antiquitates 20,9,1 und (mit Einschränkung) 18,3,3; Sueton, Vitae Caesarum, Claudius 25,3 und Nero 16,3; Plinius der Jüngere, ep. 10,96f; vgl. Scriptorum paganorum I–IV saec. de Christianis testimonia² = Textus minores 2 (Leiden 1965); L. HERRMANN, Chrestos. Témoignages paiens et juifs sur le Christianisme du premier siècle = Latomus 109 (Bruxelles 1970). Zu Josephus vgl. W.A. BIENERT, Das Zeugnis des Josephus (Testimonium Flavianum) : SCHNEEMELCHER, Apokryphen 1, 387/9.
4. VIELHAUER, Urchristliche Literatur 141.
5. Vgl. J. KREMER, Das älteste Zeugnis von der Auferstehung Christi = SBS 17 (Stuttgart 1966) 72f; KRAFT, Entstehung 211, denkt an den Tempelbesitz von Jerusalem.
6. Einen zusammenfassenden Bericht über die exegetische Jerusalem/Galiläa-Diskussion bei FISCHER, Ostergeschehen 45/55.
7. H. WALDENFELS, Kontextuelle Fundamentaltheologie (Paderborn u.a. ²1988) 262.
8. E. DASSMANN, Kirchengeschichte – Last oder Ermutigung für den Glauben : Der Christ und die Geschichte seiner Kirche. Hrsg. v. H.H. HENRIX u. H.D. RAUH = ABPB 9 (Aachen 1978) 56/9.
9. Als Beispiel für eine historische Annäherung an das Ostergeschehen vgl. H. VON CAMPENHAUSEN, Der Ablauf der Osterereignisse und das leere Grab = SHAW.PH 4, 1952,4 (Heidelberg ³1966).
10. KRAFT, Entstehung 221.
11. E. SCHWEIZER, Pneuma : ThWNT 6 (1959) 403/50.
12. J. KREMER, Pfingstbericht und Pfingstgeschehen = SBS 63/4 (Stuttgart 1973) 238/53.
13. HAENCHEN 135.
14. KRAFT, Entstehung 215f.
15. CONZELMANN 48; bis zu 60.000 Einwohner vermutet J. JEREMIAS, Jerusalem zur Zeit Jesu (Göttingen ³1962) 96.
16. HAENCHEN 207; M. HENGEL, Die Zeloten (Leiden/Köln 1961) 235f.
17. LOHSE 51/85.
18. CONZELMANN 17/20.
19. Übersetzung nach KRAFT, Eusebius 142.
20. VON CAMPENHAUSEN, Bibel (S. 151) 17/24.
21. DASSMANN, Stachel (S. 123) 103/5.
22. Vgl. DANIÉLOU (S. 54).
23. W. RORDORF, Was heißt: Petrus und Paulus haben die Kirche in Rom „gegründet"? : Unterwegs zur Einheit. FS Heinrich Stirnimann (Freiburg/Schweiz 1980) 609/16.
24. Für das Folgende vgl. SCHILLE, Mission 320/39.
25. HAENCHEN (S. 15) 308.
26. O. PASQUATO, Antiochia di Siria I u. VI : Dizionario Patristico 1 (1983) 228; 243/6; J. KOLLWITZ, Antiochia am Orontes : RAC 1 (1950) 461/5.
27. H. KARPP, Christennamen : RAC 2 (1954) 1131f.
28. KASTING 125/31.
29. H. SCHLIER, Der Römerbrief = HThK 6 (Freiburg 1977) 3f.
30. CONZELMANN (S. 15) 53.
31. Ebd. 20.66f.
32. HAENCHEN (S. 15) 398f.
33. Z.B. C. WEIZSÄCKER, Das Apostolische Zeitalter der christlichen Kirche (Tübingen/Leipzig ³1902) 170/5.
34. HAENCHEN (S. 15) 401.
35. So bereits bei Tertullian, pud. 5,12; vgl. P.F. BEATRICE, Peccato : Dizionario Patristico 2 (1984) 2722; u. Anm. 238.
36. BORNKAMM 63.

37 Trotz W. STEGEMANN, War der Apostel Paulus ein römischer Bürger? : ZNW 78 (1987) 200/29.
38 U. WILCKENS, Die Bekehrung des Paulus als religionsgeschichtliches Problem : ZThK 56 (1959) 283/5.
39 HAENCHEN (S. 15) 268f.
40 KUSS 301.
41 BORNKAMM 46.
42 CONZELMANN (S. 15) 20; LÜDEMANN 1,272.
43 In der Forschung ist strittig, wer diese „Hellenisten" sind; vgl. R. BICHLER, Hellenismus. Geschichte und Problematik eines Epochenbegriffs = IdF 41 (Darmstadt 1983) 208f.
44 BORNKAMM 72f.
45 Ebd. 107.
46 H. WARNECKE, Die tatsächliche Romfahrt des Apostels Paulus = SBS 127 (Stuttgart 1987) identifiziert sie mit der westgriechischen Insel Kephallenia; wiederum heftig bestritten von J. WEHNERT, Gestrandet. Zu einer neuen These über den Schiffbruch des Apostels Paulus auf dem Weg nach Rom (Apg 27–28) : ZThK 87 (1990) 67/99.
47 W. MARXSEN, Einleitung in das Neue Testament (Gütersloh 1963) 62f.
48 Übersetzung nach FISCHER 31/3; vgl. Ignatius, Röm. 4,3.
49 So noch kommentarlos und ohne Angabe von Gründen J. DANIÉLOU, Von den Anfängen bis zum Konzil von Nicäa = Geschichte der Kirche I (Einsiedeln 1963) 67.
50 GOPPELT (S. 15) 71.
51 HAENCHEN (S. 15) 650/6.
52 E. KIRSCHBAUM, Die Gräber der Apostelfürsten (Frankfurt ³1974) 172/203.
53 Zweisprachige Ausgabe, hrsg. von O. MICHEL/O. BAUERNFEIND (München 1959/69).
54 SCHÄFER 135f; 140f.
55 Ebd. 143.
56 N.N. GLATZER, Geschichte der talmudischen Zeit (Neukirchen ²1981) 20/3.
57 G. STEMBERGER, Die sogenannte „Synode von Jabne" und das frühe Christentum : Kairos NF 19 (1977) 16.
58 D. FLUSSER, Das Schisma zwischen Judentum und Christentum : EvTh 40 (1980) 229; P. SCHÄFER, Studien zur Geschichte und Theologie des rabbinischen Judentums = AGJU 15 (Leiden 1978) 45/55.
59 G. STEMBERGER, Jabne und der Kanon : JBTh 3 (1988) 163/74.
60 Zu den Schwierigkeiten einer Definition von Judenchristen/Judenchristentum vgl. A. GRILLMEIER, Hellenisierung – Judaisierung des Christentums als Deuteprinzipien der Geschichte des kirchlichen Dogmas : DERS., Mit ihm und in ihm (Freiburg ²1977) 423/88; R. MURRAY, Jews, Hebrews and Christians. Some needed distinctions : NT 24 (1982) 194/208.
61 Übersetzung nach KRAFT, Eusebius 154.
62 SCHOEPS, Judenchristentum 24; HENGEL (Anm. 16) 307; kritisch zur Pella-Tradition LÜDEMANN (S. 34) 2,265/86; J. VERHEYDEN, De Vlucht van de Christenen naar Pella. Onderzoek van het Getuigenis van Eusebius en Epiphanius = Verhandelingen van de Koninklijke Academie vor Wetenschappen, Letteren en Schone Kunsten van België. Klasse der Letteren 50, Nr. 127 (Brüssel 1988); neuestens wiederum positiv J. WEHNERT, Die Auswanderung der Jerusalemer Christen nach Pella – historisches Faktum oder theologische Konstruktion : ZKG 102 (1991) 231/55.
63 FLUSSER (Anm. 58) 229f.
64 SCHOEPS, Judenchristentum 33.
65 Ebd. 26.
66 G. STRECKER, Ebioniten: RAC 4 (1959) 487/50; DASSMANN, Stachel (S. 123) 279/86.
67 SCHOEPS 28f.
68 Epiphanius, haer. 29,9,4; Hieronymus, vir. ill. 2,3; vgl. LIETZMANN, Geschichte 1,193.
69 Ebd. 198f; G. STEMBERGER, Juden und Christen im Heiligen Land (München 1987) 70f.
70 Z.B. in S. Pudentiana und S. Sabina in Rom.
71 L. VOLKEN, Jesus der Jude und das Jüdische im Christentum (Düsseldorf 1983).
72 C. THOMA, Kirche aus Juden und Heiden = Konfrontationen 8 (Wien 1970) 85; O. MICHEL, Fragen zu 1 Thessalonicher 2,14–16. Antijüdische Polemik bei Paulus : Antijudaismus im Neuen Testament 50/9.
73 Die Stelle wird allerdings erst seit dem 4. Jh. zur Legitimierung kirchlicher Maßnahmen gegen die Juden herangezogen; vgl. K.H. SCHELKLE, Die „Selbstverfluchung" Israels nach Matthäus 27,23–25 : Antijudaismus im Neuen Testament 155; R. KAMPLING, Das Blut Christi und die Juden = NTA NF 16 (Münster 1984).
74 E. GRÄSSER, Die Juden als Teufelssöhne in Johannes 8,37–47 : Antijudaismus im Neuen Testament 157/70.

75 DASSMANN, Stachel (S. 123) 31f; 54f; RENGSTORF/KORTZFLEISCH 50.
76 Vgl. VON CAMPENHAUSEN, Bibel (S. 151) 84/6.
77 RENGSTORF/KORTZFLEISCH 56.
78 Ebd. 70.
79 Ebd. 74.
80 BROX, Mission (S. 251) 194/9.
81 K. BEYSCHLAG, Evangelium als Schicksal (München 1979) 17f.
82 Aeneis 6,791/7; K. BÜCHNER, Vergilius Maro : PRE 2,15 (1955) 1195/212.
83 Übersetzung nach W. GESSEL: Uni Press Augsburg 2 (1988) 22; vgl. Umwelt des Urchristentums 2,105/7.
84 K. GROSS, Domitianus : RAC 4 (1959) 94/101; abschwächend FEARS 1063f.
85 W. ELLIGER, Ephesos. Geschichte einer antiken Weltstadt = UB 375 (Stuttgart 1985) 96f.
86 Dieses und weiteres Material bei STAUFFER 148/63.
87 Ebd. 273/7.
88 Vgl. auch Offb 5,13; Jud 25; 1 Petr 5,11; 1 Tim 6,16.
89 STAUFFER 185f; vgl. noch Offb 5,13; Jud 25; 1 Petr 5,11.
90 ELLIGER (Anm. 85) 97f; E. AKURGAL, Griechische und römische Kunst in der Türkei (München 1987) 420.
91 A. ALFÖLDI, Die Ausgestaltung des monarchischen Zeremoniells am römischen Kaiserhof : Römische Mitteilungen 49 (1934) 79/118; TH. KLAUSER, Aurum coronarium : RAC 1 (1950) 1014/20.
92 Es handelt sich vor allem um 1 Tim 6,14; 2 Tim 1,10; 4,18; Tit 2,11.13; 3,4.
93 A. BAUMSTARK, Advent : RAC 1 (1950) 112/8.
94 Vgl. noch C. SCHNEIDER, Geistesgeschichte der christlichen Antike (München 1970) 528/65; dagegen GIGON 86/102.
95 Übersetzung nach RITTER 31f.
96 Übersetzung nach R.A. KNOX, Christliches Schwärmertum (Köln/Olten 1957) 37.
97 E. DASSMANN, Mithras : Lexikon der Religionen. Hrsg. v. H. WALDENFELS (Freiburg ²1988) 428.
98 Reichhaltiges weiteres Material bei HERTER 770/92.
99 Ebd. 793.
100 FUNKE 775/805.
101 Vgl. FREDOUILLE 828/95.
102 Vgl. HARNACK, Mission (S. 251) 262/7; SIMON (S. 54) 135/9; C. MOHRMANN, „Tertium genus" : Études sur le latin des Chrétiens 4 (Rom 1977) 195/210; BROX, Mission (S. 251) 208; als Selbstbezeichnung besitzt der Ausdruck dagegen positiven Klang.
103 Vgl. DASSMANN, Haus (S. 215) 881.
104 Übersetzung nach RITTER 5.
105 DASSMANN, Haus (S. 215) 885/7.
106 LIETZMANN, Geschichte 1,178/83.
107 Übersetzung nach RITTER 20.
108 ALTANER/STUIBER 140.
109 Vgl. B. KÖTTING, Haar : RAC 13 (1986) 196.
110 J. HIRSCHBERGER, Geschichte der Philosophie 1 (Freiburg ⁹1974) 263.
111 J. VOGT, Konstantin der Große und sein Jahrhundert (München ²1960) 205.
112 HIRSCHBERGER (Anm. 110) 256.
113 C. SCHOLTEN, Neuplatonismus : LeRe (Anm. 97) 448f.
114 H. DÖRRIE, Die Andere Theologie. Wie stellen die frühchristlichen Theologen des 2.–4. Jahrhunderts ihren Lesern die „Griechische Weisheit" (= den Platonismus) dar? : ThPh 56 (1981) 1/46.
115 K. DÖRING, Exemplum Socratis. Studien zur Sokratesnachwirkung in der kynisch-stoischen Popularphilosophie der frühen Kaiserzeit und im frühen Christentum = Hermes. Einzelschriften 42 (Wiesbaden 1979).
116 Vgl. DÖRRIE (Anm. 114) 7; 16; 27; A.J. DROGE, Homer or Moses? = HUTh 26 (Tübingen 1989).
117 F.W. DEICHMANN, Einführung in die christliche Archäologie (Darmstadt 1983) 48.
117a Papyrus London 1912; vgl. Baus, Urgemeinde 153.
118 Übersetzung nach MOREAU 34.
119 LAST 1211f.
120 V. LOI, Paolo Apostolo : Dizionario Patristico 2 (1984) 2617. V. SAXER, Pietro Apostolo : ebd. 2784/9
121 Übersetzung nach FREUDENBERGER 41/4.
122 Ebd. 201.

123 MOREAU 45f; SPEIGL 143, Anm. 153.
124 Übersetzung nach FREUDENBERGER 218.
125 Übersetzung nach KRAFT 243.
126 Häufig erwähnt bei heidnischen und christlichen Schriftstellern; vgl. KRAFT 247f; D. BERWIG, Mark Aurel und die Christen (Diss. München 1970) 103/62.
127 Vgl. KERESZTES 1,163.
128 K.-L. NOETHLICHS, Heidenverfolgung : RAC 13 (1986) 1149/90.
129 KERESZTES 2,194f.
130 Für die Beziehungen zwischen dem römischen Presbyter/Bischof und dem theologischen Schriftsteller Hippolyt vgl. C. SCHOLTEN, Hippolytos II : RAC 15 (1991) 499/501.
131 Zur Datierung vgl. KERESZTES 1,146f.
132 H. VON CAMPENHAUSEN, Das Martyrium in der Mission : Kirchengeschichte als Missionsgeschichte (S. 251) 72f.
133 TH. BAUMEISTER, Die Anfänge der Theologie des Martyriums = MBTh 45 (Münster 1980) 256/70; W. RORDORF, Martirio : Dizionario Patristico 2 (1984) 2133/5.
134 Übersetzung KRAFT 243.
135 VON CAMPENHAUSEN, Martyrium (Anm. 132) 82/4.
136 Nach K. RAHNER/H. VORGRIMLER, Kleines Konzilskompendium = HerBü 270/3 (Freiburg 1966) 174.
137 R. WALZER, Galenos : RAC 8 (1972) 783; WILKEN 81/105.
138 H.D. BETZ, Lukian von Samosata und das Christentum : NT 3 (1959) 226/37.
139 BETZ, Lukian und das NT 5/13; BAUS 195f.
140 Übersetzung nach ANDRESEN 168; vgl. ebd. 167/88.
141 BAUS 199; MAIER, Jesus von Nazareth (S. 54) 251/3.
142 Vgl. N. BROX, Der einfache Glaube und die Theologie : Kairos 14 (1972) 161/87.
143 ANDRESEN 345/72.
144 Ebd. 399.
145 Ebd. 343f.
146 J.H. WASZINK, Justins Lehre vom Logos Spermatikos : Mullus. FS Th. Klauser = JbAC, Erg.-Bd. 1 (Münster 1964) 380/90.
147 DÖRING (Anm. 115) 152.
148 VON CAMPENHAUSEN, Griechische Kirchenväter 15.
149 Ebd. 20.
150 H. KÖSTER/J.M. ROBINSON, Entwicklungslinien durch die Welt des frühen Christentums (Tübingen 1971) 261.
151 Vor allem M. WERNER, Die Entstehung des christlichen Dogmas (Tübingen ²1954); H. LOHMANN, Drohung und Verheißung. Exegetische Untersuchungen zur Eschatologie bei den Apostolischen Vätern = Beihefte ZNW 55 (Berlin 1989).
152 Von *chilioi* = 1000; entsprechend heißen sie im Westen Millenaristen.
153 M. SIMONETTI, Millenarismo : Dizionario Patristico 2 (1984) 2248/50.
154 Übersetzung nach WENGST 181/3.
155 Übersetzung nach GCS Hipp. 1,1,245/7 (BONWETSCH/ACHELIS). Weitere Beispiele für Berechnungsversuche bei SCHÖLLGEN, „Tempus" 75/9.
156 Vgl. die Akklamation der Gemeinde im Eucharistischen Hochgebet der Römischen Liturgie: „Deinen Tod, o Herr, verkünden wir, und deine Auferstehung preisen wir, bis du kommst in Herrlichkeit".
157 Die Gründe, die für eine extreme Naherwartung bei den Montanisten sprechen sollen, beleuchtet kritisch SCHÖLLGEN, „Tempus" 87/90.
158 Zur Lokalisierung vgl. STROBEL 10/34.
159 B. KÖTTING, Die Bewertung der Wiederverheiratung (der zweiten Ehe) in der Antike und in der Frühen Kirche = Rheinisch-Westfälische Akademie der Wissenschaften, Vorträge G 292 (Opladen 1988).
160 STROBEL 267/77.
161 KNOX (Anm. 96) 41.
162 Näheres bei DASSMANN, Stachel 118/23.
163 Vgl. SCHÖLLGEN, „Tempus" 78f.
164 Ebd. 85f.
165 H.-J. SCHMITZ, Frühkatholizismus bei Adolph von Harnack, Rudolph Sohm und Ernst Käsemann (Düsseldorf 1977).
166 Vgl. B. JANOWSKI, Literatur zur biblischen Theologie 1982–1985 : JBTh 1 (1986) 215/7.
167 BROX, „Schweig" 103.
168 Über die Gemütslage gnosisanfälliger Menschen vgl. ebd. 106.
169 Nach H.-M. SCHENKE, Die Gnosis : Umwelt des Urchristentums (S. 71) 1,413.

170 Deutsche Übersetzung nach: O. BETZ/T. SCHRAMM, Perlenlied und Thomas-Evangelium (Zürich 1985) 19/33.
171 Ebd. 26/8.
172 Ebd. 30.
173 Zur Schwierigkeit sozialgeschichtlicher Aussagen über Gnosis und Gnostiker vgl. C. SCHOLTEN, Gibt es Quellen zur Sozialgeschichte der Valentinianer Roms? : ZNW 79 (1988) 244/61.
174 K. BEYSCHLAG, Simon Magus und die christliche Gnosis = WUNT 16 (Tübingen 1974).
175 TH. ZAHN, Geschichte des neutestamentlichen Kanons 1 : Das Neue Testament vor Origenes (Erlangen 1888/89) 751.
176 DASSMANN, Stachel 192/222.
177 H. LANGERBECK, Aufsätze zur Gnosis. Hrsg. von H. Dörries = Abh. der Akademie der Wiss. Göttingen, Phil.-hist. Klasse 69 (Göttingen 1967) 81.
178 Übersetzung nach BKV², Irenäus 1,278f.
179 Ebd. 22f.
180 Ebd. 164.
181 Ebd. 289.
182 FUNKE (S. 71) 782/805; FREDOUILLE (S. 71) 869/77.
183 Zum Alter der trinitarischen Taufformel vgl. WENGST 29; 77.
184 ADAM 180.
185 Anders H.CH. BRENNECKE, Zum Prozeß gegen Paul von Samosata. Die Frage nach der Verurteilung des Homoousios : ZNW 75 (1984) 270/90.
186 Übersetzung nach R. HÜBNER, Melito von Sardes und Noët von Smyrna : Oecumenica et Patristica. FS W. Schneemelcher (Stuttgart 1989) 223f.
187 Zur näheren Begründung dieser Beurteilung des Modalismus vgl. ebd. 230/2.
188 Daß der ignatianische Epheserbrief von manchen Autoren als ein Schreiben aus dem letzten Drittel des 2. Jhs. betrachtet wird, stört seine Verwendung hier nicht; die Stelle wäre dann auf dem Hintergrund des kleinasiatischen Monarchianismus zu verstehen. Vgl. HÜBNER, Anfänge 89, Anm. 123. An der Authentizität hält fest W.R. SCHOEDEL, Die Briefe des Ignatius von Antiochien (München 1990) 29/32.
189 PRÜMM (S. 251) 304/8.
190 H. RAHNER, Symbole der Kirche. Die Ekklesiologie der Väter (Salzburg 1964) 447f; 561/3.
191 Ebd. 335f.
192 Ebd. 338; E. DASSMANN, Ecclesia vel anima. Die Kirche und ihre Glieder in der Hoheliederklärung bei Hippolyt, Origenes und Ambrosius von Mailand : RQ 61 (1966) 126/9.
193 Quellenbelege ebd. 129/37; DERS., Identifikation mit der Kirche. Ekklesiale Bilder in frühchristlicher Zeit : MThZ 40 (1989) 323/39.
194 H.-J. VOGT, Das Kirchenverständnis des Origenes = BoBKG 4 (Köln 1974) 225/9.
195 C. ANDRESEN, Die Kirchen der alten Christenheit = Die Religionen der Menschheit 29,1/2 (Stuttgart 1971) 40.
196 Übersetzungen aus 1 Klem hier nach FISCHER, Apostolische Väter 74/81.
197 So bereits R. SOHM, Kirchenrecht, Bd. 1 : Die geschichtlichen Grundlagen (Leipzig 1892; Nachdruck Darmstadt 1970) 157/64; vgl. O. KNOCH, Die Ausführungen des 1. Clemensbriefes über die kirchliche Verfassung im Spiegel der neueren Deutungen seit R. Sohm und A. Harnack : ThQ 141 (1961) 385/407.
198 Übersetzung nach FISCHER, Apostolische Väter 211; zur Datierung der Briefe ebd. Anm. 188.
199 P. BROWN, Die letzten Heiden. Eine kleine Geschichte der Spätantike (Berlin 1986) 89f; 96.
200 E.G. JAY, From Presbyter-Bishops to Bishops and Presbyters : The Second Century 1 (1981) 125/62.
201 E. DASSMANN, Hausgemeinde und Bischofsamt : Vivarium. FS Th. Klauser = JbAC, Erg.-Bd. 11 (Münster 1984) 94; H. BRAKMANN, Muster bewegter Liturgie in kirchlicher Tradition : Volk Gottes auf dem Weg. Hrsg. v. M. Meurer (Mainz 1989) 29.
202 Reiches Material bei TH. KLAUSER, Diakon : RAC 3 (1957) 905/8.
203 V. FÀBREGA, War Junia(s), der hervorragende Apostel (Röm 16,7), eine Frau? : JbAC 27/28 (1984) 47/64.
204 R. NÜRNBERG, „Non decet neque necessarium est, ut mulieres doceant". Überlegungen zum altkirchlichen Lehrverbot für Frauen : JbAC 31 (1988) 57/73.
205 N. BROX, Die Pastoralbriefe = RNT 7,2 (Regensburg 1969) 154f.
206 Vgl. noch R. GRYSON, Le ministère des femmes dans l'église ancienne (Gembloux 1972); M.B. VON STRITZKY, Der Dienst der Frau in der Alten Kirche : LJ 28 (1978) 136/54; A.G. MARTIMORT, Les diaconesses = BEL.S 24 (Rom 1982).
207 A. WIKENHAUSER/J. SCHMID, Einleitung in das Neue Testament (Freiburg ⁶1973) 563.
208 HERTLING 100.

209 J. ORLANDIS/D. RAMOS-LISSON, Historia de los concilios de la Espana Romana y Visigoda (Pamplona 1986) 25/63; auch: DIES., Die Synoden auf der Iberischen Halbinsel bis zum Einbruch des Islam (711) = Konziliengeschichte, Reihe A: Darstellungen (Paderborn 1981) 3/30.
210 Vgl. TH. KLAUSER, Die Äußerungen der Alten Kirche zur Kunst : Gesammelte Arbeiten zur Liturgiegeschichte, Kirchengeschichte und Christlichen Archäologie = JbAC, Erg.-Bd. 3 (Münster 1974) 331. Da die volle Entfaltung der frühchristlichen Kunst erst im 4. Jh. stattfindet, wird auf eine noch so knappe Behandlung der Christlichen Archäologie verzichtet. Eine Auflistung der vorkonstantinischen Denkmäler findet sich bei DASSMANN, Sündenvergebung 9/45.
211 H.P. RÜGER, Das Werden des christlichen Alten Testaments : JBTh 3 (1988) 175/89.
212 SCHNEEMELCHER, Apokryphen 1,29.
213 A. RESCH, Agrapha = TU NF 15 (Leipzig 1906); SCHNEEMELCHER, Apokryphen 1,65/92.
214 Vgl. LIETZMANN, Geschichte 2,63.
215 Fragment 5 nach J. KÜRZINGER, Papias von Hierapolis und die Evangelien des Neuen Testaments = EichM 4 (Regensburg 1983) 104f.
216 S. DICKEY, Die Bedeutung wirtschaftlicher und sozialer Faktoren für die Ausbreitung des Christentums in Kleinasien : Zur Soziologie des Urchristentums (S. 215) 63f.
217 SCHNEEMELCHER, Apokryphen 1,342.
218 Ebd. 1,353.
219 Ebd. 1,352.
220 Ebd. 2,242; auch 212/4; Überlegungen zu den theologischen Intentionen der Schrift bei W. RORDORF, Was wissen wir über Plan und Absicht der Paulusakten? : Oecumenica et Patristica. FS W. Schneemelcher (Stuttgart 1989) 71/82.
221 Vgl. LIETZMANN, Geschichte 2,74.
222 Ebd. 2,80.
223 Zum Folgenden HARNACK, Marcion 1/21.
224 Ebd. 188; vgl. Laktanz, De ira Dei 13,20f mit Berufung auf Epikur. Für das Weiterleben ähnlicher Gedanken heute vgl. E. DASSMANN, Geschichtlichkeit der Offenbarung und gnostische Bedrohung : Tiefenpsychologische Deutung des Glaubens. Anfragen an Eugen Drewermann. Hrsg. v. A. GÖRRES/W. KASPER = QD 113 (Freiburg ³1990) 59f.
225 Vgl. VON CAMPENHAUSEN, Bibel 179.
226 Ebd. 193; weitere Urteile bei DASSMANN, Stachel (S. 123) 188f.
227 MARXSEN (Anm. 47) 235.
228 METZGER 252f; 286f; E. DASSMANN, Wer schuf den Kanon des Neuen Testaments? : JBTh 3 (1988) 282f.
229 K. ALAND, Noch einmal: Das Problem der Anonymität und Pseudonymität in der christlichen Literatur der ersten beiden Jahrhunderte : Pietas. FS B. Kötting = JbAC, Erg.-Bd. 8 (Münster 1980) 121/39.
230 VON CAMPENHAUSEN, Bibel 215f.
231 Ebd. 230f.
232 LUBAC 91; vgl. TH. HEITHER, Translatio religionis. Die Paulusdeutung des Origenes in seinem Kommentar zum Römerbrief = BoBKG 16 (Köln 1990) 7/11.
233 Ausführliche Diskussion der nachfolgend behandelten Stellen bei POSCHMANN und GOLDHAHN-MÜLLER.
234 POSCHMANN 38/52; VON CAMPENHAUSEN, Amt 239; 244/6.
235 POSCHMANN 75.
236 E. DASSMANN, „Ohne Ansehen der Person". Zur Frage der Gleichheit aller Menschen in frühchristlicher Theologie und Praxis : FS P. Mikat, hrsg. von D. SCHWAB/D. GIESEN/J. LISTL/H.-W. STRÄTZ (Berlin 1989) 475/91.
237 Zu den schwierigen Einleitungsfragen vgl. VIELHAUER, Urchristliche Literatur 513/23.
238 Vgl. BKV², Tertullian 2,418; ACHELIS, Christentum 2,125/7.
239 Belege bei BAUS 370f; über die Unterschiede in West und Ost vgl. ACHELIS, Christentum 2,125/36.
240 B. POSCHMANN, Buße und Letzte Ölung = HDG 4,3 (Freiburg 1951) 55.
241 Ebd. 57.
242 Übersetzung nach RITTER 38.
243 Ebd.
244 Übersetzung im Anschluß an J. BETZ, Eucharistie = HDG 4,4a (Freiburg 1979) 41.
245 H. MOLL, Die Lehre von der Eucharistie als Opfer. Eine dogmengeschichtliche Untersuchung vom Neuen Testament bis Irenäus von Lyon = Theoph. 26 (Köln 1975).
246 DASSMANN, Haus 891/3.
247 Ebd. 897/9.
248 Weiteres Material bei ARBESMANN, Fasten 447/93.

249 LIETZMANN, Geschichte 2,132.
250 Nähere Ausführungen bei H.-J. VOGT, Die Eheschließung in der frühen Kirche : Eheschließung – mehr als ein rechtlich Ding? Hrsg. von K. RICHTER = QD 120 (Freiburg 1989) 119/32; B. STUDER, Zur Hochzeitsfeier der Christen in den westlichen Kirchen der ersten Jahrhunderte : StAns 93 (1986) 51/85.
251 D.W. O'CONNOR, Peter in Rome (London 1969) 116f; V. SAXER, Memoria : Dizionario Patristico 2 (1984) 2216f.
252 DASSMANN, Haus 875.
253 Weiteres Material bei VON SEVERUS 1221f; HAMMAN, Gebet 189.
254 M.-B. VON STRITZKY, Studien zur Überlieferung und Interpretation des Vaterunsers in der frühchristlichen Literatur = MBTh 57 (Münster 1989); A. HAMMAN, Le Pater expliqué par les pères (Paris 1962).
255 Vgl. VON SEVERUS 1254.
256 Darauf hat BAUS 342/4 nachdrücklich aufmerksam gemacht.
257 F.J. DÖLGER, Sol salutis = LQF 16/17 (Münster ²1925) 136/49, bes. 136f; A. PODOSSINOV, Himmelsrichtung (kultische) : RAC 15 (1991) 272f.
258 E. PETERSON, Das Kreuz und das Gebet nach Osten : DERS., Frühkirche, Judentum und Gnosis (Nachdruck Darmstadt 1982) 15/35.
259 HAMMAN, Gebet 183.
260 GIGON (S. 71) 14.
261 BROX, Pastoralbriefe (Anm. 205) 124f; K. THRAEDE, Zum historischen Hintergrund der „Haustafeln" des NT : Pietas. FS B. Kötting = JbAC, Erg.-Bd. 8 (Münster 1980) 259/68.
262 A. DIHLE, Ethik : RAC 6 (1966) 681/8; für Justin vgl. U. KÜHNEWEG, Die griechischen Apologeten und die Ethik : VigChr 42 (1988) 115.
263 Vgl. L.E. KECK, Das Ethos der frühen Christen : Zur Soziologie des Urchristentums (S. 215) 19.
264 G. THEISSEN, Soziologie der Jesusbewegung = TEH 194 (München 1977) 61f; 103/11; für Ansätze des Gewaltverzichtsgedankens in der hellenistischen Umwelt vgl. DERS., Gewaltverzicht und Feindesliebe (Mt 5,38–48/Lk 6,27–38) und deren sozialgeschichtlicher Hintergrund : DERS., Studien zur Soziologie des Urchristentums = WUNT 19 (Tübingen 1979) 160/97, bes. 196.
265 Übersetzung nach W. RORDORFF/A. TUILIER = SC 248 (Paris 1978) 143/5; anders WENGST 66.
266 Übersetzung nach WENGST 255f.
267 K. BEYSCHLAG, Zur Geschichte der Bergpredigt in der Alten Kirche : Evangelium als Schicksal (München 1979) 77/92.
268 Vgl. DASSMANN, Sündenvergebung (S. 151) 124f.
269 J. YSEBAERT, Greek Baptismal Terminology = GCP 1 (Nijmegen 1962) 171/8; DASSMANN, Sündenvergebung (S. 151) 80/8.
270 C.L. LEE, Soziale Unruhe und Urchristentum : Zur Soziologie des Urchristentums (S. 215) 82/5.
271 Belege zum Folgenden bei DASSMANN, Haus (S. 215) 805/11.
272 A. DEISSMANN, Licht vom Osten (Tübingen ⁴1923) 134; WENGST 93.
273 DASSMANN, Haus (S. 215) 809f.
274 B. RAWSON, Family life among the lower classes at Rome in the first two centuries of the empire : ClassPhilol 61 (1966) 78/81; P. VEYNE, Das Römische Reich : Geschichte des privaten Lebens, Bd. 1 : Vom Römischen Imperium zum Byzantinischen Reich (Frankfurt 1989) 87/90.
275 G. DELLING, Ehescheidung : RAC 4 (1959) 707/19.
276 DELLING, Ehebruch 666.
277 Vgl. A. DIHLE, Die goldene Regel. Eine Einführung in die Geschichte der antiken und frühchristlichen Vulgärethik = SAW 7 (Göttingen 1962) 123, Anm. 1.
278 M. GÄRTNER, Die Familienerziehung in der Alten Kirche = KVRG 7 (Köln 1985) 21/4.
279 Weiteres Material bei DASSMANN, Haus (S. 215) 877/9.
280 Vgl. B. KÖTTING, Die Bewertung der Wiederverheiratung (der zweiten Ehe) in der Antike und in der Frühen Kirche : Rheinisch-Westfälische Akademie der Wissenschaften, Vorträge G 292 (Opladen 1988).
281 H. CHADWICK, Enkrateia : RAC 5 (1962) 349/65; FRANK, Grundriß 11f.
282 H. ACHELIS, Virgines subintroductae (Leipzig 1902); H. CANCIK, Zur Entstehung der christlichen Sexualmoral : Religion und Moral. Hrsg. von B. GLADIGOW (Düsseldorf 1976) 57f.
283 DASSMANN, Haus (S. 215) 882.
284 HAMMAN, Gebet (S. 215) 63/5.
285 DELLING, Ehebruch 675.

286 J.H. WASZINK, Abtreibung : RAC 1 (1950) 55/60.
287 DELLING, Ehescheidung (Anm. 275) 713/7.
288 Übersetzung nach WENGST 69.
289 Vgl. J.-P. BROUDÉHOUSE, Mariage et famille chez Clément d'Alex. (Paris 1970) 184/7; M. MAAS, Clemens v. Alex. über Ehe und Familie : Aug. 17 (1977) 113/31.
290 Vgl. P. BLOMENKAMP, Erziehung : RAC 6 (1966) 521f; GÄRTNER, Familienerziehung (Anm. 278) 41/5.
291 UHLHORN 1,3.
292 W. SCHWER, Barmherzigkeit : RAC 1 (1950) 1200/4.
293 JETTER 4/9.
294 H.-J. VENETZ, So fing es mit der Kirche an (Zürich ^{3}1982) 96/101.
295 Vgl. G. SCHÖLLGEN, Ecclesia sordida? = JbAC, Erg.-Bd. 12 (Münster 1984) 299/304; 310f.
296 DERS., Die *diplē timē* von 1 Tim 5,17 : ZNW 80 (1989) 232/9; DERS., Sportulae : ZKG 101 (1990) 1/20.
297 Übersetzung nach ACHELIS, Didaskalia 87.
298 Ebd. 84f.
299 HARNACK, Mission (S. 251) 186.
300 W. GEERLINGS, Ins Bergwerk verurteilt – die „damnatio ad metalla" : Der Anschnitt 36 (1983) 130/6.
301 B. RASPELS, Der Einfluß des Christentums auf die Gesetze zum Gefängniswesen und zum Strafvollzug von Konstantin d. Gr. bis Justinian : ZKG 102 (1991) 289/306.
302 H. GÜLZOW, Christentum und Sklaverei in den ersten drei Jahrhunderten (Bonn 1969); weitere Literatur bei R. KLEIN, Die frühe Kirche und die Sklaverei : RQ 80 (1985) 259/83.
303 J. KOLLWITZ, Bestattung : RAC 2 (1954) 208. Für die antike und christliche Begräbniskultur vgl. das reichhaltige Material in den Artikeln Grab, Grabbau, Grabbeigabe, Grabdenkmal, Grabinschrift, Grabrecht : RAC 12 (1983) 366/637.
304 HENGEL, Eigentum 43/7.
305 W.-D. HAUSCHILD, Christentum und Eigentum : ZEE 16 (1972) 36/40.
306 Ebd. 65; vgl. THEISSEN, Soziologie der Jesusbewegung (Anm. 264) 108.
307 Vgl. Anm. 236.
308 Vgl. BROX, Mission 196f.
309 Ebd. 211f.
310 HARNACK, Mission 757f.
311 U. MAIBURG, „Und bis an die Grenzen der Erde ...". Die Ausbreitung des Christentums in den Länderlisten und deren Verwendung in Antike und Christentum : JbAC 26 (1983) 38/53.
312 GIGON (S. 71) 112.
313 BROX, Mission 223f; E. SCHÜSSLER FIORENZA, Die Anfänge von Kirche, Amt und Priestertum in feministisch-theologischer Sicht : Priesterkirche. Hrsg. von P. HOFFMANN = TzZ 3 (Düsseldorf 1987) 62/95.
314 BARDY 277.
315 BROX, Mission 232/7.
316 HAENCHEN (S. 15) 467f.
317 SCHNEEMELCHER, Apokryphen 2,3 / /.
318 A. OEPKE, Die Briefe an die Thessalonicher = NTD 8 (Göttingen ^{13}1972) 162f.
319 J.N.D. KELLY, Altchristliche Glaubensbekenntnisse (Göttingen ^{3}1972) 128/32.
320 Übersetzung nach KRAFT 114.
321 SCHÖLLGEN, Ecclesia sordida? (Anm. 295) 160/3.
322 HARNACK, Mission 713.
323 Ebd. 757.
324 HERTLING 243/53; KÖTTING, Christentum 1139.
325 E. MOLLAND, Besaß die Alte Kirche ein Missionsprogramm und bewußte Missionsmethoden : Kirchengeschichte als Missionsgeschichte 53f; HARNACK, Mission 947/9.
326 MOLLAND (Anm. 325) 54.
327 W. BAUER, Rechtgläubigkeit und Ketzerei im ältesten Christentum = BHTh 10 (Tübingen ^{2}1964) 49/64; N. BROX, Häresie : RAC 13 (1986) 290/5.
328 Übersetzung nach KRAFT 373.
329 Nach T.D. BARNES, Tertullian. A historical and literary study (Oxford 1971) 64, eine Kleinstadt in der Nähe Karthagos.
330 HARNACK, Mission 894f.
331 H. VON PETRIKOVITS, Germania (Romana) : RAC 10 (1978) 638.
332 HARNACK, Mission 807.
333 Ebd. 487.
334 Übersetzung nach KRAFT 223.

Literaturergänzungen

Allgemeine Bibliographie

W. GESSEL u.a., Christentum. Bd. 1: Von den Anfängen bis zur Konstantinischen Wende. Hrsg. von D. ZELLER = Die Religionen der Menschheit 28 (Stuttgart 2002).
S. HAUSAMMANN, Alte Kirche 1. Frühchristliche Schriftsteller: Apostolische Väter, Häresien, Apologeten (Neukirchen-Vluyn 2001).
Dies., Alte Kirche 2. Verfolgungs- und Wendezeit der Kirche: Gemeindeleben in der Zeit der Christenverfolgungen und Konstantinische Wende (Neukirchen-Vluyn 2001).
J.-M. MAYEUR/CH. et L. PIETRI/A. VAUCHEZ/M. VENARD, Histoire du christianisme des origines à nos jours. Bd. 1: Le nouveau peuple (des origines à 250) (Paris 2000). Deutsch unter dem Titel: Die Geschichte des Christentums 1. Die Zeit des Anfangs (bis 250). Hrsg. von N. BROX (Freiburg 2003).
E. MEYER, Urgeschichte des Christentums, Bd. 4: Die Ausbreitung des Christentums und die Anfänge der katholischen Kirche (Rheda-Wiedenbrück; Gütersloh 2000 [Nachdruck]).
R.L. WILKEN, Der Geist des frühen Christentums (Gütersloh 2004).

Quellen und Übersetzungen

Antike christliche Apokryphen in deutscher Übersetzung 1. Evangelien und Verwandtes. Hrsg. von CH. MARKSCHIES/J. SCHRÖTER/A. HEISER (Tübingen ^{7}2009).
M. FIEDROWICZ, Christen und Heiden. Quellentexte zur ihrer Auseinandersetzung in der Antike (Darmstadt 2004).
J.-M. PRIEUR, Das Kreuz in der christlichen Literatur der Antike = TC 14 (Bern 2006).
A.M. RITTER, „Kirche und Staat" im Denken des frühen Christentums = TC 13 (Bern 2005).
Schriften des Urchristentums. Die Apostolischen Väter, Didache (Apostellehre), Barnabasbrief, Zweiter Klemensbrief, Schrift an Diognet, Papiasfragmente, Hirt des Hermas. Griechisch/deutsch. Hrsg. von J.A. FISCHER/U. KÖRTNER/M. LEUTZSCH/U. WENGST. 3 Bde. (Darmstadt ^{3}2011).

I. Anfänge

F. BLANCHETIÈRE, Enquête sur les racines juives du mouvement Chrétien (30–135) (Paris 2001).
J.E. BURNS, Essene Sectarianism and Social Differentiation in Judaea after 70 C.E.: HThR 99 (2006) 247/74.
I. GREGO, La terra Santa e le origin cristiane. Luoghi, figure, testimonianze (Neapel 2005).
M. HENGEL, Quamran und das frühe Christentum: Ders., Studien zum Urchristentum = Kleine Schriften 6 (Tübingen 2008 [broschiert 2011]) 488/96.

II. Heidenmission

M.-F. BASLEZ, Paul et la première expansion chrétienne: A. CORBIN u.a.m., Histoire du christianisme (Paris 2007) 31/41.
P.-M. BEAUDE, La conversion de saint Paul: N. BRUCKER, La conversion = Recherches en littérature et spiritualité 8 (Bern 2005) 9/22.
L.J. LIETAERT PEERBOLTE, Paul the Missionary = Contributions to biblical exegesis and theology 34 (Louvain 2003).

H. PONSOT, Peut-on encore parler de „concile" de Jérusalem? À propos d'AC 15 et de la chronologie paulinienne: RB 109 (2002) 556/86.

M. QUESNEL, Paolo e gli inizi del cristianesimo (Citté du Vatican 2004).

III. Lösung der Kirche von der Synagoge

J. BECKER, Johanneisches Christentum, Seine Geschichte und Theologie im Überblick (Tübingen 2004).

F. BLANCHETIÈRE, De l'importance de l'an 135 dans l'évolution respective de la synagogue et du christianisme: L'Historiographie de l'Église des premiers siècles. Hrsg. von B. POUDERON/Y.-M. DUVAL (Paris 2001) 91/6.

D. GARRIBBA/A. GUIDA, Giovanni et il giudaismo = Oi christianoi: sezione antica 11 (Trapani 2010).

X. LEVIEILS, Juifs et Grecs dans la communauté johannique: Bib. 82 (2001) 51/78.

F. MANNS, Le judéo-christianisme, mémoire ou prophétie? = Théologie historique 112 (Paris 2000).

G. THEIßEN, Urchristentum als Bewegung. Von innerjüdischen Oppositions- und Erneuerungsbewegungen zur Entstehung einer neuen Religion im Römischen Reich: Cristanesimo nelle storia 24 (2003) 489/515.

P. TOMSON, Jésus et les auteurs du Nouveau Testament dans leur reaction au judaïsme (Paris 2003).

IV. Religiöse Umwelt

F. CHAPOT, Ouverture et résistance. Deux approches de la relation de l'Église avec l'extérieur aux IIe – IIIe siècles: RevSR 81 (2007) 7/26.

M. CLAUSS, Kaiser und Gott. Herrscherkult im Römischen Reich (Stuttgart 1999).

P. GEMEINHARDT, Dürfen Christen Lehrer sein? Anspruch und Wirklichkeit im christlichen Bildungsdiskurs der Spätantike = JbAC 51 (2008) 25/43.

CH. MÜHLENKAMP, „Nicht wie die Heiden". Studien zur Grenze zwischen christlicher Gemeinde und paganer Gesellschaft in vorkonstantinischer Zeit = JbAC Erg.Bd. Kleine Reihe 3 (Münster 2008).

V. Äußere Widerstände

J. ENGBERG, *Impulsore Chresto*. Opposition to Christianity in the Roman Empire c. 50 – 250 AD = Early Christianity in the Context of Antiquity 2 (Frankfurt 2007).

M. FIEDROWICZ, Apologie im frühen Christentum. Die Kontroverse um den christlichen Wahrheitsanspruch in den ersten Jahrhunderten (Paderborn ^{3}2000).

P. DE LABRIOLLE/J.-C. FREDOUILLE, La réaction païenne. Étude sur le polémique antichrétienne du Ier au VIe siècle (Paris 2005 [Nachdruck]).

A.D. LEE, Pagans and Christians in Late Antiquity. A Sourcebook (London 2000).

VI. Innere Gefährdungen

B. ALAND, Was ist Gnosis? Studien zum frühen Christentum, zu Marcion und zur kaiserzeitlichen Philosophie = WUNT 239 (Tübingen 2009).

E. DASSMANN, Gnosis: Weltanschauung oder Konkurrenzkirche – offene Fragen: Institutionalität und Symbolisierung. Hrsg. von G. Melville (Köln 2001) 281/90.

N. DENZEY, What Did the Montanists Read?: HThR 94 (2001) 427/48.

M. EDWARDS, Catholicity and Heresy in the Early Church (Farnham 2009).

G. MAY, Markion. Gesammelte Aufsätze. Hrsg. von K. GRESCHAT/M. MEISER (Mainz 2005).

VII. Theologische Klärungen

A. JAKAB, Ecclesia alexandrina: évolution sociale et institutionnelle du christianisme alexandrine (IIe et IIIe siècles) = Christianismes anciens 1 (Bern ^{2}2004).
Ch. MARKSCHIES, Kaiserzeitliche christliche Theologie und ihre Institutionen. Prolegomena zu einer Geschichte der antiken christlichen Theologie (Tübingen 2007).
L.C. PEREIRA DOS SANTOS, El pecado y la praxis penitencial en los primeros siglos de la Iglesia: Verdad y Vida 67 (2009) 181/239.
J. WAGNER, Die Anfänge des Amtes in der Kirche. Presbyter und Episkopen in der frühchristlichen Literatur = TANZ 53 (Tübingen 2011).

VIII. Gottesdienst und Leben

B. FISCHER, Gemeinschaftsgebet in den christlichen Gemeinden und in der christlichen Familie in der alten Christenheit: Ders., Frömmigkeit der Kirche. Gesammelte Studien zur christlichen Spiritualität. Hrsg. von A. GERHARDS/A. HEINZ = Hereditas 17 (Bonn 2000) 1/17.

IX. Mission und Ausbreitung

A. MERKT, „Eine Religion von törichten Weibern und ungebildeten Handwerkern". Ideologie und Realität eines Klischees zum frühen Christentum: Frühchristentum und Kultur. Hrsg. von F.R. PROSTMEIER = Kommentar zu frühchristlichen Apologeten. Erg.Bd. 2 (Freiburg 2007) 293/309.
W. REINBOLD, Propaganda und Mission im ältesten Christentum. Eine Untersuchung zu den Modalitäten der Ausbreitung der Frühen Kirche = FRLANT 188 (Göttingen 2000).
St. SCHIMA, Caput occidentis? Die römische Kirche und der Westen von den Anfängen bis Konstantin = Kirche und Recht 23 (Wien 2000).
W. SPEYER, Mission in der apostolischen und nachapostolischen Zeit: „... mit allem Freimut, ungehindert ..." (Apg 28,31): Überlegungen und Reflexionen zur Christus-Verkündigung im Wandel der Zeit. FS CH. SCHÖNBORN. Hrsg. von A. GEIGER/O. SPANNER/E. MAIER (Wien 2011) 14/31.
The Spread of Christianity in the First Four Centuries. Essays in explanation. Hrsg. von W.V. HARRIS = Columbia Studies in the Classical Tradition 27 (Leiden 2005).

Register

Abel 147
Aberkios 266
Abgar 260, 263
Abraham 31, 45, 65, 106
Achaia 177
Achaikus 177
Achamoth 147
Acilius Glabrio 99
Adam 66, 149
Ägypten 56, 69, 96f, 107, 109, 135f, 138f, 170, 184, 222, 230, 234, 240f, 261, 263/5
Agrippa I. 25
Agrippa II. 52, 55
Agrippinus, B.v. Karthago 264
Albinus 28
Aleppo (Beröa) 62
Alexander d.Gr. 72
Alexander, B.v. Jerusalem 108
Alexander, B.v. Rom 176
Alexander Severus 106
Alexandria/Alexandrien 57, 62, 97, 170, 212, 245, 261
Alkibiades, Elchasait 62
Ammianus Marcellinus 231
Amos 44
Andronikus 173, 223
Anicet, B.v. Rom 176, 179
Antiochia/Antiochien 26, 31, 36f, 40f, 43, 45, 49, 58, 60, 62, 106, 262
Antiochien (Pisidien) 186
Antoninus Pius 92, 104
Apamäa 62
Apelles 189
Apollon 236
Apollonios v. Tyana 76, 106
Apollonius, Antimontanist 127
Apollos v. Korinth 261
Apostolische Konstitutionen 175
Apuleius 80f, 232
Arabia/Arabien 47, 49, 60, 266

Aratus, Philosoph 258
Aristides v. Athen, Apologet 87, 120, 200, 229, 237, 244, 246f
Ariston v. Pella 62, 120
Arles 212
Asia/Asien 49, 69, 104, 108, 115
– s. auch Kleinasien
Asklepios 76, 241
Athanasius 192
Athen 50, 79
Athenagoras 120, 229
Attis 81, 126
Augustinus 63, 96, 234
Augustus 72f, 75
Aulus Plautus 97
Autolykos 263

Babylas, B.v. Antiochien 108
Babylon 136
Barbelognostiker 135
Bar Kochba 56, 60
Barnabas, Apostel 36f, 41, 43f, 49, 259
Barnabasbrief 67, 69, 124f
Basilica Apostolorum (S. Sebastiano) 224
Basilides/Basilidianer 135, 176
Basilius v.Caesarea 239, 241, 246
Benedikt XV., Papst 234
Beröa 50, 60, 62
Bithynien 71, 101f, 264
Bonn 265

Caecilius 114
Caesarea 49, 55, 62, 263
Caligula 73
Canon Muratori 181f, 192, 205, 261
Caracalla 106
Cassius Dio 99
Cestius Gallus 56
Chaldäer 78
Chalkis 62

281

Cicero 110
Claudius 32, 39, 40, 96f
Colonia Aelia Capitolina 56, 60, 263
– s. auch Jerusalem
Columella 232
Commodus 104f
Cyprian v. Karthago 107/9, 111, 124, 161, 169f, 178f, 198, 208f, 212, 224f, 235f, 243, 245, 248, 258, 267

Dalmatien 50, 261
Damaskus 26, 30, 32, 47/9, 60, 62, 262
Daniel 125
David 103
Decius 96, 107/9, 210
Dekapolis 37f, 60, 62
– s. auch Peräa
Demeter 74, 79f
Demetrianus, B.v. Antiochien 263
Demetrius, B.v. Alexandrien 170, 263
Didache 65, 67f, 152, 164, 182, 204, 216, 218, 221f, 224, 228, 236, 246, 256
Didaskalia 69, 86f, 169, 174f, 239, 244f
Diognet(brief) 85f, 121, 200, 228f, 237, 252
Diokletian 109, 232, 261, 264
Dionysius d.Gr., B.v. Alexandrien 108, 245, 263
Dionysius, B.v. Korinth 206f, 264, 266
Dionysius, B.v. Rom 170
Dionysos/Bacchus 80
Domitia 74
Domitian 73/5, 100, 265
Domitilla-Katakombe 99
Donatian, Katechumene 210
Donauprovinzen 108
Dormagen 82

Drusiana 223
Dura Europos 222

Ebioniten 62f
Edessa 261, 263
Elagabal 106
Elchasai 62f
Eleusis 79, 81
Eleutherus, B.v. Rom 176
Elvira 180
Emesa 106
England 213
Ephesus 49f, 63, 75, 100, 177
Epiktet 89f, 93, 103, 114
Epiphanius v. Salamis 61/3, 126f, 135
Epistula Apostolorum 69, 201
Esau 197, 203
Essener 18, 25, 29, 57, 61, 228
Euphrat 154
Europa 61, 115
Eusebius v. Caesarea 15, 32, 59, 75, 87, 99f, 103/6, 111, 127, 129, 206, 246
Eustathianer 134
Eva 66
Evaristus, B.v. Rom 176

Fabian, B.v. Rom 107, 224
Fabius, B.v. Antiochien 172
Felicitas 106, 224
Felix, Statthalter 52
Festus, Statthalter 28, 52
Firmilian 107, 264
Flavia Domitilla 99
Flavius Josephus 25, 55
Flavius Klemens, Konsul 99
Flora 175
Florus 55
Fortuna 84
Fortunatus 177
Fronto 114

Galatien 59
Galen 114

Galerianus 109
Galerius 109
Galerius Maximus, Prokonsul 109
Galiläa 17f, 30f, 37/9, 55f, 60, 162
Gallien 71, 129, 261, 264
Gallienus 109
Gallus 210
Gamaliel 25, 46, 54
Gamaliel II. 57
Germanien 261, 265
Glaukias 176
Gordian 107
Gortyna (Kreta) 264
Goten 108, 246
Gregor d.Gr. 213
Gregor Thaumaturgos 169, 197, 253, 261
Gregor v. Nazianz 236
Gregor v. Nyssa 169
Griechenland 49, 82, 230, 261, 263f

Hades 79
Hadrian 56, 60, 92, 103f, 106, 117
Hananias 47
Hannas II. 28
Heddernheim 82
Hegesipp 28, 60, 62, 176, 266
Herakles 104
(Hirt des) Hermas 69, 158, 177, 181, 203, 205f, 212, 220, 226, 244, 246
Hermes Trismegistos 153
Herodeion 56
Herodes d.Gr. 100
Hierapolis 63, 124, 182
Hieronymus 62
Hillel 57
Hippolyt v. Rom 62, 85f, 106, 124/6, 135f, 153, 155, 159, 169, 174, 209, 212, 218/20, 222/5, 247
Horus 152

Ignatius v. Antiochien 68, 103, 143, 156, 158, 164, 167f, 170f, 174, 177, 182, 217, 219, 223f, 246, 262, 266
Ikonium 186
Illyrien 50, 251, 261
Iran 136
Irenäus v. Lyon 32, 61f, 67, 124, 129, 135f, 142f, 145/50, 171, 176f, 179, 183f, 192/4, 205, 217/9, 253, 264, 266
Irland 213
Isaak 31
Isebel 142
Isis 80f, 152
Italien 50, 56, 71, 178, 261, 265

Jabne (Jamnia) 57f
Jaffa 57
Jakob (Patriarch) 31, 197
Jakobus, Apostel 25, 31
Jakobus, Herrenbruder 17, 25, 28, 31f, 42/4, 49, 59f, 162, 251
Jericho 55
Jerusalem 16/8, 20/4, 26/32, 35/52, 55f, 59/61, 70, 127, 133, 162, 172, 185, 248, 251
Jesaja 35, 252
Jochanan ben Zakkai 57
Johannes 25, 32, 35, 42, 223
Johannes (Briefe) 141/5, 156, 183
Johannes (Evangelium) 17, 21, 57, 65f, 74, 127, 133f, 154, 156, 191, 196, 239f
Johannes (Offenbarung) 45, 59, 75/7, 125
Johannes XXIII., Papst 69, 161
Johannes Chrysostomus 225, 234, 239
Johannes der Täufer 20
Joppe 32, 172
Joseph 60, 147, 184f, 234
Joseph Barsabbas 183
Joseph v. Arimathäa 247

Judäa 16f, 26f, 29f, 32, 39, 41, 55f, 59f, 248
Judas Barsabbas 43
Judas der Galiläer 54
Judas Iskariot 20, 183
(Judas) Thaddäus 260, 263
Julia Mammaea 106, 117
Julius Africanus 60
Junias (Röm 16,7) 173
Juno 152
Jupiter 152
Justin, Philosoph und Märtyrer 58, 61, 69, 94, 103f, 111, 114, 118/20, 124, 203, 216/8, 226f, 243, 254, 258f, 266

Kabiren v. Samothrake 80
Kain 147
Kairo 58
Kallist, B.v. Rom 155, 209, 246
Kandake 35
Kappadokien 107, 246, 264, 266
Karpokrates v. Alexandrien 135
Karpokratianer 176
Karpus u. Gefährten, Märtyrer 224
Karthago 85, 106, 109, 129, 179, 207, 210, 235, 245f, 261, 264
Kelsos 86f, 98f, 115/9, 196f, 229, 254f, 256
Kelten 264
Kenchräa 172
Kephas s. Petrus
Kleinasien 49, 53, 59, 61, 63, 65, 69, 72, 75, 82, 102, 126, 129, 135, 179, 201, 221f, 224, 261, 263f
Klemens v. Alexandrien 87, 91, 94, 112, 135f, 143, 150, 192, 198f, 205, 212, 223f, 226, 238f, 249f, 254, 258, 263
Klemens v. Rom 69, 100, 130, 159, 164/8, 176f, 182, 220, 246, 259, 265
Kleomenes 155
Knossos 264

Kochaba 60, 62
Köln 265
Konstantin d. Gr. 60, 81, 83, 92, 95, 105, 109f, 221, 232, 262
Korinth 50, 59, 140, 164, 165, 173, 176f, 187, 201, 237, 266
Kornelius, röm. Hauptmann 35/7, 44
Kornelius, B.v. Rom 170, 172, 178, 262, 265
Kreszens 114
Kreta 53, 261, 264
Kybele (Magna Mater) 74, 80f, 126

Laktanz 240
Laurentius, Diakon 245
Leonides 106
Libyen 155, 265
Lucianus, Konfessor 108, 209
Lucius 80
Lukas 16/8, 20/7, 29/32, 35/7, 39, 41/5, 47/9, 51/3, 133f, 140, 172, 183, 185, 190f, 249, 258
Lukian v. Samosata 114f, 196f
Lydda 32
Lydia, Purpurhändlerin 172
Lyon 104, 111, 129, 146, 211, 248, 261, 264

Machärus 55f
Macrianus 108
Madaura 261
Magna Mater s. Kybele
Mainz 265
Malta 52
Marc Aurel 90f, 104f, 114, 125
Marcellus, B.v. Rom 170
Marcia 105
Maria (Röm 16,6) 173
Maria, Mutter Jesu 184f, 226, 234
Maria, Mutter des Markus 172
Marianus und Jakobus, Märtyrer 210

Markion 187/94, 196, 266
Markus 17, 37/9, 133, 183, 191
Markus, B.v. Jerusalem 60
Marseille 261
Martial 73
Masada 55f
Matthäus 17, 28f, 37/9, 62, 64, 67, 133, 182f, 191, 199
Matthias 20, 183
Maximilla 126f
Maximinus Daia 245
Maximinus Thrax 106f
Mazedonien 49, 53, 177, 261
Meliton v. Sardes 69f, 100, 124, 181, 222
Menander 135
Mesopotamien 261, 266
Milet 52
Miltiades, Apologet 120
Minerva 152f
Minucius Felix 114, 200
Minucius Fundanus 103
Mithras 80, 81f
Montanus/Montanismus 106, 126/30, 134f, 174, 179, 207, 221, 255, 264
Montanus und Lucius, Märtyrer 210
Mose 28, 43, 44, 94, 125

Nag Hammadi 135, 192
Nasaräer 61
Natalius, Konfessor 154
Nazareth 60, 184
Neapel 32, 261
Neocaesarea 169, 171, 261
Nero 40, 52, 56, 73, 75, 90, 92, 96/9, 100, 110, 265
Nikanor 26
Nikolaus 26
Nikopolis 103
Nil 105, 263
Nizäa 157, 175
Noa 159
Noët v. Smyrna 155

Nonna 236
Nordafrika 63, 82, 106, 108, 129, 155, 170, 178, 209, 224, 261, 264f
Novatian 153, 172, 202, 209, 212, 265f
Numidien 246, 248

Octavius 114
Ophiten 135
Orient 265
Origenes 62, 86, 106, 112, 116/9, 124, 136, 143, 150, 153f, 160f, 181, 194/8, 201, 205, 212, 225f, 229, 244, 256f, 261, 263
Orosius 96
Orpheus 106
Osiris 80f, 152
Osroëne 263
Ossäer 61
Osterburken 82
Ostjordanland (Transjordanien) 59/62, 263
Oxyrhynchos 231

Palästina 16, 24, 26, 31, 38, 40f, 54/6, 58, 61/ 3, 139, 162f, 256, 261f
Pantaenus, alexandr. Lehrer 263
Panthera 115
Papias v. Hierapolis 124, 182
Paräa 59f
Parmenas 26
Parthien 138
Paul v. Samosata 154f
Paulus 16f, 21, 24, 26, 31f, 34, 36, 39/53, 58f, 62/4, 72, 79, 90, 99, 100, 120, 124, 127, 130, 134, 141/5, 149, 152, 156, 158, 162f, 165f, 172f, 177, 183, 186/96, 199, 201f, 216, 224, 237, 248, 251, 258f, 261, 264, 266
Pella 58/60, 62, 262
Pepuza 127

Peregrinus Proteus 115
Pergamon 49, 75
Perpetua 106, 224
Persephone 79f
Perser 109
Petrus 17f, 21/3, 25, 31f, 35/7, 42f, 45, 49, 59, 99, 130f, 162, 176, 185f, 224, 263, 266f
Pharisäer 25f, 29f, 41, 46, 51, 57f, 65, 68
Philadelphia 65
Philippi 49, 174, 177
Philippus, Asiarch 69
Philippus, Diakon 26, 35, 63
– Töchter des Ph. 27, 32, 173, 183
Philippus Arabs 103, 107
Philo v. Alexandrien 66f, 196
Philomelium 69
Phöbe 172
Phönizien 256
Phrygien 69, 104, 126, 264
Pionius 108, 201
Pius, B.v. Rom 176, 181, 246
Platon 119
Plinius d.Ä. 89
Plinius d.J. 101f, 114, 216, 220, 232, 254, 263
Plotin 93, 117
Plutarch 233
Polykarp v. Smyrna 69, 105, 177f, 182, 188, 223f, 244, 246, 266
Pompeji 84
Pomponia Graecina 97
Pontia (Insel) 99
Pontianus, B.v. Rom 106, 224
Pontius Pilatus 17, 113
Pontus 102, 125
Porphyrios 116, 196
Potheinos 146
Pozzuoli 32, 261
Praxeas 155
Priëne 72
Primus, B.v. Korinth 176
Priscilla 126f

Priska (Röm 16,3) 173
Priszilla-Katakombe 99
Prochorus 26
Prudentius 84
Ptolemäus, Gnostiker 175

Quaden 105
Quadratus 117, 120
Qumran 18, 29, 88

Rhein 265
Rhein-Mosel-Gebiet 265
Rhône 105, 261
Rom 16f, 25, 31f, 39f, 45f, 50, 51/3, 55f, 62f, 68f, 71, 73, 79, 80f, 88, 95/8, 100f, 105, 120, 129, 146, 155, 164f, 167, 170, 176/8, 185f, 188, 192, 212, 221, 224, 230f, 241, 245/7, 259, 261f, 264/7
Rusticus 120

S. Paolo fuori le mura 53
Sabellius 155, 266
Sadduzäer 24/6, 55, 57
Sallust 231
Samaria/Samarien 16, 27, 29f, 35, 140, 185
Samariter/Samaritaner 35, 38, 55
Sampsäer 61
Sardes 49
Sardinien 106
Saturnil v. Antiochien 135
Saul 45
Saulus s. Paulus
Scapula, Prokonsul 106, 261
Schwarzes Meer 188
Scilli 224, 261, 264
Seleukia 186
Seneca 90, 92
Septimius Severus 105f
Serenius Granianus 103
Seth/Sethianer 135, 147
Sidon 262
Sikarier 55

Silas 43
Simeon, B.v. Jerusalem 103
Simon ben Klopas 60
Simon Magus/Simonianer 32, 135, 140, 185, 256
Sinai 22, 29
Sinope 188
Sixtus, B.v. Rom 176, 224
Smyrna 49, 65, 69, 105, 146, 223
Sokrates 89, 94, 115, 120
Soter, B.v. Rom 176, 221, 266
Spanien 50, 52, 71, 108, 261, 265
Speratus, Märtyrer 264
Statius 73, 75
Stephan, B.v. Rom 267
Stephanas 177
Stephanus 24, 26/8, 32, 36, 46, 60
Sueton 74, 97/9, 114
Symmachianer 63
Syrakus 261
Syrien 24, 37, 49, 55f, 60, 63, 69, 126, 129, 139, 261f
Syrophönizien 37f

Tabita 172
Tacitus 17, 97f, 114
Tarsus 36, 45f, 49
Tatian 120, 191, 266
Telesphorus, B.v. Rom 103, 176
Tertullian 85/8, 98f, 103, 105f, 111, 118, 120, 124, 129, 132, 135f, 153, 161, 174, 178f, 186, 192, 198f, 205/10, 212, 219, 221, 223/5, 227, 243, 245, 247, 253, 261, 264
Thekla 174, 186, 199
Theodoret v. Cyrus 63
Theodosius d.Gr. 84
Theodot der Geldwechsler 154
Theodot der Gerber 154
Theodotos, Gnostiker 136, 266
Theophilus, B.v. Antiochien 120, 263

Thessalonich 50, 124, 177
Theudas 25, 54
Thomas, Apostel 74, 263
Thomasakten 138, 223
Thyatira 142
Tiber 105
Tiberius 17, 96
Timon 26
Timotheus 142, 166f
Titus, Apostelschüler 41f, 49, 53
Titus, Kaiser 56
Titus Flavius Klemens 74
Totes Meer 18, 60f
Trajan 62, 71, 101/4, 106
Trier 265
Triptolemos 79
Troas 49
Tymion 127
Typhos 80
Tyrus 262

Valentin/Valentinianer 135, 141, 146, 176, 266
Valerian 108f
Vergil 72, 74
Veronika 185
Vespasian 56
Vesta 84
Via Appia 50, 224
Via Egnatia 50
Via Ostiense 53
Vienne 104, 129, 146, 261
Viktor, B.v. Rom 154, 179, 221f, 267
Volusier 232

Zeloten 25, 30, 228
Zephyrin, B.v. Rom 155
Zeus 79, 92
Zilizien 37, 49
Zypern 36, 56, 61, 63
Zyrenaika 56
Zyrene 36